해커스 공인중개사

출제예상문제집

2차 공인중개사법령 및 실무

해커스 공인중개사

공인중개사 1위 해커스
한경비즈니스 2024 한국브랜드만족지수 교육(온·오프라인 공인중개사 학원) 1위

시간이 없을수록, 기초가 부족할수록, 결국 강사력

강의만족도 96.4%
최정상급 스타교수진

[96.4%] 해커스 공인중개사 2023 수강생 온라인 설문결과(해당 항목 응답자 중 만족의견 표시 비율)

다른 학원에 비해 교수님들의 강의실력이 월등히 높다는 생각에 해커스에서 공부를 하게 되었습니다.

-해커스 합격생 김정헌 님-

해커스 교수님들의 강의력은 타 어떤 학원에 비해 정말 최고라고 단언할 수 있습니다.

-해커스 합격생 홍진한 님-

해커스 공인중개사 교수진이 정말 최고입니다. 그래서 합격했고요.

-해커스 합격생 한주석 님-

해커스의 가장 큰 장점은 최고의 교수진이 아닌가 생각합니다. 어디를 내놔도 최고의 막강한 교수진이라고 생각합니다.

-해커스 합격생 조용우 님-

잘 가르치는 정도가 아니라 어떤 교수님이라도 너무 열심히, 너무 열성적으로 가르쳐주시는데 대해서 정말 감사히 생각합니다.

-해커스 합격생 정용진 님-

해커스처럼 이렇게 열심히 의욕적으로 가르쳐주시는 교수님들 타학원에는 없다고 확신합니다.

-해커스 합격생 노준영 님-

1588-2332　　　　　　　　　　　　　　　　land.Hackers.com

합격을 좌우하는
최종 마무리

본서는 2025년에 실시되는 공인중개사 자격시험의 제2차 과목 중 「공인중개사의 업무 및 부동산 거래신고에 관한 법령 및 중개실무」를 대비하여 출간된 예상문제집입니다. 최근 공인중개사 자격시험 문제의 경향은 시험 횟수를 거듭하면서 점차 기출문제가 누적되어 단순 암기형의 문제보다는 종합적인 이해를 요구하는 문제를 출제함으로써 시험문제의 난이도가 전반적으로 상향 조정되어 가고 있으며, 최근 판례나 다른 과목의 지식을 반영한 응용문제도 다수 출제하고 있습니다. 그러므로 기본이론을 토대로 하고, 기출문제를 방향타로 삼아 다양한 유형의 문제를 다루는 것이 합격의 필수 요건이라 할 수 있습니다.

본 과목이 공인중개사 자격시험에서 가장 고득점 해야만 하는 과목이므로, 저자는 최근의 이러한 시험문제의 출제경향에 맞추어 제36회 시험의 난이도가 높게 출제되더라도 고득점을 할 수 있도록 다음의 사항에 주안점을 두어 본 문제집을 구성하였습니다.

1 각 장별로 핵심이론을 정리하고, 출제경향과 학습전략을 제시하여 학습의 효과를 최대화할 수 있게 하였습니다.

2 최근의 중요 기출문제 및 이를 응용한 문제들을 수록하여 전형적인 기출문제 유형을 쉽게 풀 수 있도록 구성하였습니다.

3 중요, 고득점, 신유형의 문제를 제시하여 기본적인 문제서부터 심화된 문제를 연습하도록 하고, 최근의 출제경향에 맞춘 사례형 문제·판례문제는 물론 본 과목의 고득점 여부를 결정하는 구체적이고 세부적인 지식을 묻는 문제 및 종합적인 이해를 묻는 문제 등 난이도가 높은 문제들을 수록하여 문제 해결능력을 배양할 수 있도록 하였습니다.

더불어 공인중개사 시험 전문 **해커스 공인중개사(land.Hackers.com)**에서 학원강의나 인터넷 동영상강의를 함께 이용하여 꾸준히 수강한다면 학습효과를 극대화할 수 있습니다.

이와 같이 구성된 본 문제집은 수험생 여러분들의 제36회 공인중개사 자격시험 준비에 충분한 역할을 할 것으로 확신하며, 각자에 맞는 효율적인 수험계획을 수립하여 꾸준히 실천해 나간다면 합격이라는 좋은 결실을 맺을 수 있을 것입니다. 끝으로 수험생 여러분들의 합격을 진심으로 기원하며, 본서의 출간에 아낌없는 노력을 기울여 주신 해커스 대표님과 편집부 임직원들의 노고에 감사를 드립니다.

2025년 5월
한민우, 해커스 공인중개사시험 연구소

이 책의 차례

이 책의 특징	6
이 책의 구성	8
공인중개사 시험안내	10
학습계획표	12
시험에 나오는 포인트 57개 한눈에 보기	14

제1편 | 공인중개사법령

제1장 총칙	18
단원별 출제예상문제	20
제2장 공인중개사 제도	30
단원별 출제예상문제	31
제3장 중개사무소의 개설등록	39
단원별 출제예상문제	41
제4장 중개업무	54
단원별 출제예상문제	57
제5장 중개계약 및 부동산거래정보망	82
단원별 출제예상문제	84
제6장 개업공인중개사 등의 의무	94
단원별 출제예상문제	98
제7장 중개보수	120
단원별 출제예상문제	121
제8장 교육, 업무위탁 및 포상금 등	132
단원별 출제예상문제	135
제9장 공인중개사협회	144
단원별 출제예상문제	146
제10장 지도·감독 및 벌칙	152
단원별 출제예상문제	156

제2편 | 부동산 거래신고 등에 관한 법령

제1장 부동산거래신고제도	176
단원별 출제예상문제	178
제2장 주택임대차계약의 신고	191
단원별 출제예상문제	192
제3장 외국인 등의 부동산취득 등에 관한 특례	197
단원별 출제예상문제	198
제4장 토지거래허가제도	203
단원별 출제예상문제	206
제5장 포상금 등	216
단원별 출제예상문제	217

해커스 공인중개사 공인중개사법령 및 실무

제3편 | 중개실무

제1장 중개의뢰접수 및 중개계약   224
단원별 출제예상문제   225

제2장 중개대상물의 조사·확인   230
단원별 출제예상문제   233

제3장 중개활동   252
단원별 출제예상문제   253

제4장 거래계약의 체결   256
단원별 출제예상문제   257

제5장 개별적 중개실무   260
단원별 출제예상문제   266

[책 속의 책] **해설집**

이 책의 특징

01 전략적인 문제풀이를 통해 합격으로 가는 실전 문제집

2025년 공인중개사 시험 대비를 위한 실전 문제집으로 합격에 꼭 필요한 문제만을 엄선하여 수록하였습니다. 출제 가능성이 높은 다양한 유형의 예상문제를 풀어볼 수 있도록 구성함으로써 주요 내용만을 전략적으로 학습하여 단기간에 합격에 이를 수 있도록 하였습니다.

02 기출 심층분석으로 선별한 57개 출제포인트로 공인중개사법령 및 실무 최종 마무리

제29회부터 제35회까지 최근 7개년 기출문제를 분석하여 주요 출제포인트를 선정하였습니다. 공인중개사법령 및 실무의 방대한 내용을 57개 출제포인트로 정리하여 출제 가능성이 높은 문제를 빠르게 학습할 수 있도록 구성하고, 출제경향과 학습전략을 💡Tip 으로 제시하여 학습효과를 높였습니다.

03 확실한 이해를 돕는 정확하고 꼼꼼한 해설 수록

모든 문제에 대한 정확하고 꼼꼼한 해설을 수록하고, 문제와 관련된 판례 · 공식 · 암기사항 등을 풍부하게 제시하여 개념을 다시 한 번 정리하고 실력을 향상시킬 수 있도록 하였습니다. 또한 정답의 단서가 되는 부분에 강조 표시하고, 문제집과 해설집을 분리하여 보다 편리한 학습이 가능하도록 하였습니다.

04 최신 개정법령 및 출제경향 반영

최신 개정법령 및 시험 출제경향을 철저하게 분석하여 문제에 모두 반영하였습니다. 또한 기출문제의 경향과 난이도가 충실히 반영된 중요 · 고득점 · 신유형 문제를 수록하여 다양한 문제유형에 충분히 대비할 수 있도록 하였습니다.

해커스 공인중개사 공인중개사법령 및 실무

05 효율적인 학습을 위한 3주 완성 및 자기주도 학습계획표 제공

개인의 학습방법과 속도에 따라 선택하여 활용할 수 있는 과목별 3주 완성 학습계획표와 자기주도 학습계획표를 수록하였습니다. 또한 학습계획표에 학습체크란을 제시하여 계획적으로 학습할 수 있도록 하였으며, '학습계획표 이용 Tip'을 수록하여 본 교재를 더욱 효과적으로 활용할 수 있도록 하였습니다.

06 학습효과 극대화를 위한 명쾌한 온·오프라인 강의 제공(land.Hackers.com)

해커스 공인중개사학원에서는 공인중개사 전문 교수진의 쉽고 명쾌한 강의를 제공하고 있습니다. 해커스 공인중개사(land.Hackers.com)에서는 학원강의를 온라인으로 학습할 수 있도록 동영상으로 제공하고 있으며, 교수님께 질문하기 게시판을 통하여 교수님에게 직접 질문하고 답변을 받으며 현장강의를 듣는 것과 같은 학습효과를 얻을 수 있습니다.

07 다양한 무료 학습자료 및 필수 합격정보 제공(land.Hackers.com)

해커스 공인중개사(land.Hackers.com)에서는 제35회 기출문제 동영상 해설강의, 온라인 전국 실전모의고사 그리고 각종 무료강의 등 다양한 학습자료와 시험 안내자료, 합격가이드 등 필수 합격정보를 제공하고 있습니다. 이러한 유용한 자료와 정보들을 효과적으로 얻어 시험 관련 내용에 빠르게 대처할 수 있도록 하였습니다.

이 책의 구성

전략 술술! 출제경향 **실력 쑥쑥! 예상문제**

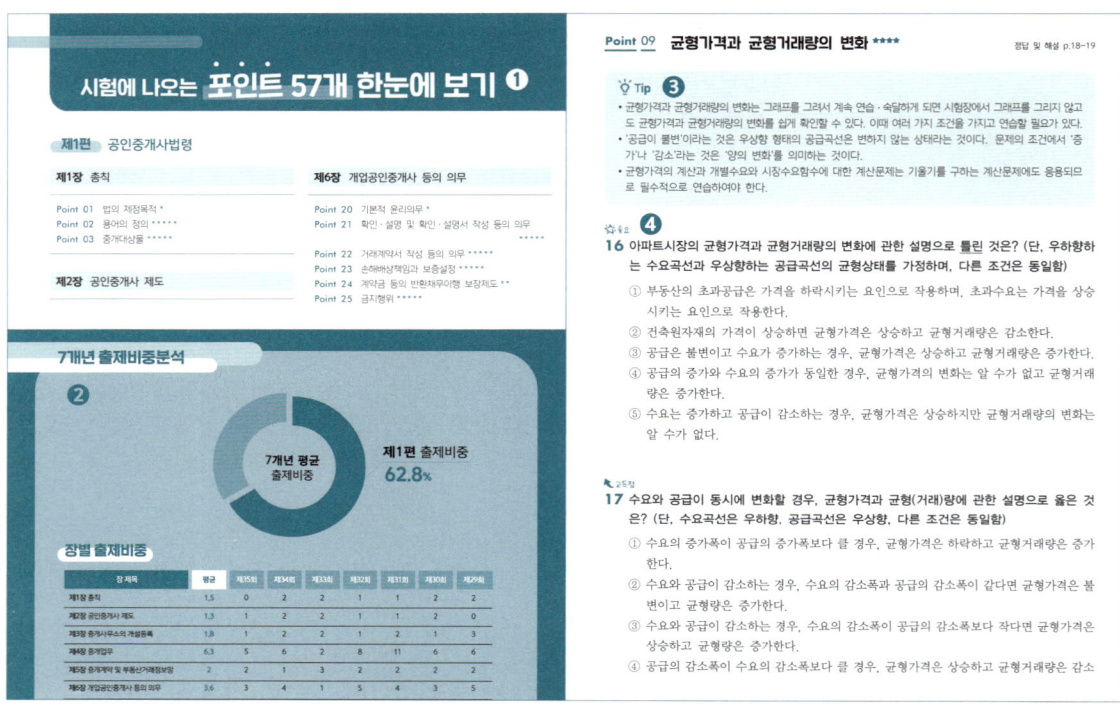

❶ 시험에 나오는 포인트 한눈에 보기

각 단원별로 흩어져 있는 출제포인트를 교재 앞부분에 모아 수록함으로써 시험에 자주 출제되는 포인트와 포인트별 중요도를 한눈에 확인할 수 있도록 하였습니다.

❷ 7개년 출제비중분석

최근 7개년의 공인중개사 기출문제를 심층적으로 분석하여 도출한 편별·장별 출제비중을 각 편 시작 부분에 시각적으로 제시함으로써 단원별 출제경향을 한눈에 파악하고 학습전략을 수립할 수 있도록 하였습니다.

❸ 문제 해결능력을 높이는 Tip

학습방향, 문제풀이 방법 등을 담은 Tip을 수록하여 출제경향에 따라 전략적으로 문제를 해결할 수 있도록 하였습니다.

❹ 다양한 유형의 예상문제

출제예상문제를 중요·고득점·신유형으로 구분하여 전략적인 문제풀이가 가능하도록 하였습니다.

- ☆중요: 60점 이상을 목표로 한다면 각 포인트에서 꼭 숙지하여야 할 문제
- ▶고득점: 고득점을 목표로 한다면 풀어봐야 할 문제
- ◉신유형: 기존에 출제되지 않았지만 출제될 것으로 예상되는 새로운 유형 대비 문제

이해 쏙쏙! 해설

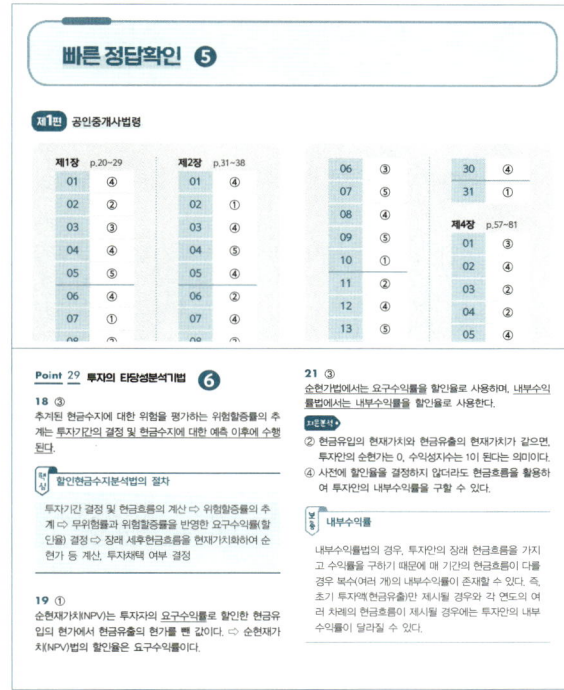

❺ 빠른 정답확인

각 단원별로 제시된 정답박스를 모아 놓은 '빠른 정답확인'을 활용하여 문제풀이 후 간편하게 정답을 확인할 수 있도록 하였습니다.

❻ 이해를 돕는 상세한 해설

문제에 대한 자세하고 친절한 해설뿐만 아니라 '지문분석', '핵심', '보충'과 같은 다양한 학습장치를 수록하여 해설만으로도 관련 이론을 충분히 정리할 수 있도록 하였습니다.

공인중개사 시험안내

응시자격

학력, 나이, 내·외국인을 불문하고 제한이 없습니다.
* 단, 법에 의한 응시자격 결격사유에 해당하는 자는 제외합니다(www.Q-Net.or.kr/site/junggae에서 확인 가능).

원서접수방법

- 국가자격시험 공인중개사 홈페이지(www.Q-Net.or.kr/site/junggae) 및 모바일큐넷(APP)에 접속하여 소정의 절차를 거쳐 원서를 접수합니다.
  * 5일간 정기 원서접수 시행, 2일간 빈자리 추가접수 도입(정기 원서접수 기간 종료 후 환불자 범위 내에서만 선착순으로 빈자리 추가접수를 실시하므로 조기 마감될 수 있음)
- 원서접수시 최근 6개월 이내 촬영한 여권용 사진(3.5cm×4.5cm)을 JPG파일로 첨부합니다.
- 응시수수료는 1차 13,700원, 2차 14,300원, 1·2차 동시 응시의 경우 28,000원(제35회 시험 기준)입니다.

시험과목

차수	시험과목	시험범위
1차 (2과목)	부동산학개론	· 부동산학개론: 부동산학 총론, 부동산학 각론 · 부동산감정평가론
	민법 및 민사특별법	· 민법: 총칙 중 법률행위, 질권을 제외한 물권법, 계약법 중 총칙·매매·교환·임대차 · 민사특별법: 주택임대차보호법, 상가건물 임대차보호법, 집합건물의 소유 및 관리에 관한 법률, 가등기담보 등에 관한 법률, 부동산 실권리자명의 등기에 관한 법률
2차 (3과목)	공인중개사의 업무 및 부동산 거래신고에 관한 법령 및 중개실무	· 공인중개사법 · 부동산 거래신고 등에 관한 법률 · 중개실무(부동산거래 전자계약 포함)
	부동산공법 중 부동산중개에 관련되는 규정	· 국토의 계획 및 이용에 관한 법률 · 도시개발법 · 도시 및 주거환경정비법 · 주택법 · 건축법 · 농지법
	부동산공시에 관한 법령 및 부동산 관련 세법*	· 부동산등기법 · 공간정보의 구축 및 관리 등에 관한 법률(제2장 제4절 및 제3장) · 부동산 관련 세법(상속세, 증여세, 법인세, 부가가치세 제외)

* 부동산공시에 관한 법령 및 부동산 관련 세법 과목은 내용의 구성 편의상 '부동산공시법령'과 '부동산세법'으로 분리하였습니다.
* 답안은 시험시행일 현재 시행되고 있는 법령 등을 기준으로 작성합니다.

시험시간

구분		시험과목 수	입실시간	시험시간
1차 시험		2과목 (과목당 40문제)	09:00까지	09:30~11:10(100분)
2차 시험	1교시	2과목 (과목당 40문제)	12:30까지	13:00~14:40(100분)
	2교시	1과목 (과목당 40문제)	15:10까지	15:30~16:20(50분)

* 위 시험시간은 일반응시자 기준이며, 장애인 등 장애 유형에 따라 편의제공 및 시험시간 연장이 가능합니다(장애 유형별 편의제공 및 시험시간 연장 등 세부내용은 국가자격시험 공인중개사 홈페이지 공지사항 참고).

시험방법

- 1년에 1회 시험을 치르며, 1차 시험과 2차 시험을 같은 날에 구분하여 시행합니다.
- 모두 객관식 5지 선택형으로 출제됩니다.
- 답안작성은 OCR 카드에 작성하며, 전산자동 채점방식으로 채점합니다.

합격자 결정방법

- 1·2차 시험 공통으로 매 과목 100점 만점으로 하여 매 과목 40점 이상, 전 과목 평균 60점 이상 득점자를 합격자로 합니다.
- 1차 시험에 불합격한 사람의 2차 시험은 무효로 합니다.
- 1차 시험 합격자는 다음 회의 시험에 한하여 1차 시험을 면제합니다.

최종 정답 및 합격자 발표

- 최종 정답 발표는 인터넷(www.Q-Net.or.kr/site/junggae)을 통하여 확인 가능합니다.
- 최종 합격자 발표는 시험을 치른 한 달 후에 인터넷(www.Q-Net.or.kr/site/junggae)을 통하여 확인 가능합니다.

학습계획표

학습계획표 이용 Tip

- 본인의 학습 진도와 속도에 적합한 학습계획표를 선택한 후, 매일·매주 단위의 학습량을 확인합니다.
- 목표한 분량을 완료한 후에는 ☑와 같이 체크하거나 '학습 기간'에 기록하여 학습 진도를 스스로 점검합니다.

[학습 Tip]

- '출제비중분석'을 통해 단원별 출제비중과 해당 단원의 출제경향을 파악하고, 포인트별로 문제를 풀어나가며 다양한 출제 유형을 익힙니다.
- 틀린 문제는 해설을 꼼꼼히 읽어보고 '지문분석', '핵심', '보충' 코너에 수록된 내용을 확실히 이해하고 넘어가도록 합니다.
- 시험에 자주 출제되는 포인트와 포인트별 중요도를 확인하고, 문제풀이 전 단원별 주요 이론을 학습합니다.

[복습 Tip]

- 문제집을 학습하면서 어려움을 느낀 부분은 기본서 페이지를 찾아 관련 이론을 확인하고 주요 내용을 확실히 정리합니다.
- 문제집을 다시 풀어볼 때에는 ★의 개수가 많은 '핵심포인트' 위주로 전체 내용을 정리하고, 틀린 문제가 많았던 '핵심포인트'는 포인트별 💡Tip 에서 강조한 내용을 노트에 정리해 봅니다.
- 다양한 유형과 난이도에 대한 적응력을 높일 수 있도록 고득점·신유형·중요 문제의 지문과 해설을 다시 한 번 꼼꼼히 살펴봅니다.

공인중개사법령 및 실무 3주 완성 학습계획표

한 과목을 3주에 걸쳐 1회독 할 수 있는 학습계획표로, 한 과목씩 집중적으로 공부하고 싶은 수험생에게 추천합니다.

구분	월	화	수	목	금	토
1주차	Point 01~03	Point 04~06	Point 07~10	Point 11~12	Point 13~17	Point 18~21
2주차	Point 22~25	Point 26~31	Point 32~35	Point 36~39	Point 40~41	Point 42~43
3주차	Point 44~47	Point 48~49	Point 50~53	Point 54~55	Point 56	Point 57

자기주도 학습계획표

자율적으로 일정을 설정할 수 있는 학습계획표로, 자신의 학습속도에 맞추어 공부하고 싶은 수험생에게 추천합니다.

	과목	학습 범위	학습 기간
1			
2			
3			
4			
5			
6			
7			
8			
9			
10			
11			
12			
13			
14			
15			
16			
17			
18			
19			
20			
21			
22			
23			
24			
25			

활용예시

	과목	학습 범위	학습 기간
3	민법	2편 2장	8월 1일 ~ 8월 3일

시험에 나오는 포인트 57개 한눈에 보기

제1편 공인중개사법령

제1장 총칙

Point 01 법의 제정목적 *
Point 02 용어의 정의 *****
Point 03 중개대상물 *****

제2장 공인중개사 제도

Point 04 공인중개사 정책심의위원회 ****
Point 05 공인중개사 자격시험 ***
Point 06 공인중개사 자격증의 양도·대여 등의 금지 *****

제3장 중개사무소의 개설등록

Point 07 중개사무소 개설등록기준 *****
Point 08 중개사무소 개설등록절차 **
Point 09 무등록중개업 등 ***
Point 10 개업공인중개사 등의 결격사유 *****

제4장 중개업무

Point 11 중개사무소 *****
Point 12 게시, 명칭 및 표시·광고 *****
Point 13 겸업 *****
Point 14 고용인 *****
Point 15 인장등록 ****
Point 16 휴업 및 폐업 *****
Point 17 간판철거 ***

제5장 중개계약 및 부동산거래정보망

Point 18 중개계약 *****
Point 19 부동산거래정보망 *****

제6장 개업공인중개사 등의 의무

Point 20 기본적 윤리의무 *
Point 21 확인·설명 및 확인·설명서 작성 등의 의무 *****
Point 22 거래계약서 작성 등의 의무 *****
Point 23 손해배상책임과 보증설정 *****
Point 24 계약금 등의 반환채무이행 보장제도 **
Point 25 금지행위 *****

제7장 중개보수 및 실비

Point 26 중개보수 및 실비 *****

제8장 교육, 업무위탁 및 포상금 등

Point 27 교육 ****
Point 28 업무위탁 *
Point 29 포상금 ****
Point 30 수수료 ***
Point 31 부동산거래질서교란행위 신고센터 **

제9장 공인중개사협회

Point 32 협회의 설립, 조직 및 업무 ****
Point 33 공제사업 *****

제10장 지도·감독 및 벌칙

Point 34 행정처분 *****
Point 35 벌칙 *****

제2편　부동산 거래신고 등에 관한 법령

제1장　부동산거래신고제도

Point 36　신고대상 계약, 신고기한, 의무자 등 ★★★★★
Point 37　검증, 조사 등 ★★
Point 38　제재 등 ★★★
Point 39　부동산거래계약신고서 작성요령 ★★★★★

제2장　주택임대차계약의 신고

Point 40　주택임대차계약의 신고 ★★★

제3장　외국인 등의 부동산취득 등에 관한 특례

Point 41　외국인 등의 부동산취득 등에 관한 특례 ★★★★★

제4장　토지거래허가제도

Point 42　토지거래허가제도 ★★★★★

제5장　포상금 등

Point 43　포상금 등 ★★★

제3편　중개실무

제1장　중개의뢰접수 및 중개계약

Point 44　중개의뢰접수 및 중개계약서 ★★★

제2장　중개대상물의 조사·확인

Point 45　조사·확인 총설 ★★
Point 46　권리관계의 조사 ★★★★
Point 47　공법상 이용제한 및 거래규제사항의 조사 ★★★
Point 48　확인·설명서의 작성 ★★★★★

제3장　중개활동

Point 49　중개활동 ★

제4장　거래계약의 체결

Point 50　거래계약서 작성시 주의사항 ★
Point 51　전자계약시스템 ★★★

제5장　개별적 중개실무

Point 52　「부동산등기 특별조치법」 ★
Point 53　「부동산 실권리자명의 등기에 관한 법률」 ★★★★
Point 54　「주택임대차보호법」 ★★★★★
Point 55　「상가건물 임대차보호법」 ★★★★★
Point 56　경매 ★★★★★
Point 57　매수신청대리인 ★★★★★

7개년 출제비중분석

7개년 평균 출제비중

제1편 출제비중 62.8%

장별 출제비중

장 제목	평균	제35회	제34회	제33회	제32회	제31회	제30회	제29회
제1장 총칙	1.5	0	2	2	1	1	2	2
제2장 공인중개사 제도	1.3	1	2	2	1	1	2	0
제3장 중개사무소의 개설등록	1.8	1	2	2	1	2	1	3
제4장 중개업무	6.3	5	6	2	8	11	6	6
제5장 중개계약 및 부동산거래정보망	2	2	1	3	2	2	2	2
제6장 개업공인중개사 등의 의무	3.6	3	4	1	5	4	3	5
제7장 중개보수 및 실비	1.3	1	1	3	0	2	0	2
제8장 교육 및 업무위탁, 포상금 등	1.3	2	1	1	1	1	2	1
제9장 공인중개사협회	1.3	2	1	1	1	0	3	1
제10장 지도·감독 및 벌칙	4.7	3	4	4	7	4	4	7

*평균: 최근 7개년 동안 출제된 각 장별 평균 문제 수입니다.

제1편
공인중개사법령

제1장　총칙
제2장　공인중개사 제도
제3장　중개사무소의 개설등록
제4장　중개업무
제5장　중개계약 및 부동산거래정보망
제6장　개업공인중개사 등의 의무
제7장　중개보수 및 실비
제8장　교육, 업무위탁 및 포상금 등
제9장　공인중개사협회
제10장　지도·감독 및 벌칙

제1장 총칙

Point 01 법의 제정목적 ★
기본서 p.21

이 법은 공인중개사의 업무 등에 관한 사항을 정하여 그 전문성을 제고하고 부동산중개업을 건전하게 육성하여 국민경제에 이바지함을 목적으로 한다.

Point 02 용어의 정의 ★★★★★
기본서 p.21~29

중개	법정 중개대상물에 대하여 거래당사자간의 매매·교환·임대차 그 밖의 권리의 득실변경에 관한 행위를 알선하는 것
중개업	다른 사람의 의뢰에 의하여 일정한 보수를 받고 중개를 업으로 행하는 것
개업공인중개사	이 법(「공인중개사법」)에 의하여 중개사무소의 개설등록을 한 자 🔍 개업공인중개사에는 법 제7638호 부칙 제6조 제2항의 개업공인중개사(= 중개인)가 포함된다.
공인중개사	이 법(「공인중개사법」)에 의한 공인중개사 자격을 취득한 자
소속공인중개사	개업공인중개사에 소속된 공인중개사(개업공인중개사인 법인의 사원 또는 임원으로서 공인중개사인 자를 포함)로서 중개업무를 수행하거나 개업공인중개사의 중개업무를 보조하는 자
중개보조원	공인중개사가 아닌 자로서 개업공인중개사에 소속되어 중개대상물에 대한 현장안내 및 일반서무 등 개업공인중개사의 중개업무와 관련된 단순한 업무를 보조하는 자

Point 03 중개대상물 ★★★★★

기본서 p.29~41

구분	해당하는 것	해당하지 않는 것
중개대상물 여부	• 토지 • 건축물 그 밖의 토지의 정착물 • 입목, 공장재단, 광업재단 • 분양권, 도로예정지인 사유지 등	• 자동차, 항공기, 선박, 기계장치, 세차장 구조물, 권리금 등 • 포락지, 바닷가, 미채굴의 광물 등 국·공유재산, 온천수
중개대상 권리 여부	• 소유권, 지상권, 지역권, 전세권 • 부동산임차권, 등기된 환매권 • 가등기담보권, 유치권 등	• 동산질권, 대토권 • 특허권, 상표권, 저작권 • 어업권, 광업권, 분묘기지권
중개대상 행위 여부	• 매매, 교환, 임대차, 환매계약 • 저당권의 설정 및 이전 • 유치권·법정지상권의 이전	• 증여, 점유, 기부채납 • 상속, 공용수용, 경매 • 유치권·법정지상권의 성립

제1장 단원별 출제예상문제

중요 출제가능성이 높은 중요 문제　고득점 고득점 목표를 위한 어려운 문제　신유형 기존에 출제되지 않은 신유형 대비 문제

> **Tip**
> 용어의 정의와 중개대상물에서 각 1문제를 거의 매회 출제하므로, 용어의 정의는 정확히 암기하고, 중개대상물에 대하여는 해당 여부 및 판례를 중심으로 숙지하여야 한다.

Point 01 법의 제정목적 ★

정답 및 해설 p.9

01 「공인중개사법」상 법의 제정목적으로 명문의 규정이 있는 것을 모두 고른 것은?

> ㉠ 부동산업을 건전하게 육성한다.
> ㉡ 전문성을 제고한다.
> ㉢ 개업공인중개사의 공신력을 제고한다.
> ㉣ 국민경제에 이바지한다.

① ㉠, ㉢　　② ㉠, ㉣　　③ ㉡, ㉢
④ ㉡, ㉣　　⑤ ㉢, ㉣

Point 02 용어의 정의 ★★★★★

정답 및 해설 p.9~10

02 공인중개사법령상 용어의 정의와 관련한 설명으로 옳은 것은? (다툼이 있으면 판례에 따름)

① '중개'란 다른 사람의 의뢰에 의하여 일정한 보수를 받고 중개를 업으로 행하는 것을 말한다.
② '개업공인중개사'라 함은 이 법에 의하여 중개사무소의 개설등록을 한 자를 말한다.
③ 다른 사람의 의뢰에 의하여 금전소비대차 행위를 일정한 보수를 받고 계속·반복적으로 알선한 경우 중개업에 해당한다.
④ 중개사무소의 개설등록을 하지 아니한 자의 중개대상물에 대한 반복적 중개행위는 중개업에 해당될 수 없다.
⑤ 중개대상인 권리에는 저당권 등 담보물권은 포함되지 않는다.

03 「공인중개사법」 제2조에서 정한 용어의 정의에 관하여 옳은 것은?

① '중개업'이란 중개사무소의 개설등록을 하고 다른 사람의 의뢰에 의하여 일정한 보수를 받고 중개를 업으로 행하는 것을 말한다.
② '개업공인중개사'라 함은 공인중개사 또는 법인으로서 중개업을 영위하는 자를 말한다.
③ '공인중개사'라 함은 이 법에 의하여 공인중개사의 자격을 취득한 자를 말한다.
④ '소속공인중개사'라 함은 법인인 개업공인중개사에게 소속된 공인중개사로서 임원 또는 사원이 아닌 자를 말한다.
⑤ '중개보조원'이라 함은 개업공인중개사에 소속되어 계약서의 작성 등 중개업무를 보조하는 자를 말한다.

고득점
04 「공인중개사법」상 용어의 정의와 관련한 설명으로 틀린 것은?

① 소속공인중개사에는 개업공인중개사인 법인의 사원 또는 임원으로서 중개업무를 수행하는 공인중개사인 자가 포함된다.
② 공인중개사로서 개업공인중개사에 고용되어 그의 중개업무를 보조하는 자는 소속공인중개사이다.
③ 공인중개사 자격 취득 후 중개사무소 개설등록을 하지 않은 자는 개업공인중개사가 아니다.
④ 중개보조원에는 공인중개사가 아닌 자로서 개업공인중개사에 소속되어 중개업무와 관련한 단순업무를 보조하는 자뿐만 아니라 소속공인중개사가 포함된다.
⑤ 외국의 법에 따라 공인중개사 자격을 취득한 자는 공인중개사가 아니다.

05 공인중개사법령상 용어에 관한 설명으로 옳은 것은? 제34회

① 중개대상물을 거래당사자간에 교환하는 행위는 '중개'에 해당한다.
② 다른 사람의 의뢰에 의하여 중개를 하는 경우는 그에 대한 보수를 받지 않더라도 '중개업'에 해당한다.
③ 개업공인중개사인 법인의 임원으로서 공인중개사인 자가 중개업무를 수행하는 경우에는 '개업공인중개사'에 해당한다.
④ 공인중개사가 개업공인중개사에 소속되어 개업공인중개사의 중개업무와 관련된 단순한 업무를 보조하는 경우에는 '중개보조원'에 해당한다.
⑤ 공인중개사 자격을 취득한 자는 중개사무소의 개설등록 여부와 관계없이 '공인중개사'에 해당한다.

06 공인중개사법령상 용어와 관련된 설명으로 옳은 것을 모두 고른 것은? (다툼이 있으면 판례에 따름)

> ㉠ 개업공인중개사라 함은 공인중개사 자격을 가지고 중개를 업으로 하는 자를 말한다.
> ㉡ 중개대상물의 거래당사자들로부터 보수를 현실적으로 받지 아니하고 단지 보수를 받을 것을 약속하거나 거래당사자들에게 보수를 요구하는 데 그친 경우에는 '중개업'에 해당한다고 할 수 없다.
> ㉢ 거래당사자간 지역권의 설정과 취득을 알선하는 행위는 중개에 해당한다.
> ㉣ 공인중개사 자격증과 중개사무소 등록증을 대여받아 중개사무소를 운영하는 甲이 직접 거래당사자로서 중개사무소를 방문한 乙과 임대차계약을 체결한 경우, 甲의 그러한 행위는 '중개행위'에 해당하지 않는다.

① ㉠, ㉡
② ㉠, ㉢
③ ㉡, ㉢
④ ㉡, ㉢, ㉣
⑤ ㉠, ㉡, ㉢, ㉣

07 「공인중개사법」에서 사용하고 있는 용어의 정의와 관련된 설명으로 옳은 것은? (다툼이 있으면 판례에 따름)

① 한국자산관리공사에서 행하는 부동산공매나 법원의 경매는 공개매각이라는 절차를 통하므로 중개행위가 개입될 여지가 없다.
② 유·무형의 재산적 가치의 양도에 대하여 권리금을 수수하도록 중개한 것은 「공인중개사법」상의 중개행위에 해당한다.
③ 우연한 기회에 단 1회 다른 사람의 의뢰에 의하여 주택에 관한 전세계약을 알선하여 주는 행위는 '중개업'에 해당한다.
④ 중개라 함은 법정 중개대상물에 대하여 거래당사자간의 매매·교환·임대차에 관한 행위만을 알선하는 것을 말한다.
⑤ 개업공인중개사가 중개보수를 받지 않고 행한 중개행위는 「공인중개사법」이 적용되지 않는다.

08 「공인중개사법」상 '중개'에 관한 설명 중 틀린 것은? (다툼이 있으면 판례에 따름)

① 개업공인중개사의 중개행위는 거래당사자간의 법률행위의 성립에 조력하는 사실행위로서, 사전적·보조적 준비행위에 속한다.
② 개업공인중개사의 중개행위는 계약의 성립을 위한 중개의뢰인의 사자(使者) 또는 대리인으로서의 행위로 보아야 한다.
③ 부동산중개업무는 「상법」에서 정하고 있는 중개에 관한 행위로서 기본적 상행위에 해당한다.
④ 중개의 3요소는 중개대상물, 중개의뢰인, 개업공인중개사를 말한다.
⑤ 부동산중개행위가 부동산컨설팅행위에 부수하여 이루어진 경우라도 중개업에 해당될 수 있다.

09 공인중개사법령상 '중개' 및 '중개업'에 관한 설명으로 틀린 것은? (다툼이 있으면 판례에 따름)

① 중개행위에 해당하는지 여부는 진정으로 거래당사자를 위해 거래를 알선·중개하려는 의사를 갖고 있었느냐고 하는 개업공인중개사의 주관적 의사에 의해 결정된다.
② 보수를 받고 오로지 토지만의 중개를 업으로 하는 경우, 중개업에 해당한다.
③ 거래당사자 사이에 부동산에 관한 환매계약이 성립하도록 알선하는 행위도 중개에 해당한다.
④ 다른 사람의 의뢰에 의하여 일정한 보수를 받고 부동산에 대한 저당권설정행위의 알선을 업으로 하는 경우, 그 행위의 알선이 금전소비대차의 알선에 부수하여 이루어졌더라도 중개업에 해당한다.
⑤ 중개행위에는 개업공인중개사가 거래의 쌍방 당사자로부터 의뢰를 받아 중개하는 경우뿐만 아니라 거래의 일방당사자의 의뢰에 의하여 중개하는 경우도 포함한다.

10 공인중개사법령상 용어와 관련된 설명으로 <u>틀린</u> 것을 모두 고른 것은? (다툼이 있으면 판례에 따름)

> ㉠ 반복, 계속성이나 영업성이 없이 우연한 기회에 타인간의 임야매매를 중개하고 보수를 받은 경우, 중개업에 해당한다.
> ㉡ 일정한 보수를 받고 부동산중개행위를 부동산컨설팅행위에 부수하여 영업으로 하는 경우 중개업에 해당하지 않는다.
> ㉢ 개업공인중개사에 소속된 공인중개사로서 중개업무를 수행하거나 개업공인중개사의 중개업무를 보조하는 자는 소속공인중개사이다.
> ㉣ 법정지상권을 양도하는 행위를 알선하는 것은 중개에 해당한다.

① ㉠, ㉡
② ㉠, ㉢
③ ㉠, ㉣
④ ㉡, ㉣
⑤ ㉢, ㉣

Point 03 중개대상물 ★★★★★

정답 및 해설 p.10~12

11 공인중개사법령상 중개대상물에 관한 설명으로 <u>틀린</u> 것은?

① 등기되지 아니한 건물도 중개대상물이 될 수 있다.
② 중개대상물인 입목, 공장재단은 관련 법률에 의하여 소유권보존등기가 되어 있어야 한다.
③ 중개대상물은 개업공인중개사의 고유·전속에 속하는 중개행위의 대상물로서, 중개사무소의 개설등록을 하지 아니한 자는 이를 영업으로 중개하지 못한다.
④ 개업공인중개사, 소속공인중개사 및 중개보조원은 중개대상물에 대하여 매매를 업으로 할 수 없다.
⑤ 등기 또는 등록되는 재산은 모두 중개대상물이 될 수 있다.

12 공인중개사법령상 중개대상물에 관한 설명 중 **틀린** 것은? (다툼이 있으면 판례에 따름)

① 토지는 1필지 단위로만 중개대상물이 된다.
② 콘크리트 지반 위에 볼트조립방식으로 철제기둥을 세우고 지붕을 덮은 다음, 3면에 천막이나 유리를 설치한 세차장구조물은 「민법」상 부동산인 '토지의 정착물'에 해당하지 않는다.
③ 1동 건물의 일부라도 소유권의 객체로서 매매의 대상으로 할 수 있는 경우가 있다.
④ 공용폐지가 되지 아니한 행정재산인 토지는 중개대상물에 해당하지 않는다.
⑤ 분양계약이 체결되지는 않았으나 추첨을 하여 당첨이 되면 즉시 분양목적물이 확정되는 구체화된 아파트 입주권은 중개대상물이 될 수 있다.

13 공인중개사법령상 중개대상에 관한 설명으로 옳은 것은?

① 무허가건물은 중개대상물이 될 수 없다.
② 명인방법을 갖춘 수목의 집단은 중개대상물이 될 수 없다.
③ 동산질권은 중개대상이 될 수 없다.
④ 교량, 담장은 독립한 중개대상물이 될 수 있다.
⑤ 20톤 미만의 선박은 중개대상물이 된다.

14 공인중개사법령상 중개대상물에 대한 설명으로 옳은 것은? (다툼이 있으면 판례에 따름)

① 중개대상물인 건축물에는 기존의 건축물뿐만 아니라 장차 건축될 특정의 건물도 포함될 수 있다.
② 당첨이 되면 입주예정자로 선정될 수 있는 지위인 입주권은 장래의 건물이 되므로 당연히 중개대상물이라 볼 수 있다.
③ 근저당권이 설정되어 있는 피담보채권은 중개대상물이다.
④ 점포위치에 따른 영업상의 이점은 중개대상물이다.
⑤ 등기 또는 명인방법을 갖추지 아니한 가식(假植)의 수목의 집단도 토지와는 독립된 중개대상물이 될 수 있다.

15 「입목에 관한 법률」상의 입목에 관하여 설명한 내용 중 <u>틀린</u> 것은?

① 소유권보존등기를 받을 수 있는 수목의 집단은 입목등록원부에 등록된 것에 한정된다.
② 입목의 소유자는 토지와 분리하여 입목을 양도할 수 있다.
③ 입목을 목적으로 하는 저당권의 효력은 입목을 베어 낸 경우에 그 토지로부터 분리된 수목에 대하여는 미치지 않는다.
④ 입목에 대한 등기에 관하여 이 법에 특별한 규정이 있는 경우 및 「부동산등기법」 제24조 제1항 제2호를 제외하고는 「부동산등기법」을 준용한다.
⑤ 지상권자에게 속하는 입목이 저당권의 목적이 되어 있는 경우에는 지상권자는 저당권자의 승낙 없이 그 권리를 포기하거나 계약을 해지할 수 없다.

16 「입목에 관한 법률」에 의한 입목에 관한 설명 중 <u>틀린</u> 것은?

① 입목이란 토지에 부착된 수목의 집단으로서 소유권보존등기를 받은 것을 말한다.
② 입목으로 등기를 받을 수 있는 수목의 집단은 수종의 제한을 받지 아니하나, 1필의 토지의 전체에 생립하고 있어야 한다.
③ 입목은 부동산으로 보며, 입목의 소유자는 토지와 분리하여 입목을 양도하거나 이를 저당권의 목적으로 할 수 있으며, 토지소유권 또는 지상권 처분의 효력은 입목에 영향을 미치지 아니한다.
④ 입목등기가 경료된 후 등기관은 입목이 생육하고 있는 토지의 등기기록 중 표제부에 입목등기기록을 표시하여야 한다.
⑤ 입목을 저당권의 목적으로 하고자 하는 경우에는 그 입목을 보험에 붙여야 하며, 경매 등의 사유로 입목소유자와 그 토지의 소유자가 다르게 된 경우에는 입목소유자에게 지상권을 설정한 것으로 본다.

17 「공장 및 광업재단 저당법」에 따른 공장재단과 광업재단에 관한 설명 중 틀린 것은?

① 공장의 소유자가 다른 경우에도 하나 또는 둘 이상의 공장으로 공장재단을 설정하여 저당권의 목적으로 할 수 있다.
② 공장재단의 구성물은 공장재단과 분리하여 양도하거나 소유권 외의 권리, 압류, 가압류 또는 가처분의 목적으로 하지 못한다.
③ 공장재단은 소유권과 저당권 이외의 권리의 목적으로 할 수 없으나, 저당권자의 동의가 있으면 임차권의 목적으로는 할 수 있다.
④ 공장재단에 속한 토지나 건물은 해당 등기기록 중 해당구에 공장재단에 속하였다는 취지가 기록된다.
⑤ 광업재단 또는 공장재단의 소유권보존등기는 그 등기 후 1년 이내에 저당권설정등기를 하지 아니한 경우에는 효력을 상실한다.

18 중개대상물에 대한 설명 중 옳은 것을 모두 고른 것은? (다툼이 있으면 판례에 따름)

┌───┐
│ ㉠ 중개대상물인 '건축물'은 「민법」상의 부동산에 해당하는 건축물에 한정된다.
│ ㉡ 공장재단에 속한 공장이 둘 이상일 때 각 공장의 소유자가 다른 경우에도 공장재단을 설정할 수 있다.
│ ㉢ 타인의 권리의 목적인 물건, 압류, 가압류 또는 가처분의 목적인 물건은 공장재단의 구성물이 될 수 없다.
└───┘

① 없음　　　　　　　　　　② ㉠, ㉡
③ ㉠, ㉢　　　　　　　　　④ ㉡, ㉢
⑤ ㉠, ㉡, ㉢

★중요
19 공인중개사법령상 중개대상물이 아닌 것은? (다툼이 있으면 판례에 따름)

① 거래처, 신용, 영업상의 노하우 등 무형의 재산적 가치
② 상속된 토지
③ 토지에 부착된 수목의 집단으로서 소유권보존등기를 한 것
④ 유치권이 행사되고 있는 건물
⑤ 토지거래허가구역 내의 사유지인 토지

▲ 고득점
20 공인중개사법령상 중개대상이 <u>아닌</u> 것은 몇 개인가?

> ㉠ 사권이 소멸된 포락지　　㉡ 고속도로 부지에 대한 임차권
> ㉢ 가압류된 아파트　　㉣ 부동산 환매계약
> ㉤ 무주(無主)의 부동산　　㉥ 부동산 유치권
> ㉦ 광업권　　㉧ 특허권 등 산업재산권

① 2개　　② 3개
③ 4개　　④ 5개
⑤ 6개

21 공인중개사법령상 중개대상물에 해당하지 <u>않는</u> 것을 모두 고른 것은?　　제30회

> ㉠ 미채굴광물　　㉡ 온천수
> ㉢ 금전채권　　㉣ 점유

① ㉠, ㉡　　② ㉢, ㉣
③ ㉠, ㉡, ㉣　　④ ㉡, ㉢, ㉣
⑤ ㉠, ㉡, ㉢, ㉣

▲ 고득점
22 공인중개사법령상 개업공인중개사의 중개대상이 될 수 있는 권리 및 대상물로 <u>틀린</u> 항목이 포함되어 있는 것을 모두 고른 것은?　　제19회 수정

> ㉠ 미등기건물, 개인의 공유수면 매립토지, 경매개시결정등기가 되어 있는 토지
> ㉡ 지상권, 법정저당권의 성립, 가등기가 설정되어 있는 토지
> ㉢ 분묘기지권, 권리금, 동산질권
> ㉣ 지상권, 등기된 부동산 환매권, 「공장 및 광업재단 저당법」에 따른 공장재단
> ㉤ 법정지상권, 특허권, 접도구역에 포함된 사유지

① ㉠, ㉡, ㉢　　② ㉠, ㉢, ㉣
③ ㉡, ㉢, ㉤　　④ ㉡, ㉣, ㉤
⑤ ㉢, ㉣, ㉤

23 공인중개사법령상 중개대상물이 <u>아닌</u> 것은? (다툼이 있으면 판례에 따름)

① 동·호수가 특정되어 분양계약이 체결된 아파트분양권
② 토지로부터 분리된 수목
③ 가등기담보권이 설정되어 있는 토지
④ 지목(地目)이 양어장인 토지
⑤ 법정지상권이 성립한 토지

24 공인중개사법령상 중개대상물에 해당하는 것을 모두 고른 것은? (다툼이 있으면 판례에 따름) 제33회

㉠ 동·호수가 특정되어 분양계약이 체결된 아파트분양권
㉡ 기둥과 지붕 그리고 주벽이 갖추어진 신축 중인 미등기상태의 건물
㉢ 아파트 추첨기일에 신청하여 당첨되면 아파트의 분양예정자로 선정될 수 있는 지위인 입주권
㉣ 주택이 철거될 경우 일정한 요건하에 택지개발지구 내에 이주자택지를 공급받을 지위인 대토권

① ㉠, ㉡
② ㉡, ㉢
③ ㉢, ㉣
④ ㉠, ㉡, ㉣
⑤ ㉠, ㉡, ㉢, ㉣

제2장 공인중개사 제도

Point 04 공인중개사 정책심의위원회 ★★★★

기본서 p.43~46

설치	국토교통부에 설치, 임의기관
심의·의결사항	시험, 중개업 육성, 손해배상책임의 보장, 중개보수 등 🔍 시험 등 자격 취득에 관한 사항을 심의한 경우 시·도지사는 이에 따라야 한다.
위원장	국토교통부 제1차관(직무수행 불가시 지명한 위원이 대행)
위원	국토교통부장관이 임명·위촉, 위원장 1인 포함 7~11명 이내, 임기 2년
운영	① 재적위원 과반수 출석 개의, 출석위원 과반수 찬성 심의·의결 ② 위원장이 7일 전까지 소집통지(긴급시는 전날까지)

Point 05 공인중개사 자격시험 ★★★

기본서 p.47~53

시험시행기관	① 원칙: 시·도지사 ② 예외: 국토교통부장관(심의위원회 사전의결)
응시결격	① 공인중개사 자격 취소된 후 3년이 지나지 아니한 자 ② 공인중개사 자격시험 부정행위자로서 5년이 지나지 아니한 자
시험방법 등	① 1차, 2차 구분, 매년 1회 이상 시행 원칙 ② 1차 시험 합격시 다음 회 1차 시험 면제 ③ 신뢰도 저하 출제위원 위촉금지: 5년 ④ 시험 세부사항 공고: 시험일 90일 전 ⑤ 자격증 교부: 시·도지사가 합격자 공고일로부터 1개월 이내

Point 06 공인중개사 자격증의 양도·대여 등의 금지 ★★★★★

기본서 p.54~56

대여 등의 금지	① 공인중개사 자격증 양도·대여, 다른 사람에게 성명 사용하여 중개업무하게 하는 것 금지 ⇨ 위반: 자격취소 + 1년 이하의 징역 또는 1천만원 이하의 벌금 ② 공인중개사 자격증 양수·대여받아 사용하는 행위 금지 ⇨ 위반: 1년 이하의 징역 또는 1천만원 이하의 벌금 ③ 자격증 대여 등의 알선행위 금지 ⇨ 위반: 1년 이하의 징역 또는 1천만원 이하의 벌금
사칭 금지	공인중개사가 아닌 자는 공인중개사 유사명칭 사용 금지 ⇨ 위반: 1년 이하의 징역 또는 1천만원 이하의 벌금

제2장 단원별 출제예상문제

☆중요 출제가능성이 높은 중요 문제 ↘고득점 고득점 목표를 위한 어려운 문제 신유형 기존에 출제되지 않은 신유형 대비 문제

> 💡 **Tip**
> 최근 제27회 시험 이후에는 제29회를 제외하고 매회 출제하고 있다. 공인중개사 정책심의위원회를 철저히 숙지하고, 공인중개사 자격증의 양도·대여 금지, 사칭 금지와 관련한 판례, 제재사항에 대하여 정리하여야 한다.

Point 04 공인중개사 정책심의위원회 ★★★★

정답 및 해설 p.12

☆중요

01 공인중개사법령상 '공인중개사 정책심의위원회'(이하 '심의위원회'라 함)에 관한 설명으로 **틀린** 것은?

① 국토교통부에 심의위원회를 둘 수 있다.
② 심의위원회는 위원장 1명을 포함하여 7명 이상 11명 이내의 위원으로 구성한다.
③ 위원은 국토교통부장관이 임명 또는 위촉하고, 위원장은 국토교통부 제1차관이 된다.
④ 위원장이 부득이한 사유로 직무를 수행할 수 없을 때에는 부위원장이 그 직무를 대행한다.
⑤ 변호사 또는 공인회계사의 자격이 있는 사람은 위원이 될 수 있다.

02 공인중개사법령상 공인중개사 정책심의위원회에 관한 설명 중 옳은 것을 모두 고른 것은?

㉠ 위원장은 국토교통부장관으로 한다.
㉡ 위원의 임기는 공무원인 위원을 제외하고 2년으로 한다.
㉢ 위원 본인이 제척사유에 해당하는 경우에는 스스로 해당 안건의 심의·의결에서 회피하여야 한다.
㉣ 위원장은 심의위원회의 회의를 소집하려면 원칙적으로 회의 개최 10일 전까지 회의의 일시, 장소 및 안건을 각 위원에게 통보하여야 한다.

① ㉣
② ㉠, ㉣
③ ㉡, ㉢
④ ㉠, ㉡, ㉢
⑤ ㉠, ㉡, ㉢, ㉣

03 공인중개사법령상 공인중개사 정책심의위원회의 심의사항이 아닌 것은?

① 공인중개사의 시험 등 공인중개사의 자격취득에 관한 사항
② 부동산중개업의 육성에 관한 사항
③ 중개보수 변경에 관한 사항
④ 공인중개사 자격시험 출제위원의 임명 또는 위촉에 관한 사항
⑤ 손해배상책임의 보장 등에 관한 사항

04 공인중개사법령상 공인중개사 정책심의위원회(이하 '심의위원회'라 함)에 관한 설명으로 틀린 것은?

① 위원의 사임 등으로 새로 위촉된 위원의 임기는 전임위원 임기의 남은 기간으로 한다.
② 심의위원회 위원이 해당 안건에 대하여 연구, 용역, 감정 또는 자문을 한 경우는 심의·의결의 제척사유이다.
③ 위원이 제척사유에 해당함에도 불구하고 회피하지 아니한 경우, 국토교통부장관은 그 위원을 해촉할 수 있다.
④ 심의위원회의 회의는 재적위원 과반수의 출석으로 개의(開議)하고, 출석위원 과반수의 찬성으로 의결한다.
⑤ 심의위원회에서 중개보수 변경에 관한 사항을 심의한 경우 시·도지사는 이에 따라야 한다.

05 공인중개사법령상 공인중개사 정책심의위원회(이하 '심의위원회'라 함)에 관한 설명으로 틀린 것은?

① 위원 또는 그 배우자나 배우자였던 사람이 해당 안건의 당사자가 된 경우 해당 위원은 심의위원회의 심의·의결에서 제척된다.
② 심의위원회에 출석한 위원 및 관계 전문가에게는 공무원인 위원을 제외하고, 예산의 범위에서 수당과 여비를 지급할 수 있다.
③ 심의위원회의 운영 등에 필요한 사항은 심의위원회 의결을 거쳐 위원장이 정한다.
④ 「소비자기본법」에 따른 한국소비자원의 임직원으로 재직하고 있는 사람은 심의위원회의 위원이 될 수 없다.
⑤ 심의위원회에 심의위원회의 사무를 처리할 간사 1명을 위원장이 국토교통부 소속 공무원 중에서 지명한다.

06 공인중개사법령상 공인중개사 정책심의위원회(이하 '위원회'라 함)에 관한 설명으로 옳은 것을 모두 고른 것은?

> ㉠ 위원회의 심의사항에는 중개보수 변경에 관한 사항이 포함된다.
> ㉡ 위원회는 위원장 1명을 제외하고 7명 이상 11명 이내의 위원으로 구성한다.
> ㉢ 위원은 위원장이 임명하거나 위촉한다.
> ㉣ 위원장이 부득이한 사유로 직무를 수행할 수 없을 때에는 위원 중에서 호선된 자가 그 직무를 대행한다.
> ㉤ 위원이 속한 법인이 해당 안건의 당사자의 대리인이었던 경우 그 위원은 위원회의 심의·의결에서 제척된다.

① ㉠, ㉢
② ㉠, ㉤
③ ㉢, ㉣
④ ㉡, ㉢, ㉣
⑤ ㉡, ㉢, ㉤

Point 05 공인중개사 자격시험 ★★★

07 공인중개사법령상 공인중개사 자격시험(이하 '시험'이라 함)과 관련한 설명 중 옳은 것은?

① 시험의 원칙적인 시행기관장은 국토교통부장관이다.
② 2022년 10월 29일에 시험의 부정행위처분을 받은 자는 2025년 10월 28일까지 시험 응시자격이 정지된다.
③ 미성년자는 시험에 응시할 수 없다.
④ 파산자는 공인중개사가 될 수 있으나, 소속공인중개사는 될 수 없다.
⑤ 시험과목·시험방법 및 시험의 일부 면제 그 밖에 시험에 관하여 필요한 사항은 국토교통부령으로 정한다.

08 공인중개사법령상 공인중개사 자격시험에 응시할 수 없는 자를 모두 고른 것은?

> ㉠ 대한민국 국적이 없는 자
> ㉡ 공인중개사 자격취소처분을 받고 3년이 지나지 아니한 자
> ㉢ 공인중개사 자격시험에서 부정행위처분을 받고 5년이 지나지 아니한 자
> ㉣ 「공인중개사법」에 위반하여 300만원 이상의 벌금형을 받고 3년이 지나지 아니한 자

① ㉠, ㉣
② ㉡, ㉢
③ ㉠, ㉡, ㉣
④ ㉡, ㉢, ㉣
⑤ ㉠, ㉡, ㉢, ㉣

09 공인중개사법령상 공인중개사 자격시험에 관한 설명으로 틀린 것은?

① 공인중개사가 되려는 자는 시·도지사가 시행하는 공인중개사 자격시험에 합격하여야 한다.
② 국토교통부장관이 직접 시험문제를 출제하려는 경우에는 공인중개사 정책심의위원회의 사후의결을 거쳐야 한다.
③ 시험을 시행하는 시험시행기관장은 시험에서 부정한 행위를 한 응시자에 대하여는 그 시험을 무효로 하고, 지체 없이 다른 시험시행기관장에게 통보하여야 한다.
④ 국토교통부장관 또는 시·도지사는 시험의 신뢰도를 크게 떨어뜨리는 행위를 한 출제위원에 대하여는 5년간 시험의 출제위원으로 위촉하여서는 아니 된다.
⑤ 공인중개사 자격시험에 응시하는 자는 수수료를 납부하여야 한다.

10 공인중개사법령상 공인중개사 자격시험과 관련한 설명으로 틀린 것은?

① 출제위원은 국토교통부장관이 임명 또는 위촉한다.
② 출제위원 및 시험시행업무 등에 종사하는 자에 대하여는 예산의 범위 안에서 수당 및 여비를 지급할 수 있다.
③ 시험시행기관장이 선발예정인원이나 최소 선발인원 또는 응시자 대비 최소 선발비율을 공고하기 위해서는 미리 공인중개사 정책심의위원회 의결을 거쳐야 한다.
④ 제1차 시험에 합격한 자에 대하여는 다음 회의 시험에 한하여 제1차 시험을 면제한다.
⑤ 시험은 매년 1회 이상 시행하되, 부득이한 사정이 있는 경우에는 공인중개사 정책심의위원회의 의결을 거쳐 당해 연도의 시험을 시행하지 아니할 수 있다.

11 공인중개사법령상 공인중개사 자격시험에 관한 설명으로 옳지 않은 것은?

① 시험은 제1차 시험 및 제2차 시험으로 구분 시행함을 원칙으로 한다.
② 제1차 시험과 제2차 시험을 동시에 시행하는 경우에는 제1차 시험에 불합격한 자의 제2차 시험은 무효로 한다.
③ 시험시행기관장은 시험의 개략사항 공고 후 합격자 결정방법 및 응시수수료의 반환에 관한 사항 등 시험의 세부시행에 필요한 사항을 시험시행일 90일 전까지 일간신문, 관보, 방송 중 하나 이상에 공고하고, 인터넷 홈페이지 등에도 이를 공고해야 한다.
④ 시험 응시원서 접수마감일의 다음 날부터 7일 이내에 접수를 취소하는 경우에는 납입한 응시수수료의 100분의 60을, 그 후부터 시험시행일 10일 전까지 접수를 취소하는 경우에는 납입한 응시수수료의 100분의 50을 반환한다.
⑤ 국토교통부장관은 시험 합격자의 결정공고일부터 2개월 이내에 시험 합격자에게 공인중개사 자격증을 교부하여야 한다.

▶ 고득점
12 공인중개사법령상 공인중개사에 관한 설명으로 옳은 것을 모두 고르면 몇 개인가?

> ㉠ 공인중개사 자격증 교부대장은 전자적 처리가 불가능한 특별한 사유가 없으면 전자적 처리가 가능한 방법으로 작성·관리해야 한다.
> ㉡ 공인중개사의 자격이 취소된 후 3년이 지나지 아니한 자는 공인중개사가 될 수 없다.
> ㉢ 개업공인중개사가 공인중개사 자격증을 분실하거나 못쓰게 된 때에는 중개사무소 소재지 관할 시·도지사에게 자격증의 재교부를 신청할 수 있다.
> ㉣ 공인중개사라도 중개업을 영위하지 않는 경우에는 공인중개사라는 명칭을 사용할 수 없다.
> ㉤ 공인중개사는 언제든지 중개사무소의 개설등록을 하지 않고도 중개업을 영위할 수 있다.

① 1개 ② 2개
③ 3개 ④ 4개
⑤ 모두

Point 06 공인중개사 자격증의 양도·대여 등의 금지 ★★★★★

정답 및 해설 p.13

13 공인중개사법령상 공인중개사와 관련한 설명으로 틀린 것은?

① 공인중개사는 다른 사람에게 자기의 성명을 사용하여 중개업무를 하게 하거나 자기의 공인중개사 자격증을 양도 또는 대여하여서는 아니 된다.
② 누구든지 다른 사람의 공인중개사 자격증을 양수하거나 대여받아 이를 사용하여서는 아니 되고, 양도 또는 대여 등의 행위를 알선하여서는 아니 된다.
③ 공인중개사가 아닌 자는 공인중개사 또는 이와 유사한 명칭을 사용하지 못한다.
④ 공인중개사가 다른 사람에게 자기의 성명을 사용하여 중개업무를 하게 하거나 자기의 공인중개사 자격증을 양도 또는 대여한 경우에는 자격이 취소되고, 1년 이하의 징역 또는 1천만원 이하의 벌금에 처해진다.
⑤ 공인중개사가 아닌 자가 공인중개사 또는 이와 유사한 명칭을 사용한 경우 3년 이하의 징역 또는 3천만원 이하의 벌금에 처한다.

고득점

14 공인중개사법령상 공인중개사에 대한 설명으로 틀린 것은? (다툼이 있으면 판례에 따름)

① 공인중개사 자격을 부정한 방법으로 취득한 자에 대하여는 자격을 취소하고, 3년 이하의 징역 또는 3천만원 이하의 벌금에 처한다.
② 공인중개사 자격증을 대여 받은 자의 중개행위에 의한 권리의 득실변경에 관한 법률행위가 강행법규에 반한다는 사정만으로 「공인중개사법」에 의한 중개행위에서 제외된다고 할 수 없다.
③ 공인중개사가 비록 스스로 몇 건의 중개업무를 직접 수행한 바 있다 하더라도, 적어도 무자격자가 성사시킨 거래에 관해서는 무자격자가 작성한 계약서에 자신의 인감을 날인하는 방법으로 자신이 직접 공인중개사 업무를 수행하는 형식만 갖춘 경우에는 공인중개사 자격증의 대여행위에 해당한다.
④ 공인중개사가 아닌 자는 공인중개사 또는 이와 유사한 명칭을 명함, 간판뿐만 아니라 출판물 등에도 사용하여서는 아니 된다.
⑤ 공인중개사 자격증의 양도·대여행위는 유상으로 행해진 경우뿐만 아니라 무상으로 행해진 경우에도 처벌이 가능하다.

15 공인중개사법령상 공인중개사 자격증 등에 관한 설명으로 옳은 것은? (다툼이 있으면 판례에 따름)

제24회

① 공인중개사 자격증은 특정 업무를 위하여 일시적으로 대여할 수 있다.
② 무자격자인 乙이 공인중개사인 甲 명의의 중개사무소에서 동업형식으로 중개업무를 한 경우 乙은 형사처벌의 대상이 된다.
③ 공인중개사 자격증을 대여받은 자가 임대차의 중개를 의뢰한 자와 직접 거래당사자로서 임대차계약을 체결하는 것도 중개행위에 해당한다.
④ 무자격자가 공인중개사의 업무를 수행하였는지의 여부는 실질적으로 무자격자가 공인중개사의 명의를 사용하여 업무를 수행하였는지의 여부에 상관없이 외관상 공인중개사가 직접 업무를 수행하는 형식을 취하였는지 여부에 따라 판단해야 한다.
⑤ 무자격자가 자신의 명함에 중개사무소 명칭을 '부동산뉴스', 그 직함에 '대표'라고 기재하여 사용하였더라도 이를 공인중개사와 유사한 명칭을 사용한 것이라고 볼 수 없다.

16 공인중개사법령상 공인중개사 자격·자격증, 중개사무소 등록증에 관한 설명으로 틀린 것은? (다툼이 있으면 판례에 따름)

제26회 수정

① 자격증 대여행위는 유·무상을 불문하고 허용되지 않는다.
② 자격을 취득하지 않은 자가 자신의 명함에 '부동산뉴스(중개사무소의 상호임) 대표'라는 명칭을 기재하여 사용한 것은 공인중개사와 유사한 명칭을 사용한 것에 해당한다.
③ 공인중개사가 자기 명의로 개설등록을 마친 후 무자격자에게 중개사무소의 경영에 관여하게 하고 이익을 분배하였더라도 그 무자격자에게 부동산거래 중개행위를 하도록 한 것이 아니라면 등록증 대여행위에 해당하지 않는다.
④ 개업공인중개사가 등록증을 타인에게 대여한 경우 공인중개사 자격의 취소사유가 된다.
⑤ 공인중개사 자격증의 대여란 다른 사람이 그 자격증을 이용하여 공인중개사로 행세하면서 공인중개사의 업무를 행하려는 것을 알면서도 그에게 자격증 자체를 빌려주는 것을 말한다.

17 공인중개사법령상 금지되는 행위를 모두 고른 것은? (단, 다른 법령의 규정은 고려하지 않음)

제34회

> ㉠ 법인인 개업공인중개사가 중개업과 함께 주택의 분양대행을 겸업하는 행위
> ㉡ 다른 사람의 중개사무소등록증을 양수하여 이를 사용하는 행위
> ㉢ 공인중개사로 하여금 그의 공인중개사 자격증을 다른 사람에게 대여하도록 알선하는 행위

① ㉡
② ㉠, ㉡
③ ㉠, ㉢
④ ㉡, ㉢
⑤ ㉠, ㉡, ㉢

제3장 중개사무소의 개설등록

Point 07 중개사무소 개설등록기준 ★★★★★

기본서 p.59~65

자연인(개인)	법인
① 공인중개사 자격 취득 　🔍 판례: 변호사일지라도 등록기준을 적용받는다. ② 중개사무소 확보(건축물대장에 기재된 건물 원칙) ③ 실무교육 수료 ④ 결격사유에 해당하지 않을 것	① 법정업무만 영위할 목적으로 설립된, 자본금 5천만원 이상의 「상법」상 회사 또는 「협동조합 기본법」상 협동조합(사회적 협동조합 제외)일 것 ② 대표자는 공인중개사이고, 대표자를 제외한 임원 또는 사원의 3분의 1 이상이 공인중개사일 것 ③ 중개사무소 확보 ④ 실무교육 수료: 대표자, 사원·임원 전체 ⑤ 법인, 사원 또는 임원 전체 결격사유에 해당하지 않을 것

Point 08 중개사무소 개설등록절차 ★★

기본서 p.66~75

등록신청	• 공인중개사(소속공인중개사 제외) 또는 법인이 아닌 자는 등록을 신청할 수 없음 • 등록관청: 중개사무소 소재지 시장·군수·구청장
검토 및 등록통지	검토·확인 후 7일 이내 종별에 따라 구분하여 등록 후 서면 통지
등록증 교부	등록관청은 보증설정사항을 확인하고 등록증 교부(등록대장 기재)
업무개시	업무개시 전 인장등록 요함

Point 09 무등록중개업 등 ★★★

기본서 p.76~80

무등록중개업	• 3년 이하의 징역 또는 3천만원 이하의 벌금 • 중개보수 청구권 부정, 중개의뢰인은 처벌대상 아님
이중등록	필요적 등록취소, 1년 이하의 징역 또는 1천만원 이하의 벌금
이중소속	• 개업공인중개사: 필요적 등록취소 • 소속공인중개사: 자격정지(자격정지 중 이중소속은 자격취소) • 1년 이하의 징역 또는 1천만원 이하의 벌금
등록증 양도·대여 등 금지	필요적 등록취소, 1년 이하의 징역 또는 1천만원 이하의 벌금
부정등록	필요적 등록취소, 3년 이하의 징역 또는 3천만원 이하의 벌금

Point 10 개업공인중개사 등의 결격사유 ★★★★★

기본서 p.81~90

제한능력자	① 미성년자 ② 피한정후견인 ③ 피성년후견인 🔍 피특정후견인 ×
파산자	파산선고를 받고 복권되지 아니한 자 🔍 개인회생 ×
수형자	① (법 불문) 금고 이상의 실형 선고받고 집행종료 또는 집행면제 후 3년 지나지 아니한 자 ② (법 불문) 금고 이상의 형의 집행유예를 받고 그 유예기간이 만료된 날부터 2년이 지나지 아니한 자 🔍 선고유예 × ③ 이 법(「공인중개사법」) 위반 300만원 이상의 벌금형 선고를 받고 3년 지나지 아니한 자 🔍 양벌규정 벌금 ×
행정처분 받은 자	① 공인중개사의 자격이 취소된 후 3년이 지나지 아니한 자 ② 공인중개사의 자격이 정지된 자로서 자격정지기간 중에 있는 자 ③ 등록취소된 후 3년이 지나지 아니한 자 ④ 업무정지처분 받고 폐업한 자로서 업무정지기간 중인 자 ⑤ 업무정지 받은 법인의 업무정지사유 발생 당시 사원·임원이었던 자로서 해당 법인이 업무정지기간 중인 자
법인	결격사유에 해당하는 사원·임원이 있는 법인

제3장 단원별 출제예상문제

☆중요 출제가능성이 높은 중요 문제 🔍고득점 고득점 목표를 위한 어려운 문제 📖신유형 기존에 출제되지 않은 신유형 대비 문제

> **Tip**
> 2문제 정도의 출제비중이 있는 단원으로, 법인의 등록기준과 결격사유를 중점으로 숙지하여야 하고, 등록의 절차와 등록위반에 대한 제재도 정리하여야 한다.

Point 07 중개사무소 개설등록기준 ★★★★★

정답 및 해설 p.14~15

01 공인중개사법령상 중개사무소의 개설등록과 관련한 다음 설명 중 틀린 것은?

① 공인중개사일지라도 중개업을 영위하고자 하는 자는 중개사무소의 개설등록을 하여야 한다.
② 인터넷상으로만 중개업을 영위할 경우에도 중개사무소를 갖추고 중개사무소의 개설등록을 하여야 한다.
③ 부동산 컨설팅업만을 영위할 목적인 경우 중개사무소의 개설등록이 필요 없다.
④ 지역농업협동조합은 중개사무소의 개설등록을 하지 않고도 중개업을 영위할 수 있다.
⑤ 중개사무소의 개설등록은 거래계약의 효력요건으로서, 등록을 하지 아니한 자가 부동산거래를 중개한 경우 그 거래계약은 무효가 된다.

02 중개사무소 개설등록의 법적 성질로서 가장 거리가 먼 것은?

① 학문상 허가
② 기속적 행정행위
③ 적법요건
④ 등록의 갱신제도
⑤ 일신전속성

03 공인중개사법령상 중개사무소의 개설등록기준에 대한 설명으로 옳은 것은? (다른 법률에 의하여 중개업을 할 수 있는 법인은 제외함)

① 자연인의 경우 공인중개사 자격을 취득하여야 한다.
② 법인은 대표자를 포함한 사원(합자회사·합명회사의 무한책임사원) 또는 임원의 2분의 1 이상이 공인중개사이어야 한다.
③ 건축물대장에 기재된 건물로서, 100m² 이상의 중개사무소를 확보하여야 한다.
④ 「협동조합 기본법」에 따른 사회적 협동조합인 경우 자본금이 5천만원 이상이어야 한다.
⑤ 법인의 경우 중개업만을 영위할 목적으로 설립되어야 한다.

★ 중요
04 공인중개사법령상 법인의 중개사무소 개설등록기준으로 옳은 것은? (다른 법률에 의하여 중개업을 할 수 있는 경우를 제외함)

① 분사무소를 확보하여야 한다.
② 「상법」상 회사인 경우 주식회사이어야 한다.
③ 건축물대장에 기재된 건물(사용승인 등을 받은 건물로서 건축물대장에 기재되기 전의 건물 포함)에 중개사무소를 확보하여야 한다.
④ 임원 또는 사원의 3분의 1 이상은 등록신청일 전 1년 내에 실시하는 실무교육을 받았어야 한다.
⑤ 대표자는 공인중개사가 아니어도 된다.

▲ 고득점
05 공인중개사법령상 법인이 중개사무소를 개설등록하려는 경우, 이에 관한 설명으로 틀린 것을 모두 고른 것은?

> ㉠ 개설등록을 하려면 소유권에 의하여 사무소의 사용권을 확보하여야 한다.
> ㉡ 변호사는 중개사무소 개설등록기준을 적용받지 않는다.
> ㉢ 합자회사의 경우, 대표자를 제외한 무한책임사원이 7명이라면 그 중 2명이 공인중개사이어야 한다.
> ㉣ 법인이 아닌 사단은 중개사무소의 개설등록을 할 수 없다.

① ㉣
② ㉠, ㉣
③ ㉡, ㉢
④ ㉡, ㉣
⑤ ㉠, ㉡, ㉢

06 공인중개사법령상 중개사무소의 개설등록이 가능한 회사는? (주어진 조건만 고려함)

① 甲은 목적사업에 부동산중개업 외에 부동산개발업이 포함된 주식회사이다.
② 乙은 가설건축물대장에 기재된 건물에 중개사무소를 확보한 유한회사이다.
③ 丙은 부동산중개업과 경·공매대상 부동산에 대한 취득의 알선 및 매수신청대리업만을 영위할 목적으로 설립된 협동조합이다.
④ 丁은 무한책임사원 중에 공인중개사 자격을 취소당한 후 3년이 지나지 아니한 자가 있는 합명회사이다.
⑤ 戊는 업무집행자로서 실무교육을 수료하지 아니한 자가 있는 유한책임회사이다.

07 공인중개사법령상 다른 법률에 의하여 중개업을 영위할 수 있는 법인에 대한 설명 중 **틀린** 것은?

① 지역농업협동조합은 중개사무소의 개설등록을 하지 아니하고 농지의 매매·교환·임대차를 중개할 수 있다.
② 한국자산관리공사는 중개사무소의 개설등록을 하여야 비업무용 자산 및 구조개선기업의 자산의 매매를 중개할 수 있다.
③ 산림조합중앙회 및 지역산림조합은 중개사무소의 개설등록을 하지 아니하고 입목·임야의 매매·교환·임대차를 중개할 수 있다.
④ 산업단지관리기관은 중개사무소의 개설등록을 하지 아니하고 해당 산업단지 안의 공장용지 및 공장건축물에 대한 중개를 할 수 있다.
⑤ 다른 법률에 의하여 중개업을 영위할 수 있는 법인은 중개업을 영위할 수 있는 분사무소를 설치할 수 없다.

08 공인중개사법령상 다른 법률에 의해 중개업을 영위할 수 있는 법인에 대한 특례사항이 아닌 것은?

① 대표자 및 임원의 3분의 1 이상이 공인중개사가 아니어도 된다.
② 「상법」상 회사 또는 「협동조합 기본법」상 협동조합이 아니어도 된다.
③ 분사무소를 설치할 경우 책임자가 공인중개사가 아니어도 된다.
④ 중개가 완성되어 거래계약이 체결된 경우 확인·설명서 작성의무가 면제된다.
⑤ 보증금액을 2천만원만 설정하여도 된다.

Point 08 중개사무소 개설등록절차 ★★

정답 및 해설 p.15

★중요
09 공인중개사법령상 중개사무소의 개설등록과 관련한 설명 중 **틀린** 것은?

① 공인중개사(소속공인중개사 제외) 또는 법인이 아닌 자는 중개사무소의 개설등록을 신청할 수 없다.
② 구가 설치되어 있는 시의 시장은 등록관청이 될 수 없다.
③ 법인은 주된 사무소 소재지를 관할하는 시장·군수·구청장에게 등록을 신청하여야 한다.
④ 개업공인중개사가 종별을 달리하여 업무를 계속하고자 등록신청서를 다시 제출하는 경우 종전의 등록증을 반납하여야 한다.
⑤ 법 제7638호 부칙 제6조 제2항의 개업공인중개사가 공인중개사 자격을 취득하여 공인중개사인 개업공인중개사로서 업무를 계속하고자 하는 경우에는 등록관청의 관할구역 내·외를 불문하고 등록증 재교부신청을 하여야 한다.

10 공인중개사법령상 중개사무소 개설등록과 관련한 설명으로 **틀린** 것은?

① 법인이 등록을 신청하는 경우에는 법인 등기사항증명서를 제출하여야 한다.
② 중개사무소 개설등록신청서 서식상의 개업공인중개사 종별로는 법인과 공인중개사만이 있다.
③ 「외국공문서에 대한 인증의 요구를 폐지하는 협약」을 체결한 국가의 국민(외국인)인 경우 결격사유에 해당하지 아니함을 증명하는 서류로 해당 국가의 아포스티유(Apostille) 확인서 발급 권한이 있는 기관이 그 확인서를 발급한 서류를 제출하여도 된다.
④ 준공 등은 되었으나 건축물대장에 기재되지 아니한 건물에 중개사무소를 확보하였을 경우에는 건축물대장 기재가 지연되는 사유를 적은 서류도 함께 내야 한다.
⑤ 등록신청인이 대한민국 국민인 경우 결격사유에 해당하지 아니함을 증명하는 서류는 등록신청시 제출서류가 아니다.

11 공인중개사법령상 중개사무소의 개설등록신청시 제출서류를 모두 고른 것은?

> ㉠ 손해배상책임을 보장하기 위한 보증설정의 증명서류 사본
> ㉡ 신청인(법인은 대표자)의 여권용 사진
> ㉢ 법인의 경우 대표자, 공인중개사인 임원·사원의 공인중개사 자격증 사본
> ㉣ 외국인이나 외국법인의 경우 결격사유에 해당하지 아니함을 증명하는 서류와 영업소의 등기를 증명할 수 있는 서류
> ㉤ 실무교육의 수료확인증 사본(실무교육을 위탁받은 기관 또는 단체가 실무교육 수료 여부를 등록관청이 전자적으로 확인할 수 있도록 조치한 경우 제외)

① ㉠, ㉡, ㉣
② ㉡, ㉣, ㉤
③ ㉠, ㉡, ㉣, ㉤
④ ㉡, ㉢, ㉣, ㉤
⑤ ㉠, ㉡, ㉢, ㉣, ㉤

12 공인중개사법령상 중개사무소의 개설등록에 관한 설명으로 틀린 것은?

① 중개사무소의 개설등록을 한 개업공인중개사가 종별을 달리하여 업무를 하고자 하는 경우에는 원칙적으로 등록신청서를 다시 제출하여야 한다.
② 등록관청은 등록신청인이 등록기준에 적합할 경우 공인중개사인 개업공인중개사, 법인인 개업공인중개사로 구분하여 등록을 하고, 7일 내에 서면으로 통지하여야 한다.
③ 등록관청은 중개사무소의 등록을 한 자가 보증을 설정하였는지 여부를 확인한 후 중개사무소등록증을 지체 없이 교부하여야 한다.
④ 등록관청은 등록증을 교부하는 때에는 부동산 중개사무소 등록대장에 그 등록에 관한 사항을 기록한 후 등록증을 교부하고, 10일 내에 공인중개사협회에 통보하여야 한다.
⑤ 등록 및 중개사무소등록증의 재교부를 신청하는 자는 지방자치단체의 조례가 정하는 바에 따른 수수료를 납부하여야 한다.

13 공인중개사법령상 등록관청이 등록신청에 대하여 등록을 거부할 수 있는 사유가 <u>아닌</u> 것은?
① 공인중개사 또는 법인이 아닌 자가 중개사무소의 개설등록을 신청한 경우
② 중개사무소의 개설등록을 신청한 자가 등록의 결격사유의 어느 하나에 해당하는 경우
③ 중개사무소 개설등록기준에 적합하지 아니한 경우
④ 「공인중개사법」에 따른 제한에 위반되는 경우
⑤ 손해배상책임의 보장을 위한 보증을 설정하지 아니한 경우

14 공인중개사법령상 중개사무소의 개설등록에 관한 설명 중 <u>틀린</u> 것은?
① 소속공인중개사는 중개사무소의 개설등록을 신청할 수 없다.
② 업무정지처분을 받은 개업공인중개사는 그 기간 중에 해당 중개업을 폐업하고 다시 중개사무소의 개설등록을 신청할 수 없다.
③ 휴업기간 중에 있는 개업공인중개사는 그 기간 중에 중개업의 폐업신고를 하고 다시 중개사무소의 개설등록을 신청할 수 있다.
④ 등록신청을 받은 등록관청은 등록신청인이 요건에 적합한 경우 7일 이내에 중개사무소등록증을 교부하여야 한다.
⑤ 등록관청은 공인중개사 자격증을 발급한 시·도지사에게 개설등록을 하려는 자(법인은 대표자를 포함한 공인중개사인 임원 또는 사원)의 공인중개사 자격 확인을 요청하여야 한다.

15 공인중개사법령상 중개사무소 개설등록과 관련한 설명 중 옳은 것은?
① 국토교통부장관은 중개사무소의 개설등록을 한 자에 대하여 중개사무소등록증을 교부해야 한다.
② 중개사무소의 개설등록을 신청하는 자는 개설등록신청과 함께 중개행위에 사용할 인장을 등록하여야 한다.
③ 소속공인중개사는 중개사무소를 두려는 지역을 관할하는 등록관청에 개설등록을 신청할 수 있다.
④ 부동산 중개사무소 등록대장은 전자적 처리가 불가능한 특별한 사유가 없으면 전자적 처리가 가능한 방법으로 작성·관리하여야 한다.
⑤ 「공인중개사법」은 명문으로 등록을 한 자는 최소한 3개월 이내에 업무를 개시하여야 한다는 규정을 두고 있다.

16 「공인중개사법」상 등록관청이 다음 달 10일까지 공인중개사협회에 통보하여야 하는 사항에 해당되지 않는 것은?

① 중개사무소 이전신고사항
② 소속공인중개사 고용신고사항
③ 분사무소 설치신고사항
④ 업무정지처분사항
⑤ 중개사무소등록증 재교부사항

Point 09 무등록중개업 등 ★★★

정답 및 해설 p.15~16

17 중개사무소 개설등록의 효력소멸사유로 볼 수 없는 것은?

① 개인인 개업공인중개사의 사망
② 중개법인의 대표자의 사망
③ 등록관청의 등록취소처분
④ 폐업신고
⑤ 중개법인의 해산

18 무등록중개업에 관한 설명으로 틀린 것은? (다툼이 있으면 판례에 따름)

① 무등록중개업자가 거래당사자와 한 중개보수 약정은 무효이다.
② 중개사무소 개설등록을 하지 아니하고 부동산거래를 중개하면서 거래당사자들로부터 보수를 현실적으로 받지 아니하고 약속·요구하는 데 그친 행위는 무등록중개업이라고 볼 수 없다.
③ 무등록중개업을 영위한 자는 3년 이하의 징역 또는 3천만원 이하의 벌금에 처한다.
④ 무등록중개업자의 중개행위로 인하여 완성된 거래당사자간의 법률행위 그 자체의 효력은 유효하다.
⑤ 무등록중개업자의 중개업도 「형법」상 업무방해죄의 보호대상이 되는 업무에 해당한다.

고득점
19 무등록중개업과 관련한 판례로서 틀린 것을 모두 고른 것은?

> ㉠ 무등록중개업자에게 중개를 의뢰하거나 미등기부동산의 전매에 대하여 중개를 의뢰한 자는 무등록중개업자의 공동정범으로 처벌된다.
> ㉡ 공인중개사가 아닌 자가 주도적으로 운영하는 형식으로 동업하여 중개사무소를 운영한 행위는 형사처벌의 대상이 될 수 있다.
> ㉢ 공인중개사 자격이 없는 자가 우연한 기회에 단 1회 타인간의 거래행위를 중개하고 그에 따른 중개보수 지급약정을 한 경우 그 약정은 무효이다.

① ㉡
② ㉠, ㉡
③ ㉠, ㉢
④ ㉡, ㉢
⑤ ㉠, ㉡, ㉢

중요
20 공인중개사법령상 이중등록 및 이중소속에 관한 설명 중 틀린 것은?

① 개업공인중개사는 휴업기간 중이든 업무정지기간 중이든 다른 개업공인중개사의 소속공인중개사나 중개보조원이 될 수 없다.
② 공인중개사인 개업공인중개사가 다른 개업공인중개사의 소속공인중개사가 된 경우에는 업무정지처분을 받을 수 있다.
③ A 개업공인중개사에게 고용된 소속공인중개사가 다시 B 중개법인의 임원이 된 경우에는 6개월 이하의 자격정지에 처해질 수 있다.
④ 자격정지기간 중에 있는 소속공인중개사가 이중소속한 경우에는 공인중개사 자격이 취소된다.
⑤ 甲군에서 중개사무소 개설등록을 하여 중개업을 하고 있는 자가 다시 乙군에서 개설등록을 한 경우, 1년 이하의 징역 또는 1천만원 이하의 벌금에 처한다.

21 공인중개사법령상 이중소속 및 등록증의 양도·대여 등의 금지와 관련한 설명으로 <u>틀린</u> 것은?

① 소속공인중개사는 그 소속 개업공인중개사인 법인의 임원이 될 수 있다.
② 둘 이상의 중개사무소에 소속한 자에 대하여는 1년 이하의 징역 또는 1천만원 이하의 벌금에 처한다.
③ 개업공인중개사는 일시적으로도 다른 사람에게 자기의 성명 또는 상호를 사용하여 중개업무를 하게 하여서는 아니 된다.
④ 다른 사람의 성명 또는 상호를 사용하여 중개업무를 한 자는 1년 이하의 징역 또는 1천만원 이하의 벌금에 처한다.
⑤ 중개사무소등록증을 다른 사람에게 대여하도록 알선한 자에 대하여는 3년 이하의 징역 또는 3천만원 이하의 벌금에 처한다.

Point 10 개업공인중개사 등의 결격사유 ★★★★★

22 「공인중개사법」 제10조 등록의 결격사유 등의 효과에 대한 설명으로 <u>틀린</u> 것은?

① 결격사유에 해당하는 자는 중개사무소 개설등록을 할 수 없다.
② 개업공인중개사가 중개업을 영위하던 중 결격사유에 해당하면 그 등록이 취소된다.
③ 결격사유에 해당하는 자는 소속공인중개사, 중개보조원, 개업공인중개사인 법인의 사원 또는 임원이 될 수 없다.
④ 중개법인의 임원 중의 1인이 결격사유에 해당하게 된 경우 2개월 내에 이를 해소하지 아니하면 그 법인의 등록이 취소된다.
⑤ 개업공인중개사가 결격사유에 해당하면 그때로부터 등록의 효력이 소멸되고, 3년 이하의 징역 또는 3천만원 이하의 벌금에 처해진다.

23 「공인중개사법」상 등록의 결격사유 등과 관련한 설명으로 옳은 것은?

① 파산자는 공인중개사가 될 수 없으나, 중개보조원은 될 수 있다.
② 금고 이상의 형의 집행유예를 받고 그 유예기간 중에 있는 자는 어떠한 경우에도 공인중개사가 될 수 없다.
③ 법 제7638호 부칙 제6조 제2항의 개업공인중개사는 등록이 취소된 후 3년이 지나지 아니하였다면 공인중개사가 될 수 없다.
④ 등록관청은 개업공인중개사 등이 결격사유의 어느 하나에 해당하는지 여부를 확인하기 위하여 관계기관에 조회할 수 있다.
⑤ 개업공인중개사가 결격사유에 해당하게 된 중개보조원을 10일 내에 해소하지 아니하면 6개월 이하의 업무정지처분을 받을 수 있다.

24 「공인중개사법」상 개업공인중개사 등이 될 수 있는 자만으로 묶인 것은?

> ㉠ 피성년후견인이나 꾸준히 치료하여 정신능력을 회복한 자
> ㉡ 후견인의 동의를 얻은 피한정후견인
> ㉢ 법원으로부터 개인회생계획인가를 받고 그 회생절차 중에 있는 자
> ㉣ 파산선고를 받았으나 복권(復權)을 신청한 자
> ㉤ 만 18세나 혼인을 하여 성년이 의제된 자

① ㉢
② ㉠, ㉣
③ ㉡, ㉤
④ ㉢, ㉣
⑤ ㉠, ㉢, ㉤

25 「공인중개사법」제10조상의 결격사유에 해당되지 <u>않는</u> 자는?

① 「형법」을 위반하여 징역 1년형의 선고를 받고 그 집행이 종료되어 1년이 지난 자
② 「변호사법」 위반으로 금고 6개월형의 선고를 받았으나 법률의 변경으로 인하여 집행이 면제되어 3년이 지난 자
③ 「건축법」을 위반하여 징역 1년을 선고받고 3년이 지난 자
④ 「도로교통법」을 위반하여 징역 2년에 집행유예 4년을 선고받고 4년이 지난 자
⑤ 자신의 행위로 「공인중개사법」을 위반하여 300만원의 벌금형의 선고를 받고 1년이 지난 자

26 「공인중개사법」상 결격사유에 해당하지 않는 자는?

① 甲은 「공인중개사법」에 위반하여 공인중개사 자격취소처분을 받은 후 2년이 지난 자이다.
② 乙은 「공인중개사법」에 위반하여 공인중개사 자격정지처분을 받고 6개월이 지난 자이다.
③ 丙은 임시 중개시설물을 설치하여 등록이 취소된 후 1년이 지난 자이다.
④ 丁은 등록관청으로부터 업무정지처분 3개월을 받고 즉시 폐업한 후 1개월이 지난 자이다.
⑤ 戊는 업무정지처분을 받은 중개법인의 업무정지사유 발생 당시의 임원이었던 자로서 해당 법인의 업무정지기간이 지나지 아니한 자이다.

27 「공인중개사법」상 등록의 결격사유에 대한 설명 중 옳은 것으로만 짝지어진 것은? (다툼이 있으면 판례에 따름)

㉠ 금고 이상의 실형의 선고를 받고 가석방된 자는 가석방의 취소 또는 실효됨이 없이 3년이 지나면 등록의 결격사유에 해당하지 않는다.
㉡ 금고 이상의 실형의 선고를 받고 특별사면을 받은 자는 3년이 지나면 개업공인중개사 등이 될 수 있다.
㉢ 2006년 9월 29일 오후 5시에 출생한 자는 2025년 9월 29일 0시부터 결격사유에서 벗어난다.
㉣ 「공인중개사법」상 양벌규정에 의하여 300만원 이상의 벌금형을 선고받으면 결격사유에 해당한다.

① ㉠, ㉡
② ㉠, ㉢
③ ㉡, ㉢
④ ㉡, ㉣
⑤ ㉢, ㉣

28 「공인중개사법」상 결격사유에 해당하는 자는?

① 피특정후견인
② 「건축법」을 위반하여 징역 8개월의 선고유예를 받은 자
③ 「채무자 회생 및 파산에 관한 법률」에 의하여 파산선고를 받아 등록이 취소되고 복권되어 1년이 지난 개업공인중개사이었던 자
④ 중개사무소 개설등록기준에 미달하여 등록이 취소되고 2년이 지난 개업공인중개사이었던 자
⑤ 2년 전에 사기죄로 복역한 후 만기출소한 자가 임원으로 있는 주식회사

29 「공인중개사법」상 등록의 결격사유와 관련하여 설명한 내용으로 틀린 것은?

① 업무정지처분을 받은 개업공인중개사가 폐업을 한 경우 폐업에 불구하고 업무정지기간은 진행되며, 그 업무정지기간이 지나면 다시 등록을 할 수 있다.
② 개업공인중개사가 결격사유에 해당하여 등록취소처분을 받은 경우에는 그 등록취소의 원인이 된 결격사유를 해소하면 결격에서 벗어나게 된다.
③ 개업공인중개사인 법인이 업무정지처분을 받은 경우 그 업무정지처분 당시의 임원 또는 사원이었던 자는 모두 해당 법인의 업무정지기간 중 결격사유에 해당한다.
④ 「공인중개사법」상 행정형벌에 규정된 죄와 다른 죄의 경합범에 대하여 벌금형을 선고하는 경우에는 이를 분리 선고하여야 한다.
⑤ 재등록 개업공인중개사가 폐업신고 전의 위반행위로 등록을 취소당한 경우 3년에서 폐업기간을 공제한 기간 동안 결격사유에 해당한다.

30 2025년 10월 25일 현재 공인중개사법령상 중개사무소 개설등록 결격사유에 해당하는 자는? (주어진 조건만 고려함)

제26회 수정

① 징역형의 집행유예를 선고받았으나 2025년 9월 17일 일반사면을 받은 자
② 2021년 4월 15일 파산선고를 받고 2025년 4월 15일 복권된 자
③ 「도로교통법」을 위반하여 2022년 11월 15일 벌금 500만원을 선고받은 자
④ 거짓으로 중개사무소의 개설등록을 하여 2022년 11월 15일 개설등록이 취소된 자
⑤ 2025년 4월 15일 공인중개사 자격의 정지처분을 받은 자

31 「공인중개사법」에 위반하여 중개사무소의 개설등록이 취소된 자는 원칙적으로 3년 동안은 다시 등록을 하지 못하도록 하고 있다. 다음 중 '등록취소 후 3년' 동안은 중개사무소의 개설등록을 할 수 <u>없는</u> 경우는?

① 거짓 그 밖의 부정한 방법으로 중개사무소의 개설등록을 하여 등록이 취소된 경우
② 개업공인중개사가 파산선고를 받아 등록이 취소된 경우
③ 개업공인중개사가 자신의 행위로 「공인중개사법」을 위반하여 벌금 300만원을 선고받아 등록을 취소당한 경우
④ 개업공인중개사가 등록기준에 미달하여 등록을 취소당한 경우
⑤ 중개법인이 해산으로 인하여 등록을 취소당한 경우

제4장 중개업무

Point 11 중개사무소 ★★★★★

기본서 p.92~104

중개사무소 설치	① 원칙: 등록관청의 관할구역 안 1개의 사무소(1등록 1사무소 원칙), 법인은 분사무소 설치 가능 ② 건축물대장에 기재된 건물 원칙, 이중사무소·임시 중개시설물 설치 금지
분사무소	① 설치 요건: 주된 사무소 소재지 시·군·구를 제외한 시·군·구별로 설치하되, 시·군·구별로 1개소 초과 불가, 분사무소 책임자는 공인중개사(특수법인 제외), 책임자 실무교육 수료, 둘 때마다 보증을 2억원 이상 추가 설정, 분사무소 확보 ② 신고: 주된 사무소 소재지 시장·군수·구청장
공동사무소	공동사용시 다른 개업공인중개사의 승낙서 첨부, 업무정지 개업공인중개사와는 공동사용 불가
중개사무소 이전	① 이전한 날로부터 10일 내 신고 ② 등록관청 관할구역 외로 이전한 경우 이전 후 등록관청에 신고(행정처분 이전 후 등록관청이 行), 분사무소 이전은 주된 사무소 등록관청에 신고

Point 12 게시, 명칭 및 표시·광고 ★★★★★

기본서 p.105~117

게시사항	등록증 원본, 자격증 원본(소속공인중개사 포함), 보증관계증서, 중개보수표, 사업자등록증
사무소 명칭	① 중개사무소의 명칭에는 공인중개사사무소 또는 부동산중개라는 문자 사용 ② 옥외광고물에는 개업공인중개사의 성명 명시(분사무소는 책임자 성명) ③ 등록관청은 위법간판에 대한 철거명령 가능 ⇨ 불응시 대집행
표시·광고	① 광고시 명시할 사항: 개업공인중개사의 성명, 중개사무소의 명칭·소재지·연락처·등록번호 ② 인터넷광고시 추가 명시: 중개대상물 종류, 가격, 면적, 소재지, 거래형태, 총 층수, 사용승인일, 방·욕실개수, 방향, 입주가능일, 주차대수, 관리비 ③ 부당한 표시·광고 금지 ④ 모니터링: 국토교통부장관이 주체, 모니터링 결과보고(분기별로 실시하는 기본 모니터링은 30일 내, 수시 모니터링은 15일 내), 시·도지사·등록관청은 10일 내 조사·조치결과 국토교통부장관에게 통보

Point 13 겸업 ★★★★★

기본서 p.119~122

중개법인의 겸업	① 주택 및 상가의 임대관리 등 관리대행업 ② 부동산의 이용, 개발, 거래에 관한 상담업 ③ 개업공인중개사를 대상으로 한 중개업의 경영기법 및 경영정보의 제공업 ④ 주택 및 상가의 분양대행업 ⑤ 경·공매부동산 권리분석 및 취득 알선, 매수신청대리업(경매부동산 대리업할 경우에는 법원에 등록) ⑥ 주거이전에 부수되는 용역의 알선업

Point 14 고용인 ★★★★★

기본서 p.122~129

고용신고·종료신고	① 고용신고: 업무개시 전까지(전자신고 가능) ② 종료신고: 10일 내
중개보조원 인원수 제한	개업공인중개사와 소속공인중개사를 합한 수의 5배 초과 고용 금지(위반시 필요적 등록취소, 1년 이하의 징역 또는 1천만원 이하의 벌금)
중개보조원이라는 사실 고지의무	현장안내 등 중개업무 보조시 중개보조원이라는 사실 미리 고지(위반시 중개보조원과 개업공인중개사 500만원 이하의 과태료, 단 개업공인중개사는 상당한 주의와 감독을 게을리하지 아니한 때에는 제외)
소속공인중개사	① 중개업무 수행: 확인·설명, 확인·설명서 작성, 거래계약서의 작성 ② 인장등록의무 ③ 중개행위시 서명 및 날인: 거래계약서, 확인·설명서 ④ 실무교육, 연수교육대상
중개보조원	① 단순 보조업무에 국한 ② 직무교육 대상
책임	① 소속공인중개사, 중개보조원의 업무상 행위는 그를 고용한 개업공인중개사의 행위로 간주 ② 고용인의 업무상 행위로 인한 개업공인중개사의 책임: 손해배상책임(무과실, 부진정연대책임), 등록취소 또는 업무정지, 벌금형(양벌규정)

Point 15   인장등록 ★★★★

기본서 p.130~133

인장등록대상	개업공인중개사 및 소속공인중개사
인장등록시기	업무개시 전(등록신청, 고용신고와 함께 할 수 있음)
등록할 인장	① 개인인 개업공인중개사 및 소속공인중개사: 성명 + 가로·세로 7mm 이상 30mm 이내 인장 ② 법인인 개업공인중개사:「상업등기규칙」에 의한 신고한 법인의 인장 ③ 분사무소:「상업등기규칙」에 따라 법인의 대표자가 보증하는 인장을 등록 '할 수 있다'
등록장소	등록관청(분사무소 사용할 인장은 주된 사무소 등록관청에 등록)
변경등록	변경한 날로부터 7일 이내에 변경등록
등록방법	① '인장등록·등록인장 변경신고서'에 의함(전자문서 가능) ② 법인은「상업등기규칙」에 의한 인감증명서의 제출로 갈음

Point 16   휴업 및 폐업 ★★★★★

기본서 p.134~138

휴업	① 사전신고: 3개월 초과(등록 후 3개월 내 업무를 개시하지 아니하는 경우도 포함) 휴업할 경우 미리 신고(등록증 또는 신고확인서 첨부) ② 휴업기간: 6개월 초과 불가 ⇨ 부득이한 사유(질병, 징집, 취학, 임신 등) 예외 ③ 중개업의 재개, 휴업기간 변경시에도 미리 신고
폐업	사전신고, 등록증 첨부하여 신고
기타	① 휴업, 폐업신고는 전자문서 신고 불가, 재개·기간 변경신고는 가능 ② 분사무소별로 휴업, 폐업신고 가능 ③ 협회 통보사항 ④ 휴·폐업신고시 사업자등록의 휴·폐업신고 가능

Point 17   간판철거 ★★★

기본서 p.139

기한 등	지체 없이 철거, 불이행시 등록관청이 대집행
사유	중개사무소 이전, 폐업신고, 등록취소

제4장 단원별 출제예상문제

☆중요 출제가능성이 높은 중요 문제   고득점 고득점 목표를 위한 어려운 문제   신유형 기존에 출제되지 않은 신유형 대비 문제

💡 **Tip**
매회 6문제 이상이 출제되는 중요한 단원이다. 중개사무소, 명칭 및 표시·광고, 겸업, 고용인, 휴업·폐업을 조문에 충실하여 정확히 기억하고, 지문연습을 해야 한다.

Point 11 중개사무소 ★★★★★

정답 및 해설 p.18~19

01 공인중개사법령상 중개사무소에 대한 설명으로 **틀린** 것은? (다툼이 있으면 판례에 따름)

① 개업공인중개사는 그 등록관청의 관할구역 안에는 1개의 중개사무소만을 둘 수 있다.
② 법인이 아닌 개업공인중개사가 둘 이상의 중개사무소를 둔 경우에는 중개사무소의 개설등록이 취소될 수 있다.
③ 개업공인중개사는 등록관청에 신고하고 그 관할구역 외의 지역에 천막 그 밖에 이동이 용이한 임시 중개시설물을 설치할 수 있다.
④ 이중설치금지원칙이 적용되는 사무소는 「공인중개사법」상 중개사무소의 기준을 갖추지 못한 사무소도 포함된다.
⑤ 공인중개사법령상 중개사무소의 전용의무에 관한 명문규정은 없다.

☆중요

02 공인중개사법령상 분사무소 설치요건으로 **틀린** 것은? (다른 법률에 의하여 중개업을 할 수 있는 경우를 제외함)

① 주된 사무소의 소재지 시·군·구를 제외할 것
② 시·군·구별로 1개소를 초과하지 않을 것
③ 책임자는 공인중개사일 것
④ 면적 30m² 이상의 분사무소 확보계획을 수립할 것
⑤ 분사무소마다 보증을 2억원 이상을 추가로 설정할 것

03 공인중개사법령상 분사무소의 설치신고 등에 대한 설명 중 옳은 것은?

① 분사무소 설치신고는 이를 설치하고자 하는 지역을 관할하는 시장·군수·구청장에게 하여야 한다.
② 건축물대장에 기재된 건물에 분사무소를 확보하되, 건축물대장에 기재되지 아니한 건물에 분사무소를 확보하였을 경우에는 건축물대장 기재가 지연되는 사유를 적은 서류도 함께 내야 한다.
③ 분사무소 설치신고를 하는 때에는 신고서에 법인의 중개사무소등록증을 첨부하여야 한다.
④ 법인이 아닌 개업공인중개사가 그 관할구역 외의 지역에 분사무소를 설치하기 위해서는 등록관청에 신고하여야 한다.
⑤ 분사무소는 시·군·구별로 설치해야 하고, 시·도별로는 설치할 수 없다.

04 공인중개사법령상 분사무소 설치신고시 제출서류가 아닌 것을 모두 고른 것은?

㉠ 분사무소 확보 증명서류
㉡ 법인 등기사항증명서
㉢ 보증설정의 증명서류
㉣ 책임자의 공인중개사 자격증 사본
㉤ 책임자의 실무교육수료증 사본

① ㉠, ㉡
② ㉡, ㉣
③ ㉠, ㉡, ㉢
④ ㉠, ㉢, ㉤
⑤ ㉢, ㉣, ㉤

05 공인중개사법령상 분사무소 설치와 관련한 설명으로 틀린 것은?

① 분사무소의 설치신고를 받은 등록관청은 그 신고내용이 적합한 경우에는 국토교통부령이 정하는 신고확인서를 교부해야 한다.
② 분사무소설치신고확인서의 재교부를 신청하는 자는 지방자치단체 조례가 정하는 수수료를 납부해야 한다.
③ 다른 법률의 규정에 의하여 중개업을 영위할 수 있는 법인의 분사무소 책임자는 공인중개사가 아니어도 된다.
④ 분사무소설치신고확인서를 교부한 등록관청은 그 사실을 7일 내에 그 분사무소 설치예정지역을 관할하는 시장·군수·구청장에게 통보하여야 한다.
⑤ 등록관청은 분사무소 설치신고사항을 다음 달 10일까지 공인중개사협회에 통보해야 한다.

▲ 고득점
06 공인중개사법령상 분사무소의 설치에 관한 설명으로 틀린 것은?

① 군(郡)에 주된 사무소가 설치된 경우 동일 군(郡)에는 분사무소를 둘 수 없다.
② 분사무소의 설치는 업무정지기간 중에 있는 다른 개업공인중개사의 중개사무소를 공동으로 사용하는 방법으로는 할 수 없다.
③ 분사무소 설치시 분사무소로 사용할 건물의 소유권을 반드시 확보해야 하는 것은 아니다.
④ 분사무소 설치신고시에는 국토교통부령이 정하는 바에 따른 수수료를 납부하여야 한다.
⑤ '분사무소설치신고서'에는 주된 사무소의 명칭·소재지·등록번호 등은 기재하나, 설치사유나 설치기간은 기재사항이 아니다.

07 공인중개사법령상 중개사무소의 공동사용에 대한 설명 중 <u>틀린</u> 것은?

① 개업공인중개사는 그 업무의 효율적 수행을 위하여 다른 개업공인중개사와 중개사무소를 공동으로 사용할 수 있다.
② 업무정지 개업공인중개사는 중개사무소의 공동사용을 위하여 승낙서를 주는 방법으로 다른 개업공인중개사(업무정지처분을 받기 전부터 중개사무소를 공동사용 중인 다른 개업공인중개사는 제외)와 중개사무소를 공동으로 사용할 수 없다.
③ 업무정지 개업공인중개사는 다른 개업공인중개사의 중개사무소를 공동으로 사용하기 위하여 중개사무소의 이전신고를 하는 방법으로 중개사무소를 공동으로 사용할 수 없다.
④ 법인인 개업공인중개사와 공인중개사인 개업공인중개사간에도 중개사무소를 공동으로 사용할 수 있다.
⑤ 개업공인중개사 甲이 임차한 중개사무소에 乙이 중개사무소의 개설등록을 신청하는 경우, 乙은 개설등록신청서에 건물주의 사용승낙서를 첨부해야 한다.

08 공인중개사법령상 중개사무소 또는 분사무소의 이전에 관한 설명으로 <u>틀린</u> 것은?

① 중개사무소를 이전한 때에는 이전한 날로부터 7일 내에 신고하여야 한다.
② 중개사무소를 등록관청의 관할지역 외의 지역으로 이전한 경우에는 이전 후 등록관청에 신고하여야 한다.
③ 분사무소를 이전한 때에는 주된 사무소 등록관청에 이전사실을 신고하여야 한다.
④ 중개사무소의 이전신고를 하고자 하는 자는 중개사무소 이전신고서에 중개사무소등록증(분사무소설치신고확인서)과 사무소를 확보하였음을 증명하는 서류를 첨부하여 제출하여야 한다.
⑤ 중개사무소를 등록관청의 관할지역 외의 지역으로 이전한 경우 이전신고를 받은 이전 후 등록관청은 종전의 등록관청에 관련 서류를 송부하여 줄 것을 요청하여야 한다.

09 공인중개사법령상 중개사무소(분사무소 포함)의 이전과 관련한 설명 중 옳은 것은?

① 법 제7638호 부칙 제6조 제2항의 개업공인중개사는 자신의 중개사무소가 소재한 시·도 내에서만 중개사무소의 이전이 가능하다.
② 분사무소의 이전신고를 받은 등록관청은 다음 달 10일까지 그 분사무소의 이전 전 및 이전 후의 소재지를 관할하는 등록관청에 이를 통보하여야 한다.
③ 분사무소의 이전신고시에는 주된 사무소의 중개사무소등록증을 첨부하여야 한다.
④ 등록관청의 관할지역 내로 중개사무소를 이전한 경우에는 등록관청은 중개사무소등록증 또는 분사무소설치신고확인서에 변경사항을 적어 교부할 수 있다.
⑤ 휴업기간 중에는 중개사무소를 이전할 수 없다.

▶ 고득점
10 공인중개사법령상 등록관청 관할지역 외의 지역으로 중개사무소를 이전한 경우에 관한 설명으로 옳은 것을 모두 고르면 몇 개인가?

> ㉠ 개업공인중개사는 중개사무소를 이전하기 10일 전에 이전 전 등록관청에 신고하여야 한다.
> ㉡ 종전의 등록관청이 송부할 서류에는 중개사무소 개설등록 신청서류, 최근 1년간의 행정처분 및 행정처분절차가 진행 중인 경우 그 관련 서류가 포함된다.
> ㉢ 이전신고 전에 발생한 사유로 인한 개업공인중개사에 대한 행정처분은 이전 전 등록관청이 이를 행한다.
> ㉣ 등록관청은 중개사무소등록증에 변경사항을 기재하여 이를 교부할 수 있다.

① 0개 ② 1개
③ 2개 ④ 3개
⑤ 모두

11 공인중개사법령상 개업공인중개사가 등록관청 관할지역 외의 지역으로 중개사무소 또는 분사무소를 이전하는 경우에 관한 설명으로 옳은 것은?

① 중개사무소의 이전사실을 신고한 경우에는 15일 내에 사무소의 간판을 철거하여야 한다.
② 종전의 등록관청은 이전 후 등록관청에 중개사무소 등록대장 등을 송부요청일로부터 7일 내에 송부하여야 한다.
③ 중개사무소 이전신고를 하지 않은 경우 500만원 이하의 과태료가 부과된다.
④ 분사무소 이전신고는 이전한 날부터 10일 이내에 이전할 분사무소의 소재지를 관할하는 등록관청에 하면 된다.
⑤ 등록관청은 분사무소의 이전신고를 받은 때에는 지체 없이 그 분사무소의 이전 전 및 이전 후의 소재지를 관할하는 시장·군수 또는 구청장에게 이를 통보하여야 한다.

12 공인중개사법령상 공인중개사인 개업공인중개사가 중개사무소를 등록관청의 관할지역 내로 이전한 경우에 관한 설명으로 <u>틀린</u> 것을 모두 고른 것은?   제32회

㉠ 중개사무소를 이전한 날부터 10일 이내에 신고해야 한다.
㉡ 등록관청이 이전신고를 받은 경우, 중개사무소등록증에 변경사항만을 적어 교부할 수 없고 재교부해야 한다.
㉢ 이전신고를 할 때 중개사무소등록증을 제출하지 않아도 된다.
㉣ 건축물대장에 기재되지 않은 건물로 이전신고를 하는 경우, 건축물대장 기재가 지연되는 사유를 적은 서류도 제출해야 한다.

① ㉠, ㉡　　　　　　　　　　② ㉠, ㉣
③ ㉡, ㉢　　　　　　　　　　④ ㉢, ㉣
⑤ ㉡, ㉢, ㉣

Point 12 게시, 명칭 및 표시 · 광고 ★★★★★

13 공인중개사법령상 개업공인중개사가 중개사무소 안의 보기 쉬운 곳에 게시해야 하는 것을 모두 고른 것은?

> ㉠ 개업공인중개사의 실무교육수료확인증 원본
> ㉡ 보증의 설정을 증명할 수 있는 서류
> ㉢ 「부가가치세법 시행령」에 따른 사업자등록증
> ㉣ 분사무소의 경우 분사무소설치신고확인서 원본
> ㉤ 소속공인중개사가 있는 경우 소속공인중개사의 공인중개사 자격증 사본

① ㉠, ㉡, ㉢
② ㉠, ㉢, ㉣
③ ㉡, ㉢, ㉣
④ ㉠, ㉡, ㉢, ㉣
⑤ ㉠, ㉡, ㉢, ㉣, ㉤

14 공인중개사법령상 게시의무와 관련한 설명으로 틀린 것은?

① 개업공인중개사는 중개사무소 안의 보기 쉬운 곳에 중개사무소등록증 원본, 중개보수·실비의 요율 및 한도액표와 보증의 설정을 증명할 수 있는 서류를 게시하여야 한다.
② 법인의 분사무소에는 책임자의 공인중개사 자격증 원본을 게시하여야 한다.
③ 소속공인중개사는 그의 공인중개사 자격증 원본을 중개사무소 안의 보기 쉬운 곳에 게시하여야 한다.
④ 법인의 주된 사무소에는 그 공인중개사인 임원·사원의 자격증 원본 모두를 게시하여야 한다.
⑤ 게시의무를 위반한 개업공인중개사에 대하여는 100만원 이하의 과태료를 부과한다.

⭐중요
15 공인중개사법령상 중개사무소의 명칭과 관련된 설명으로 <u>틀린</u> 것은?

① 법인 및 공인중개사인 개업공인중개사는 그 사무소의 명칭에 '공인중개사사무소' 또는 '부동산중개'라는 문자를 사용하여야 한다.
② 공인중개사가 아닌 개인인 개업공인중개사는 그 사무소의 명칭에 '공인중개사사무소'라는 문자를 사용할 수 없다.
③ 개업공인중개사는 옥외광고물을 설치하는 경우에는 등록증에 표기된 그의 성명(법인은 대표자, 분사무소는 책임자의 성명)을 표기하여야 한다.
④ 등록관청은 규정을 위반한 사무소의 간판 등에 대하여 철거를 명할 수 있고 그 명령을 받은 자가 철거를 이행하지 아니하는 경우에는 「행정대집행법」에 의하여 대집행을 할 수 있다.
⑤ 개업공인중개사 아닌 자가 '공인중개사사무소', '부동산중개' 또는 이와 유사한 명칭을 사용한 경우에는 100만원 이하의 과태료가 부과된다.

🔺고득점
16 공인중개사법령상 중개사무소의 명칭과 관련한 내용으로 옳은 것은? (다툼이 있으면 판례에 따름)

① 분사무소의 책임자인 A는 그 분사무소의 간판에 자신의 성명 대신 그 법인의 대표자의 성명을 인식할 수 있는 크기로 표기하였다.
② 공인중개사인 개업공인중개사 B는 중개사무소의 명칭을 '삼성부동산사무소'라고 하였다.
③ 개업공인중개사가 아닌 C는 그 사무소의 명칭을 '발품부동산'이라고 하였다.
④ 시·도지사는 규정을 위반한 사무소의 간판 등에 대하여 철거를 명할 수 있다.
⑤ 개업공인중개사 D는 옥외광고물에 성명을 거짓으로 표기하여 50만원의 과태료를 부과받았다.

17 공인중개사법령상 중개사무소 명칭과 관련한 설명 중 옳은 것은?

① 공인중개사인 개업공인중개사는 그 사무소의 명칭에 반드시 '공인중개사사무소'라는 명칭을 사용하여야 한다.
② 개업공인중개사는 그 사무소의 명칭에 반드시 등록증에 표기된 개업공인중개사의 성명을 표기하여야 한다.
③ 법 제7638호 부칙 제6조 제2항의 개업공인중개사(중개인)는 그 사무소의 명칭에 '공인중개사사무소'라는 문자를 사용할 수 없다.
④ 위법간판에 대한 철거절차는 「민사집행법」에 따라야 한다.
⑤ 사무소의 명칭에 '공인중개사사무소'라는 문자를 사용한 중개인에 대해서는 1년 이하의 징역 또는 1천만원 이하의 벌금에 처한다.

▶ 고득점
18 공인중개사법령상 중개사무소 명칭과 관련된 설명 중 틀린 것을 모두 고른 것은?

> ㉠ 개업공인중개사는 옥외광고물을 설치할 의무가 있다.
> ㉡ 개업공인중개사가 설치한 옥외광고물에 인식할 수 있는 크기의 연락처를 표기하지 않으면 100만원 이하의 과태료 부과대상이 된다.
> ㉢ 공인중개사는 개설등록을 하지 않아도 그 사무소에 '공인중개사사무소'라는 명칭을 사용할 수 있다.

① ㉢　　　　　　　　② ㉠, ㉡　　　　　　　　③ ㉡, ㉢
④ ㉠, ㉢　　　　　　⑤ ㉠, ㉡, ㉢

☆ 중요
19 공인중개사법령상 중개대상물의 표시·광고에 대한 설명으로 틀린 것은?

① 개업공인중개사가 의뢰받은 중개대상물에 대하여 표시·광고를 하려면 중개사무소, 개업공인중개사에 관한 사항으로서 대통령령으로 정하는 사항을 명시하여야 한다.
② 중개대상물에 대한 표시·광고시 중개보조원을 명시해서는 아니 된다.
③ 중개대상물에 대한 표시·광고를 하는 법인인 개업공인중개사는 대표자의 성명을 명시하여야 한다.
④ 개업공인중개사가 명시할 사항을 위반하여 중개대상물에 대한 표시·광고를 한 경우에는 100만원 이하의 과태료가 부과된다.
⑤ 개업공인중개사가 아닌 자가 중개대상물에 대한 표시·광고를 한 경우에는 500만원 이하의 과태료가 부과된다.

20 공인중개사법령상 개업공인중개사가 중개대상물의 표시·광고를 함에 있어서 명시할 사항이 <u>아닌</u> 것은?

① 중개사무소의 명칭, 연락처
② 사업자등록번호
③ 중개사무소의 소재지
④ 중개사무소 개설등록번호
⑤ 개업공인중개사의 성명(법인은 대표자의 성명)

21 공인중개사법령상 인터넷을 이용한 중개대상물의 표시·광고를 할 때 명시할 사항이 <u>아닌</u> 항목이 포함된 것을 모두 고르면 몇 개인가?

> ㉠ 중개대상물의 소재지, 면적, 가격
> ㉡ 중개대상물 종류, 거래형태, 구조
> ㉢ 건축물인 경우 방향, 방 및 욕실의 개수
> ㉣ 건축물인 경우 주차대수, 관리비, 내진설계 적용 여부
> ㉤ 건축물인 경우 총 층수, 사용승인일, 입주가능일

① 1개　　　　　　　　　　② 2개
③ 3개　　　　　　　　　　④ 4개
⑤ 5개

22 공인중개사법령이 정한 중개대상물에 대한 부당한 표시·광고의 유형이 <u>아닌</u> 것은?

① 중개대상물이 존재하지 않아서 실제로 거래를 할 수 없는 중개대상물에 대한 표시·광고
② 중개대상물의 가격 등 내용을 사실과 다르게 거짓으로 하거나 과장되게 하는 표시·광고
③ 중개대상물이 존재하지만 실제로 중개의 대상이 될 수 없거나 중개할 의사가 없는 중개대상물에 대한 표시·광고
④ 매도인, 임대인 등 권리가 있는 자가 공동중개를 통한 거래를 허용한 중개대상물에 대한 표시·광고
⑤ 중개대상물의 입지조건, 생활여건, 가격 및 거래조건 등 중개대상물 선택에 중요한 영향을 미칠 수 있는 사실을 빠트리거나 은폐·축소하는 등의 방법으로 소비자를 속이는 표시·광고

23 공인중개사법령상 인터넷을 통한 표시·광고의 모니터링과 관련한 설명으로 <u>틀린</u> 것은?

① 국토교통부장관, 시·도지사 및 등록관청은 인터넷을 이용한 중개대상물에 대한 표시·광고가 공인중개사법령의 규정을 준수하는지 여부를 모니터링 할 수 있다.
② 국토교통부장관은 모니터링을 위하여 필요한 때에는 정보통신서비스 제공자에게 관련 자료의 제출 또는 필요한 조치를 요구할 수 있다.
③ 모니터링은 분기별로 실시하는 기본 모니터링과 위반한 사실이 의심되는 경우 등 국토교통부장관이 필요하다고 판단하여 실시하는 수시 모니터링이 있다.
④ 모니터링 업무 수탁기관은 기본 모니터링 기본계획서를 매년 12월 31일까지 국토교통부장관에게 제출해야 한다.
⑤ 국토교통부장관은 모니터링 업무를 위탁한 경우 수탁기관에 예산의 범위에서 위탁업무 수행에 필요한 예산을 지원할 수 있다.

신유형
24 공인중개사법령상 중개대상물 표시·광고 모니터링과 관련하여 ( )에 들어갈 내용이 바르게 나열된 것은?

> ㉠ 모니터링 기관은 기본 모니터링 업무에 따른 결과보고서를 매 분기의 마지막 날부터 ( ) 이내에 국토교통부장관에게 제출해야 한다.
> ㉡ 모니터링 기관은 수시 모니터링 결과보고서를 해당 모니터링 업무를 완료한 날부터 ( ) 이내에 국토교통부장관에게 제출해야 한다.
> ㉢ 시·도지사 및 등록관청 등은 모니터링 결과에 따른 조사 및 조치를 완료한 날부터 ( ) 이내에 그 결과를 국토교통부장관에게 통보해야 한다.

	㉠	㉡	㉢
①	15일	10일	7일
②	30일	7일	7일
③	30일	10일	10일
④	30일	15일	10일
⑤	1개월	10일	7일

25 공인중개사법령상 중개대상물 표시·광고와 관련한 설명으로 옳은 것은?

① 국토교통부장관은 제출받은 중개대상물 표시·광고 모니터링 결과보고서를 시·도지사 및 등록관청 등에 통보하고 필요한 조사 및 조치를 요구할 수 있다.
② 중개사무소의 명칭을 명시하지 아니하고 중개대상물의 표시·광고를 한 개업공인중개사를 신고한 자는 포상금 지급대상에 해당한다.
③ 개업공인중개사가 중개대상물의 표시·광고시 공인중개사법령이 정하는 사항을 명시하지 아니한 경우에는 500만원 이하의 과태료가 부과된다.
④ 부당한 표시·광고를 한 개업공인중개사에 대하여는 1년 이하의 징역 또는 1천만원 이하의 벌금에 처한다.
⑤ 국토교통부장관의 자료제출 및 조치요구에 불응한 정보통신서비스 제공자에 대하여는 100만원 이하의 과태료가 부과된다.

26 공인중개사법령상 개업공인중개사가 의뢰받은 중개대상물에 대하여 표시·광고를 하는 경우에 관한 설명으로 옳은 것은? 제31회

① 중개보조원이 있는 경우 개업공인중개사의 성명과 함께 중개보조원의 성명을 명시할 수 있다.
② 중개대상물에 대한 표시·광고를 위하여 대통령령으로 정해진 사항의 구체적인 표시·광고방법은 국토교통부장관이 정하여 고시한다.
③ 중개대상물의 내용을 사실과 다르게 거짓으로 표시·광고한 자를 신고한 자는 포상금 지급대상이다.
④ 인터넷을 이용하여 표시·광고를 하는 경우 중개사무소에 관한 사항은 명시하지 않아도 된다.
⑤ 인터넷을 이용한 중개대상물의 표시·광고 모니터링 업무 수탁기관은 기본계획서에 따라 6개월마다 기본 모니터링 업무를 수행한다.

Point 13 겸업 ★★★★★

27 공인중개사법령상 개업공인중개사의 업무지역 등에 관한 설명으로 <u>틀린</u> 것은?

① 법 제7638호 부칙 제6조 제2항의 개업공인중개사(중개인)는 그의 중개사무소가 소재하는 지역을 관할하는 시·도의 관할구역을 업무지역으로 하고, 그 안에 있는 중개대상물에 한하여 중개행위를 할 수 있음이 원칙이다.
② 중개인이 「공인중개사법」의 규정에 의한 부동산거래정보망에 가입하고 이를 이용하여 중개하는 경우에는 당해 부동산거래정보망에 공개된 관할구역 외의 중개대상물에 대하여도 이를 중개할 수 있다.
③ 공인중개사법령상 중개대상물의 종류는 개업공인중개사의 종별에 따라 차이가 없다.
④ 공인중개사법령상 중개법인(분사무소 포함) 및 공인중개사인 개업공인중개사의 업무지역에 대한 제한 규정은 없다.
⑤ 중개인이 부동산거래정보망에 가입하거나 소속공인중개사를 고용한 경우 업무지역이 전국으로 확대된다.

▸ 고득점
28 공인중개사법령상 법인인 개업공인중개사가 겸업할 수 있는 것을 모두 고른 것은? (단, 다른 법률의 규정은 고려하지 않음)   제31회

┌───┐
㉠ 주택용지의 분양대행
㉡ 주상복합 건물의 분양 및 관리의 대행
㉢ 부동산의 거래에 관한 상담 및 금융의 알선
㉣ 「국세징수법」상 공매대상 동산에 대한 입찰신청의 대리
㉤ 법인인 개업공인중개사를 대상으로 한 중개업의 경영기법 제공
└───┘

① ㉠, ㉡   ② ㉡, ㉤
③ ㉢, ㉣   ④ ㉠, ㉡, ㉤
⑤ ㉡, ㉢, ㉣, ㉤

29 공인중개사법령상 법인인 개업공인중개사가 겸업할 수 있는 것은? (단, 다른 법률의 규정은 고려하지 않음)

① 농업용 창고시설에 대한 관리대행
② 토지에 대한 분양대행
③ 창업을 준비 중인 공인중개사를 대상으로 한 중개업 경영기법의 제공행위
④ 주택의 임대관리
⑤ 주거이전에 부수되는 용역의 제공

30 공인중개사법령상 겸업 등과 관련된 설명으로 옳은 것(○)과 틀린 것(×)을 바르게 표시한 것은?

> ㉠ 개업공인중개사는 등록관청의 관할구역 외의 지역에 있는 중개대상물을 중개할 수 없다.
> ㉡ 개업공인중개사는 영업으로 경매법정에서 경매대상 부동산을 낙찰받아 이를 매각할 수 있다.
> ㉢ 개업공인중개사가 경매대상 부동산에 대한 권리분석 및 취득의 알선업만을 영위하고자 할 경우에도 법원에 등록을 하여야 한다.
> ㉣ 중개법인은 부동산 임대업을 영위할 수 있다.

	㉠	㉡	㉢	㉣
①	(×)	(○)	(×)	(×)
②	(×)	(×)	(○)	(○)
③	(×)	(×)	(×)	(×)
④	(○)	(×)	(○)	(×)
⑤	(○)	(○)	(×)	(○)

31 공인중개사법령상 개업공인중개사의 겸업에 대한 설명으로 <u>틀린</u> 것은?

① 공인중개사인 개업공인중개사는 상업용 건축물에 대한 관리대행을 할 수 있다.
② 법 제7638호 부칙 제6조 제2항의 개업공인중개사는 경매·공매대상 부동산에 대한 권리분석, 취득의 알선 및 매수신청의 대리업을 영위할 수 없다.
③ 개업공인중개사가 경매대상 부동산에 대한 매수신청의 대리업을 영위하기 위해서는 대법원규칙이 정하는 요건을 갖추어 법원에 등록을 하고 그 감독을 받아야 한다.
④ 다른 법률에 의하여 중개업을 영위할 수 있는 법인은 중개업 외에 중개법인이 겸업할 수 있는 업무를 수행할 수 없다.
⑤ 중개법인이 겸업제한을 위반한 경우 중개사무소의 개설등록을 반드시 취소하여야 한다.

32 공인중개사법령상 개업공인중개사의 겸업에 관한 설명으로 옳은 것은? (다른 법률에 따라 중개업을 할 수 있는 경우를 제외함)   제22회 수정

① 모든 개업공인중개사는 개업공인중개사를 대상으로 한 중개업의 경영기법의 제공업무를 겸업할 수 있다.
② 법인이 아닌 모든 개업공인중개사는 법인인 개업공인중개사에게 허용된 겸업업무를 모두 영위할 수 있다.
③ 법인인 개업공인중개사는 부동산의 이용·개발 및 거래에 관한 상담업무를 겸업해야 한다.
④ 법인인 개업공인중개사는 중개의뢰인의 의뢰에 따른 도배·이사업을 겸업할 수 있다.
⑤ 공인중개사인 개업공인중개사는 미분양주택의 분양대행업을 겸업할 수 없다.

Point 14 고용인 ★★★★★

🌟중요
33 공인중개사법령상 개업공인중개사의 고용인에 관한 설명으로 옳은 것은?

① 개업공인중개사가 중개보조원을 고용한 경우에는 등록관청에 신고하고, 업무개시 전까지 직무교육을 받도록 해야 한다.
② 중개보조원의 모든 행위는 그를 고용한 개업공인중개사의 행위로 본다.
③ 개업공인중개사가 중개보조원과 고용관계를 종료하고자 하는 때에는 사전에 등록관청에 신고해야 한다.
④ 소속공인중개사의 고용신고를 받은 등록관청은 그 소속공인중개사의 자격 발급 시·도지사에게 자격 발급을 확인 요청하여야 한다.
⑤ 소속공인중개사 또는 중개보조원에 대한 고용신고는 전자문서에 의하여 할 수 없다.

📈고득점
34 공인중개사법령상 고용인에 관한 설명으로 틀린 것은?

① 고용신고를 받은 등록관청은 소속공인중개사 또는 중개보조원의 결격사유 해당 여부와 교육수료 여부를 확인하여야 한다.
② 소속공인중개사나 중개보조원의 고용 또는 고용관계 종료신고를 받은 등록관청은 다음 달 10일까지 공인중개사협회에 통보하여야 한다.
③ 소속공인중개사 또는 중개보조원이 외국인인 경우에는 고용신고시 결격사유에 해당하지 아니함을 증명하는 서류를 첨부하여야 한다.
④ 개업공인중개사가 소속공인중개사 및 중개보조원의 고용·고용관계 종료신고를 위반한 경우에는 과태료처분을 받을 수 있다.
⑤ 중개보조원의 행위가 공인중개사법령을 위반하여 업무정지처분의 사유에 해당하더라도 업무정지처분은 개업공인중개사만 받는다.

35 개업공인중개사 甲은 소속공인중개사 乙과 중개보조원 丙을 고용하고자 한다. 공인중개사법령상 이에 관한 설명으로 옳은 것을 모두 고른 것은?

> ㉠ 乙이 외국인인 경우, 乙에 대한 고용신고시 乙의 공인중개사 자격증 사본을 제출해야 한다.
> ㉡ 乙에 대한 고용신고를 받은 등록관청은 乙의 직무교육 수료 여부를 확인하여야 한다.
> ㉢ 甲은 인원수 제한을 받지 아니하고 소속공인중개사를 고용할 수 있다.

① ㉢
② ㉠, ㉡
③ ㉠, ㉢
④ ㉡, ㉢
⑤ ㉠, ㉡, ㉢

36 공인중개사법령상 중개보조원에 대한 설명으로 <u>틀린</u> 것은?

① 개업공인중개사가 고용할 수 있는 중개보조원의 수는 개업공인중개사와 소속공인중개사를 합한 수의 5배를 초과할 수 없다.
② 중개보조원은 현장안내 등 중개업무를 보조하는 경우 중개의뢰인에게 본인이 중개보조원이라는 사실을 미리 알려야 한다.
③ 개업공인중개사가 고용 인원수 제한을 초과하여 중개보조원을 고용한 경우에는 등록이 취소된다.
④ 중개보조원이 중개업무를 보조하면서 중개보조원이라는 사실을 미리 고지하지 않은 경우 중개보조원과 그를 고용한 개업공인중개사는 500만원 이하의 과태료를 부과받는다. 다만, 상당한 주의와 감독을 게을리하지 아니한 개업공인중개사는 제외된다.
⑤ 개업공인중개사가 고용 인원수 제한을 초과하여 중개보조원을 고용한 경우에는 3년 이하의 징역 또는 3천만원 이하의 벌금에 처해진다.

37 공인중개사인 개업공인중개사 甲은 소속공인중개사 乙을 고용하였다. 이에 관한 설명 중 공인중개사법령상 <u>틀린</u> 것은? (다툼이 있으면 판례에 따름)

① 乙의 업무상 행위는 甲의 행위로 본다.
② 乙은 중개행위를 한 경우 거래계약서에 甲과 함께 서명 및 날인하여야 한다.
③ 乙의 업무상 과실로 중개의뢰인에게 손해를 입힌 경우, 甲이 손해배상책임을 지고 乙은 그 책임을 지지 않는다.
④ 乙은 甲의 위임을 받아 부동산거래계약신고서의 제출을 대행할 수 있다.
⑤ 甲은 乙과의 고용관계가 종료된 때에는 10일 내에 등록관청에 신고해야 한다.

고득점
38 개업공인중개사 甲과 그가 고용한 중개보조원 乙에 관한 설명으로 **틀린** 것은? (다툼이 있으면 판례에 따름)

① 乙의 고의로 인한 불법행위에 甲이 가담하지 아니한 경우, 甲의 손해배상책임을 정함에 있어서 과실상계를 인정한다.
② 乙이 업무상 행위로 중개의뢰인에게 손해를 입힌 경우에 甲이 무과실이면 손해배상책임은 당사자인 乙에게 한정된다.
③ 乙의 업무상 행위로 손해를 입은 중개의뢰인은 甲과 乙에 대하여 동시 또는 선택적으로 손해배상을 청구할 수 있다.
④ 乙의 과실로 甲이 중개의뢰인에게 손해배상을 한 경우에는 甲은 乙에게 구상권을 행사할 수 있다.
⑤ 乙이 업무상 중개보수 과다 수수로 벌금형을 선고받았을 경우 甲은 중개사무소 개설등록이 취소될 수 있다.

신유형
39 소속공인중개사 B는 토지를 매수하고자 하는 甲에게 그 토지에 대하여 소송이 제기된 사실을 숨기고 매도인인 乙과의 토지거래를 성사시켜 甲에게 3천만원의 손해를 발생하게 하였다. 이 경우 소속공인중개사 B와 B를 고용한 개업공인중개사 A의 책임에 관한 다음 설명 중 옳은 것은?

① B의 공인중개사 자격은 취소되고, A는 중개사무소의 개설등록이 취소될 수 있다.
② B는 3년 이하의 징역이나 3천만원 이하의 벌금형에 처해지고, A는 3천만원 이하의 벌금형에 처해진다.
③ 만일 B가 500만원의 벌금형을 선고받으면 A도 양벌규정을 적용받아 반드시 500만원의 벌금형이 선고된다.
④ A는 자신에게 과실이 없음을 입증하여도 손해배상책임을 면할 수 없으나, 그 업무에 관하여 상당한 주의와 감독을 다한 경우 양벌규정에 따른 벌금형은 면한다.
⑤ A가 양벌규정에 의하여 300만원 이상의 벌금형을 선고받으면 A는 결격사유에 해당되어 중개사무소의 개설등록이 취소된다.

Point 15 인장등록 ★★★★

40 공인중개사법령상 인장등록에 관한 설명으로 옳은 것은?

① 중개사무소의 개설등록을 신청하는 자는 중개행위에 사용할 인장을 반드시 중개사무소의 개설등록신청시에 등록관청에 등록하여야 한다.
② 인장등록은 방문신고만이 인정되고 전자문서에 의하여 등록할 수는 없다.
③ 개업공인중개사가 등록한 인장을 변경할 경우에는 7일 전에 그 변경할 인장을 등록관청에 등록하여야 한다.
④ 개업공인중개사는 그의 소속공인중개사의 인장을 업무개시 전까지 등록관청에 등록하여야 한다.
⑤ 법인인 개업공인중개사의 인장등록은 「상업등기규칙」에 따른 인감증명서의 제출로 갈음한다.

41 공인중개사법령상 인장등록과 관련한 설명으로 옳은 것은?

① 법인의 분사무소에서 사용할 인장은 「상업등기규칙」에 따라 신고한 법인의 인장으로만 등록하여야 한다.
② 법인의 분사무소에서 사용할 인장은 그 분사무소 소재지를 관할하는 시장·군수·구청장에게 등록하여야 한다.
③ 법인이 아닌 개업공인중개사 및 소속공인중개사가 등록할 인장은 성명이 나타난 것으로서 가로·세로 각각 10mm 이상 20mm 이내의 인장이어야 한다.
④ 법인이 아닌 개업공인중개사가 등록한 인장을 변경한 경우 '인장등록·등록인장 변경신고서'에 중개사무소등록증 원본을 첨부하여 신고하여야 한다.
⑤ 개업공인중개사가 인장을 등록하지 않거나 중개행위시 등록하지 아니한 인장을 사용한 경우에는 100만원 이하의 과태료가 부과된다.

42 공인중개사법령상 인장등록에 관한 설명으로 옳은 것을 모두 고른 것은?

> ㉠ 「공인중개사법」상 중개보조원은 인장등록의무가 없다.
> ㉡ 소속공인중개사의 중개행위에 사용할 인장의 등록은 고용신고와 함께 하여야 한다.
> ㉢ 법인의 주된 사무소에서 사용할 인장으로는 「상업등기규칙」에 따른 신고한 법인의 인장이어야 한다.
> ㉣ 등록한 인장을 변경한 경우에는 개업공인중개사는 변경일부터 10일 이내에 그 변경된 인장을 등록관청에 등록해야 한다.

① ㉠, ㉡
② ㉠, ㉢
③ ㉢, ㉣
④ ㉡, ㉢, ㉣
⑤ ㉠, ㉡, ㉢, ㉣

43 공인중개사법령상 인장등록에 관한 설명으로 옳은 것을 모두 고른 것은?

> ㉠ 법인이 아닌 개업공인중개사는 업무개시 전에 중개행위에 사용할 인장으로 7mm 이상 30mm 이내의 인장을 등록관청에 등록해야 한다.
> ㉡ 인장등록은 전자문서에 의하여 할 수 있다.
> ㉢ 분사무소에서 사용할 인장으로는 「상업등기규칙」에 따라 법인의 대표자가 보증하는 인장을 등록할 수 있다.
> ㉣ 등록한 인장을 변경한 경우에는 개업공인중개사는 변경일부터 7일 이내에 그 변경된 인장을 등록관청에 등록해야 한다.

① ㉠, ㉡
② ㉢, ㉣
③ ㉠, ㉡, ㉢
④ ㉡, ㉢, ㉣
⑤ ㉠, ㉡, ㉢, ㉣

Point 16 휴업 및 폐업 ★★★★★

44 공인중개사법령상 중개업의 휴업 및 폐업에 관한 설명으로 틀린 것은?

① 4개월간 분사무소의 휴업을 하려는 경우 신고서에 그 분사무소설치신고확인서를 첨부하여 휴업신고를 해야 한다.
② 중개사무소의 개설등록 후 3개월을 초과하여 업무를 개시하지 아니하고자 하는 경우, 휴업신고를 하여야 한다.
③ 휴업신고는 원칙적으로 휴업개시 후 휴업종료 전에 해야 한다.
④ 출산의 경우 6개월의 휴업을 신고하고, 그 후 5개월의 휴업기간 변경신고를 할 수 있다.
⑤ 신고한 휴업기간 중이라도 중개업의 폐업 또는 중개업무 재개신고를 할 수 있다.

☆중요
45 공인중개사법령상 중개업의 휴업 및 폐업신고에 관한 설명 중 옳은 것은?

① 3개월 이하의 기간을 휴업하고자 하는 때에는 신고할 필요가 없다.
② 개업공인중개사 甲은 폐업신고를 하지 않고 폐업을 하여 100만원의 벌금형에 처해졌다.
③ 휴업은 3개월을 초과할 수 없으나, 질병으로 인한 요양의 경우 6개월까지만 휴업신고를 할 수 있다.
④ 개업공인중개사가 휴업신고 후 재개업을 한 때에는 지체 없이 재개신고를 하여야 한다.
⑤ 개업공인중개사가 중개업무 재개신고를 한 경우 등록관청은 반납받은 등록증(분사무소의 경우 신고확인서)을 5일 내에 반환하여야 한다.

46 공인중개사법령상 휴업과 폐업에 관한 설명으로 틀린 것은?

① 개업공인중개사가 3개월을 초과하여 휴업한 때에는 지체 없이 등록관청에 이를 신고하여야 한다.
② 취학 또는 징집으로 인한 입영의 경우 휴업은 6개월을 초과할 수 있다.
③ 중개업무 재개신고는 전자문서에 의한 방법으로 할 수 있다.
④ 분사무소는 주된 사무소와 별도로 휴업·폐업·기간 변경·재개신고를 할 수 있다.
⑤ 개업공인중개사가 신고하지 아니하고 특별한 사유 없이 6개월을 초과하여 휴업한 경우에는 중개사무소 개설등록이 취소될 수 있다.

47 공인중개사법령상 휴업 및 폐업신고에 관한 설명으로 옳은 것(O)과 틀린 것(×)을 바르게 표시한 것은?

> ㉠ 중개업의 폐업신고를 한 때에는 1개월 내에 그 중개사무소의 간판을 철거하여야 한다.
> ㉡ 개업공인중개사가 부동산중개업 폐업신고서를 작성하는 경우에는 폐업기간을, 부동산중개업 휴업신고서를 작성하는 경우에는 휴업기간을 기재하여야 한다.
> ㉢ 휴·폐업의 신고와 재개신고, 휴업기간 변경신고는 동일한 서식이다.
> ㉣ 개업공인중개사가 폐업사실을 신고하고 중개사무소 간판을 철거하지 아니한 경우, 과태료 부과처분을 받을 수 있다.

	㉠	㉡	㉢	㉣
①	(O)	(O)	(O)	(×)
②	(O)	(O)	(×)	(O)
③	(O)	(×)	(O)	(O)
④	(×)	(O)	(O)	(×)
⑤	(×)	(×)	(O)	(×)

48 공인중개사법령상 중개업의 휴업 및 폐업신고에 관한 설명 중 틀린 것은?

① 휴업 및 폐업신고는 전자문서로 할 수 없다.
② 휴업기간 변경신고서에는 중개사무소등록증(분사무소의 경우 신고확인서)을 첨부해야 한다.
③ 중개업의 휴업·폐업신고서를 제출할 때 「부가가치세법」에 따른 사업자등록의 휴업·폐업신고서를 함께 제출할 수 있다.
④ 등록관청은 중개업의 휴업·폐업신고서와 함께 제출받은 사업자등록 휴업·폐업신고서를 지체 없이 관할 세무서장에게 송부(정보통신망을 이용한 송부 포함)해야 한다.
⑤ 관할 세무서장이 「부가가치세법 시행령」에 따라 중개업 휴업·폐업신고서를 받아 해당 등록관청에 송부한 경우에는 중개업 휴업·폐업신고서가 제출된 것으로 본다.

49 공인중개사법령상 휴업과 폐업에 관한 설명으로 <u>틀린</u> 것은?

① 3개월의 휴업을 하는 경우 신고할 의무가 없다.
② 휴업신고한 중개업의 재개신고를 받은 등록관청은 반납 받은 중개사무소등록증 또는 분사무소설치신고확인서를 즉시 반환해야 한다.
③ 휴업기간 변경신고는 전자문서에 의한 방법으로 할 수 없다.
④ 부동산중개업 휴업신고서의 서식에 있는 '개업공인중개사의 종별'란에는 법인, 공인중개사, 법 제7638호 부칙 제6조 제2항에 따른 개업공인중개사가 있다.
⑤ 개업공인중개사가 중개업의 폐업신고 후 일정기간 내에 재등록을 한 때에는 폐업신고 전의 개업공인중개사의 지위를 승계한다.

▲ 고득점
50 공인중개사법령상 개업공인중개사의 휴업과 폐업 등에 관한 설명으로 <u>틀린</u> 것은?

① 분사무소의 휴업신고를 하는 때에는 주된 사무소의 중개사무소등록증을 첨부해야 한다.
② 임신 또는 출산의 경우 6개월을 초과하는 휴업을 할 수 있다.
③ 부득이한 사유로서 국토교통부장관이 정하여 고시하는 사유가 있는 때에는 6개월을 초과하는 휴업을 할 수 있다.
④ 중개업의 폐업신고는 수수료 납부사항이 아니다.
⑤ 휴업·폐업·기간 변경·재개신고를 위반한 개업공인중개사에 대하여는 100만원 이하의 과태료를 부과한다.

51 공인중개사법령상 전자문서로 할 수 있는 것이 <u>아닌</u> 것은?

① 중개보조원 고용신고
② 인장등록신고
③ 중개사무소 폐업신고
④ 휴업신고한 중개업의 재개신고
⑤ 휴업기간의 변경신고

📝 신유형

52 공인중개사법령상 다음 신청서 또는 신고서상 첨부서류 중 원본을 첨부해야 하는 경우는 몇 개인가?

> ㉠ 중개사무소 개설등록신청서 – 실무교육수료증
> ㉡ 중개사무소 이전신고서 – 중개사무소등록증
> ㉢ 분사무소 휴업신고서 – 분사무소설치신고확인서
> ㉣ 거래정보사업자 지정신청서 – 공인중개사 자격증
> ㉤ 손해배상책임보증 설정신고서 – 보증보험증서

① 없음 ② 1개
③ 2개 ④ 3개
⑤ 모두

Point 17 간판철거 ★★★

정답 및 해설 p.23

☆ 중요

53 공인중개사법령상 개업공인중개사가 지체 없이 사무소의 간판을 철거해야 하는 사유를 모두 고른 것은?

제32회

> ㉠ 등록관청에 중개사무소의 이전사실을 신고하는 경우
> ㉡ 등록관청에 폐업사실을 신고하는 경우
> ㉢ 중개사무소의 개설등록 취소처분을 받은 경우
> ㉣ 등록관청에 6개월을 초과하는 휴업신고를 한 경우

① ㉣ ② ㉠, ㉢
③ ㉡, ㉢ ④ ㉠, ㉡, ㉢
⑤ ㉠, ㉡, ㉢, ㉣

54 공인중개사법령상 중개사무소의 간판철거와 관련한 설명으로 옳지 <u>않은</u> 것은?

① 개업공인중개사는 중개사무소의 이전사실을 신고한 경우에는 지체 없이 종전 사무소의 간판을 철거하여야 한다.
② 중개사무소의 개설등록 취소처분을 받은 개업공인중개사는 지체 없이 사무소의 간판을 철거하여야 한다.
③ 개업공인중개사가 등록관청에 폐업사실을 신고한 경우에는 지체 없이 사무소의 간판을 철거하여야 한다.
④ 개업공인중개사가 업무정지처분을 받은 경우에는 지체 없이 사무소의 간판을 철거하여야 한다.
⑤ 등록관청은 간판의 철거를 개업공인중개사가 이행하지 아니하는 경우에는 「행정대집행법」에 따라 대집행을 할 수 있다.

제5장 중개계약 및 부동산거래정보망

Point 18 중개계약 ★★★★★

기본서 p.141~145

일반중개계약	① 중개의뢰인은 일반중개계약서 작성을 요청할 수 있다(승낙의무 ×). ② 국토교통부장관은 일반중개계약의 표준이 되는 서식을 정하여 그 사용을 권장할 수 있다(서식 ○, 사용·보관의무 ×).

	개업공인중개사의 의무	중개의뢰인의 의무
전속중개계약	① 전속중개계약서 사용 ② 전속중개계약서 보존: 3년 ③ 정보공개(비공개 요청시 공개 금지) 　• 7일 내 정보망 또는 일간신문에 공개 　• 공개내용 문서 통보 ④ 2주에 1회 이상 업무처리상황 문서 통지 ⑤ 확인·설명 성실이행	① 위약금(중개보수 전액) 　• 유효기간 내 다른 개업공인중개사에게 의뢰하여 거래 　• 유효기간 내 개업공인중개사 배제 후 직접 거래 ② 소요비용(중개보수의 50% 내): 유효기간 내 스스로 발견한 상대방과 거래한 경우 ③ 확인·설명의무를 이행하는 데 협조

공개할 정보	① 소재지 등 특정하기 위하여 필요한 사항 ② 벽면 및 도배의 상태 ③ 시설 등의 상태 ④ 입지조건, 환경조건 ⑤ 권리관계(권리자의 인적사항 공개 금지) ⑥ 공법상 이용제한 및 거래규제에 관한 사항 ⑦ 거래예정가격 및 공시지가(임대차의 경우 생략 가능)
유효기간	3개월 원칙, 약정으로 변경 가능
제재	① 전속중개계약서 사용·보존의무 위반: 업무정지 ② 전속중개계약시 정보공개의무 위반: 임의적 등록취소 또는 업무정지

Point 19 부동산거래정보망 ★★★★★

기본서 p.146~152

지정요건	① 「전기통신사업법」에 의한 부가통신사업자일 것 ② 가입·이용신청 개업공인중개사가 500명 이상이고, 2개 이상의 시·도에서 각 30명 이상일 것 ③ 정보처리기사 1명 이상 확보 ④ 공인중개사 1명 이상 확보 ⑤ 국토교통부장관이 정하는 용량 및 성능을 갖춘 컴퓨터설비를 갖출 것
지정신청	지정권자: 국토교통부장관 🔍 지정신청시 등록증·자격증 사본 첨부
검토 및 지정	30일 이내, 지정대장(전자관리) 기재 후 거래정보사업자 지정서 교부(지정)
운영규정 제정승인	지정받은 날로부터 3개월 이내 국토교통부장관 승인(변경승인)
설치·운영	지정받은 날로부터 1년 이내
지정취소 (할 수 있다)	① 부정지정 ② 운영규정 제정(변경)승인받지 않거나, 운영규정에 위반하여 운영(+ 500만원 이하의 과태료) ③ 정보공개 관련 의무 위반: 의뢰받지 아니한 정보공개, 다르게·차별 공개(+ 1년 이하의 징역 또는 1천만원 이하의 벌금) ④ 1년 이내에 부동산거래정보망을 설치·운영하지 아니한 경우 ⑤ 사망·해산 등의 사유로 정보망의 계속적인 운영이 불가능한 경우

제5장 단원별 출제예상문제

☆중요 출제가능성이 높은 중요 문제 📌고득점 고득점 목표를 위한 어려운 문제 🆕신유형 기존에 출제되지 않은 신유형 대비 문제

💡 **Tip**
2문제 정도의 출제비중이 있는 단원으로, 전속중개계약시 의무·공개할 정보와 거래정보사업자의 지정요건·절차·지정취소사유를 중심으로 연습해야 한다.

Point 18 중개계약 ★★★★★

정답 및 해설 p.23~24

01 공인중개사법령상 일반중개계약에 관한 설명으로 틀린 것은?

① 중개계약은 개업공인중개사와 중개의뢰인간 체결되는 계약이다.
② 중개의뢰인은 개업공인중개사에게 중개의뢰내용을 명확하게 하기 위하여 일반중개계약서의 작성을 요청할 수 있다.
③ 「공인중개사법」상 개업공인중개사에게 중개계약 체결의 의무는 없으며, 중개완성의 의무도 없다.
④ 국토교통부장관은 일반중개계약의 표준이 되는 서식을 정하여 그 사용을 권장할 수 있다.
⑤ 개업공인중개사는 중개의뢰인의 일반중개계약서의 작성요청이 있으면 일반중개계약서를 작성하고, 이를 3년간 보관해야 한다.

02 중개의뢰인이 서면으로 일반중개계약의 체결을 희망할 때 개업공인중개사가 작성하는 일반중개계약서에 기재하여야 할 사항으로 볼 수 없는 것은?

① 중개대상물의 위치 및 규모
② 거래예정가격
③ 중개대상물의 시설상태 및 벽면상태
④ 거래예정가격에 따른 중개보수
⑤ 개업공인중개사와 중개의뢰인이 준수하여야 할 사항

03 공인중개사법령상 중개계약에 관한 설명으로 옳은 것은?

① 공인중개사협회는 일반중개계약의 표준이 되는 서식을 정하여 이의 사용을 권장할 수 있다.
② 일반중개계약의 체결은 서면으로 해야 하고, 이 경우 공인중개사법령상 정해진 일반중개계약서 서식을 사용할 의무가 있다.
③ 임대차에 대한 전속중개계약을 체결한 개업공인중개사는 중개의뢰인의 비공개 요청이 없는 한 중개대상물의 공시지가를 공개해야 한다.
④ 개업공인중개사는 중개의뢰인이 전속중개계약을 요청한 경우 전속중개계약을 체결하여야 한다.
⑤ 전속중개계약을 체결한 개업공인중개사는 중개의뢰인이 중개대상물에 관한 정보의 비공개를 요청한 경우 정보를 공개하여서는 아니 된다.

⭐중요
04 공인중개사법령상 전속중개계약을 체결한 개업공인중개사 甲의 의무로서 옳은 것은?

① 甲은 공인중개사법령이 정한 전속중개계약서를 사용할 의무는 없다.
② 甲은 작성한 전속중개계약서를 5년간 보관하여야 한다.
③ 甲은 중개대상물에 대한 정보를 공개한 때에는 7일 내에 중개의뢰인에게 그 내용을 문서로 통지하여야 한다.
④ 甲은 확인·설명의무를 성실하게 이행하여야 한다.
⑤ 甲은 중개의뢰인에게 1주일에 2회 이상 업무처리상황을 문서로 통지하여야 한다.

05 개업공인중개사 乙과 중개의뢰인 甲간에 전속중개계약이 체결된 경우 법률관계에 관한 다음 설명 중 틀린 것은?

① 乙은 甲이 정보의 비공개 요청이 없는 한 전속중개계약 후 7일 내에 중개대상물에 대한 정보를 부동산거래정보망 또는 일간신문에 공개하여야 한다.
② 甲은 전속중개계약의 유효기간 내에 다른 개업공인중개사에게 중개를 의뢰하여 그가 소개한 상대방과 거래계약을 체결한 경우 중개보수에 해당하는 금액의 위약금을 乙에게 지급하여야 한다.
③ 甲은 전속중개계약의 유효기간 내에 乙의 소개에 의하여 알게 된 상대방과 乙을 배제하고 직접 거래한 경우에는 위약금을 지급하여야 한다.
④ 甲이 전속중개계약 유효기간 내에 스스로 발견한 상대방과 거래한 경우에는 甲은 乙에게 중개보수의 50%를 지급하여야 한다.
⑤ 甲은 乙이 확인·설명의무를 이행하는 데 협조하여야 한다.

06 공인중개사법령상 중개계약에 관한 설명으로 옳은 것은?

① 특정한 개업공인중개사를 정하여 그 개업공인중개사에 한하여 중개대상물을 중개하도록 하는 계약이 전속중개계약이다.
② 중개계약은 「민법」상 위임과 유사한 계약으로, 우리나라에서 가장 많이 체결되는 중개계약은 공동중개계약이다.
③ 개업공인중개사가 국토교통부령이 정하는 전속중개계약서에 의하지 않고 전속중개계약을 체결한 경우, 개설등록이 취소된다.
④ 전속중개계약을 체결한 개업공인중개사는 중개의뢰인의 비공개 요청이 없는 한 중개대상물의 권리자의 성명·주소 등 인적사항에 관한 정보를 전속중개계약 후 7일 내에 공개해야 한다.
⑤ 전속중개계약을 체결한 중개의뢰인이 그 유효기간 내에 스스로 발견한 제3자와 직접 매매계약을 체결한 경우 그 매매계약은 무효가 된다.

07 중개의뢰인 甲은 자신 소유의 X부동산에 대한 임대차계약을 위해 개업공인중개사 乙과 전속중개계약을 체결하였다. X부동산에 기존 임차인 丙, 저당권자 丁이 있는 경우 乙이 부동산거래정보망 또는 일간신문에 공개해야만 하는 중개대상물에 관한 정보를 모두 고른 것은? (단, 중개의뢰인이 비공개 요청을 하지 않음)   제30회 수정

> ㉠ 丙과 丁의 성명·주소
> ㉡ X부동산의 공법상 이용제한 및 거래규제
> ㉢ X부동산의 공시지가
> ㉣ X부동산에 대한 일조(日照)·소음·진동 등 환경조건

① ㉣
② ㉡, ㉣
③ ㉢, ㉣
④ ㉠, ㉡, ㉣
⑤ ㉠, ㉡, ㉢, ㉣

08 전속중개계약을 체결한 개업공인중개사가 공인중개사법령상 공개해야 할 중개대상물에 대한 정보에 해당하는 것을 모두 고른 것은? (중개의뢰인이 비공개를 요청하지 않은 경우임)

> ㉠ 소재지, 면적 등 중개대상물을 특정하기 위하여 필요한 사항
> ㉡ 중개보수 및 실비의 금액과 산출내역
> ㉢ 도로 및 대중교통수단과의 연계성
> ㉣ 오수·폐수·쓰레기 처리시설 등의 상태

① ㉠, ㉢
② ㉠, ㉣
③ ㉡, ㉣
④ ㉠, ㉢, ㉣
⑤ ㉠, ㉡, ㉢, ㉣

09 甲 소유 X부동산을 매도하기 위한 甲과 개업공인중개사 乙의 전속중개계약에 관한 설명으로 틀린 것은?

① 甲과 乙의 다른 약정이 없으면 전속중개계약의 유효기간은 6개월로 한다.
② 甲과 乙의 전속중개계약은 국토교통부령이 정하는 계약서에 의해야 하며, 甲과 乙 모두 서명 또는 날인한다.
③ 甲은 乙이 공인중개사법령상의 중개대상물 확인·설명의무를 이행하는데 협조해야 한다.
④ 乙은 甲에게 전속중개계약 체결 후 2주일에 1회 이상 중개업무 처리상황을 문서로 통지해야 한다.
⑤ 乙이 정보공개의무를 위반한 경우 등록관청은 乙의 중개사무소 개설등록을 취소할 수 있다.

10 공인중개사법령상 중개의뢰인 甲과 개업공인중개사 乙의 중개계약에 관한 설명으로 옳은 것은? 제34회

① 甲의 요청에 따라 乙이 일반중개계약서를 작성한 경우 그 계약서를 3년간 보존해야 한다.
② 일반중개계약은 표준이 되는 서식이 정해져 있다.
③ 전속중개계약은 법령이 정하는 계약서에 의하여야 하며, 乙이 서명 및 날인하되 소속공인중개사가 있는 경우 소속공인중개사가 함께 서명 및 날인해야 한다.
④ 전속중개계약의 유효기간은 甲과 乙이 별도로 정하더라도 3개월을 초과할 수 없다.
⑤ 전속중개계약을 체결한 甲이 그 유효기간 내에 스스로 발견한 상대방과 거래한 경우 중개보수에 해당하는 금액을 乙에게 위약금으로 지급해야 한다.

Point 19 부동산거래정보망 ★★★★★

11 공인중개사법령상 부동산거래정보망에 대한 설명으로 틀린 것은?

① 부동산거래정보망은 개업공인중개사 상호간에 부동산매매 등에 관한 정보의 공개와 유통을 촉진하고 공정한 부동산거래질서를 확립하기 위한 체계이다.
② 부동산거래정보망은 전속중개계약제도의 정착과 공동중개 활성화에 기여한다.
③ 부동산거래정보망을 설치·운영할 자의 지정권은 국토교통부장관에게 있다.
④ 「공인중개사법」상 국토교통부장관으로부터 지정을 받지 아니한 자가 사설 부동산거래정보망을 운영한 경우 처벌대상이 된다.
⑤ 부동산거래정보망은 IT를 활용한 정보의 집중처리로 시간과 비용을 절감할 수 있게 함으로써 중개활동의 능률화를 가능하게 한다.

☆중요
12 공인중개사법령상 거래정보사업자 지정과 관련한 설명으로 옳은 것은?

① 법인인 개업공인중개사도 거래정보사업자로 지정받을 수 있다.
② 거래정보사업자로 지정받고자 하는 자는 정보처리기능사 1인 이상과 개업공인중개사 1인 이상을 확보하여야 한다.
③ 외국인은 거래정보사업자로 지정을 받을 수 없다.
④ 「전기통신사업법」에 의한 부가통신사업자이어야 거래정보사업자로 지정받을 수 있다.
⑤ 부동산거래정보망을 이용하는 개업공인중개사는 국토교통부장관이 정하는 용량 및 성능을 갖춘 컴퓨터설비를 확보하여야 한다.

☆중요

13 공인중개사법령상 부동산거래정보망을 설치·운영할 자로 지정받기 위한 요건의 일부이다. ( )에 들어갈 내용으로 옳은 것은?
제31회

- 부동산거래정보망의 가입·이용신청을 한 (㉠)의 수가 500명 이상이고 (㉡)개 이상의 특별시·광역시·도 및 특별자치도에서 각각 (㉢)인 이상의 (㉠)가 가입·이용신청을 하였을 것
- 정보처리기사 1명 이상을 확보할 것
- 공인중개사 (㉣)명 이상을 확보할 것

	㉠	㉡	㉢	㉣
①	공인중개사	2	20	1
②	공인중개사	3	20	3
③	개업공인중개사	2	20	3
④	개업공인중개사	2	30	1
⑤	개업공인중개사	3	30	1

14 공인중개사법령상 거래정보사업자의 지정신청시 제출할 서류가 아닌 것은?

① 회원인 개업공인중개사 500명 이상의 중개사무소등록증 사본
② 공인중개사 자격증 사본
③ 부동산거래정보망 운영규정
④ 부가통신사업신고서를 제출하였음을 확인할 수 있는 서류
⑤ 정보처리기사 자격증 사본

15 공인중개사법령상 거래정보사업자 지정절차와 관련한 설명으로 <u>틀린</u> 것은?

① 운영규정에는 부동산거래정보망에의 등록절차 및 자료의 제공·이용방법에 관한 사항, 회비 등에 관한 사항이 포함되어야 한다.
② 거래정보사업자 지정신청을 받은 국토교통부장관은 14일 이내에 이를 검토하여 지정기준에 적합하다고 인정되는 경우에는 지정대장에 기재 후 거래정보사업자 지정서를 교부하여야 한다.
③ 거래정보사업자는 지정을 받은 날로부터 3개월 이내에 운영규정을 정하여 국토교통부장관의 승인을 얻어야 하고, 변경하고자 하는 때에도 승인을 얻어야 한다.
④ 거래정보사업자는 지정을 받은 날로부터 1년 이내에 부동산거래정보망을 설치하고 운영하여야 한다.
⑤ 거래정보사업자로 지정받은 법인이 해산하여 부동산거래정보사업의 계속적인 운영이 불가능한 경우 국토교통부장관은 청문을 거치지 않고 사업자지정을 취소할 수 있다.

16 공인중개사법령상 거래정보사업자 지정대장 서식에 기재되는 사항이 <u>아닌</u> 것은? 제32회

① 지정 번호 및 지정 연월일
② 상호 또는 명칭 및 대표자의 성명
③ 주된 컴퓨터설비의 내역
④ 전문자격자의 보유에 관한 사항
⑤ 「전기통신사업법」에 다른 부가통신사업자번호

17 공인중개사법령상 거래정보사업자와 관련한 설명 중 옳은 것은?

① 개업공인중개사는 부동산거래정보망을 통해 거래하는 경우 거래가 완성된 때에는 7일 내에 이를 해당 거래정보사업자에게 통보하여야 한다.
② 거래정보사업자 지정대장은 전자적 처리가 불가능한 특별한 사유가 없으면 전자적 처리가 가능한 방법으로 작성·관리하여야 한다.
③ 거래정보사업자는 중개의뢰인으로부터 중개대상물의 정보공개를 의뢰받아 공개할 수 있다.
④ 국토교통부장관은 거래정보사업자가 개업공인중개사로부터 의뢰받지 아니한 중개대상물에 관한 정보를 공개하였을 경우 반드시 지정을 취소하여야 한다.
⑤ 거래정보사업자로 지정을 받은 자는 운영규정 제정승인을 받은 날로부터 1년 내에 부동산거래정보망을 설치·운영하여야 한다.

고득점
18 공인중개사법령상 거래정보사업자 등에 대한 제재의 설명으로 옳은 것은?

① 개업공인중개사가 부동산거래정보망에 중개대상물에 관한 정보를 거짓으로 공개하거나, 거래사실을 통보하지 아니한 경우 500만원 이하의 과태료가 부과된다.
② 거래정보사업자가 운영규정에 위반하여 부동산거래정보망을 운영한 경우에는 지정취소처분뿐만 아니라 500만원 이하의 과태료처분의 대상이 된다.
③ 거래정보사업자가 정당한 사유 없이 지정을 받은 날로부터 1년 이내에 부동산거래정보망을 설치·운영하지 않은 경우 그 지정을 취소하여야 한다.
④ 거래정보사업자가 개업공인중개사로부터 의뢰받지 아니한 정보를 공개하거나 의뢰받은 내용과 다르게 정보를 공개한 때 또는 정보를 개업공인중개사에 따라 차별적으로 공개한 때에는 3년 이하의 징역 또는 3천만원 이하의 벌금에 처해진다.
⑤ 거래정보사업자가 국토교통부장관의 업무에 대한 보고 명령 등 감독상의 명령에 위반한 경우에는 지정이 취소될 수 있다.

19 공인중개사법령상 거래정보사업자의 지정취소사유에 해당하는 것을 모두 고른 것은?

제31회

㉠ 부동산거래정보망의 이용 및 정보제공방법 등에 관한 운영규정을 변경하고도 국토교통부 장관의 승인을 받지 않고 부동산거래정보망을 운영한 경우
㉡ 개업공인중개사로부터 공개를 의뢰받지 아니한 중개대상물 정보를 부동산거래정보망에 공개한 경우
㉢ 정당한 사유 없이 지정받은 날부터 6개월 이내에 부동산거래정보망을 설치하지 아니한 경우
㉣ 개인인 거래정보사업자가 사망한 경우
㉤ 부동산거래정보망의 이용 및 정보제공방법 등에 관한 운영규정을 위반하여 부동산거래정 보망을 운영한 경우

① ㉠, ㉡
② ㉢, ㉣
③ ㉠, ㉡, ㉤
④ ㉠, ㉡, ㉣, ㉤
⑤ ㉠, ㉡, ㉢, ㉣, ㉤

제6장 개업공인중개사 등의 의무

Point 20 기본적 윤리의무 ★

기본서 p.154~156

품위유지 등 의무	개업공인중개사 및 소속공인중개사는 전문직업인으로서 지녀야 할 품위를 유지하고 신의와 성실로써 공정하게 중개 관련 업무를 수행하여야 한다.
선관주의의무	중개계약이 위임과 유사하여 판례와 학설에 의하여 인정된 의무
비밀준수의무	① 개업공인중개사 등은 이 법 및 다른 법률에 특별한 규정이 있는 경우를 제외하고는 그 업무상 알게 된 비밀을 누설하여서는 아니 된다. 개업공인중개사 등이 그 업무를 떠난 후에도 또한 같다. ② 위반시 제재: 1년 이하의 징역 또는 1천만원 이하의 벌금(반의사불벌죄)

Point 21 확인·설명 및 확인·설명서 작성 등의 의무 ★★★★★

기본서 p.156~164

구분	확인·설명의무	확인·설명서 작성 등의 의무
주체	개업공인중개사(소속공인중개사 가능)	개업공인중개사(소속공인중개사 작성 가능)
시기	중개완성 전	중개완성된 때
상대방	권리취득의뢰인	거래당사자 쌍방
내용	① 설명 + 근거자료 제시 ② 상태자료, 신분증 요구 가능	① 법정서식으로 작성, 3년 보관(공인전자문서센터 보관시 제외) ② 서명 및 날인: 개업공인중개사 + 중개행위를 한 소속공인중개사
제재	① 개업공인중개사: 500만원 이하의 과태료 ② 소속공인중개사: 자격정지	① 개업공인중개사: 업무정지 ② 소속공인중개사: 자격정지
확인·설명사항	기본적인 사항, 권리관계, 거래예정금액, 중개보수, 공법상 제한, 시설상태, 벽면 등 상태, 환경조건, 입지조건, 취득 관련 조세의 종류 및 세율 🔍 전속중개계약시 공개할 정보와의 주요한 차이: 권리자의 인적사항, 공시지가, 중개보수, 취득 관련 조세의 종류 및 세율	

🔍 개업공인중개사는 주택의 임대차계약을 체결하려는 중개의뢰인에게 다음의 사항을 설명하여야 한다.
  ① 「주택임대차보호법」에 따라 확정일자 부여기관에 정보제공을 요청할 수 있다는 사항
  ② 「국세징수법」 및 「지방세징수법」에 따라 임대인이 납부하지 아니한 국세 및 지방세의 열람을 신청할 수 있다는 사항
  ③ 관리비 금액과 그 산출내역, 「주택임대차보호법」에 따른 임대인의 정보 제시 의무 및 소액보증금 보호사항, 전입세대확인서의 열람 또는 교부사항, 민간임대주택인 경우 임대보증금에 대한 보증에 관한 사항

Point 22 거래계약서 작성 등의 의무 ★★★★★

기본서 p.164~167

작성주체	개업공인중개사(소속공인중개사 작성 가능)
작성시기	중개완성시
교부 상대방	거래당사자 쌍방
서식	법정서식 없음(국토교통부장관 표준서식 권장 가능)
서명 및 날인	개업공인중개사 및 중개행위 한 소속공인중개사
보존 등	5년(공인전자문서센터 보관의 경우 제외)
기타	거짓기재, 이중계약서 금지
필수 기재사항	① 거래당사자의 인적사항 ② 물건의 표시 ③ 계약일 ④ 거래금액·계약금액 및 그 지급일자 등 지급에 관한 사항 ⑤ 물건의 인도일시 ⑥ 권리이전의 내용 ⑦ 조건이나 기한이 있는 경우에는 그 조건 또는 기한 ⑧ 확인·설명서 교부일자 ⑨ 그 밖의 약정내용

🔍 서류 정리

구분	보관	서식	교부	서명·날인	위반
거래계약서	5년	×	완성시 쌍방	서명 및 날인	업무정지
확인·설명서	3년	○	완성시 쌍방	서명 및 날인	업무정지
보증 증서	게시	–	완성시 쌍방	–	100만원 ↓
전속중개계약서	3년	○	중개계약시 일방	서명 또는 날인	업무정지
일반중개계약서	×	○	중개계약시 일방	서명 또는 날인	–

Point 23 손해배상책임과 보증설정 ★★★★★

기본서 p.168~178

손해배상책임	① 중개행위시 고의·과실로 재산상 손해를 발생하게 한 때 책임 ② 중개사무소를 다른 사람의 중개행위의 장소로 제공함으로써 재산상 손해를 발생하게 한 때 책임
보증설정시기	업무개시 전(분사무소는 설치신고 전)
보증설정방법	① 보증보험 가입 ② 공제가입 ③ 공탁
보증설정금액	① 법인: 4억원 이상(분사무소는 분사무소마다 2억원 이상 추가) ② 법인이 아닌 개업공인중개사: 2억원 이상 ③ 특수법인: 2천만원 이상
보증의 변경·재설정	① 변경: 이미 설정한 보증의 효력이 있는 기간 중에 다른 보증설정 신고 ② 기간만료: 보증보험, 공제의 보증기간 만료일까지 재설정, 신고
공탁금 회수제한	폐업, 사망한 날로부터 3년간 회수 금지

보증 설명 및 교부	① 설명시기: 중개완성시 쌍방에게 설명하고 증서 사본 교부
	② 설명내용
	   ㉠ 보장기관 및 소재지
	   ㉡ 보장기간
	   ㉢ 보장금액

손해배상금 지급	보증보험금, 공제금 또는 공탁금으로 손해배상시 15일 내 보증보험, 공제에 다시 가입하거나 공탁금 중 부족한 금액을 보전

Point 24 계약금 등의 반환채무이행 보장제도 ★★

기본서 p.179~182

예치권고	거래안전 보장 위해 필요한 경우 예치권고 '할 수 있다'
예치명의자	개업공인중개사 또는 은행, 공제사업자, 신탁업자, 보험회사, 체신관서, 전문회사
예치대상	계약금, 중도금, 잔금(= 계약금 등)
예치기관	금융기관, 공제사업자, 신탁업자 등(체신관서 등도 가능)
예치기한	거래계약의 이행이 완료될 때까지
개업공인중개사 명의 예치	① 거래안전 약정 ② 분리관리 및 인출제한 ③ 보증설정 및 교부
사전수령	금융기관 또는 보증보험회사 발행 보증서를 예치명의자에게 교부하고 미리 수령 가능

Point 25 금지행위 ★★★★★

기본서 p.183~195

개업공인중개사 등의 금지행위	① 중개대상물의 매매를 업으로 한 행위 ② 무등록중개업자와 거래한 행위 ③ 중개보수 또는 실비를 초과하여 금품을 받은 행위 ④ 거짓된 언행 등으로 중개의뢰인의 판단을 그르치게 한 행위	1년 이하의 징역 또는 1천만원 이하의 벌금
	⑤ 부동산 관련 양도 등 금지된 증서 등의 중개 또는 매매를 업으로 한 행위 ⑥ 중개의뢰인과 직접거래 또는 거래당사자 쌍방을 대리한 행위 ⑦ 부동산투기를 조장하는 행위 ⑧ 시세에 부당한 영향을 주거나 줄 우려가 있는 행위 ⑨ 단체를 구성하여 중개를 제한하는 행위	3년 이하의 징역 또는 3천만원 이하의 벌금
개업공인중개사 등에 대한 금지행위	① 특정 개업공인중개사 등에 대한 중개의뢰 제한 또는 제한 유도 ② 시세보다 현저하게 높게 광고·중개하는 특정 개업공인중개사 등에게만 중개의뢰 유도 ③ 특정 가격 이하로 중개를 의뢰하지 아니하도록 유도 ④ 정당한 사유 없이 개업공인중개사 등의 정당한 표시·광고 행위 방해 ⑤ 시세보다 현저하게 높게 표시·광고 강요 또는 유도	

제6장 단원별 출제예상문제

☆중요 출제가능성이 높은 중요 문제   ↖고득점 고득점 목표를 위한 어려운 문제   🔍신유형 기존에 출제되지 않은 신유형 대비 문제

> 💡 **Tip**
> 3문제 정도의 출제비중이 있는 단원으로, 확인·설명, 거래계약서, 손해배상 및 보증설정, 금지행위에서 주로 출제된다. 조문에 충실하되, 판례 및 제재와 관련된 문제도 충분히 연습해야 한다.

Point 20   기본적 윤리의무

정답 및 해설 p.26

01 공인중개사법령상 개업공인중개사 등의 의무에 관한 설명으로 <u>틀린</u> 것은? (다툼이 있으면 판례에 따름)

① 개업공인중개사는 직접적인 위탁관계가 없는 경우 자신의 의뢰인과 거래하게 되는 거래상대방에 대하여 목적물의 하자 등에 대한 일반적인 주의의무를 부담하지 않는다.
② 개업공인중개사 및 소속공인중개사는 전문직업인으로서 품위를 유지할 의무가 있다.
③ 개업공인중개사와 소속공인중개사는 신의성실에 의한 공정중개의무가 있다.
④ 개업공인중개사와 중개의뢰인의 법률관계는 「민법」상의 위임과 유사하므로, 개업공인중개사는 중개의뢰의 본지에 따라 선량한 관리자의 주의로써 의뢰받은 중개업무를 처리하여야 할 의무가 있다.
⑤ 개업공인중개사로서 매도의뢰인이 알지 못하는 사람인 경우 필요할 때에는 등기권리증의 소지 여부나 그 내용을 확인·조사하여 보아야 할 주의의무가 있다.

02 공인중개사법령상 비밀준수의무와 관련한 설명 중 <u>틀린</u> 것은?

① 개업공인중개사는 이 법 및 다른 법률에 특별한 규정이 있는 경우를 제외하고는 그 업무상 알게 된 비밀을 누설하여서는 아니 된다.
② 개업공인중개사가 폐업을 한 경우에는 업무상 알게 된 비밀을 지킬 의무가 없다.
③ 비밀준수의무는 소속공인중개사, 중개보조원, 중개법인의 임원·사원도 준수해야 할 의무이다.
④ 개업공인중개사가 의뢰인의 비밀을 누설한 경우라도 피해자의 명시한 불처벌의 의사표시에 반하여 처벌할 수 없다.
⑤ 비밀준수의무를 위반한 자에 대하여는 1년 이하의 징역 또는 1천만원 이하의 벌금에 처한다.

Point 21 확인·설명 및 확인·설명서 작성 등의 의무 ★★★★★

정답 및 해설 p.26~27

☆중요

03 공인중개사법령상 중개대상물에 대한 개업공인중개사의 확인·설명의무에 관한 설명으로 옳은 것은?

① 개업공인중개사는 중개가 완성된 때에는 법령이 정하는 사항을 거래당사자 쌍방에게 성실·정확하게 설명하여야 한다.
② 개업공인중개사는 중개대상물의 상태에 관한 자료요구에 권리이전의뢰인이 불응한 경우 개업공인중개사는 이를 권리취득의뢰인에게 설명하거나 중개대상물 확인·설명서에 기재해야 한다.
③ 개업공인중개사는 중개업무의 수행을 위하여 필요한 경우에는 중개의뢰인에게 주민등록증 등 신분을 확인할 수 있는 증표를 제시할 것을 요구할 수 있다.
④ 소속공인중개사가 중개의뢰를 받은 경우에는 반드시 해당 소속공인중개사가 중개대상물을 확인하여 설명할 의무가 있다.
⑤ 개업공인중개사가 확인·설명을 성실·정확하게 하지 아니하거나 근거자료를 제시하지 아니한 경우에는 업무정지처분을 받을 수 있다.

04 공인중개사법령상 개업공인중개사가 중개대상물에 대하여 의무적으로 확인·설명할 내용을 모두 고른 것은?

⊙ 중개대상물의 권리관계
⊙ 중개보수 및 실비의 금액과 그 산출내역
⊙ 중개대상물과 시장, 학교 등과의 근접성
⊙ 토지이용계획
⊙ 중개대상물의 경제적 가치
⊙ 중개대상물에 대한 권리를 이전함에 따라 부담하여야 할 조세의 종류 및 세율

① ㉠, ㉢
② ㉣, ㉤
③ ㉤, ㉥
④ ㉠, ㉡, ㉢, ㉣
⑤ ㉠, ㉡, ㉤, ㉥

▶ 고득점
05 공인중개사법령상 중개대상물 확인·설명사항과 전속중개계약 체결시 공개하여야 하는 정보 중 공통된 사항에 속하는 것을 모두 고르면 몇 개인가?

㉠ 공법상 이용제한 및 거래규제에 관한 사항
㉡ 취득 관련 조세의 종류 및 세율
㉢ 중개보수 및 실비의 금액과 산출내역
㉣ 권리자의 주소·성명 등 인적사항

① 없음
② 1개
③ 2개
④ 3개
⑤ 모두

06 공인중개사법령상 주택임대차중개시의 확인·설명사항을 모두 고른 것은?

> ㉠ 민간임대주택인 경우「민간임대주택에 관한 특별법」에 따른 임대보증금에 대한 보증에 관한 사항
> ㉡「주민등록법」에 따른 전입세대확인서의 열람 또는 교부에 관한 사항
> ㉢「주택임대차보호법」에 따른 임대인의 정보 제시 의무 및 소액보증금 중 일정액의 보호에 관한 사항
> ㉣ 관리비 금액과 그 산출내역

① ㉠, ㉡ 　　② ㉢, ㉣ 　　③ ㉠, ㉢, ㉣
④ ㉡, ㉢, ㉣ ⑤ ㉠, ㉡, ㉢, ㉣

07 중개대상물 확인·설명과 관련한 판례의 내용 중 **틀린** 것은?

① 중개계약은 쌍무계약이므로 중개의뢰인이 개업공인중개사에게 소정의 보수를 지급하지 아니하였다면 개업공인중개사의 확인·설명의무와 손해배상의무가 당연히 소멸되는 것이다.
② 개업공인중개사는 비록 그가 조사·확인하여 의뢰인에게 설명할 의무를 부담하지 않는 사항이더라도 의뢰인이 계약 체결 여부를 결정하는 데 중요한 자료가 되는 사항에 관하여 그릇된 정보를 제공하여서는 아니 된다.
③ 중개대상물에 근저당권이 설정된 경우 실제의 피담보채무액까지 조사·확인하여 설명할 의무는 없다.
④ 개업공인중개사는 다가구주택의 일부에 대한 임대차계약을 중개함에 있어서 임차의뢰인이 임대차계약이 종료된 후에 임대차보증금을 제대로 반환받을 수 있는지 판단하는 데 필요한 다가구주택의 권리관계 등에 관한 자료를 제공하여야 한다.
⑤ 상가건물에 대한 임차권 양도계약을 중개하는 경우,「상가건물 임대차보호법」상 대항력, 우선변제권 등의 보호를 받을 수 있는 임대차에 해당하는지를 판단하는 데 필요한 상가건물의 권리관계 등에 관한 자료를 확인·설명할 의무가 있다.

08 공인중개사법령상 확인·설명의무에 관한 설명으로 <u>틀린</u> 것을 모두 고른 것은?

> ㉠ 권리관계를 설명한 경우 등기사항증명서 등의 근거자료를 권리를 취득하려는 의뢰인에게 교부해야 한다.
> ㉡ 상가의 임대차를 중개하는 경우에는 임대보증금 보증에 관한 사항과 관리비 및 그 산출내역을 설명해야 한다.
> ㉢ 법인의 분사무소에서 중개가 완성되어 거래계약서를 작성하면서 확인·설명서를 작성한 경우에는 대표자가 서명 및 날인해야 한다.
> ㉣ 중개행위를 한 소속공인중개사는 확인·설명서에 서명 또는 날인해야 한다.

① 없음
② ㉡
③ ㉡, ㉢
④ ㉠, ㉢, ㉣
⑤ ㉠, ㉡, ㉢, ㉣

▲ 고득점
09 공인중개사법령상 중개대상물 확인·설명과 관련한 설명으로 옳은 것은? (다툼이 있으면 판례에 따름)

① 개업공인중개사는 중개의뢰를 받은 때에는 확인·설명을 하고, 그 즉시 확인·설명한 사항을 서면으로 작성하여 거래당사자 쌍방에게 교부하여야 한다.
② 개업공인중개사는 확인·설명을 위하여 매도의뢰인 또는 임대의뢰인 등에게 중개대상물의 상태에 관한 자료를 요구하여야 한다.
③ 개업공인중개사는 중개대상물의 범위 외의 물건이나 권리 또는 지위를 중개하는 경우에는 선량한 관리자의 주의로 권리관계 등을 조사·확인하여 설명할 의무가 없다.
④ 개업공인중개사(법인은 대표자, 분사무소는 책임자) 및 중개행위를 한 소속공인중개사는 확인·설명서에 서명 및 날인하여야 한다.
⑤ 개업공인중개사는 확인·설명서의 원본을 5년간 보관하여야 한다.

10 공인중개사법령상 개업공인중개사 甲의 중개대상물 확인·설명에 관한 내용으로 <u>틀린</u> 것은?

① 甲은 중개가 완성되어 거래계약서를 작성하는 때에는 중개대상물 확인·설명서를 작성하여 거래당사자 모두에게 교부해야 한다.
② 甲이 다른 개업공인중개사와 공동중개한 경우 확인·설명서에는 공동중개한 개업공인중개사 중 1인만 서명 및 날인하면 된다.
③ 甲은 주택의 임대차계약을 체결하려는 중개의뢰인에게 확정일자 부여기관에 정보제공 요청과 세무서장 등에게 임대인이 납부하지 아니한 국세 및 지방세의 열람을 신청할 수 있다는 사항을 설명하여야 한다.
④ 甲은 공인전자문서센터에 보관된 경우를 제외하고, 확인·설명서 원본, 사본 또는 전자문서를 3년 동안 보존해야 한다.
⑤ 중개업무를 수행하는 소속공인중개사가 성실·정확하게 중개대상물의 확인·설명을 하지 않은 것은 소속공인중개사의 자격정지사유에 해당한다.

Point 22 거래계약서 작성 등의 의무 ★★★★★

정답 및 해설 p.27~28

중요

11 공인중개사법령상 거래계약서 작성과 관련한 설명으로 옳은 것은?

① 개업공인중개사는 중개대상물에 관하여 중개가 완성된 때에는 법정서식에 의하여 거래계약서를 작성하고 이에 서명 및 날인하여야 한다.
② 거래계약서를 작성하는 때에는 거래금액 등 거래내용을 거짓으로 기재하거나 서로 다른 둘 이상의 거래계약서를 작성하여서는 아니 된다.
③ 개업공인중개사는 거래계약서를 거래당사자 쌍방에게 교부하고, 그 사본을 3년간 보관하여야 한다.
④ 등록관청은 개업공인중개사가 작성하는 거래계약서에 관하여 표준이 되는 서식을 정하여 이의 사용을 권장할 수 있다.
⑤ 소속공인중개사는 모두 거래계약서에 서명 및 날인하여야 한다.

☆중요
12 개업공인중개사가 작성하는 거래계약서에 기재해야 할 사항으로 공인중개사법령상 명시된 것을 모두 고른 것은?

> ㉠ 기한이 있는 경우 기한
> ㉡ 중개대상물 확인·설명서 교부일자
> ㉢ 권리이전의 내용
> ㉣ 물건의 인도일시

① ㉠, ㉡, ㉢
② ㉠, ㉡, ㉣
③ ㉠, ㉢, ㉣
④ ㉡, ㉢, ㉣
⑤ ㉠, ㉡, ㉢, ㉣

13 공인중개사법령상 개업공인중개사가 작성하는 거래계약서의 필수적 기재사항에 해당하는 것은?

① 중개보수 및 실비의 금액
② 취득 관련 조세의 종류 및 세율
③ 담보책임에 관한 약정이 있는 경우 그 내용
④ 거래예정금액
⑤ 공법상 이용제한 및 거래규제에 관한 사항

☆중요
14 공인중개사법령상 개업공인중개사의 거래계약서 작성에 관한 설명으로 틀린 것은? (다툼이 있으면 판례에 따름)

① 개업공인중개사는 중개가 완성된 때에만 거래계약서를 작성·교부하여야 한다.
② 거래금액·계약금액 및 그 지급일자 등 지급에 관한 사항은 거래계약서에 필수적으로 기재할 사항이다.
③ 공동중개의 경우 참여한 개업공인중개사가 모두 거래계약서에 서명 및 날인해야 한다.
④ 소속공인중개사는 거래계약서를 작성할 수 있다.
⑤ 개업공인중개사가 하나의 거래계약에 대하여 서로 다른 둘 이상의 거래계약서를 작성한 경우, 등록관청은 중개사무소의 개설등록을 취소하여야 한다.

15 공인중개사법령상 서명·날인에 관한 설명으로 틀린 것은?

① 개업공인중개사는 거래계약서와 중개대상물 확인·설명서에 서명 및 날인해야 한다.
② 분사무소에서 작성된 거래계약서에 그 책임자는 서명 및 날인하여야 한다.
③ 개업공인중개사는 전속중개계약서에 서명 및 날인해야 한다.
④ 중개대상물 확인·설명서에는 거래당사자가 서명 또는 날인하는 란이 있다.
⑤ 중개보조원이 거래계약서 또는 확인·설명서에 개업공인중개사와 함께 서명 및 날인한 경우라도 「공인중개사법」을 위반한 것은 아니다.

16 공인중개사법령상 개업공인중개사가 중개완성시 거래당사자 쌍방에게 교부해야 하는 서면을 모두 고른 것은? (전자계약은 제외함)

㉠ 거래계약서	㉡ 거래대금 영수증
㉢ 확인·설명서	㉣ 보증관계증서 사본
㉤ 전속중개계약서	

① ㉠, ㉡, ㉢
② ㉠, ㉢, ㉣
③ ㉠, ㉡, ㉢, ㉣
④ ㉠, ㉢, ㉣, ㉤
⑤ ㉠, ㉡, ㉢, ㉣, ㉤

▶ 고득점
17 공인중개사법령상 중개업무 관련 의무위반에 대한 설명으로 틀린 것은?

① 개업공인중개사가 확인·설명서와 거래계약서의 작성·교부·보존의무를 위반한 경우에는 6개월 이하의 업무정지에 처해질 수 있다.
② 소속공인중개사가 거래계약서에 거래금액 등을 거짓기재하거나 둘 이상의 서로 다른 거래계약서를 작성한 경우에는 자격이 취소된다.
③ 개업공인중개사가 거래계약서에 거래금액 등을 거짓기재하거나 둘 이상의 서로 다른 거래계약서를 작성한 경우에는 등록을 취소당할 수 있다.
④ 중개행위를 한 소속공인중개사가 확인·설명서 또는 거래계약서에 서명만을 하고 날인하지 아니한 경우에는 6개월 이하의 자격정지에 처해질 수 있다.
⑤ 소속공인중개사가 확인·설명을 하면서 성실·정확하게 하지 아니하거나 근거자료를 제시하지 아니한 경우에는 자격정지처분을 받을 수 있다.

18 공인중개사법령상 각종 서류에 관한 설명으로 틀린 것은?

① 일반중개계약서, 전속중개계약서, 확인·설명서는 모두 법정서식이 있으나, 거래계약서는 법정서식이 없다.
② 일반중개계약 체결시 일반중개계약서의 작성 여부는 임의사항에 속하나, 전속중개계약서는 전속중개계약시 개업공인중개사가 필수적으로 법정서식에 의하여 작성하여야 한다.
③ 공인전자문서센터에 보관된 경우를 제외하고 거래계약서는 5년을 보관하여야 하나, 확인·설명서 및 전속중개계약서는 3년을 보관하여야 한다.
④ 국토교통부장관은 거래계약서 및 일반중개계약서의 표준이 되는 서식을 정하여 이의 사용을 권장할 수 있다.
⑤ 거래계약서 또는 확인·설명서의 보관의무 위반은 100만원 이하의 과태료 부과사유에 해당한다.

19 「전자문서 및 전자거래 기본법」에 따른 공인전자문서센터에 보관된 경우, 공인중개사법령상 개업공인중개사가 원본, 사본 또는 전자문서를 보존기간 동안 보존해야 할 의무가 면제된다고 명시적으로 규정된 것을 모두 고른 것은? 제32회

> ㉠ 중개대상물 확인·설명서
> ㉡ 손해배상책임보장에 관한 증서
> ㉢ 소속공인중개사 고용신고서
> ㉣ 거래계약서

① ㉠
② ㉠, ㉣
③ ㉡, ㉢
④ ㉡, ㉢, ㉣
⑤ ㉠, ㉡, ㉢, ㉣

Point 23   손해배상책임과 보증설정 ★★★★★

20 공인중개사법령상 손해배상책임 및 보증설정과 관련된 설명으로 틀린 것은? (다툼이 있으면 판례에 따름)

① 개업공인중개사가 손해배상책임의 보장을 위하여 가입한 보험은 이른바 타인을 위한 손해보험계약의 성질이 있다.
② 공제제도는 개업공인중개사가 그의 불법행위 또는 채무불이행으로 인하여 거래당사자에게 부담하게 되는 손해배상책임을 보증하는 보증보험적 성격을 가진 제도이다.
③ 중개보조원이 중개업무에 관하여 고의로 인한 위법행위로 거래당사자에게 손해를 입힌 경우 개업공인중개사는 이 법령에 따른 손해배상책임을 지지 않는다.
④ 개업공인중개사는 「공인중개사법」에 의해서는 재산상 손해에 한하여 배상책임이 인정된다.
⑤ 확인·설명의무와 이에 위반한 경우의 손해배상의무는 중개의뢰인이 개업공인중개사에게 소정의 보수를 지급하지 아니하였다고 해서 당연히 소멸되는 것이 아니다.

21 공인중개사법령상 개업공인중개사의 손해배상책임 및 보증설정에 관한 설명으로 옳은 것은? (다툼이 있으면 판례에 따름)

① 개업공인중개사나 그 보조원이 아닌 사람에게는 공인중개사법령에 따른 손해배상책임이 발생하지 않는다.
② 개업공인중개사가 공인중개사법령상 지는 손해배상책임은 모두 고의·과실이 없어도 발생되는 무과실책임에 해당한다.
③ 중개법인이 2개의 분사무소를 두는 경우 이 법인의 최소 보증설정금액은 6억원이다.
④ 개업공인중개사는 자기의 중개사무소를 다른 사람의 중개행위 장소로 제공함으로써 거래당사자에게 재산상 손해를 발생하게 한 때에는 그 손해를 배상할 책임이 없다.
⑤ 개업공인중개사는 거래당사자에게 보증설정금액을 한도로 손해배상책임을 진다.

22 개업공인중개사의 손해배상책임과 관련한 판례 중 **틀린** 것은?

① 공제계약이 유효하게 성립하기 위해서는 공제계약 당시에 공제사고의 발생 여부가 확정되어 있지 않아야 한다.
② 경매대상 부동산에 대한 권리분석 및 취득의 알선을 하다가 손해를 입힌 행위는 '중개행위를 함에 있어서 거래당사자에게 재산상의 손해를 발생하게 한 때'에 해당하지 않는다.
③ 개업공인중개사가 실제로 전세계약이 체결되지 않았음에도 전세계약서 등을 작성·교부해 줌으로써 이를 담보로 제공받아 금전을 대여한 대부업자가 손해를 입은 경우 개업공인중개사에게는 주의의무위반에 따른 손해배상책임이 있다.
④ 다세대주택의 소유자로부터 건물 관리 및 월세 임대차계약의 체결 등에 관한 업무를 위임받았으나 임차인과 채권적 전세계약을 체결하고 그 전세보증금을 편취한 행위는 중개행위를 하다가 손해를 입힌 경우에 해당한다.
⑤ 중개보조원의 고의에 의한 불법행위에 가담하지 아니한 개업공인중개사는 손해배상시 피해자의 과실을 이유로 과실상계를 주장할 수 있다.

23 공인중개사법령상 개업공인중개사의 보증설정에 관한 설명으로 **틀린** 것은?

① 개업공인중개사는 손해배상책임을 보장하기 위하여 보증을 설정할 수 있다.
② 법인인 개업공인중개사는 4억원 이상의 보증을 설정하여야 한다.
③ 법인이 아닌 개업공인중개사는 2억원 이상의 보증을 설정하여야 한다.
④ 법인이 분사무소를 두는 경우에는 분사무소마다 2억원 이상의 보증을 추가로 설정하여야 한다.
⑤ 다른 법률에 따라 부동산중개업을 할 수 있는 자가 부동산중개업을 하려는 경우에는 중개업무를 개시하기 전에 보장금액 2천만원 이상의 보증을 보증기관에 설정하고 그 증명서류를 갖추어 등록관청에 신고해야 한다.

24 공인중개사법령상 개업공인중개사의 보증설정과 관련한 설명으로 옳은 것은?

① 개업공인중개사는 중개업무 시작과 동시에 손해배상책임을 보장하기 위한 조치를 이행하고 그 증명서류를 갖추어 등록관청에 신고하여야 한다.
② 개업공인중개사는 중개가 완성된 때에는 보증설정기관 및 그 소재지·보장기간·보장금액 등을 거래당사자에게 설명하고, 그 사본(전자문서 포함)을 교부하여야 한다.
③ 보증을 설정한 개업공인중개사가 그 보증을 다른 보증으로 변경하고자 하는 경우에는 다른 보증을 설정한 후 15일 내에 그 증명서류를 갖추어 등록관청에 신고하여야 한다.
④ 보증으로 설정한 보증보험 또는 공제의 기간이 만료된 경우 개업공인중개사는 그 기간 만료 7일 전까지 다시 보증을 설정하여 그 증명서류를 갖추어 등록관청에 신고하여야 한다.
⑤ 보증으로 공탁한 공탁금은 개업공인중개사가 폐업 또는 사망한 날로부터 5년 이내에는 회수할 수 없다.

25 공인중개사법령상 개업공인중개사의 손해배상책임과 보증설정에 대한 설명으로 옳은 것은?

① 2억원의 보증을 설정한 개업공인중개사 甲의 중과실로 거래당사자 乙에게 2억 5천만원의 재산상의 손해가 발생한 경우 乙은 甲에게 전액 손해배상을 청구할 수 있다.
② 개업공인중개사는 중개를 개시하기 전에 거래당사자에게 손해배상책임의 보장에 관한 설명을 해야 한다.
③ 개업공인중개사는 보증기관을 통하여 손해배상을 한 때에는 30일 내에 보증보험, 공제에 다시 가입하거나 공탁금 중 부족한 금액을 보전하여야 한다.
④ 다른 법률의 규정에 따라 중개업을 할 수 있는 법인이 중개업을 하는 경우 보증설정을 하지 않아도 된다.
⑤ 개업공인중개사가 손해배상책임을 보장하기 위한 조치를 이행하지 아니하고 업무를 개시한 경우에는 100만원 이하의 과태료를 부과한다.

26 공인중개사법령상 개업공인중개사의 보증설정 등에 관한 설명으로 옳은 것은? 제32회

① 개업공인중개사가 보증설정신고를 할 때 등록관청에 제출해야 할 증명서류는 전자문서로 제출할 수 없다.
② 보증기관이 보증사실을 등록관청에 직접 통보한 경우라도 개인공인중개사는 등록관청에 보증설정신고를 해야 한다.
③ 보증을 다른 보증으로 변경하려면 이미 설정된 보증의 효력이 있는 기간이 지난 후에 다른 보증을 설정해야 한다.
④ 보증 변경신고를 할 때 손해배상책임보증 변경신고서 서식의 "보증"란에 '변경 후 보증내용'을 기재한다.
⑤ 개업공인중개사가 보증보험금으로 손해배상을 한 때에는 그 보증보험의 금액을 보전해야 하며 다른 공제에 가입할 수 없다.

27 공인중개사법령상 중개의뢰인이 개업공인중개사가 가입한 보증기관을 상대로 손해배상금을 지급청구하는 경우에 대한 설명으로 틀린 것은? (다툼이 있으면 판례에 따름)

① 중개의뢰인은 개업공인중개사와의 손해배상합의서, 화해조서, 확정된 법원의 판결문 사본 또는 그 밖의 이에 준하는 서류를 첨부하여 보증기관에 손해배상금의 지급을 청구하여야 한다.
② 개업공인중개사의 중개행위시의 보증기관과 중개의뢰인의 손해발생시의 보증기관이 서로 다른 경우에는 중개행위시의 보증기관에 손해배상금의 지급을 청구하여야 한다.
③ 중개의뢰인에게 손해배상을 한 보증보험사나 공제기관은 개업공인중개사를 상대로 구상권을 행사할 수 없다.
④ 공제금 청구권의 소멸시효는 공제사고의 발생사실을 확인할 수 없는 경우, 공제금 청구권자가 공제사고 발생을 알았거나 알 수 있었던 때부터 3년 이내에 행사하지 아니하면 완성된다.
⑤ 개업공인중개사는 보증기관을 통하여 손해배상을 한 때에는 15일 내에 보증보험, 공제에 다시 가입하거나 공탁금 중 부족한 금액을 보전하여야 한다.

28 공인중개사법령상 손해배상책임의 보장에 관한 설명으로 <u>틀린</u> 것은? 제32회

① 개업공인중개사는 중개가 완성된 때에는 거래당사자에게 손해배상책임의 보장기간을 설명해야 한다.
② 개업공인중개사는 고의로 거래당사자에게 손해를 입힌 경우에는 재산상의 손해뿐만 아니라 비재산적 손해에 대해서도 공인중개사법령상 손해배상책임보장 규정에 의해 배상할 책임이 있다.
③ 개업공인중개사가 자기의 중개사무소를 다른 사람의 중개행위의 장소로 제공하여 거래당사자에게 재산상의 손해를 발생하게 한때에는 그 손해를 배상할 책임이 있다.
④ 법인인 개업공인중개사가 분사무소를 두는 경우 분사무소마다 추가로 2억원 이상의 손해배상책임의 보증설정을 해야 하나 보장금액의 상한은 없다.
⑤ 지역농업협동조합이 「농업협동조합법」에 의해 부동산중개업을 하는 경우 보증기관에 설정하는 손해배상책임보증의 최저보장금액은 개업공인중개사의 최저보장금액과 다르다.

Point 24 계약금 등의 반환채무이행 보장제도 ★★

29 공인중개사법령상 계약금 등의 반환채무이행의 보장에 관한 설명으로 <u>틀린</u> 것은? 제21회

① 개업공인중개사가 거래당사자에게 계약금 등을 예치하도록 권고할 법률상 의무는 없다.
② 계약금 등을 예치하는 경우 「우체국예금·보험에 관한 법률」에 따른 체신관서 명의로 공제사업을 하는 공인중개사협회에 예치할 수도 있다.
③ 계약금 등을 예치하는 경우 「보험업법」에 따른 보험회사 명의로 금융기관에 예치할 수 있다.
④ 계약금 등을 예치하는 경우 매도인 명의로 신탁업자에게 예치할 수 있다.
⑤ 계약금 등의 예치는 거래계약의 이행이 완료될 때까지로 한다.

고득점

30 공인중개사법령상 계약금 등의 반환채무이행의 보장에 대한 설명 중 옳은 것은?

① 부동산거래계약의 이행을 보장하기 위하여 계약 관련 서류 및 계약금 등을 관리하는 업무를 수행하는 전문회사는 예치명의자가 될 수 없다.
② 개업공인중개사는 계약금 등을 중개사무소 수입·지출을 관리하는 자신의 예금통장에 함께 예치할 수 있다.
③ 예치대상 '계약금 등'에는 계약금, 중도금 또는 잔금이 있다.
④ 「우체국예금·보험에 관한 법률」에 따른 체신관서는 예치기관이 될 수 없다.
⑤ 개업공인중개사가 자신의 명의로 계약금 등을 예치하면서 계약금 등의 반환채무이행의 보장에 반하는 행위를 한 경우 중개사무소 개설등록이 취소될 수 있다.

31 공인중개사법령상 계약금 등을 예치하는 경우 예치명의자가 될 수 있는 자를 모두 고르면 몇 개인가?

> ㉠ 공탁금을 예치하는 법원
> ㉡ 「자본시장과 금융투자업에 관한 법률」에 따른 투자중개업자
> ㉢ 「자본시장과 금융투자업에 관한 법률」에 따른 신탁업자
> ㉣ 「한국지방재정공제회법」에 따른 한국지방재정공제회
> ㉤ 개업을 한 변호사

① 1개   ② 2개   ③ 3개
④ 4개   ⑤ 5개

32 공인중개사법령상 계약금 등의 반환채무이행의 보장제도에 관한 설명으로 옳은 것은?

① 이 제도는 에스크로(Escrow) 제도와 유사한 제도로서 계약이행기간 동안의 거래안전을 보장하기 위한 사전적 예방제도라 할 수 있다.
② 계약금 등을 예치하는 경우 예치명의자 모두는 자기 소유의 예치금과 계약금 등을 분리 관리할 의무가 있다.
③ 계약금을 예치한 경우 계약금을 교부한 자는 이를 포기함으로써 해당 거래계약을 해제할 수 없다.
④ 예치된 계약금 등을 사전 수령할 권리가 있는 매도인, 임대인 등은 보증서를 계약금 등의 예치기관에 교부하고 계약금 등을 미리 수령할 수 있다.
⑤ 매도인, 임대인 등의 사전수령을 위한 보증서 발행기관은 금융기관, 공제사업을 행하는 자, 신탁업자가 있다.

33 개업공인중개사의 중개로 매매계약이 체결된 후 계약금 등의 반환채무이행을 보장하기 위해 매수인이 낸 계약금을 개업공인중개사 명의로 금융기관에 예치하였다. 공인중개사법령상 이에 관한 설명으로 틀린 것은?

제23회 수정

① 금융기관에 예치하는 데 소요되는 실비는 특별한 약정이 없는 한 매도인이 부담한다.
② 개업공인중개사는 거래당사자와 계약금 등의 인출에 대한 거래당사자의 동의방법, 소요실비 그 밖에 거래안전을 위하여 필요한 사항을 약정하여야 한다.
③ 개업공인중개사는 계약금 등에 해당하는 금액으로 보증보험 또는 공제에 가입하거나 공탁을 하여야 하며, 거래당사자에게 관계증서의 사본을 교부하거나 관계증서에 관한 전자문서를 제공하여야 한다.
④ 개업공인중개사는 예치된 계약금이 자기소유의 예치금과 분리하여 관리될 수 있도록 해야 한다.
⑤ 개업공인중개사는 예치된 계약금을 거래당사자의 동의 없이 임의로 인출하여서는 안 된다.

Point 25 금지행위 ★★★★★

☆중요
34 「공인중개사법」상 개업공인중개사 등의 금지행위에 해당하는 것은?

> ㉠ 부당한 이익을 얻을 목적으로 거짓으로 거래가 완료된 것처럼 꾸미는 등 중개대상물의 시세에 부당한 영향을 준 행위
> ㉡ 미확정 개발계획을 확정된 것처럼 고지하여 부동산매매를 중개하는 행위
> ㉢ 단체를 구성하여 특정 중개대상물에 대하여 중개를 제한한 행위
> ㉣ 자(子)가 거주할 주택을 자(子)를 대리하여 다른 개업공인중개사의 중개로 매수한 행위
> ㉤ 토지거래허가구역 내의 토지의 매매를 중개하는 행위

① ㉠, ㉣
② ㉡, ㉢
③ ㉠, ㉡, ㉢
④ ㉠, ㉡, ㉢, ㉣
⑤ ㉠, ㉡, ㉢, ㉣, ㉤

35 「공인중개사법」상 금지행위 중 시세에 부당한 영향을 줄 목적으로 개업공인중개사 등의 업무를 방해하는 행위에 해당하지 <u>않는</u> 것은?

① 안내문을 이용하여 중개대상물에 대하여 시세보다 현저하게 높게 표시·광고하는 특정 개업공인중개사 등에게만 중개의뢰를 하도록 유도함으로써 다른 개업공인중개사 등을 부당하게 차별하는 행위
② 온라인 커뮤니티를 이용하여 특정 개업공인중개사 등에 대한 중개의뢰 제한을 유도하는 행위
③ 정당한 사유 없이 개업공인중개사 등의 중개대상물에 대한 정당한 표시·광고 행위를 방해하는 행위
④ 단체를 구성하여 단체 구성원 이외의 자와 공동중개를 제한하는 행위
⑤ 안내문, 온라인 커뮤니티 등을 이용하여 특정 가격 이하로 중개를 의뢰하지 아니하도록 유도하는 행위

36 공인중개사법령상 개업공인중개사 등의 금지행위에 해당하지 <u>않는</u> 것은? (다툼이 있으면 판례에 따름)

① 개업공인중개사 A는 중개보수로 액면금액이 법정한도를 초과하는 당좌수표를 받았으나 후일 그 당좌수표가 부도처리되었다.
② 소속공인중개사인 B는 아파트의 매도의뢰인 甲으로부터 그 아파트를 매수하였다.
③ 개업공인중개사 C는 탈세 목적 미등기부동산의 전매를 중개하였으나 중개의뢰인이 전매차익을 얻지 못하였다.
④ 중개법인의 임원인 D는 관계 법령에서 양도·알선 등이 금지된 부동산의 분양·임대 등과 관련 있는 증서 등의 매매업을 하였다.
⑤ 중개보조원인 E는 상가의 매도의뢰인 乙을 대리하여 매수의뢰인 丙과 거래계약을 체결하였다.

▶ 고득점
37 「공인중개사법」상 개업공인중개사 등의 금지행위에 해당하는 것은? (다툼이 있으면 판례에 따름)

① 상가분양을 대행하면서 그에 대한 보수로 상가에 대한 중개보수의 한도를 초과하여 금품을 받은 행위
② 거래당사자 쌍방의 동의를 받아 등기이전서류 교부와 잔금이행을 쌍방대리한 행위
③ 중개의뢰인 소유자로부터 거래에 관한 대리권을 수여받은 대리인과 중개대상물을 직접 거래하는 행위
④ 무허가건축물의 매매를 중개한 행위
⑤ 상가의 매도시에 사용하려고 매각조건 등을 기재하여 인쇄해 놓은 양식에 매매대금과 지급기일 등 해당 사항을 기재한 분양계약서의 거래를 중개한 행위

38 공인중개사법령상 금지행위와 관련한 설명으로 옳은 것은 모두 몇 개인가? (다툼이 있으면 판례에 따름)

㉠ 금지행위에 해당하기 위해서는 반드시 중개의뢰인에게 재산상 손해가 발생될 것을 요한다.
㉡ 개업공인중개사가 중개의뢰인과 직접거래를 하는 행위를 금지하는 규정은 효력규정이다.
㉢ '해당 중개대상물의 거래상의 중요사항'에는 중개대상물의 가격 등에 관한 사항들도 포함될 수 있다.
㉣ 매도의뢰인으로부터 대리권을 수여받고 직접 그 부동산을 매수한 자기계약은 의뢰인의 동의를 받았더라도 금지행위에 해당한다.
㉤ 중개의뢰인과 1회 중개대상물을 매매한 행위는 금지행위가 아니다.

① 1개
② 2개
③ 3개
④ 4개
⑤ 5개

39 공인중개사법령상 개업공인중개사 등의 금지행위에 해당하는 것을 모두 고른 것은?

㉠ 의뢰인 甲이 매수의뢰한 매수대상물의 매매계약을 성사시킨 대가로 법정 중개보수 외에 매매대상물에 관한 공유지분을 받았다.
㉡ 중개사무소의 개설등록을 하지 아니하고 중개업을 영위하고 있는 친구 乙의 부탁으로 자기의 중개사무소에서 자기의 명의를 사용하여 거래계약이 체결될 수 있도록 하였다.
㉢ 인척 丙 소유 주택을 매수의뢰인에게 매도하는 계약을 중개하였다.
㉣ 토지에 대한 컨설팅을 해주고 그 보수로 토지에 대한 중개보수의 한도를 초과하여 받았다.

① ㉠, ㉡
② ㉢, ㉣
③ ㉠, ㉡, ㉢
④ ㉠, ㉢, ㉣
⑤ ㉠, ㉡, ㉢, ㉣

40 다음 개업공인중개사 甲, 乙, 丙, 丁, 戊의 행위 중에서 「공인중개사법」상 금지행위가 <u>아닌</u> 것은? (다툼이 있으면 판례에 따름)

① 甲은 분양권의 거래를 중개하면서 분양금액과 프리미엄을 합산한 금액을 기준으로 한도를 초과한 중개보수를 받았다.
② 乙은 친구 A 명의로 등기되어 있는 주택의 매도의뢰를 받고 그 주택이 소송계류 중인 사실을 알고 있으면서도 이를 알려주지 않은 채 매수의뢰인 B와 계약을 체결하게 하였다.
③ 丙은 토지소유자 C와 토지를 택지로 조성하여 분할한 다음 이를 타인에게 매각하고 일정 금원을 지급받기로 약정하였다.
④ 丁은 전세의뢰인 D의 아파트에 대하여 시가보다 싼 가격으로 남편 명의로 전세계약하는 것을 중개하였다.
⑤ 戊는 부당한 이익을 얻을 목적으로 거짓으로 거래가 완료된 것처럼 꾸미는 등 중개대상물의 시세에 부당한 영향을 주었다.

41 「공인중개사법」 제33조 제1항의 '개업공인중개사 등의 금지행위'의 효과에 대한 설명으로 <u>틀린</u> 것은? (다툼이 있으면 판례에 따름)

① 본 항의 금지행위 규정은 개업공인중개사뿐만 아니라 중개법인의 임원·사원, 소속공인중개사, 중개보조원에게도 적용되나 무등록중개업자나 개업공인중개사 등이 아닌 자에게는 적용되지 아니한다.
② 개업공인중개사가 중개의뢰인과 직접거래를 한 경우에도 그 거래계약의 효력에는 영향이 없다.
③ 개업공인중개사가 본 항의 금지행위 규정을 위반하였을 경우 등록취소 또는 업무정지 처분을 받을 수 있다.
④ 개업공인중개사가 본 항의 금지행위 규정을 위반한 경우 즉시 등록의 결격사유에 해당된다.
⑤ 소속공인중개사가 본 항의 금지행위를 한 경우 자격정지처분과 동시에 행정형벌을 받을 수 있다.

42 공인중개사법령상 금지행위와 관련한 판례로서 틀린 것은?

① 개업공인중개사 등이 중개의뢰인으로부터 보수 등의 명목으로 소정의 한도를 초과하는 액면금액의 당좌수표를 교부받고, 그 후 그 당좌수표가 부도처리 되었다거나 또는 중개의뢰인에게 그대로 반환되었더라도 금지행위에 해당한다.
② 중개의뢰인과 직접거래를 금지하는 규정은 효력규정이 아니라 단속규정이라고 보아야 한다.
③ 토지와 건물의 임차권 및 권리금, 시설비의 교환계약을 중개하고 그 사례 명목으로 중개보수의 한도를 초과하여 포괄적으로 금원을 지급받은 경우 이는 법정한도를 초과하여 중개보수를 지급받은 것이라고 보아야 한다.
④ 중개의뢰인과 직접거래란 개업공인중개사가 중개의뢰인으로부터 중개대상물의 중개의뢰를 받고, 의뢰받은 중개대상물에 대한 매매·교환·임대차 등과 같은 권리의 득실변경에 관한 행위의 직접 상대방이 되는 경우를 의미한다.
⑤ 임야가 개발제한구역으로 결정되어 가격이 떨어지고 매수하려는 사람도 없어 상당한 가격으로 현금화하기가 어려운데도 그러한 사정을 모르는 매수의뢰인에게 바로 비싼 값에 전매할 수 있다고 기망하여 매매계약을 체결하였다면 이는 금지되는 행위에 해당한다.

43 「공인중개사법」상 금지행위 중 법정 행정형벌의 기준이 다른 것은?

① 중개대상물의 거래상의 중요사항에 관하여 거짓된 언행 그 밖의 방법으로 중개의뢰인의 판단을 그르치게 하는 행위
② 거래당사자 쌍방을 대리하는 행위
③ 단체를 구성하여 단체 구성원 이외의 자와 공동중개를 제한하는 행위
④ 시세에 부당한 영향을 줄 목적으로 개업공인중개사 등에게 중개대상물을 시세보다 현저하게 높게 표시·광고하도록 강요한 행위
⑤ 관계 법령의 규정에 의하여 전매 등 권리의 변동이 제한된 부동산의 매매를 중개하여 부동산투기를 조장한 행위

44 공인중개사법령상 소속공인중개사에게 금지되는 행위를 모두 고른 것은? 제34회

┌───┐
│ ㉠ 공인중개사 명칭을 사용하는 행위
│ ㉡ 중개대상물에 대한 표시·광고를 하는 행위
│ ㉢ 중개대상물의 매매를 업으로 하는 행위
│ ㉣ 시세에 부당한 영향을 줄 목적으로 온라인 커뮤니티 등을 이용하여 특정 가격 이하로 중
│   개를 의뢰하지 아니하도록 유도함으로써 개업공인중개사의 업무를 방해하는 행위
└───┘

① ㉠, ㉡ 　　② ㉡, ㉣ 　　③ ㉢, ㉣
④ ㉡, ㉢, ㉣ 　　⑤ ㉠, ㉡, ㉢, ㉣

제7장 중개보수 및 실비

Point 26 중개보수 및 실비 ★★★★★

기본서 p.197~206

(1) 주택의 중개보수 한도

① 국토교통부령이 정하는 범위 내에서 시·도의 조례로 정한다.
② 국토교통부령이 정하는 범위(일방 한도)
  • 매매·교환: 거래금액 15억원 이상 1천분의 7(0.7%) 이내
  • 임대차 등: 거래금액 15억원 이상 1천분의 6(0.6%) 이내

(2) 주택 외의 중개대상물 중개보수 한도

① 국토교통부령으로 정한다(일방 한도).
② 국토교통부령이 정하는 범위
  ㉠ 오피스텔(전용면적이 85m² 이하이고, 상·하수도 시설 등을 갖추어야 함)
    • 매매·교환: 거래금액의 1천분의 5(0.5%) 이내
    • 임대차 등: 거래금액의 1천분의 4(0.4%) 이내
  ㉡ 위 오피스텔 외의 주택 외 중개대상물: 거래금액의 0.9% 이내에서 상호협의 결정

(3) 적용

① 매매는 매매가액, 교환은 큰 거래가액, 분양권은 기 납입금에 프리미엄 기준
② 임대차는 보증금 + (월 차임 × 100) 기준. 단, 5천만원 미만인 경우 보증금 + (월 차임 × 70) 적용
③ 주택의 소재지와 중개사무소의 소재지 시·도 조례가 서로 다른 경우 중개사무소의 소재지 시·도 조례를 적용
④ 건축물 중 주택의 면적이 2분의 1 이상인 경우에는 주택에 대한 중개보수를, 주택의 면적이 2분의 1 미만인 경우에는 주택 외의 중개대상물 중개보수를 적용
⑤ 동일 중개대상물, 동일 당사자, 동일 기회에 매매를 포함한 그 외의 거래시는 매매만 적용

(4) 실비

[한도] 국토교통부령이 정하는 범위 내에서 시·도의 조례로 정한다(중개대상물 종류 불문).
① 권리관계 등의 확인에 소요된 실비는 영수증을 첨부하여 권리이전의뢰인에게 청구 가능
② 계약금 등 반환채무이행 보장에 소요된 실비는 영수증을 첨부하여 권리취득의뢰인에게 청구 가능

제7장 단원별 출제예상문제

⭐중요 출제가능성이 높은 중요 문제 ↖고득점 고득점 목표를 위한 어려운 문제 ✍신유형 기존에 출제되지 않은 신유형 대비 문제

> 💡 **Tip**
> 중개보수 관련 이론 1문제와 계산 1문제가 자주 출제된다. 중개보수 이론과 관련해서는 한도, 거래금액 산정·적용방법을 철저히 숙지해야 한다. 계산문제는 실수하지 않도록 연습해야 한다.

Point 26 중개보수 및 실비 ★★★★★

정답 및 해설 p.31~33

01 공인중개사법령상 중개보수에 관한 설명으로 <u>틀린</u> 것은? (다툼이 있으면 판례에 따름)

① 중개보수 청구권은 중개완성을 정지조건으로 하여 중개계약 체결시에 발생한다는 것이 일반적이다.
② 거래당사자 중 일방의 이행지체로 거래계약이 해제된 경우에는 중개보수 청구권은 소멸한다.
③ 분양대행 또는 컨설팅에 대한 보수는 중개보수 규정이 적용되지 않는다.
④ 개업공인중개사가 아파트 분양권의 매매를 중개하면서 중개보수 산정에 관한 지방자치단체의 조례를 잘못 해석하여 법에서 허용하는 금액을 초과한 중개보수를 수수한 경우 법률의 착오에 해당하지 않는다.
⑤ 개업공인중개사는 상인의 자격을 갖는 것으로, 중개계약에서 유상임을 명시하지 않더라도 중개보수 청구권은 인정된다.

02 공인중개사법령상 중개보수의 한도 등에 관한 설명으로 틀린 것은?

① 주택에 관한 중개보수의 한도 등에 관하여 필요한 사항은 국토교통부령이 정하는 범위 내에서 특별시·광역시·도 또는 특별자치도의 조례로 정한다.
② 주택 외의 중개대상물의 중개에 대한 보수는 국토교통부령으로 정한다.
③ 주택의 중개보수 한도는 매매·교환은 거래금액이 15억원 이상인 경우 거래금액의 1천분의 7 이내로 하고, 이를 중개의뢰인 쌍방으로부터 균분하여 받는다.
④ 전용면적 85m² 이하이고 전용 입식 부엌 및 화장실 등을 갖춘 오피스텔의 중개보수는 그 일방으로부터 매매·교환은 거래금액의 1천분의 5, 임대차 등의 경우에는 1천분의 4 이내에서 중개의뢰인과 개업공인중개사가 서로 협의하여 결정한다.
⑤ 상가건물, 토지 및 입목·공장재단·광업재단의 중개보수의 한도는 매매·교환·임대차 등의 구분 없이 중개의뢰인 쌍방으로부터 각각 받되, 그 일방으로부터 거래금액의 1천분의 9 이내로 한다.

03 공인중개사법령상 중개보수의 적용에 대한 설명으로 옳은 것은?

① 주택의 소재지와 중개사무소의 소재지가 다른 경우에는 주택의 소재지를 관할하는 시·도의 조례에서 정한 기준에 따라 중개보수를 받아야 한다.
② 분사무소에서 주택에 관한 거래를 중개한 경우 주된 사무소 소재지를 관할하는 시·도 조례에 의한 중개보수를 받아야 한다.
③ 중개대상물인 건축물 중 주택의 면적이 2분의 1 이상인 경우에는 주택에 관한 중개보수를 적용한다.
④ 중개대상물인 건축물 중 주택의 면적이 2분의 1 미만인 경우에는 주택과 주택 외로 구분하여 각각 중개보수를 적용한다.
⑤ 토지에 대한 임대차를 중개한 경우 중개보수는 중개의뢰인 쌍방으로부터 최고 거래금액의 1.6%까지 받을 수 있다.

04 공인중개사법령상 중개보수에 대한 설명으로 옳은 것은? (다툼이 있으면 판례에 따름)

① 개업공인중개사는 주택 외의 중개대상물에 대하여 법령이 정하는 요율의 범위 안에서 실제 자기가 받고자 하는 중개보수의 상한요율을 중개보수·실비의 요율 및 한도액표에 명시하여야 하며, 이를 초과하여 중개보수를 받아서는 아니 된다.
② 주택 외의 중개대상물에 관한 중개보수의 한도는 국토교통부령이 정하는 범위 내에서 시·도의 조례로 정한다.
③ 중개보수의 지급시기는 개업공인중개사와 중개의뢰인간의 별도의 약정이 없으면 중개가 완성된 때로 한다.
④ 개업공인중개사가 중개보수 산정에 관한 지방자치단체의 조례를 잘못 해석하여 법정한도를 초과한 중개보수를 받은 경우「공인중개사법」제33조의 금지행위에 해당하지 않는다.
⑤ 한도액을 초과하는 중개보수 약정은 강행법규에 위반한 것으로서 그 약정 전부가 무효이다.

05 공인중개사법령상 중개보수 계산에 관한 설명으로 틀린 것은?

① 교환계약의 경우 교환대상 중개대상물 중 거래금액이 큰 중개대상물의 가액을 거래금액으로 하여 중개보수를 계산한다.
② 주택의 부속토지는 주택에 관한 요율을 적용한다.
③ 동일한 중개대상물에 대하여 동일 당사자간에 매매를 포함한 둘 이상의 거래가 동일 기회에 이루어지는 경우에는 매매계약에 관한 거래금액만을 적용한다.
④ 임대차 중 보증금 외에 차임이 있는 경우에는 월 단위의 차임액에 계약기간 월 수를 곱한 금액을 보증금에 합산한 금액을 거래금액으로 한다.
⑤ 주택의 경우 계산된 중개보수가 한도액보다 클 경우에는 한도액을 기준으로 중개보수를 받아야 한다.

06 공인중개사법령상 중개보수 계산방법 등에 대한 설명으로 옳은 것은? (다툼이 있으면 판례에 따름)

① 분양권거래의 경우에는 분양가격에 프리미엄을 합산한 금액을 기준으로 중개보수를 계산한다.
② 월 단위의 차임액에 100을 곱한 금액과 보증금을 합산한 금액이 5천만원 미만인 임대차의 경우에는 산출된 거래금액의 70%를 적용하여 중개보수를 계산한다.
③ 부가가치세는 중개보수의 한도에 포함되어 있으므로, 별도로 받을 수 없다.
④ 중개대상물인 건축물 중 주택의 면적이 2분의 1인 경우에는 주택에 대한 중개보수를 적용한다.
⑤ 상가의 임대차를 중개하였을 경우에는 임대차가액과 권리금을 합한 금액을 기준으로 중개보수를 계산한다.

07 공인중개사법령상 중개보수에 관한 설명으로 옳은 것은?

① 주된 사무소가 서울특별시 종로구에 있는 중개법인의 인천광역시 연수구 소재 분사무소에서 경기도 이천시에 있는 토지를 중개한 경우 인천광역시의 조례로 정한 기준에 따라 중개보수 및 실비를 받아야 한다.
② 전용면적 85m^2 이하이고 전용 입식 부엌 및 화장실 등을 갖춘 오피스텔의 임대차를 중개한 경우와 상가의 임대차를 중개한 경우의 중개보수 한도는 동일하다.
③ 교환계약은 교환대상 중개대상물의 평균가액을 거래금액으로 한다.
④ 공인중개사법령은 중개보수의 최고 한도만을 규정하고 최저 한도에 대하여는 규정을 두지 않고 있다.
⑤ 중개보수의 지급시기는 다른 약정이 없는 경우 거래계약이 체결된 때로 한다.

08 공인중개사법령상 실비 등에 관한 설명으로 <u>틀린</u> 것은?

① 광고료, 측량비 등은 이 법상 실비로 볼 수 없다.
② 계약금 등의 반환채무이행 보장에 소요된 실비는 권리를 취득하고자 하는 중개의뢰인에게 청구할 수 있다.
③ 중개대상물의 소재지와 중개사무소의 소재지가 다른 경우에는 개업공인중개사는 중개사무소의 소재지를 관할하는 시·도의 조례에서 정한 기준에 따라 실비를 받아야 한다.
④ 개업공인중개사는 법령 및 조례가 정하는 실비의 한도를 초과하여 어떠한 명목으로라도 금품을 더 받아서는 아니 된다.
⑤ 개업공인중개사가 법정 중개보수 또는 실비를 초과하여 금품을 받은 경우에는 등록이 반드시 취소된다.

고득점

09 A시에 중개사무소를 둔 개업공인중개사 甲은 B시에 소재하는 乙 소유의 건축물(그 중 주택의 면적은 3분의 1임)에 대하여 乙과 丙 사이의 매매계약과 동시에 乙을 임차인으로 하는 임대차계약을 중개하였다. 이 경우 甲이 받을 수 있는 중개보수에 관한 설명으로 옳은 것을 모두 고른 것은? 제31회

> ㉠ 甲은 乙과 丙으로부터 각각 중개보수를 받을 수 있다.
> ㉡ 甲은 B시가 속한 시·도의 조례에서 정한 기준에 따라 중개보수를 받아야 한다.
> ㉢ 중개보수를 정하기 위한 거래금액의 계산은 매매계약에 관한 거래금액만을 적용한다.
> ㉣ 주택의 중개에 대한 보수 규정을 적용한다.

① ㉢
② ㉠, ㉢
③ ㉡, ㉣
④ ㉠, ㉡, ㉢
⑤ ㉠, ㉡, ㉣

▲ 고득점

10 공인중개사법령상 중개보수의 제한에 관한 설명으로 옳은 것을 모두 고른 것은? (다툼이 있으면 판례에 따름)
제33회

㉠ 공인중개사법령상 중개보수 제한규정들은 공매대상 부동산취득의 알선에 대해서는 적용되지 않는다.
㉡ 공인중개사법령에서 정한 한도를 초과하는 부동산 중개보수 약정은 한도를 초과하는 범위 내에서 무효이다.
㉢ 개업공인중개사는 중개대상물에 대한 거래계약이 완료되지 않을 경우에도 중개의뢰인과 중개행위에 상응하는 보수를 지급하기로 약정할 수 있고, 이 경우 공인중개사법령상 중개보수 제한규정들이 적용된다.

① ㉠
② ㉢
③ ㉠, ㉡
④ ㉡, ㉢
⑤ ㉠, ㉡, ㉢

▲ 고득점

11 A시에 중개사무소를 둔 개업공인중개사 甲은 B시에 소재하는 乙 소유의 오피스텔(건축법령상 업무시설로 전용면적 80m²이고, 상·하수도 시설이 갖추어진 전용 입식 부엌, 전용 수세식 화장실 및 목욕시설을 갖춤)에 대하여, 이를 매도하려는 乙과 매수하려는 丙의 의뢰를 받아 매매계약을 중개하였다. 이 경우 공인중개사법령상 甲이 받을 수 있는 중개보수 및 실비에 관한 설명으로 옳은 것을 모두 고른 것은?
제33회

㉠ 甲이 乙로부터 받을 수 있는 실비는 A시가 속한 시·도의 조례에서 정한 기준에 따른다.
㉡ 甲이 丙으로부터 받을 수 있는 중개보수의 상한요율은 거래금액의 1천분의 5이다.
㉢ 甲은 乙과 丙으로부터 각각 중개보수를 받을 수 있다.
㉣ 주택(부속토지 포함)의 중개에 대한 보수 및 실비 규정을 적용한다.

① ㉣
② ㉠, ㉢
③ ㉡, ㉣
④ ㉠, ㉡, ㉢
⑤ ㉠, ㉡, ㉢, ㉣

12 개업공인중개사가 1억 8천만원의 아파트에 대한 매매계약 체결을 중개한 경우, 매수인으로부터 받을 수 있는 중개보수 최대액은? (단, 거래가액 5천만원 이상 2억원 미만인 경우 요율은 1천분의 5, 한도액은 80만원이다)

① 80만원
② 90만원
③ 160만원
④ 180만원
⑤ 200만원

13 A는 분양금액 4억원인 상가를 분양받아 계약금 4천만원, 1차 중도금 5천만원을 납부하였다. 그런데 A는 이 상가에 6천만원의 프리미엄을 붙여 B에게 이 분양권을 전매하였다. 만약 개업공인중개사가 이 분양권의 매매를 중개하였다면 다음 중개보수 요율표에 의할 때 개업공인중개사가 받을 수 있는 중개보수의 최대 금액은 얼마인가?

거래유형	주택 거래금액	요율	한도액	상가
매매·교환	5천만원 이상~2억원 미만	1천분의 5	80만원	거래금액의 1천분의 9
매매·교환	2억원 이상~9억원 미만	1천분의 4	–	거래금액의 1천분의 9
임대차 등	5천만원 이상~1억원 미만	1천분의 4	30만원	거래금액의 1천분의 9
임대차 등	1억원 이상~6억원 미만	1천분의 3	–	거래금액의 1천분의 9

① 75만원
② 135만원
③ 150만원
④ 270만원
⑤ 360만원

14 Y시에 중개사무소를 둔 개업공인중개사 A의 중개로 매도인(甲)과 매수인(乙)간에 X주택을 2억원에 매매하는 계약을 체결하고 동시에 乙이 임차인(丙)에게 X주택을 보증금 3천만원, 월 차임 20만원에 임대하는 계약을 체결하였다. A가 乙에게 받을 수 있는 중개보수의 최고액은?

제21회

〈Y시의 조례로 정한 기준〉

구분	중개보수 요율상한 및 한도액		
	거래가액	요율상한(%)	한도액
매매·교환	5천만원 이상~2억원 미만	0.5	80만원
	2억원 이상~9억원 미만	0.4	–
임대차 등	5천만원 미만	0.5	20만원
	5천만원 이상~1억원 미만	0.4	30만원

① 80만원　　　　　　　　② 95만원
③ 100만원　　　　　　　 ④ 102만원
⑤ 125만원

15 개업공인중개사 甲은 A 소유의 오피스텔(전용면적 85m^{2}이고, 전용 입식 부엌과 화장실 등을 갖춤)에 대하여 매매금액을 3억원으로 하는 매수인 B와의 거래를 중개하였다. 甲이 A로부터 받을 수 있는 중개보수의 최대 금액은?

① 120만원　　　　　　　② 150만원
③ 270만원　　　　　　　④ 300만원
⑤ 540만원

16 甲은 개업공인중개사 丙에게 중개를 의뢰하여 乙 소유의 전용면적 70m^2 오피스텔을 보증금 2천만원, 월 차임 25만원에 임대차계약을 체결하였다. 이 경우 丙이 甲으로부터 받을 수 있는 중개보수의 최고 한도액은? (임차한 오피스텔은 건축법령상 업무시설로 상·하수도 시설이 갖추어진 전용 입식 부엌, 전용 수세식 화장실 및 목욕시설을 갖춤)

제26회

① 150,000원　　　　　　② 180,000원
③ 187,500원　　　　　　④ 225,000원
⑤ 337,500원

17 개업공인중개사 A는 甲 소유의 아파트(거래금액 4억원)와 乙 소유의 단독주택(거래금액 5억원)을 상호 교환하기로 하면서 甲은 乙에게 1억원의 보충금을 지급하기로 하는 중개를 완성시켰다. A가 받을 수 있는 중개보수의 최대 금액은? (거래가액 2억원 이상 9억원 미만인 경우 요율은 1천분의 4, 한도액은 없는 것으로 함)

① 200만원
② 250만원
③ 360만원
④ 400만원
⑤ 500만원

18 개업공인중개사 A는 주택에 관하여 임대인인 甲과 임차인인 乙 간에 보증금 5천만원에 월 차임 40만원, 존속기간 2년으로 하는 임대차계약을 중개하였다. A가 임차인 乙로부터 받을 수 있는 중개보수의 최대 금액은? (보수 요율은 5천만원 이상 1억원 미만은 1천분의 4, 한도액은 30만원, 1억원 이상 6억원 미만은 1천분의 3임)

① 300,000원
② 360,000원
③ 600,000원
④ 720,000원
⑤ 800,000원

19 개업공인중개사가 X시에 소재하는 주택의 면적이 3분의 1인 주상복합 건축물에 대하여 매매와 임대차계약을 동시에 중개하였다. 개업공인중개사가 甲으로부터 받을 수 있는 중개보수의 최고 한도액은?

제25회

〈계약조건〉
1. 계약당사자: 甲(매도인, 임차인)과 乙(매수인, 임대인)
2. 매매계약
   1) 매매대금: 1억원
   2) 매매계약에 대하여 합의된 중개보수: 100만원
3. 임대차계약
   1) 임대보증금: 3천만원
   2) 월 차임: 30만원
   3) 임대기간: 2년

〈X시 중개보수 조례 기준〉
1. 매매대금 5천만원 이상 2억원 미만: 상한요율 0.5%(한도액 80만원)
2. 보증금액 5천만원 이상 1억원 미만: 상한요율 0.4%(한도액 30만원)

① 50만원 ② 74만원
③ 90만원 ④ 100만원
⑤ 124만원

20 개업공인중개사 甲이 乙의 일반주택을 6,000만원에 매매를 중개한 경우와 甲이 위 주택을 보증금 1,500만원, 월 차임 30만원, 계약기간 2년으로 임대차를 중개한 경우를 비교했을 때, 甲이 乙에게 받을 수 있는 중개보수 최고 한도액의 차이는?

제27회

〈중개보수 상한요율〉
1. 매매: 거래금액 5,000만원 이상 2억원 미만은 0.5%
2. 임대차
   • 거래금액 5,000만원 미만은 0.5%
   • 5,000만원 이상 1억원 미만은 0.4%

① 0원 ② 75,000원
③ 120,000원 ④ 180,000원
⑤ 225,000원

제8장 교육, 업무위탁 및 포상금 등

Point 27 교육 ★★★★

구분	실무교육	직무교육	연수교육
실시권자	시·도지사	시·도지사, 등록관청	시·도지사
대상자	등록신청인(임원·사원), 분사무소 책임자, 소속공인중개사	중개보조원	개업공인중개사, 소속공인중개사
시기	등록신청일 전 (고용신고일 전) 1년 이내	고용신고일 전 1년 이내	2년마다(2개월 전 통지)
내용	법률지식, 중개·경영실무, 직업윤리	직업윤리	법·제도 변경사항, 중개·경영실무, 직업윤리
시간	28시간 ~ 32시간	3시간 ~ 4시간	12시간 ~ 16시간
제재	–	–	500만원 이하의 과태료

🔍 국토교통부장관, 시·도지사, 등록관청은 개업공인중개사 등을 대상으로 부동산거래사고 방지를 위한 교육을 실시할 수 있다(10일 전까지 대상자에게 통지·공고).

Point 28 업무위탁 ★

구분	교육위탁	시험시행업무 위탁
위탁권자	시·도지사	시험시행기관장
수탁기관	① 부동산 관련 학과가 개설된 학교, 공인중개사협회, 공기업 또는 준정부기관 ② 과목별 전문강사와 강의실 $50m^2$ 이상 1개소 이상 확보	① 공인중개사협회 ② 공기업 또는 준정부기관
관보고시	위탁받은 기관의 명칭·대표자 및 소재지와 위탁업무의 내용 등을 관보에 고시	

🔍 부동산거래질서교란행위 신고센터 ⇨ 한국부동산원에 위탁
　인터넷 표시·광고 모니터링 ⇨ 한국인터넷광고재단 위탁

Point 29 포상금 ★★★★

기본서 p.213~217

신고·고발 대상	① 무등록중개업자 ② 부정등록자 ③ 등록증·자격증 양도·대여한 자 또는 받은 자 ④ 개업공인중개사가 아닌 자로서 표시·광고한 자 ⑤ 금지행위 중 시세교란행위, 단체구성 중개제한행위, 시세에 부당한 영향을 줄 목적으로 개업공인중개사 등의 업무를 방해한 자
지급조건	발각 전 신고·고발 + 공소제기 또는 기소유예
지급절차	① 지급권자: 등록관청 ② 1건당 50만원(국고에서 100분의 50 이내의 비율에서 보조 가능) ③ 지급 결정일로부터 1개월 이내에 지급 ④ 하나의 사건에 대하여 2인 이상이 공동으로 신고 또는 고발한 경우 포상금을 균등배분 지급(합의된 경우는 그에 따라 지급) ⑤ 하나의 사건에 대하여 2건 이상의 신고 또는 고발이 접수된 경우 최초로 신고 또는 고발한 자에게 포상금을 지급

Point 30 수수료 ★★★

기본서 p.218

수수료 납부사유	지방자치단체 조례
① 공인중개사 자격시험 응시 ② 공인중개사 자격증 재교부신청	시·도 조례
③ 중개사무소 개설등록신청 ④ 중개사무소등록증 재교부신청 ⑤ 분사무소 설치신고 ⑥ 분사무소설치신고확인서 재교부신청	시·군·자치구 조례

🔍 시험을 국토교통부장관 시행시 국토교통부장관이 결정·공고하는 수수료, 시험위탁시는 위탁받은 자가 위탁한 자의 승인을 얻어 결정·공고하는 수수료 납부, 자격증 재교부업무 위탁시는 위탁받은 자가 정하는 수수료 납부

Point 31   부동산거래질서교란행위 신고센터 ★★

기본서 p.219~222

설치·운영	국토교통부장관, "할 수 있다"
부동산거래 질서교란행위	① 대여·알선, 사칭, 무등록중개업, 부정등록, 금지행위 ② 이중소속, 거래계약서 거짓기재 등 ③ 부동산거래신고 위반 등
신고절차	① 서면신고 ② 신고센터가 시·도지사 및 등록관청 등에 조사 및 조치요구 ③ 시·도지사 및 등록관청 등은 조사·조치결과를 10일 내에 신고센터에 통보 ④ 신고센터는 매월 10일까지 직전 달의 신고접수 등 사항을 국토교통부장관에게 통보

제8장 단원별 출제예상문제

중요 출제가능성이 높은 중요 문제 고득점 고득점 목표를 위한 어려운 문제 신유형 기존에 출제되지 않은 신유형 대비 문제

💡 Tip
2문제 정도의 출제비중이 있는 단원이다. 주로 교육과 포상금에서 출제되었으나, 최근 포상금 대신 수수료에 대한 문제가 자주 출제되고 있다.

Point 27 교육 ★★★★

정답 및 해설 p.33~34

중요

01 공인중개사법령상 실무교육을 의무적으로 받아야 하는 자를 모두 고르면 몇 개인가? (다른 법률에 따라 중개업을 할 수 있는 경우를 제외함)

> ㉠ 공인중개사인 개업공인중개사의 소속공인중개사가 되려는 자
> ㉡ 중개사무소 개설등록을 하고자 하는 법인의 임원이 되려는 자
> ㉢ 중개보조원이 되려는 자
> ㉣ 분사무소 책임자가 되려는 공인중개사
> ㉤ 소속공인중개사로서 고용관계 종료신고 후 1년 이내에 중개사무소의 개설등록을 신청하려는 자

① 1개 ② 2개 ③ 3개 ④ 4개 ⑤ 5개

02 공인중개사법령상 실무교육에 관한 설명으로 틀린 것은?

① 실무교육의 실시권한은 시·도지사에게 있다.
② 실무교육은 직무수행에 필요한 법률지식과 부동산중개 및 경영실무, 직업윤리 등을 그 내용으로 한다.
③ 고용관계 종료신고 후 1년 이내에 중개법인의 임원이 되려는 소속공인중개사였던 자는 실무교육을 받지 않아도 된다.
④ 실무교육시간은 28시간 이상 32시간 이하로 한다.
⑤ 법인이 중개사무소를 개설하는 경우에 공인중개사가 아닌 임원·사원은 실무교육을 받을 필요가 없다.

03 공인중개사법령상 연수교육과 직무교육에 관한 설명으로 옳은 것은?

① 연수교육의 실시권자는 시·도지사이나, 직무교육은 등록관청만이 실시할 수 있다.
② 연수교육은 중개보조원을 대상으로 직업윤리 등을 교육내용으로 하고, 직무교육은 개업공인중개사 및 소속공인중개사를 대상으로 부동산중개 관련 법·제도의 변경사항 등을 교육내용으로 한다.
③ 직무교육시간은 12시간 이상 16시간 이하로 하고, 연수교육시간은 3시간 이상 4시간 이하로 한다.
④ 시·도지사는 연수교육을 실시하려는 경우 실무교육 또는 연수교육을 받은 후 2년이 되기 2개월 전까지 연수교육의 일시·장소·내용 등을 대상자에게 통지하여야 한다.
⑤ 연수교육 또는 직무교육을 기한 내에 받지 아니한 경우에는 500만원 이하의 과태료가 부과된다.

04 공인중개사법령상 개업공인중개사 등의 교육에 관한 설명으로 틀린 것은?

① 국토교통부장관, 시·도지사 및 등록관청은 부동산거래질서를 확립하고, 부동산거래사고로 인한 피해를 방지하기 위하여 부동산거래사고 예방교육을 실시할 수 있다.
② 부동산거래사고 예방교육을 실시하려는 경우에는 교육일 7일 전까지 교육일시·교육장소 및 교육내용, 그 밖에 교육에 필요한 사항을 공고하거나 교육대상자에게 통지하여야 한다.
③ 국토교통부장관, 시·도지사 및 등록관청은 개업공인중개사 등이 부동산거래사고 예방 등을 위하여 교육을 받는 경우에는 교육시설 및 장비의 설치비용, 강사비 등을 지원할 수 있다.
④ 국토교통부장관은 실무교육, 직무교육 및 연수교육의 전국적인 균형유지를 위하여 필요하다고 인정하면 해당 교육의 지침을 마련하여 시행할 수 있다.
⑤ 교육지침에는 교육대상, 교육과목 및 교육시간 등뿐만 아니라 수강료도 포함되어야 한다.

> 고득점

05 공인중개사법령상 개업공인중개사 등의 교육에 관한 설명으로 옳은 것은?

① 폐업신고 후 1년 이내에 중개사무소의 개설등록을 다시 신청하려는 공인중개사는 실무교육을 받지 않아도 된다.
② 연수교육을 실시하려는 자는 교육일 10일 전까지 대상자에게 통지하여야 한다.
③ 등록관청은 중개보조원만을 대상으로 하는 부동산거래사고 예방교육을 실시할 수 없다.
④ 분사무소의 책임자가 되고자 하는 공인중개사는 고용신고일 전 1년 이내에 등록관청이 실시하는 실무교육을 받아야 한다.
⑤ 직무교육을 받고 1년 내에 중개법인의 임원이 되려는 자는 실무교육이 면제된다.

> 신유형

06 공인중개사법령상 개업공인중개사 등의 교육 등에 관한 설명으로 옳은 것은? 제34회

① 폐업신고 후 400일이 지난 날 중개사무소의 개설등록을 다시 신청하려는 자는 실무교육을 받지 않아도 된다.
② 중개보조원의 직무수행에 필요한 직업윤리에 대한 교육시간은 5시간이다.
③ 시·도지사는 연수교육을 실시하려는 경우 실무교육 또는 연수교육을 받은 후 2년이 되기 2개월 전까지 연수교육의 일시·장소·내용 등을 대상자에게 통지하여야 한다.
④ 부동산중개 및 경영실무에 대한 교육시간은 36시간이다.
⑤ 시·도지사가 부동산거래사고 예방을 위한 교육을 실시하려는 경우에는 교육일 7일 전까지 교육일시, 교육장소 및 교육내용을 교육대상자에게 통지하여야 한다.

Point 28　업무위탁 ★

07 공인중개사법령상 업무위탁에 관한 설명 중 틀린 것은?

① 국토교통부장관, 시·도지사 또는 등록관청은 대통령령이 정하는 바에 따라 그 업무의 일부를 공인중개사협회 또는 대통령령이 정하는 기관에 위탁할 수 있다.
② 시·도지사는 공인중개사 자격증 재교부업무를 공인중개사법령에 따라 다른 기관에 위탁할 수 있다.
③ 국토교통부장관은 부동산거래질서교란행위 신고센터의 업무를 한국부동산원에 위탁한다.
④ 시험시행기관의 장은 시험의 시행에 관하여 필요하다고 인정하는 업무를 「고등교육법」에 의한 학교에 위탁할 수 있다.
⑤ 업무를 위탁한 때에는 위탁받은 기관의 명칭·대표자 및 소재지와 위탁업무의 내용 등을 관보에 고시하여야 한다.

08 공인중개사법령상 업무위탁과 관련한 설명으로 틀린 것은?

① 시·도지사는 교육에 관한 업무를 위탁하는 때에는 일정한 기관 또는 단체 중 국토교통부령으로 정하는 인력 및 시설을 갖춘 기관 또는 단체를 지정하여 위탁하여야 한다.
② 국토교통부장관은 공공기관, 정부출연기관 등에 인터넷 표시·광고 모니터링 업무를 위탁할 수 있다.
③ 교육에 관한 업무를 위탁받고자 하는 기관은 강의실을 1개소 이상 확보하되, 그 면적에는 제한이 없다.
④ 공인중개사, 법무사 또는 세무사로서 부동산 관련 분야에 3년 이상을 근무한 경력이 있는 자는 교육을 위탁받기 위하여 확보할 강사요건을 충족한다.
⑤ 변호사 자격이 있는 자로서 법인 또는 개인사무소 등에서 법률에 관한 사무에 2년 이상 종사한 자는 교육 수탁기관의 강사자격이 있다.

Point 29 포상금 ★★★★

☆중요
09 공인중개사법령상 포상금을 지급받을 수 있는 신고 또는 고발대상자에 해당하는 자를 모두 고르면 몇 개인가?

> - 개업공인중개사가 아닌 자로서 중개업을 하기 위하여 중개대상물의 표시·광고를 한 자
> - 거짓이나 부정한 방법으로 중개사무소의 개설등록을 한 자
> - 중개사무소등록증 또는 공인중개사 자격증을 다른 사람에게 대여한 자
> - 시세에 부당한 영향을 줄 목적으로 안내문 등을 이용하여 특정 개업공인중개사 등에 대한 중개의뢰를 제한하여 개업공인중개사 등의 업무를 방해한 자
> - 무등록중개업자를 통하여 중개의뢰를 받은 개업공인중개사

① 1개
② 2개
③ 3개
④ 4개
⑤ 모두

10 공인중개사법령상 포상금을 지급받을 수 있는 신고 또는 고발의 대상은?

① 개업공인중개사로서 중개의뢰인과 직접거래를 한 자
② 부정한 방법으로 공인중개사의 자격을 취득한 자
③ 개업공인중개사로서 둘 이상의 중개사무소를 둔 자
④ 중개대상물의 가격 및 거래조건 등 중개대상물 선택에 중요한 영향을 미칠 수 있는 사실을 축소하는 등의 방법으로 소비자를 속이는 표시·광고를 한 개업공인중개사
⑤ 중개업의 폐업신고 후 계속하여 중개업을 한 자

⭐중요
11 공인중개사법령상 포상금제도에 대한 설명으로 틀린 것은?

① 신고 또는 고발은 행정기관에 의하여 발각되기 전까지 등록관청, 수사기관이나 부동산 거래질서교란행위 신고센터에 할 수 있다.
② 포상금은 신고 또는 고발사건에 대하여 검사가 공소제기 또는 기소유예의 결정을 한 경우에 한하여 지급한다.
③ 수사기관에 고발한 경우에는 수사기관의 고발확인서를, 2인 이상이 함께 신고 또는 고발한 경우로서 포상금 배분액에 관한 합의가 성립된 경우에는 포상금 배분에 관한 합의 각서를 포상금지급신청서에 첨부하여 제출하여야 한다.
④ 하나의 사건에 대하여 2건 이상의 신고 또는 고발이 접수된 경우에는 신고 또는 고발자 모두에게 포상금을 균분하여 지급한다.
⑤ 포상금의 지급에 소요되는 비용 중 국고에서 보조할 수 있는 비율은 100분의 50 이내로 한다.

12 공인중개사법령상 포상금제도에 대한 설명 중 옳은 것은?

① 포상금은 1건당 50만원으로서, 등록관청이 지급한다.
② 포상금은 국고에서 전액을 보조할 수 있다.
③ 포상금은 지급결정일로부터 2개월 이내에 지급하여야 한다.
④ 하나의 사건에 대하여 2인 이상이 공동으로 신고한 경우 공인중개사법령이 정한 균등 배분방법은 공동으로 포상금을 수령할 자가 합의한 배분방법에 우선하여 적용된다.
⑤ 포상금은 신고 또는 고발사건에 대하여 검사가 불기소처분을 한 경우에도 지급한다.

고득점

13 공인중개사법령상 甲과 乙이 받을 수 있는 포상금의 최대 금액은? 제27회

- 甲은 중개사무소를 부정한 방법으로 개설등록한 A와 B를 각각 고발하였으며, 검사는 A를 공소제기하였고, B를 무혐의처분하였다.
- 乙은 중개사무소를 부정한 방법으로 개설등록한 C를 신고하였으며, C는 형사재판에서 무죄판결을 받았다.
- 甲과 乙은 포상금배분에 관한 합의 없이 중개사무소등록증을 대여한 D를 공동으로 고발하여 D는 기소유예의 처분을 받았다.
- 중개사무소의 개설등록을 하지 않고 중개업을 하는 E를 乙이 신고한 이후에 甲도 E를 신고하였고, E는 형사재판에서 유죄판결을 받았다.
- A, B, C, D, E는 甲 또는 乙의 위 신고·고발 전에 행정기관에 의해 발각되지 않았다.

① 甲: 75만원, 乙: 50만원
② 甲: 75만원, 乙: 75만원
③ 甲: 75만원, 乙: 125만원
④ 甲: 125만원, 乙: 75만원
⑤ 甲: 125만원, 乙: 125만원

Point 30　수수료 ★★★

중요

14 공인중개사법령상 지방자치단체의 조례가 정하는 바에 따라 수수료를 납부하여야 하는 경우를 모두 고른 것은?

㉠ 국토교통부장관이 시행하는 공인중개사 자격시험에 응시하는 자
㉡ 중개사무소의 개설등록을 신청하는 자
㉢ 공인중개사 자격증을 교부받는 자
㉣ 중개사무소등록증의 재교부를 신청하는 자
㉤ 중개업의 휴·폐업을 신고하는 자
㉥ 분사무소 설치신고를 하는 자

① ㉠, ㉡, ㉥
② ㉠, ㉣, ㉥
③ ㉡, ㉢, ㉤
④ ㉡, ㉣, ㉥
⑤ ㉢, ㉣, ㉤

15 공인중개사법령상 수수료 납부에 대한 설명으로 틀린 것은?

① 경기도 성남시 분당구청장에게 중개사무소의 개설등록을 신청하는 자는 성남시 조례가 정하는 바에 따라 수수료를 납부하여야 한다.
② 대전광역시장으로부터 공인중개사 자격증을 교부받은 자는 위탁이 없는 한 해당 자격증의 분실로 인한 자격증 재교부신청시에 대전광역시 조례가 정하는 바에 따라 수수료를 납부하여야 한다.
③ 경상남도 창원시 성산구에 주된 사무소를 둔 중개법인의 서울특별시 강남구 소재 분사무소의 신고확인서를 재교부신청하는 경우 강남구 조례가 정하는 바에 따라 수수료를 납부하여야 한다.
④ 공인중개사 자격시험을 국토교통부장관이 시행하는 경우에는 국토교통부장관이 결정·공고하는 응시수수료를 납부하여야 한다.
⑤ 공인중개사 자격시험 또는 공인중개사 자격증 재교부업무를 위탁한 경우에는 해당 업무를 위탁받은 자가 위탁한 자의 승인을 얻어 결정·공고하는 수수료를 각각 납부하여야 한다.

Point 31 부동산거래질서교란행위 신고센터 ★★

정답 및 해설 p.35

16 공인중개사법령상 부동산거래질서교란행위로 규정된 것이 아닌 것을 모두 고른 것은?

> ㉠ 중개대상물 표시·광고시 명시할 사항을 명시하지 아니한 행위
> ㉡ 중개보조원 수 제한을 초과하여 중개보조원을 고용한 행위
> ㉢ 개업공인중개사가 보증을 설정하지 아니하고 중개업을 한 행위
> ㉣ 단체를 구성하여 특정 중개대상물에 대하여 중개를 제한하는 행위
> ㉤ 거래계약서 또는 확인·설명서를 법정기간동안 보관하지 아니한 행위

① ㉡, ㉣
② ㉠, ㉢, ㉤
③ ㉠, ㉣, ㉤
④ ㉡, ㉢, ㉣
⑤ ㉡, ㉢, ㉣, ㉤

17 공인중개사법령상 부동산거래질서교란행위 신고센터(이하 '신고센터'라 함)와 관련한 설명으로 **틀린** 것은?

① 국토교통부장관은 신고센터를 설치·운영할 수 있다.
② 누구든지 부동산거래질서교란행위를 발견하는 경우 그 사실을 신고센터에 신고할 수 있다.
③ 신고센터의 업무를 위탁받은 한국부동산원은 운영규정을 정하여 국토교통부장관의 승인을 받아야 하고, 이를 변경하려는 경우에도 같다.
④ 신고사항의 조사 및 조치요구를 받은 시·도지사 및 등록관청 등은 조사 및 조치결과를 완료한 날부터 15일 이내에 신고센터에 통보해야 한다.
⑤ 신고센터는 매월 10일까지 직전 달의 신고사항 접수 및 처리결과 등을 국토교통부장관에게 제출해야 한다.

18 공인중개사법령상 부동산거래질서교란행위 신고센터(이하 '신고센터'라 함)에 관한 설명으로 **틀린** 것은?

① 부동산거래질서교란행위를 신고하려는 자는 피신고인의 인적사항, 증거자료 등을 서면(전자문서 포함)으로 제출해야 한다.
② 신고센터는 신고받은 사항에 대해 보완이 필요한 경우 기간을 정하여 신고인에게 보완을 요청할 수 있다.
③ 신고센터는 신고내용이 명백히 거짓이거나 수사기관에서 수사 중인 경우 국토교통부장관의 승인을 받아 접수된 신고사항의 처리를 종결할 수 있다.
④ 신고센터는 제출받은 신고사항에 대해 시·도지사 및 등록관청 등에 조사 및 조치를 요구해야 한다.
⑤ 신고센터는 시·도지사 및 등록관청 등으로부터 처리결과를 통보받은 경우 10일 이내에 신고인에게 신고사항 처리결과를 통보해야 한다.

제9장 공인중개사협회

Point 32 협회의 설립, 조직 및 업무 ★★★★

기본서 p.224~234

제도	임의설립(설립할 수 있다), 복수협회 🔍 회원가입: 임의사항
성격	① 비영리 사단법인(「민법」상 사단법인 규정 준용) ② 인가주의(국토교통부장관)
설립 절차	① 정관작성: 회원 300인 이상이 발기인이 되어 작성 ② 창립총회: 600인 이상, 서울 100인 이상, 광역시·도 각 20인 이상 ③ 설립인가: 국토교통부장관 ④ 설립등기: 성립
조직	① 주된 사무소 ② 지부: 시·도에 정관이 정하는 바에 따라 '둘 수 있다' ⇨ 설치한 때에는 시·도지사에게 신고(사후신고) ③ 지회: 시·군·구에 정관이 정하는 바에 따라 '둘 수 있다' ⇨ 설치한 때에는 등록관청에 신고(사후신고) 🔍 총회 의결사항은 국토교통부장관에게 지체 없이 보고
감독	① 감독권자: 국토교통부장관(지부, 지회 포함) ② 감독방법: 행정명령, 행정조사(조사시 공무원증 및 조사·검사증명서 제시)
업무	① 고유업무: 품위유지, 중개제도, 회원교육, 정보제공, 공제사업 등 ② 수탁업무: 교육, 감독 등

Point 33 공제사업 ★★★★★

기본서 p.228~233

성격	비영리사업, 회원 상호간의 부조 목적, 임의사업
운영규정 제정·변경	국토교통부장관 승인사항
책임준비금 적립비율	공제료 수입액의 100분의 10 이상, 전용시 국토교통부장관 승인
회계분리	공제사업회계는 별도 관리
실적 공시	회계연도 종료 후 3개월 내 협회보 또는 일간신문, 홈페이지 게시
조사·검사	국토교통부장관의 요청시 금융감독원장이 가능
개선명령	장부가격의 변경 등을 국토교통부장관이 명할 수 있음
재무건전성 유지	지급여력비율을 100분의 100 이상으로 유지
시정명령	국토교통부장관이 임원의 징계·해임 요구 또는 시정명령 가능
운영위원회	필수기관, 심의·감독기관, 위원장·부위원장 호선, 위원 19명 이내, 임기 2년

제9장 단원별 출제예상문제

중요 출제가능성이 높은 중요 문제   고득점 고득점 목표를 위한 어려운 문제   신유형 기존에 출제되지 않은 신유형 대비 문제

> **Tip**
> 1~2문제의 출제비중이 있는 단원으로 협회의 설립절차, 조직, 공제사업 부분에서 출제된다. 특히 공제사업은 집중 정리가 필요하다.

Point 32 협회의 설립, 조직 및 업무 ★★★★

정답 및 해설 p.36

01 공인중개사법령상 공인중개사협회의 성격을 모두 고르면 몇 개인가?

㉠ 공법인(公法人)	㉡ 사단법인
㉢ 비영리법인	㉣ 인가주의
㉤ 강제설립주의	㉥ 임의가입주의
㉦ 단일설립주의	

① 2개   ② 3개
③ 4개   ④ 5개
⑤ 6개

02 공인중개사법령상 공인중개사협회(이하 '협회'라 함)의 설립 등과 관련한 설명 중 옳은 것은?

① 개업공인중개사인 공인중개사는 반드시 협회를 설립하여야 한다.
② 협회는 법인으로 한다.
③ 협회 설립시의 정관은 공인중개사 100인 이상이 발기인이 되어 작성하여야 한다.
④ 협회 설립을 위한 창립총회에는 광역시에서 10인 이상의 회원이 참여하여야 한다.
⑤ 협회는 국토교통부장관의 인가를 받으면 성립한다.

03 「공인중개사법 시행령」 제30조(협회의 설립)의 내용이다. (   )에 들어갈 숫자를 올바르게 나열한 것은?

제30회

- 공인중개사협회를 설립하고자 하는 때에는 발기인이 작성하여 서명·날인한 정관에 대하여 회원 (㉠)인 이상이 출석한 창립총회에서 출석한 회원 과반수의 동의를 얻어 국토교통부장관의 설립인가를 받아야 한다.
- 창립총회에는 서울특별시에서는 (㉡)인 이상, 광역시·도 및 특별자치도에서는 각각 (㉢)인 이상의 회원이 참여하여야 한다.

	㉠	㉡	㉢
①	300	50	20
②	300	100	50
③	600	50	20
④	600	100	20
⑤	800	50	50

04 공인중개사법령상 공인중개사협회에 대한 설명 중 옳은 것은?

① 국토교통부장관은 법률이 정하는 요건을 갖추고 있더라도 필요한 경우 설립인가를 거부할 수 있다.
② 개업공인중개사가 아닌 공인중개사는 협회에 가입할 수 없다.
③ 협회에 관하여 공인중개사법령에 규정된 것 외에는 「민법」 중 재단법인에 관한 규정을 적용한다.
④ 협회는 지부를 설치하고자 하는 때에는 시·도지사에게 미리 신고해야 한다.
⑤ 협회는 지회를 설치한 때에는 등록관청에 7일 내에 신고해야 한다.

☆중요
05 공인중개사법령상 공인중개사협회에 관한 설명으로 옳은 것은?

① 협회는 시·도에 지부를, 시·군·구에 지회를 두어야 한다.
② 협회는 총회의 의결내용을 10일 내에 국토교통부장관에게 보고해야 한다.
③ 협회가 지부 또는 지회를 설치한 때에는 국토교통부장관에게 신고해야 한다.
④ 협회의 지부는 시·도지사가, 지회는 등록관청이 감독한다.
⑤ 협회는 부동산중개제도의 연구·개선에 관한 업무를 수행할 수 있다.

06 공인중개사법령상 공인중개사협회의 업무에 해당하는 것을 모두 고른 것은? 제35회

> ㉠ 회원의 윤리헌장 제정 및 그 실천에 관한 업무
> ㉡ 부동산 정보제공에 관한 업무
> ㉢ 인터넷을 이용한 중개대상물에 대한 표시·광고 모니터링 업무
> ㉣ 회원의 품위유지를 위한 업무

① ㉠, ㉣
② ㉡, ㉢
③ ㉠, ㉡, ㉢
④ ㉠, ㉡, ㉣
⑤ ㉠, ㉡, ㉢, ㉣

Point 33 공제사업 ★★★★★

정답 및 해설 p.36~37

⭐중요
07 공인중개사법령상 공인중개사협회의 공제사업에 대한 내용으로 <u>틀린</u> 것은?

① 협회는 개업공인중개사의 손해배상책임을 보장하기 위하여 공제사업을 하여야 한다.
② 협회의 공제사업은 회원간의 상호부조를 목적으로 한 비영리사업에 해당한다.
③ 협회가 공제사업을 하고자 하는 때에는 공제규정을 제정하여 국토교통부장관에게 승인을 얻어야 한다.
④ 협회가 공제사업의 책임준비금을 다른 용도로 사용하고자 하는 경우에는 국토교통부장관의 승인을 얻어야 한다.
⑤ 협회는 대통령령이 정하는 바에 따라 매년도의 공제사업 운용실적을 일간신문·협회보 등을 통하여 공제계약자에게 공시하여야 한다.

08 공인중개사법령상 공인중개사협회의 공제사업에 관한 설명으로 옳은 것은 모두 몇 개인가?

- 공제규정에는 공제금, 공제료 등 공제사업의 운용에 관하여 필요한 사항을 정하되, 변경할 경우에는 국토교통부장관의 승인을 얻어야 한다.
- 공제료는 공제사고 발생률, 보증보험료 등을 종합적으로 고려하여 결정한 금액으로 한다.
- 공제사업은 다른 회계와 구분하여 별도의 회계로 관리하여야 한다.
- 책임준비금의 적립비율은 협회 총 수입액의 100분의 10 이상으로 정해야 한다.
- 공제사업의 운영실적은 회계연도 종료 후 1개월 내에 협회보 또는 일간신문에 공시하고, 협회 홈페이지에 게시하여야 한다.

① 1개 ② 2개
③ 3개 ④ 4개
⑤ 5개

09 공인중개사법령상 국토교통부장관이 공인중개사협회의 공제사업 운영개선을 위하여 명할 수 있는 조치를 모두 고른 것은?

제29회 수정

㉠ 업무집행방법의 변경   ㉡ 자산예탁기관의 변경
㉢ 자산의 장부가격의 변경   ㉣ 불건전한 자산에 대한 적립금의 보유
㉤ 공제사업의 양도

① ㉡, ㉣ ② ㉠, ㉡, ㉢
③ ㉠, ㉢, ㉤ ④ ㉠, ㉡, ㉢, ㉣
⑤ ㉡, ㉢, ㉣, ㉤

10 공인중개사법령상 공인중개사협회의 공제사업에 대한 내용으로 틀린 것은?

① 협회는 재무건전성 기준이 되는 지급여력비율을 100분의 100 이상으로 유지해야 한다.
② 금융감독원의 원장은 국토교통부장관의 요청이 있는 경우에는 공제사업에 관하여 조사 또는 검사를 할 수 있다.
③ 국토교통부장관은 협회의 임원이 재무건전성 기준을 지키지 아니하여 공제사업을 건전하게 운영하지 못할 우려가 있는 경우 그 임원에 대한 징계·해임을 요구하거나 해당 위반행위를 시정하도록 명할 수 있다.
④ 공제사업에 관한 사항을 심의하고 그 업무집행을 감독하기 위하여 협회에 운영위원회를 둔다.
⑤ 운영위원회의 위원의 수는 10명 이내로 한다.

11 공인중개사법령상 공인중개사협회의 운영위원회에 관한 설명으로 틀린 것은?

① 운영위원회의 위원은 협회의 임원, 부동산 분야 전문가, 관계 공무원 및 그 밖에 중개업 관련 이해관계자로 구성하되, 그 수는 19명 이내로 한다.
② 운영위원회는 성별을 고려하여 구성하되, 협회의 회장 및 협회 이사회가 협회의 임원 중에서 선임하는 위원은 전체 위원 수의 3분의 1 미만으로 한다.
③ 위원의 임기는 3년으로 하고, 연임할 수 없다.
④ 운영위원회에는 위원장과 부위원장 각각 1명을 두되, 이들은 위원 중에서 각각 호선(互選)한다.
⑤ 운영위원회의 운영에 필요한 사항은 운영위원회의 심의를 거쳐 위원장이 정한다.

> 고득점

12 공인중개사법령상 공인중개사협회의 공제사업 등에 관한 설명으로 옳은 것을 모두 고른 것은?

> ㉠ 위촉받아 보궐위원이 된 공제사업 운영위원의 임기는 전임자 임기의 남은 기간으로 한다.
> ㉡ 공제사업 운영위원회의 회의는 재적위원 과반수의 찬성으로 심의사항을 의결한다.
> ㉢ 금융기관에서 임원 이상의 현직에 있는 사람은 공제사업 운영위원회 위원이 될 수 없다.
> ㉣ 공제사업 운영위원회의 위원장이 부득이한 사유로 그 직무를 수행할 수 없을 때에는 부위원장이 그 직무를 대행한다.
> ㉤ 국토교통부장관은 협회가 공제사업 운용실적을 기한 내에 공시하지 아니한 경우 6개월 이하의 업무정지를 명할 수 있다.

① 없음
② ㉠, ㉣
③ ㉢, ㉤
④ ㉡, ㉢, ㉤
⑤ ㉠, ㉡, ㉢, ㉣, ㉤

13 공인중개사법령상 공인중개사협회에 대한 지도·감독 등에 관한 설명으로 <u>틀린</u> 것은?

① 협회의 지부 또는 지회에 대한 감독은 국토교통부장관이 한다.
② 국토교통부장관은 협회에 대하여 감독상 필요한 때에는 그 업무에 관한 사항을 보고하게 하거나 자료의 제출 기타 필요한 명령을 할 수 있다.
③ 국토교통부장관은 소속 공무원으로 하여금 협회의 사무소에 출입하여 장부·서류 등을 조사 또는 검사하게 할 수 있다.
④ 협회가 국토교통부장관의 감독상의 명령 등에 위반한 때에는 500만원 이하의 과태료가 부과된다.
⑤ 협회는 매 회계연도 종료 후 3개월 이내에 공제사업 운용실적을 일간신문에 공시하거나 협회의 인터넷 홈페이지에 게시해야 한다.

제10장 지도·감독 및 벌칙

Point 34 행정처분 ★★★★★

기본서 p.238~252

(1) 행정처분 총설

대상자	종류	처분권자	사전절차
개업공인중개사	등록취소	등록관청	청문
	업무정지		의견제출
공인중개사	자격취소	자격증 교부 시·도지사	청문
소속공인중개사	자격정지		의견제출
거래정보사업자	지정취소	국토교통부장관	청문

(2) 개업공인중개사에 대한 행정처분

① 등록취소사유

필요적 등록취소사유	임의적 등록취소사유
㉠ 사망·해산 ㉡ 부정등록 ㉢ 결격사유 ㉣ 이중등록 ㉤ 이중소속 ㉥ 중개보조원 수 제한을 초과하여 중개보조원을 고용한 경우 ㉦ 등록증 양도·대여, 성명·상호를 사용하여 중개업무하게 함 ㉧ 업무정지기간 중에 중개업무, 자격정지 받은 소속공인중개사로 하여금 중개업무하게 함 ㉨ 최근 1년 내 2회 이상 업무정지 받고 다시 업무정지행위	㉠ 등록기준 미달 ㉡ 이중사무소 ㉢ 임시 중개시설물 설치 ㉣ 겸업 위반 ㉤ 6개월 초과 무단휴업 ㉥ 전속중개계약시 정보공개 위반 ㉦ 거래계약서 거짓기재, 이중계약서 ㉧ 보증 미설정 업무개시 ㉨ 개업공인중개사 등의 금지행위 ㉩ 1년 내 3회 이상 업무정지·과태료 받고 다시 업무정지·과태료 행위 ㉪ 2년 이내에 2회 이상 시정조치·과징금

② 업무정지사유

  ㉠ 결격사유자인 소속공인중개사 또는 중개보조원으로 둔 경우(2개월 내 해소시 제외, 기준 6개월)
  ㉡ 인장등록 위반
  ㉢ 전속중개계약서 사용·보존 위반
  ㉣ 정보 거짓공개(기준 6개월), 거래사실 미통보
  ㉤ 확인·설명서 교부·보존·서명 및 날인 위반
  ㉥ 거래계약서 교부·보존·서명 및 날인 위반
  ㉦ 감독상 명령 위반
  ㉧ 임의적 등록취소사유(기준 6개월)
  ㉨ 1년 내에 2회 이상 업무정지·과태료 받고 다시 과태료 행위(기준 6개월)
  ㉩ 중개인이 업무지역 위반
  ㉪ 시정조치 또는 과징금처분을 받은 경우
  ㉫ 그 밖에 이 법 또는 명령·처분 위반

③ 재등록 개업공인중개사에 대한 행정제재처분효과의 승계 등

  ㉠ 폐업기간이 3년을 초과할 경우 폐업신고 전 위반 사유로 등록취소 불가
  ㉡ 폐업기간이 1년을 초과할 경우 폐업신고 전 위반 사유로 업무정지 불가
  ㉢ 폐업신고 전 받은 업무정지 또는 과태료처분의 효과는 처분일로부터 1년 승계
  ㉣ 폐업기간, 폐업사유 고려, 법인 대표자 준용

④ 행정처분 관련사항

  ㉠ 등록취소시 등록증 7일 내에 반납
  ㉡ 업무정지처분은 그 사유가 발생한 날로부터 3년 경과시 불가
  ㉢ 등록취소 또는 업무정지사항은 공인중개사협회 통보사항
  ㉣ 자격취소한 시·도지사는 5일 내에 국토교통부장관, 다른 시·도지사에 통보
  ㉤ 자격취소시 자격증 7일 내에 반납(반납할 수 없으면 사유서 제출)
  ㉥ 자격정지 및 업무정지처분은 기준기간의 2분의 1 범위 내에서 가중·감경 가능하고, 가중하더라도 6개월을 초과할 수 없음

(3) 자격취소 및 자격정지

자격취소 사유	① 부정취득한 경우(형벌 ×) ② 자격증 양도·대여, 성명 사용하여 중개업무하게 함(＋1년/1천) ③ 자격정지기간 중 중개업무 또는 이중소속(＋1년/1천) ④ 「공인중개사법」 또는 공인중개사 직무와 관련하여 「형법」상의 범죄단체 등의 조직죄, 사문서 등의 위조·변조죄, 위조 사문서 등의 행사죄, 사기죄, 횡령·배임죄 또는 업무상의 횡령·배임죄로 금고 이상의 형(집행유예 포함)을 선고받은 경우
자격정지 사유	① 이중소속(6개월) ② 인장 미등록 또는 미등록인장 사용(3개월) ③ 불성실 확인·설명, 근거자료 미제시(3개월) ④ 확인·설명서 서명 및 날인 위반(3개월) ⑤ 거래계약서 서명 및 날인 위반(3개월) ⑥ 거래계약서 거짓기재, 이중계약서 작성(6개월) ⑦ 금지행위(6개월)
절차	① 자격증을 교부한 시·도지사와 사무소 소재지 관할 시·도지사가 다른 경우 사무소 소재지 관할 시·도지사가 처분에 필요한 절차를 모두 이행한 후 자격증을 교부한 시·도지사에게 통보하여야 한다. ② 등록관청은 공인중개사가 자격정지사유에 해당하는 사실을 알게 된 때에는 지체 없이 그 사실을 시·도지사에게 통보하여야 한다.

Point 35 벌칙 ★★★★★

기본서 p.253~263

(1) 행정형벌 사유

3년 이하의 징역 또는 3천만원 이하의 벌금	① 무등록중개업자 ② 부정등록자 ③ 금지행위 중 매매업, 무등록중개업자와 거래, 보수 초과, 거짓된 언행을 제외한 것
1년 이하의 징역 또는 1천만원 이하의 벌금	① 이중등록, 이중소속, 이중사무소 ② 중개보조원 수 제한을 초과하여 중개보조원을 고용한 경우 ③ 자격증, 등록증 양도·대여, 성명·상호사용 ④ 사칭: 자격 사칭, 명칭 사칭 ⑤ 개업공인중개사가 아닌 자로서 표시·광고를 한 자 ⑥ 개업공인중개사로부터 의뢰받지 아니한 정보공개, 다르게, 차별 공개한 거래정보사업자 ⑦ 임시 중개시설물을 설치한 자 ⑧ 업무상 비밀을 누설한 개업공인중개사 등(반의사불벌죄) ⑨ 금지행위: 매매업, 무등록중개업자와 거래, 보수 초과, 거짓된 언행

(2) 과태료 부과사유

① 500만원 이하의 과태료 부과사유

거래정보사업자	㉠ 운영규정의 승인을 얻지 아니하거나 운영규정 위반 운영 ㉡ 감독상의 명령을 거부, 기피, 불이행, 거짓 보고, 자료제출
공인중개사협회	㉠ 공제사업 운용실적을 공시하지 아니한 경우 ㉡ 시정명령 또는 개선명령을 이행하지 아니한 경우 ㉢ 조사·검사 또는 감독상의 명령 거부 등 ㉣ 임원에 대한 징계·해임요구를 이행하지 아니한 경우
정보통신서비스 제공자	㉠ 정당한 사유 없이 관련 자료를 제출하지 아니한 경우 ㉡ 정당한 사유 없이 필요한 조치를 하지 아니한 경우
개업공인중개사, 소속공인중개사	연수교육을 정당한 사유 없이 받지 아니한 경우
개업공인중개사	㉠ 성실·정확하게 중개대상물의 확인·설명을 하지 아니하거나 설명의 근거자료를 제시하지 아니한 경우 ㉡ 부당한 표시·광고를 한 자
개업공인중개사, 중개보조원	중개보조원이 중개의뢰인에게 중개보조원이라는 사실을 미리 알리지 아니한 경우(단, 개업공인중개사가 상당한 주의와 감독을 게을리하지 아니한 경우는 제외)

② 100만원 이하의 과태료 부과사유

㉠ 게시사항 위반
㉡ 명칭, 옥외광고물 성명표기 위반
㉢ 표시·광고 명시사항 위반
㉣ 중개사무소 이전신고 위반
㉤ 휴업, 폐업, 재개, 변경신고 위반
㉥ 보증설정사항 미설명, 미교부
㉦ 공인중개사 자격증 미반납, 사유서 미제출
㉧ 중개사무소등록증 미반납

③ 과태료 부과대상자 및 부과·징수권자

㉠ 거래정보사업자, 정보통신서비스 제공자 및 협회: 국토교통부장관
㉡ 연수교육을 받지 아니한 개업공인중개사·소속공인중개사 및 자격증 미반납자: 시·도지사
㉢ 부당한 표시·광고 및 중개업무 관련 위반 개업공인중개사, 중개보조원: 등록관청

🔍 과태료는 기준금액의 2분의 1 범위 내에서 가중·감경 가능, 가중시 500만원, 100만원 초과 불가

제10장 단원별 출제예상문제

☆중요 출제가능성이 높은 중요 문제   ▶고득점 고득점 목표를 위한 어려운 문제   신유형 기존에 출제되지 않은 신유형 대비 문제

> **Tip**
> 약 5문제의 출제비중이 있는 단원으로 행정처분에서는 필요적 등록취소사유, 업무정지 관련 사항, 자격취소·정지사유에서 주로 출제되고, 벌칙에서는 행정형벌사유와 과태료 부과권자와 대상자에 대하여 묻는 문제가 자주 출제된다.

Point 34 행정처분 ★★★★★

정답 및 해설 p.37~40

01 「공인중개사법」상 감독상 명령 등에 관한 설명으로 <u>틀린</u> 것은?

① 국토교통부장관, 시·도지사 및 등록관청(분사무소 소재지 등록관청 포함)은 개업공인중개사(무등록중개업자 포함) 또는 거래정보사업자에 대하여 그 업무에 관한 보고·자료 제출명령 또는 장부·서류 등을 조사 또는 검사할 수 있다.
② 조사 또는 검사 등을 하는 공무원은 공무원증 및 중개사무소 조사·검사증명서를 지니고 상대방에게 이를 내보여야 한다.
③ 감독기관은 불법 중개행위 등에 대한 단속을 함에 있어서 필요한 경우 공인중개사협회 및 관계기관에 협조를 요청할 수 있다.
④ 개업공인중개사가 감독상의 보고, 자료의 제출명령을 이행하지 아니하거나, 감독상의 조사 또는 검사를 거부·방해 또는 기피한 경우에는 100만원 이하의 과태료가 부과된다.
⑤ 거래정보사업자가 감독상 명령 등에 위반한 경우에는 500만원 이하의 과태료가 부과된다.

02 「공인중개사법」상 감독관청이 감독상 명령을 할 수 있는 경우로 명시한 것이 <u>아닌</u> 것은?

① 부동산투기 등 거래동향의 파악을 위하여 필요한 경우
② 「공인중개사법」 위반행위의 확인을 위하여 필요한 경우
③ 공인중개사의 자격취소 또는 자격정지처분을 위하여 필요한 경우
④ 개업공인중개사에 대한 등록취소 또는 업무정지처분을 위하여 필요한 경우
⑤ 감독관청이 수시로 필요하다고 인정하는 경우

03 「공인중개사법」상 행정처분과 관련한 설명으로 틀린 것은?

① 행정처분에는 등록취소·업무정지·과태료·자격취소·지정취소가 있다.
② 자격정지처분은 소속공인중개사에 대하여만 가능하고, 업무정지처분은 개업공인중개사에 대하여만 가능하다.
③ 중개보조원은 행정처분의 대상이 되지 아니한다.
④ 금지행위 등을 위반한 개업공인중개사에 대한 행정처분은 등록관청이 행한다.
⑤ 공인중개사의 자격취소 및 자격정지의 권한은 자격증을 교부한 시·도지사에게 있다.

★중요
04 「공인중개사법」상의 행정처분에 대한 설명 중 틀린 것은?

① 개업공인중개사에 대한 등록취소, 공인중개사에 대한 자격취소, 거래정보사업자에 대한 지정취소처분을 할 경우에는 언제나 청문을 실시하여야 한다.
② 업무정지처분 또는 자격정지처분을 할 경우에는 의견제출의 기회를 주어야 한다.
③ 등록취소시에는 등록증을, 자격취소 시에는 자격증을 7일 내에 반납하여야 한다.
④ 공인중개사 자격취소처분을 한 시·도지사는 5일 내에 이를 국토교통부장관, 다른 시·도지사에게 통보하여야 한다.
⑤ 등록을 취소하거나 업무정지처분을 한 등록관청은 다음 달 10일까지 공인중개사협회에 이를 통보하여야 한다.

05 공인중개사법령상 행정처분 등과 관련한 설명으로 옳은 것은?

① 자격취소 또는 자격정지처분을 한 시·도지사는 이를 5일 내에 국토교통부장관에게 통보하여야 한다.
② 공인중개사인 개업공인중개사가 공인중개사 자격취소처분을 받은 때에는 7일 내에 사무소 소재지를 관할하는 시·도지사에게 자격증을 반납하여야 한다.
③ 등록취소 또는 업무정지처분을 받은 법인인 개업공인중개사는 그 대표자가 등록증을 7일 내에 반납하여야 한다.
④ 자격취소처분을 받은 자가 자격증을 반납할 수 없는 때에는 그 사유서를 제출하여야 한다.
⑤ 거래정보사업자 지정취소처분을 받은 자는 7일 내에 국토교통부장관에게 거래정보사업자지정서를 반납하여야 한다.

06 「공인중개사법」상 중개사무소의 개설등록을 반드시 취소해야 하는 것은 모두 몇 개인가?

> ㉠ 자격정지처분을 받은 소속공인중개사로 하여금 자격정지기간 중에 중개업무를 하게 한 경우
> ㉡ 법인인 개업공인중개사가 등록기준에 미달한 경우
> ㉢ 법인이 아닌 개업공인중개사가 둘 이상의 중개사무소를 둔 경우
> ㉣ 법인인 개업공인중개사가 임원의 결격사유를 2개월 내에 해소하지 아니한 경우
> ㉤ 중개보조원 수 제한을 초과하여 중개보조원을 고용한 경우
> ㉥ 손해배상책임을 보장하기 위한 조치를 이행하지 아니하고 업무를 개시한 경우

① 2개
② 3개
③ 4개
④ 5개
⑤ 6개

07 「공인중개사법」상 개업공인중개사의 개설등록을 취소해야 하는 사유만을 모두 고른 것은?

> ㉠ 개업공인중개사가 다른 사람에게 자기의 성명이나 상호를 사용하여 중개업무를 하게 한 경우
> ㉡ 개업공인중개사가 중개보수의 한도를 초과하여 중개보수를 받은 경우
> ㉢ 「독점규제 및 공정거래에 관한 법률」상의 사업자단체의 금지행위 위반으로 공정거래위원회로부터 최근 2년 내에 2회 이상 시정조치 또는 과징금처분을 받은 경우
> ㉣ 업무정지처분기간 중에 중개업무를 행하거나 다른 개업공인중개사의 소속공인중개사가 된 경우
> ㉤ 법인인 개업공인중개사가 겸업제한을 위반한 경우
> ㉥ 이중으로 중개사무소의 개설등록을 한 경우

① ㉠, ㉡, ㉣
② ㉠, ㉣, ㉥
③ ㉡, ㉢, ㉥
④ ㉢, ㉤, ㉥
⑤ ㉣, ㉤, ㉥

08 공인중개사법령상 개업공인중개사의 사유로 중개사무소 개설등록을 취소할 수 있는 경우가 아닌 것은?

제26회 수정

① 단체를 구성하여 단체구성원이 아닌 개업공인중개사와의 공동중개를 제한한 경우
② 국토교통부령이 정하는 전속중개계약서에 의하지 아니하고 전속중개계약을 체결한 경우
③ 이동이 용이한 임시 중개시설물을 설치한 경우
④ 대통령령으로 정하는 부득이한 사유가 없음에도 계속하여 6개월을 초과하여 휴업한 경우
⑤ 제3자에게 부당한 이익을 얻게 할 목적으로 거짓으로 거래가 완료된 것처럼 꾸미는 등 중개대상물의 시세에 부당한 영향을 준 경우

09 「공인중개사법」상 개업공인중개사의 다음 행위 중 업무의 정지를 명할 수 있는 것은 몇 개인가?

> ㉠ 천막 그 밖의 이동이 용이한 임시 중개시설물을 설치한 경우
> ㉡ 개업공인중개사가 조직한 사업자단체 또는 그 구성원인 개업공인중개사가 「독점규제 및 공정거래에 관한 법률」상의 사업자단체의 금지행위를 위반하여 시정조치 또는 과징금의 처분을 받은 경우
> ㉢ 정당한 사유 없이 관계 공무원의 조사 또는 검사에 불응한 경우
> ㉣ 결격사유에 해당하는 중개보조원을 2개월 내에 해소하지 아니한 경우
> ㉤ 부동산거래정보망에 공개한 중개대상물의 거래사실을 거래정보사업자에게 통보하지 아니한 경우
> ㉥ 둘 이상의 중개사무소에 소속한 경우

① 1개 ② 2개
③ 3개 ④ 4개
⑤ 5개

10 「공인중개사법 시행규칙」상 개업공인중개사 업무정지의 기준기간으로 옳은 것은 모두 몇 개인가?

위반행위	업무정지 기준
• 등록하지 않은 인장을 사용한 경우	3개월
• 중개대상물 확인·설명서에 서명 및 날인을 하지 않은 경우	3개월
• 임의적 등록취소사유에 해당하는 행위를 1회 한 경우	6개월
• 결격사유에 해당하는 소속공인중개사를 고용한 경우	6개월
• 부동산거래정보망에 중개대상물에 관한 정보를 거짓으로 공개한 경우	6개월

① 1개 ② 2개
③ 3개 ④ 4개
⑤ 5개

11 공인중개사법령상 개업공인중개사에 대한 업무정지처분 기준에 관한 설명으로 옳은 것은?

① 위반행위가 둘 이상인 경우에는 가장 무거운 처분기준의 2분의 1의 범위에서 가중하되, 가중처분하는 경우에는 9개월까지 가능하다.
② 위반행위의 내용·정도가 중대하여 소비자 등에게 미치는 피해가 크다고 인정되는 경우 업무정지 기준기간의 2배의 범위에서 그 기간을 늘릴 수 있다.
③ 업무정지처분은 그 사유가 발생한 날로부터 1년이 지난 때에는 할 수 없다.
④ 법인은 분사무소만 별도로 업무정지처분을 할 수 있고, 분사무소에 대한 업무정지처분은 그 분사무소 소재지를 관할하는 시장·군수 또는 구청장이 한다.
⑤ 개업공인중개사가 중개대상물에 관한 정보를 거짓으로 공개한 경우 위반행위의 동기 등을 참작하여 4개월의 업무정지처분을 할 수 있다.

12 「공인중개사법」은 최근 1년 내에 상습적으로 업무정지처분이나 과태료처분을 받은 개업공인중개사에 대하여는 가중처벌하는 규정을 두고 있다. 그 연결이 틀린 것은?

① 최근 1년 내에 업무정지처분 2회를 받고 다시 업무정지처분에 해당하는 행위를 한 경우 – 필요적 등록취소
② 최근 1년 내에 업무정지처분 1회, 과태료처분 2회를 받고 다시 업무정지처분에 해당하는 행위를 한 경우 – 임의적 등록취소
③ 최근 1년 내에 업무정지처분 2회, 과태료처분 1회를 받고 다시 업무정지처분에 해당하는 행위를 한 경우 – 임의적 등록취소
④ 최근 1년 내에 업무정지처분 1회, 과태료처분 1회를 받고 다시 과태료처분에 해당하는 행위를 한 경우 – 업무정지
⑤ 최근 1년 내에 과태료처분 2회를 받고 다시 과태료처분에 해당하는 행위를 한 경우 – 업무정지

13 공인중개사법령상 등록관청이 인지하였다면 공인중개사인 개업공인중개사 甲의 중개사무소 개설등록을 취소하여야 하는 경우에 해당하지 않는 것은? 제29회 수정

① 甲이 2025년 9월 12일에 사망한 경우
② 공인중개사법령을 위반한 甲에게 2025년 9월 12일에 400만원 벌금형이 선고되어 확정된 경우
③ 甲이 2025년 9월 12일에 배임죄로 징역 1년, 집행유예 1년 6개월이 선고되어 확정된 경우
④ 甲이 최근 1년 이내에 공인중개사법령을 위반하여 1회 업무정지처분, 2회 과태료처분을 받고 다시 업무정지처분에 해당하는 행위를 한 경우
⑤ 甲이 2025년 9월 12일에 다른 사람에게 자기의 성명을 사용하여 중개업무를 하게 한 경우

14 「공인중개사법」상 폐업신고 전의 위법행위 및 행정처분효과의 승계와 관련한 내용으로 옳지 <u>않은</u> 것은?

① 개업공인중개사가 폐업신고 후 다시 중개사무소의 개설등록을 한 때에는 폐업신고 전의 개업공인중개사의 지위를 승계한다.
② 폐업신고 전의 개업공인중개사에 대한 업무정지처분사유나 과태료처분사유로 행한 행정처분의 효과는 그 처분일로부터 3년간 재등록 개업공인중개사에게 승계된다.
③ 재등록 개업공인중개사에게 폐업신고 전의 위반행위에 대하여 행정처분을 함에 있어서는 폐업기간과 폐업의 사유 등을 고려하여야 한다.
④ 재등록 개업공인중개사의 폐업신고 전의 위반행위에 대한 행정처분이 등록취소에 해당하는 경우로서 폐업기간이 3년을 초과한 경우에는 해당 행정처분을 할 수 없다.
⑤ 재등록 개업공인중개사의 폐업신고 전의 위반행위에 대한 행정처분이 업무정지에 해당하는 경우로서 폐업기간이 1년을 초과한 경우에는 해당 행정처분을 할 수 없다.

15 공인중개사법령상 행정처분과 관련한 설명 중 옳은 것은?

① 법인의 대표자가 폐업신고 후 재등록을 한 때에는 폐업신고 전의 법인 대표자의 지위를 승계한다.
② 폐업신고 전의 개업공인중개사에 대하여 위반행위를 사유로 행한 업무정지처분의 효과는 폐업일부터 1년간 다시 개설등록을 한 자에게 승계된다.
③ 행정처분은 그 사유가 발생한 날로부터 3년이 지난 때에는 할 수 없다.
④ 업무정지 또는 자격정지의 기준은 대통령령으로 정한다.
⑤ 개업공인중개사가 폐업신고 후 등록관청을 달리하여 다시 중개사무소 개설등록을 한 때에는 폐업신고 전의 개업공인중개사의 지위를 승계하지 않는다.

16 공인중개사법령상 개업공인중개사인 甲에 대한 처분으로 옳은 것은? (주어진 사례의 조건만 고려함)

① 甲이 중개사무소등록증을 대여한 날부터 3개월 후 폐업을 하였고, 2년의 폐업기간 경과 후 다시 개설등록을 하고 업무개시를 한 경우, 위 대여행위를 이유로 업무정지처분을 할 수 있다.
② 甲이 미성년자를 중개보조원으로 고용한 날부터 40일 만에 고용관계를 해소한 경우, 이를 이유로 업무정지처분을 할 수 있다.
③ 甲이 업무정지사유에 해당하는 거짓 보고를 한 날부터 1개월 후 폐업을 하였고, 1년의 폐업기간 경과 후 다시 개설등록을 한 경우, 위 거짓 보고를 한 행위를 이유로 업무정지처분을 할 수 있다.
④ 폐업신고 전에 甲에게 한 과태료 부과처분의 효과는 그 처분일부터 10개월이 된 때에 재등록을 한 甲에게 승계된다.
⑤ 폐업기간이 3년 6개월이 지나 재등록을 한 甲에게 폐업신고 전의 중개사무소 개설등록 취소사유에 해당하는 위반행위를 이유로 개설등록 취소처분을 할 수 있다.

17 개업공인중개사 甲, 乙, 丙에 대한 「공인중개사법」 제40조(행정제재처분효과의 승계 등)의 적용에 관한 설명으로 옳은 것을 모두 고른 것은? 제32회

> ㉠ 甲이 2020.11.16. 「공인중개사법」에 따른 과태료 부과처분을 받았으나 2020.12.16. 폐업신고를 하였다가 2021.10.15. 다시 중개사무소의 개설등록을 하였다면, 위 과태료 부과처분의 효과는 승계된다.
> ㉡ 乙이 2020.8.1. 국토교통부령으로 정하는 전속중개계약서에 의하지 않고 전속중개계약을 체결한 후, 2020.9.1. 폐업신고를 하였다가 2021.10.1. 다시 중개사무소의 개설등록을 하였다면, 등록관청은 업무정지처분을 할 수 있다.
> ㉢ 丙이 2018.8.5. 다른 사람에게 자기의 상호를 사용하여 중개업무를 하게 한 후, 2018.9.5. 폐업신고를 하였다가 2021.10.5. 다시 중개사무소의 개설등록을 하였다면, 등록관청은 개설등록을 취소해야 한다.

① ㉠
② ㉠, ㉡
③ ㉠, ㉢
④ ㉡, ㉢
⑤ ㉠, ㉡, ㉢

⭐중요
18 공인중개사법령상 공인중개사 자격취소사유가 <u>아닌</u> 것은?

① 부정한 방법으로 공인중개사의 자격을 취득한 경우
② 다른 사람에게 자기의 성명을 사용하여 중개업무를 하게 한 경우
③ 자격정지기간 중에 중개업무를 행한 경우
④ 소속공인중개사가 둘 이상의 중개사무소에 소속한 경우
⑤ 「공인중개사법」을 위반하여 징역형의 선고를 받은 경우

19 공인중개사가 공인중개사의 직무와 관련하여 다음의 형벌을 받은 경우 공인중개사법령상 공인중개사 자격취소사유가 <u>아닌</u> 것은?

① 「형법」상의 범죄단체 등의 조직죄로 징역형을 선고받은 경우
② 「형법」상의 사기죄로 500만원 벌금형을 선고받은 경우
③ 「형법」상의 사문서 위조죄로 징역형의 집행유예를 선고받은 경우
④ 「형법」상의 횡령죄로 징역 8개월을 선고받은 경우
⑤ 「형법」상의 배임죄로 징역 1년에 집행유예 2년을 선고받은 경우

20 공인중개사법령상 공인중개사의 자격취소 등에 관한 설명으로 옳은 것은?

① 공인중개사의 자격취소처분은 청문을 거쳐 중개사무소의 개설등록증을 교부한 시·도지사가 행한다.
② 공인중개사가 자격정지처분을 받은 기간 중에 법인인 개업공인중개사의 임원이 되는 경우 시·도지사는 그 자격을 취소하여야 한다.
③ 공인중개사가 그 직무와 관련하여 「형법」상의 공무집행방해죄로 징역형을 선고받은 경우에는 자격취소사유가 된다.
④ 시·도지사는 공인중개사의 자격취소 또는 자격정지처분을 한 때에는 5일 이내에 이를 국토교통부장관에게 통보하여야 한다.
⑤ 개업공인중개사가 「독점규제 및 공정거래에 관한 법률」을 위반하여 공정거래위원회로부터 과징금처분을 받은 경우에는 그의 공인중개사 자격이 정지된다.

21 공인중개사법령상 소속공인중개사의 자격정지처분사유에 해당하지 <u>않는</u> 것은 몇 개인가?

- 서로 다른 둘 이상의 거래계약서를 작성한 경우
- 중개대상물의 확인·설명을 한 경우
- 중개행위를 하였음에도 불구하고 거래계약서에 서명 및 날인하지 아니한 경우
- 중개대상물의 매매업을 영위한 경우
- 「공인중개사법」을 위반하여 징역형의 집행유예를 선고받은 경우

① 1개   ② 2개
③ 3개   ④ 4개
⑤ 5개

22 공인중개사법령상 소속공인중개사의 규정 위반행위 중 자격정지기준이 6개월에 해당하는 것을 모두 고른 것은?   제34회

- ㉠ 둘 이상의 중개사무소에 소속된 경우
- ㉡ 거래계약서에 서명·날인을 하지 아니한 경우
- ㉢ 등록하지 아니한 인장을 사용한 경우
- ㉣ 확인·설명의 근거자료를 제시하지 아니한 경우

① ㉠   ② ㉠, ㉢
③ ㉡, ㉢   ④ ㉠, ㉡, ㉣
⑤ ㉡, ㉢, ㉣

23 공인중개사법령상 공인중개사 자격에 대한 설명으로 옳은 것은?

① 등록관청은 공인중개사 자격증을 타인에게 양도·대여한 자에 대하여 그 자격을 취소할 수 있다.
② 자격정지사유에는 행정형벌이 병과될 수 있는 경우도 있다.
③ 자격증을 교부한 시·도지사와 사무소의 소재지를 관할하는 시·도지사가 서로 다른 경우에는 사무소의 소재지를 관할하는 시·도지사가 자격취소처분 또는 자격정지처분을 하고 자격증을 교부한 시·도지사에게 통보하여야 한다.
④ 등록관청은 공인중개사가 자격정지사유에 해당하는 사실을 알게 된 때에는 5일 내에 그 사실을 시·도지사에게 통보하여야 한다.
⑤ 자격정지처분은 그 기준기간의 2분의 1의 범위 안에서 가중 또는 감경하여 처분할 수 있으며, 가중하여 처분하는 때에는 9개월로 할 수 있다.

🔍 신유형
24 공인중개사법령상 개업공인중개사의 업무정지사유이면서 중개행위를 한 소속공인중개사의 자격정지사유에 해당하는 것을 모두 고른 것은?   제29회

> ㉠ 인장등록을 하지 아니한 경우
> ㉡ 중개대상물 확인·설명서에 서명 및 날인하지 아니한 경우
> ㉢ 거래계약서에 서명 및 날인을 하지 아니한 경우
> ㉣ 중개대상물 확인·설명서를 교부하지 않은 경우

① ㉠, ㉡
② ㉢, ㉣
③ ㉠, ㉡, ㉢
④ ㉡, ㉢, ㉣
⑤ ㉠, ㉡, ㉢, ㉣

Point 35 벌칙 ★★★★★

25 「공인중개사법」상 행정벌과 행정처분에 관한 설명 중 <u>틀린</u> 것은?

① 행정벌에는 징역 또는 벌금을 부과하는 행정형벌과 과태료를 부과하는 행정질서벌이 있다.
② 「공인중개사법」상 1건의 위반행위로 행정형벌과 행정처분이 병과되는 경우가 있다.
③ 「공인중개사법」상 1건의 위반행위로 행정질서벌과 행정처분이 병과되는 경우가 있다.
④ 공인중개사 또는 개업공인중개사가 아닌 자도 이 법에 따라 행정형벌 또는 행정질서벌을 받을 수 있다.
⑤ 양벌규정은 소속공인중개사가 과태료부과대상인 행위를 한 경우에도 적용된다.

26 「공인중개사법」상 3년 이하의 징역 또는 3천만원 이하의 벌금에 처하는 경우는 몇 개인가?

> ㉠ 둘 이상의 중개사무소를 둔 경우
> ㉡ 시세에 부당한 영향을 줄 목적으로 정당한 사유 없이 개업공인중개사 등의 중개대상물에 대한 정당한 표시·광고 행위를 방해한 경우
> ㉢ 거짓 그 밖의 부정한 방법으로 중개사무소의 개설등록을 한 경우
> ㉣ 거짓 그 밖의 부정한 방법으로 거래정보사업자의 지정을 받은 경우
> ㉤ 부정한 방법으로 공인중개사의 자격을 취득한 경우
> ㉥ 개업공인중개사로서 단체를 구성하여 특정 중개대상물에 대한 중개를 제한한 경우

① 2개　　　　　　　　② 3개
③ 4개　　　　　　　　④ 5개
⑤ 6개

27 「공인중개사법」상 1년 이하의 징역 또는 1천만원 이하의 벌금에 처해지는 사유를 바르게 묶은 것은?

> ㉠ 개업공인중개사가 아닌 자로서 중개업을 하기 위하여 중개대상물에 대한 표시·광고를 한 자
> ㉡ 중개대상물의 매매업을 영위한 소속공인중개사
> ㉢ 개업공인중개사에 따라 차별적으로 중개대상물 정보를 공개한 거래정보사업자
> ㉣ 개업공인중개사가 아닌 자로서 '공인중개사사무소'라는 명칭을 사용한 자
> ㉤ 다른 사람에게 자기의 성명을 사용하여 중개업무를 하게 한 공인중개사
> ㉥ 시세에 부당한 영향을 줄 목적으로 개업공인중개사 등에게 대가를 약속하고 시세보다 현저하게 높게 표시·광고하도록 유도한 자

① ㉠, ㉣, ㉤
② ㉡, ㉢, ㉤
③ ㉠, ㉡, ㉢, ㉣, ㉤
④ ㉠, ㉢, ㉣, ㉤, ㉥
⑤ ㉠, ㉡, ㉢, ㉣, ㉤, ㉥

28 공인중개사법령상 벌칙의 법정형이 같은 것끼리 모두 묶은 것은?

제25회 수정

> ㉠ 이중으로 중개사무소의 개설등록을 한 개업공인중개사
> ㉡ 중개의뢰인과 직접거래를 한 개업공인중개사
> ㉢ 개업공인중개사로서 중개보조원 수 제한을 초과하여 중개보조원을 고용한 자
> ㉣ 둘 이상의 중개사무소에 소속된 공인중개사
> ㉤ 중개사무소의 개설등록을 하지 아니하고 중개업을 한 자

① ㉠, ㉡
② ㉠, ㉢, ㉣
③ ㉠, ㉣, ㉤
④ ㉡, ㉢, ㉤
⑤ ㉢, ㉣, ㉤

29 공인중개사법령상 벌금 부과기준에 해당하는 자를 모두 고른 것은? 제31회

> ㉠ 중개사무소 개설등록을 하지 아니하고 중개업을 한 공인중개사
> ㉡ 거짓으로 중개사무소의 개설등록을 한 자
> ㉢ 등록관청의 관할구역 안에 두 개의 중개사무소를 개설등록한 개업공인중개사
> ㉣ 임시 중개시설물을 설치한 개업공인중개사
> ㉤ 중개대상물이 존재하지 않아서 거래할 수 없는 중개대상물을 광고한 개업공인중개사

① ㉠
② ㉠, ㉡
③ ㉡, ㉢, ㉤
④ ㉠, ㉡, ㉢, ㉣
⑤ ㉠, ㉡, ㉢, ㉣, ㉤

중요
30 공인중개사법령상 과태료 부과와 관련된 설명 중 틀린 것은?

① 연수교육을 받지 아니한 개업공인중개사에 대한 과태료는 시·도지사가 부과한다.
② 공인중개사협회, 거래정보사업자 및 정보통신서비스 제공자에 대한 과태료는 국토교통부장관이 부과·징수한다.
③ 「공인중개사법 시행령」에는 위반행위별 과태료부과 기준금액이 정해져 있다.
④ 국토교통부장관, 시·도지사, 등록관청은 위반행위의 동기·결과 및 횟수 등을 고려하여 과태료 부과기준 금액의 2분의 1의 범위에서 가중 또는 감경하여 과태료를 부과할 수 있다.
⑤ 게시의무를 위반한 개업공인중개사에 대하여 가중하여 과태료를 부과하는 경우 그 금액은 100만원을 초과할 수 있다.

31 「공인중개사법」상 국토교통부장관이 부과하는 500만원 이하의 과태료 부과사유에 해당하지 않는 것은?

① 공인중개사협회가 임원에 대한 징계·해임의 요구를 이행하지 아니한 경우
② 거래정보사업자가 운영규정의 변경승인을 얻지 아니한 경우
③ 개업공인중개사가 부당한 표시·광고를 한 경우
④ 정보통신서비스제공자가 국토교통부장관의 자료제출 요구에 불응한 경우
⑤ 거래정보사업자가 보고, 자료의 제출, 조사 또는 검사를 거부·방해한 경우

32 「공인중개사법」상 500만원 이하의 과태료 부과사유에 해당하지 <u>않는</u> 경우는?

① 개업공인중개사로서 성실·정확하게 확인·설명을 하지 아니한 경우
② 소속공인중개사로서 기한 내에 연수교육을 받지 아니한 경우
③ 거래정보사업자로서 개업공인중개사로부터 의뢰받지 아니한 정보를 부동산거래정보망에 공개한 경우
④ 공인중개사협회로서 공제사업 운용실적을 공시하지 아니한 자
⑤ 정보통신서비스 제공자로서 정당한 사유 없이 조치요구에 따르지 아니하여 필요한 조치를 하지 아니한 자

33 공인중개사법령상 100만원 이하의 과태료 부과사유에 해당하는 것은 몇 개인가?

> ㉠ 개업공인중개사가 중개사무소의 명칭 등을 명시하지 아니하고 중개대상물에 관한 표시·광고를 한 경우
> ㉡ 개업공인중개사가 휴업한 중개업의 재개신고를 하지 아니하고 중개업무를 재개한 경우
> ㉢ 개업공인중개사가 소속공인중개사의 고용신고를 하지 아니한 경우
> ㉣ 개업공인중개사가 사무소의 명칭에 '공인중개사사무소', '부동산중개'라는 문자를 사용하지 아니한 경우
> ㉤ 중개보조원이 중개보조업무를 하면서 중개의뢰인에게 중개보조원이라는 사실을 고지하지 않은 경우
> ㉥ 개업공인중개사가 옥외광고물에 개업공인중개사의 성명을 표시하지 아니한 경우
> ㉦ 개업공인중개사로서 중개대상물의 가격 등 내용을 사실과 다르게 거짓으로 표시·광고한 경우

① 2개 ② 3개
③ 4개 ④ 5개
⑤ 6개

34 공인중개사법령에서 규정한 과태료 부과처분대상자, 부과금액기준, 부과권자가 바르게 연결된 것은?

① 중개완성시 보증관계증서를 교부하지 아니한 개업공인중개사 - 100만원 이하 - 등록관청
② 표시·광고시 중개보조원을 명시한 개업공인중개사 - 500만원 이하 - 시·도지사
③ 성실·정확하게 확인·설명을 하지 아니한 개업공인중개사 - 100만원 이하 - 등록관청
④ 부동산거래정보망 운영규정을 승인받지 않고 부동산거래정보망을 운영한 거래정보사업자 - 100만원 이하 - 국토교통부장관
⑤ 공제업무의 개선명령을 이행하지 아니한 공인중개사협회 - 500만원 이하의 과태료 - 시·도지사

35 공인중개사법령상 규정 위반으로 과태료가 부과되는 경우 과태료 부과기준에서 정하는 금액이 가장 적은 경우는? 제34회

① 휴업한 중개업의 재개신고를 하지 않은 경우
② 중개사무소등록증을 게시하지 않은 경우
③ 중개사무소의 이전신고를 하지 않은 경우
④ 연수교육을 정당한 사유 없이 받지 않은 기간이 50일인 경우
⑤ 손해배상책임의 보장에 관한 사항을 설명하지 않은 경우

36 공인중개사법령상 벌칙 등에 관한 설명 중 옳은 것은?

① 개업공인중개사가 중개대상물의 매매를 업으로 하는 행위를 한 경우에는 필요적 등록취소사유에 해당하며, 1년 이하의 징역 또는 1천만원 이하의 벌금에 처해진다.
② 중개사무소를 2개 이상 둔 개업공인중개사와 임시 중개시설물을 설치한 개업공인중개사의 벌칙내용은 다르다.
③ 업무상 알게 된 비밀을 누설한 개업공인중개사는 피해자의 명시한 의사에 반하여 벌하지 아니한다.
④ 개업공인중개사가 소속공인중개사의 위반행위를 방지하기 위해 해당 업무에 관하여 상당한 주의와 감독을 게을리하지 않았다면 2분의 1의 범위 내에서 그 형을 감경할 수 있다.
⑤ 성실·정확하게 확인·설명을 하지 아니하거나 설명의 근거자료를 제시하지 아니한 경우 그 위반자가 개업공인중개사이건 소속공인중개사이건 500만원 이하의 과태료를 부과한다.

고득점

37 「공인중개사법」상 개업공인중개사 등에 대한 벌칙이 적용된 예로서 <u>틀린</u> 것은?

① 중개사무소의 개설등록을 하지 아니하고 중개업을 한 개업공인중개사가 1,000만원의 벌금형을 받았다.
② 자격취소처분을 받고도 기한 내에 자격증을 반납하지 않아 30만원의 과태료처분을 받았다.
③ 중개대상물이 존재하지 않아서 실제로 거래를 할 수 없는 중개대상물에 대한 표시·광고를 하여 등록관청으로부터 250만원의 과태료처분을 받았다.
④ 공인중개사가 아닌 자가 공인중개사 명칭을 사용하여 1,200만원의 벌금형을 받았다.
⑤ 중개의뢰인과 직접거래하였다는 이유로 중개보조원이 1,500만원의 벌금형을 받았다.

38 「공인중개사법」상 행정처분과 행정형벌이 병과될 수 있는 경우가 아닌 것은?

① 거래정보사업자로서 운영규정의 내용에 위반하여 부동산거래정보망을 운영한 경우
② 거래정보사업자로서 부동산거래정보망에 개업공인중개사에 따라 정보를 차별적으로 공개한 경우
③ 공인중개사가 다른 사람에게 자기의 성명을 사용하여 중개업무를 하게 한 경우
④ 개업공인중개사가 중개보조원 수 제한을 초과하여 중개보조원을 고용한 경우
⑤ 개업공인중개사가 단체를 구성하여 특정 중개대상물에 대한 중개를 제한한 경우

7개년 출제비중분석

제2편 출제비중 17%

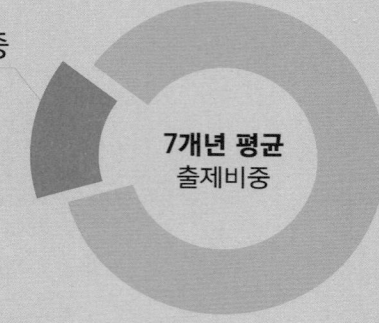

7개년 평균 출제비중

장별 출제비중

장 제목	평균	제35회	제34회	제33회	제32회	제31회	제30회	제29회
제1장 부동산거래신고제도	2.2	3	2	1	2	2	3	2
제2장 주택임대차계약의 신고	0.4	1	1	0	1	0	0	0
제3장 외국인 등의 부동산취득 등에 관한 특례	1.1	1	1	2	1	1	1	1
제4장 토지거래허가제도	3	2	4	5	4	2	3	1
제5장 포상금 등	0.1	0	0	1	0	0	0	0

*평균: 최근 7개년 동안 출제된 각 장별 평균 문제 수입니다.

제2편
부동산 거래신고 등에 관한 법령

제1장 　부동산거래신고제도
제2장 　주택임대차계약의 신고
제3장 　외국인 등의 부동산취득 등에 관한 특례
제4장 　토지거래허가제도
제5장 　포상금 등

제1장 부동산거래신고제도

Point 36 신고대상 계약, 신고기한, 의무자 등 ★★★★★

기본서 p.275~287

신고대상 계약	① 토지 또는 건축물, 분양권, 입주권의 매매계약 ② 「주택법」 등에 따른 토지 또는 건축물에 대한 공급계약
신고관할	토지 또는 건축물 소재지의 관할 시장·군수·구청장(= 신고관청)
신고기한	거래계약의 체결일부터 30일 이내
신고의무자	① 거래당사자 공동신고(일방이 국가 등인 경우 국가 등이 신고) ② 중개거래인 경우 개업공인중개사가 신고
신고사항	① 인적사항, 부동산 등의 종류·소재지 등, 계약일자, 실제 거래금액, 조건·기한, 개업공인중개사(중개거래), 매수인이 외국인으로서 국내 주소 또는 거소를 두지 않은 경우 위탁관리인의 인적사항 ② 자금조달계획 및 입주(이용) 계획: 법인이 주택 매수, 투기과열·조정대상지역 내 주택 매수, 비규제지역은 6억원 이상의 주택 매수, 수도권 등 소재 1억원 이상 토지, 수도권 등 외의 지역 소재 6억원 이상의 토지 매수 - 매수자가 국가 등인 경우 제외 ③ 법인 주택거래시는 법인 등기현황 및 상대방이 임원과 특수관계 여부
신고방법	① 방문신고 또는 전자문서 신고(방문신고시는 제출대행 인정) ② 부동산거래계약시스템 계약시는 계약 체결시 신고 간주 ③ 법인 주택거래계약신고서 등은 25일 내에 신고자에게 제공(30일 내 별도 제출 가능)
신고필증 발급	신고내용 확인 후 신고필증 지체 없이 발급 ⇨ 검인 의제
해제신고	① 신고 후 거래계약이 무효 등 경우 확정된 날로부터 30일 내 공동 신고(개업공인중개사는 가능). ② 해제 등 확인서 지체 없이 발급 ③ 부동산거래계약시스템에 의한 해제시는 해제신고서 제출 간주

Point 37 검증, 조사 등 ★★

검증 및 통보	① 검증체계 구축·운영 의무자: 국토교통부장관 ② 적정성 검증 및 통보: 신고관청이 검증, 결과 세무서장 통보
신고내용 조사	신고내용 보완 및 대금지급 증명자료, 계약서 등 관련 자료제출 요구 가능
정정·변경신고	① 정정신청: 면적 등이 잘못된 경우 가능 ② 변경신고: 잔금일, 실제 거래금액 등이 변경된 경우 가능

Point 38 제재 등 ★★★

제재	① 500만원 이하의 과태료: 신고를 하지 아니한 경우, 대금 외 자료제출 요구 불응, 거짓신고 요구·조장·방조(신고거부자 포함) ② 3천만원 이하의 과태료: 가장 계약신고, 가장 해제신고, 대금지급 증명자료 제출 요구 불응(가장 계약신고, 가장 해제신고는 벌칙 부과받은 경우 제외) ③ 취득가액의 10% 이하의 과태료: 거짓신고 ④ 3년 이하의 징역 또는 3천만원 이하의 벌금: 부당하게 재물이나 재산상 이득을 취득하거나 제3자로 하여금 이를 취득하게 할 목적으로 가장 계약신고, 가장 해제신고를 한 자 🔍 신고관청은 개업공인중개사에게 과태료 부과시 등록관청에 10일 내에 통보
자진 신고자 감면 등	① 대상 위반행위: 거짓신고 요구·조장·방조, 거짓신고, 주택임대차신고 위반, 외국인 등의 신고위반(자료요구 불응 제외) ② 면제: 조사 시작 전 최초의 단독 자진 신고 ③ 50% 감경: 조사 시작 후 최초의 단독 자진 신고 ④ 감면 불가: 위반사실 관계기관에서 통보, 1년 내 3회 이상 과태료의 감경·면제

Point 39 부동산거래계약신고서 작성요령 ★★★★★

① 매수인이 외국인인 경우 국적, 매수용도를 적어야 한다.
② 건축물의 경우에는 용도별 건축물의 종류를 적는다.
③ 계약대상 면적에는 실제 거래면적을 계산하여 적되, 건축물 면적은 집합건축물의 경우 전용면적을 적고, 그 밖의 건축물의 경우 연면적을 적는다.
④ 최초 공급계약(분양) 또는 전매계약(분양권, 입주권)의 경우 분양가격, 발코니 확장 등 선택비용 및 추가 지급액 등(프리미엄 등 분양가격을 초과 또는 미달하는 금액)을 각각 적고, 이 경우 각각의 비용에 부가가치세가 있는 경우 부가가치세를 포함한 금액을 적는다.
⑤ 종전 부동산란은 입주권 매매의 경우에만 작성한다.

제1장 단원별 출제예상문제

중요 출제가능성이 높은 중요 문제   고득점 고득점 목표를 위한 어려운 문제   신유형 기존에 출제되지 않은 신유형 대비 문제

> **Tip**
> 최소 2문제의 출제비중이 있는 단원으로, 부동산거래신고대상 계약 및 의무자, 부동산거래계약신고서 작성 요령이 주로 출제된다.

Point 36 신고대상 계약, 신고기한, 의무자 등 ★★★★★

정답 및 해설 p.42~43

01 부동산 거래신고 등에 관한 법령상 부동산거래신고와 관련한 설명 중 **틀린** 것은?

① 증여·교환이나 상속, 판결, 경매는 부동산거래신고대상이 아니다.
② 면적이 $60m^2$ 미만인 건물이나 토지에 대한 매매계약은 신고할 필요가 없다.
③ 토지나 건축물에 대한 지분을 매매한 경우에도 부동산거래신고를 하여야 한다.
④ 「택지개발촉진법」에 따른 토지에 대한 공급계약을 체결한 때에는 부동산거래신고를 하여야 한다.
⑤ 입목, 광업재단, 공장재단에 대한 매매계약은 부동산거래신고대상이 아니다.

중요

02 부동산 거래신고 등에 관한 법령상 부동산거래신고대상인 계약을 모두 고르면?

> ㉠ 오피스텔의 매매계약
> ㉡ 단독주택의 저당권설정계약
> ㉢ 「건축물의 분양에 관한 법률」에 따른 분양신고대상인 상가의 입주자로 선정된 지위의 매매계약
> ㉣ 「도시 및 주거환경정비법」에 따른 관리처분계획의 인가로 취득한 입주자로 선정된 지위의 매매계약
> ㉤ 「주택법」에 따른 사업계획승인을 얻어 건설·공급하는 주택의 공급계약

① ㉡, ㉢
② ㉠, ㉡, ㉢
③ ㉢, ㉣, ㉤
④ ㉠, ㉢, ㉣, ㉤
⑤ ㉡, ㉢, ㉣, ㉤

03 부동산 거래신고 등에 관한 법령상 부동산거래신고와 관련한 설명으로 옳은 것은?

① 토지거래허가구역 내 토지의 매매계약을 하면서 토지거래허가를 받은 경우에는 부동산 거래신고를 할 필요가 없다.
② 「농지법」에 따라 농지취득자격증명을 받은 농지의 매매계약은 부동산거래신고가 면제된다.
③ 부동산거래계약신고필증을 받은 경우에도 해당 부동산에 대한 소유권이전등기를 신청할 때에는 검인받은 계약서를 제출해야 한다.
④ 외국인이 국내 토지를 매매로 취득한 경우 부동산거래신고를 하였다면 외국인 토지취득신고를 별도로 할 필요가 없다.
⑤ 「빈집 및 소규모주택 정비에 관한 특례법」에 따른 사업시행계획인가로 취득한 입주자로 선정된 지위의 매매계약은 부동산거래신고대상이 아니다.

☆ 중요
04 부동산 거래신고 등에 관한 법령상 부동산거래신고와 관련한 설명 중 옳은 것은?

① 국토교통부장관은 부동산에 대한 투기가 성행하거나 성행할 우려가 있는 지역에 대하여 부동산거래신고지역을 지정할 수 있다.
② 토지의 매매계약을 체결한 거래당사자는 잔금지급일로부터 30일 이내에 공동으로 부동산거래신고를 하여야 한다.
③ 거래당사자가 직거래를 한 경우 신고서는 거래당사자가 공동으로 제출하여야 한다.
④ 개업공인중개사가 부동산매매계약서를 작성·교부한 경우에는 거래당사자에게는 부동산거래신고의무가 없다.
⑤ 부동산거래신고의 관할은 신고인의 주소지를 관할하는 시장·군수 또는 구청장이다.

05 부동산 거래신고 등에 관한 법령상 부동산거래신고에 관한 설명으로 옳은 것은?

① 거래당사자간 직접거래의 경우 매도인이 부동산거래신고를 거부하면 매수인은 단독으로 신고할 수 없다.
② 매수인이 「공공기관의 운영에 관한 법률」에 따른 공공기관인 경우 공공기관은 매도인과 공동으로 실제 거래가격 등을 신고하여야 한다.
③ 권리대상인 부동산 소재지를 관할하는 특별자치도 행정시의 시장은 부동산거래신고의 신고관청이 된다.
④ 공동중개의 경우에는 공동중개한 개업공인중개사 중 1인이 부동산거래신고를 하면 된다.
⑤ 부동산거래계약을 신고하려는 개업공인중개사는 부동산거래계약신고서에 서명 또는 날인하여 관할 등록관청에 제출하여야 한다.

06 부동산 거래신고 등에 관한 법령상 거래당사자가 부동산거래계약에 관하여 공통으로 신고할 사항을 모두 고른 것은?

> ㉠ 매수인이 외국인 등록을 한 외국인으로서 국내 주소 또는 거소를 두지 않은 경우 위탁관리인의 인적사항
> ㉡ 거래대상 부동산 등의 종류
> ㉢ 저당권 등 권리관계
> ㉣ 조건·기한이 있는 경우 조건·기한
> ㉤ 개업공인중개사의 인적사항, 상호·전화번호 및 소재지
> ㉥ 실제 거래가격

① ㉢, ㉤
② ㉠, ㉢, ㉤
③ ㉡, ㉣, ㉥
④ ㉢, ㉣, ㉤
⑤ ㉠, ㉡, ㉣, ㉥

07 부동산 거래신고 등에 관한 법령상 부동산거래신고와 관련하여 취득자금조달계획 및 이용계획을 신고해야 하는 경우가 <u>아닌</u> 것은? (제시된 조건만을 고려하며, 예외 사유는 고려하지 않음)

① 사법인(私法人)이 「지방공기업법」에 따른 지방공사로부터 주택을 매수하는 경우
② 개인이 「주택법」상 투기과열지구 또는 조정대상지역에 소재하는 주택을 매수하는 경우
③ 법인이 아닌 자가 투기과열지구·조정대상지역이 아닌 지역에서 실제 거래가격이 6억원 이상인 상가건물을 매수하는 경우
④ 개인이 세종특별자치시 소재 토지지분을 실제 거래가격 5천만원으로 매수하는 경우
⑤ 사법인(私法人)이 경상남도 소재 토지를 실제 거래가격 7억원으로 매수하는 경우

08 부동산 거래신고 등에 관한 법령상 부동산거래계약의 신고와 관련한 설명으로 <u>틀린</u> 것은?

① 주택취득자금조달 및 입주계획서에 매도인과 매수인은 공동으로 서명 및 날인해야 한다.
② 법인이 주택의 매매계약을 체결한 경우에는 거래당사자 중 국가 등이 포함되어 있거나 주택의 공급계약 또는 분양권의 매매계약인 경우를 제외하고 법인의 등기 현황과 거래상대방이 법인의 임원과 관계가 있는지의 여부를 신고해야 한다.
③ 법인 또는 매수인은 법인 주택거래계약신고서·취득자금조달 및 입주(이용)계획서 등('법인 신고서 등'이라 함)을 부동산거래계약신고서와 분리하여 제출하기를 희망하는 경우에는 거래계약의 체결일부터 30일 이내에 별도로 제출할 수 있다.
④ 법인 또는 매수인 외의 자가 법인 신고서 등을 제출하는 경우 법인 또는 매수인은 부동산 거래계약을 신고하려는 자에게 거래계약의 체결일부터 25일 이내에 법인 신고서 등을 제공해야 한다.
⑤ 개인 또는 사법인(私法人)이 투기과열지구에 소재하는 주택을 매수한 경우에는 자금의 조달계획을 증명하는 서류로서 국토교통부령으로 정하는 서류를 첨부해야 한다.

09 부동산 거래신고 등에 관한 법령상 '수도권 등'에 소재하는 토지의 경우는 실제 거래가격이 1억원 이상, '수도권 등' 외의 지역에 소재하는 토지의 경우는 6억원 이상인 경우 토지의 취득에 필요한 자금의 조달계획 및 이용계획을 신고해야 하는바, 이와 관련한 설명으로 **틀린** 것은?

① '수도권 등'이란 「수도권정비계획법」에 따른 수도권, 광역시(인천광역시 제외) 및 세종특별자치시를 말한다.
② 매수인이 국가 등이거나 매수인에 국가 등이 포함되어 있는 토지거래, 토지거래허가를 받아야 하는 토지거래는 제외된다.
③ 토지를 지분으로 거래하는 경우 수도권 등에 소재하는 토지는 거래금액과 관계없이 신고해야 한다.
④ 1회의 토지거래계약으로 매수하는 토지가 둘 이상인 경우에는 매수한 각각의 토지가격을 모두 합산(과거 1년 내에 맞닿은 토지거래 포함, 이미 신고한 경우는 제외)하여 거래가격을 산정한다.
⑤ 「건축법」에 따른 사용승인을 받은 건축물이 소재하는 필지가격도 거래가격에 포함한다.

10 부동산 거래신고 등에 관한 법령상 부동산거래계약의 신고와 관련한 설명으로 **틀린** 것은?

① 부동산거래의 신고 또는 관련 서류의 제출을 하려는 사람은 주민등록증, 운전면허증, 여권 등 본인의 신분을 증명할 수 있는 증명서를 신고관청에 보여주어야 한다.
② 전자문서에 의하여 부동산거래신고를 하는 경우 거래당사자의 위임을 받은 사람은 부동산거래계약신고서의 제출을 대행할 수 있다.
③ 부동산거래계약신고서 등의 제출을 대행하는 자는 위임한 거래당사자의 서명 또는 날인(법인은 법인인감 날인)된 위임장과 신분증명서 사본을 제출하여야 한다.
④ 개업공인중개사의 부동산거래계약신고서 등의 제출은 해당 개업공인중개사의 위임을 받은 소속공인중개사가 대행할 수 있다.
⑤ 신고서를 전자문서로 제출하는 경우에는 「전자서명법」에 따른 인증서(서명자의 실지명의를 확인할 수 있는 것으로 한정)를 통한 본인확인의 방법으로 서명 또는 날인할 수 있다.

11 부동산 거래신고 등에 관한 법령상 부동산거래계약의 신고와 관련한 설명으로 <u>틀린</u> 것을 모두 고른 것은?

> ㉠ 신고를 받은 신고관청은 그 신고내용을 확인한 후 신고필증을 신고인에게 7일 내에 발급하여야 한다.
> ㉡ 매수인은 신고인이 신고필증을 발급받은 때에 「부동산등기 특별조치법」에 따른 검인을 받은 것으로 본다.
> ㉢ 부동산거래계약시스템을 통하여 부동산거래계약을 체결한 경우에는 부동산거래계약이 체결된 때에 부동산거래계약신고서를 제출한 것으로 본다.
> ㉣ 소속공인중개사는 개업공인중개사의 부동산거래계약신고서 등의 제출을 대행하는 경우 개업공인중개사의 서명 또는 날인된 위임장을 제출하여야 한다.
> ㉤ 매수인이 「출입국관리법」에 따른 외국인등록을 한 경우에는 부동산거래계약신고서를 제출할 때 동법에 따른 외국인등록 사실증명을 함께 제출하여야 한다.

① ㉠, ㉣
② ㉠, ㉡, ㉢
③ ㉡, ㉢, ㉤
④ ㉠, ㉡, ㉢, ㉣
⑤ ㉡, ㉢, ㉣, ㉤

12 부동산 거래신고 등에 관한 법령상 부동산거래신고 내용 제출과 관련하여 ( )에 들어갈 말이 순서대로 바르게 나열된 것은?

> • 신고관청은 외국인 등의 부동산 등의 취득신고 내용을 매 분기 종료일부터 ( ) 이내에 시·도지사에게 제출(전자문서 제출 포함)하여야 하며, ( )은(는) 직접 국토교통부장관에게 제출하여야 한다.
> • 신고내용을 제출받은 시·도지사는 제출받은 날부터 ( ) 이내에 그 내용을 국토교통부장관에게 제출하여야 한다.

① 15일 − 특별자치도지사 − 15일
② 30일 − 특별자치시장 − 15일
③ 1개월 − 특별자치도지사 − 1개월
④ 1개월 − 특별자치시장 − 15일
⑤ 1개월 − 특별자치시장 − 1개월

13 부동산 거래신고 등에 관한 법령상 부동산거래 해제 등의 신고와 관련한 설명으로 **틀린** 것은?

① 거래당사자는 부동산거래계약을 신고한 후 해당 거래계약이 해제 등이 된 경우 해제 등이 확정된 날부터 30일 이내에 해당 신고관청에 공동으로 신고하여야 한다.
② 거래당사자 중 일방이 국가 등인 경우 국가 등이, 중개거래인 경우에는 개업공인중개사가 해제 등 신고서를 제출하여야 한다.
③ 부동산거래계약시스템을 통하여 부동산거래계약 해제 등을 한 경우에는 부동산거래계약 해제 등이 이루어진 때에 부동산거래계약 해제 등 신고서를 제출한 것으로 본다.
④ 신고를 받은 신고관청은 그 내용을 확인한 후 부동산거래계약 해제 등 확인서를 신고인에게 지체 없이 발급하여야 한다.
⑤ 해제 등의 신고거부로 단독으로 신고하는 자는 신고서에 단독으로 서명 또는 날인한 후 확정된 법원의 판결문 등 해제 등이 확정된 사실을 입증할 수 있는 서류와 단독신고사유서를 첨부하여 신고관청에 제출해야 한다.

Point 37 검증, 조사 등 ★★

14 부동산 거래신고 등에 관한 법령상 부동산거래신고의 검증 및 조사와 관련한 설명으로 옳은 것은?

① 신고관청은 부동산거래가격 검증체계를 구축·운영하고, 신고가격의 적정성을 검증하여야 한다.
② 신고관청은 검증결과를 해당 부동산의 소재지를 관할하는 세무관서의 장에게 1개월 내에 통보하여야 한다.
③ 국토교통부장관은 부동산거래신고 내용에 대하여 직접 조사를 할 수는 없다.
④ 신고내용을 조사한 경우 신고관청은 조사결과를 시·도지사에게 1개월 내에 보고해야 하고, 법률을 위반하였다고 판단되는 때에는 고발·통보 등의 조치를 할 수 있다.
⑤ 시·도지사는 조사결과에 대하여 신고관청이 보고한 내용을 취합하여 매월 1회 국토교통부장관에게 보고(전자문서 보고 등 포함)하여야 한다.

15 부동산 거래신고 등에 관한 법령상 부동산거래의 신고의 정정 및 변경신고 등에 관한 설명 중 틀린 것은?

① 부동산거래에 관하여 신고한 내용 중 거래당사자의 주소, 면적 등이 잘못 기재된 경우 거래당사자 또는 개업공인중개사는 신고관청에 정정신청을 할 수 있다.
② 정정신청은 발급받은 신고필증에 해당 내용을 정정하여 거래당사자 또는 개업공인중개사가 서명 또는 날인하여야 한다.
③ 부동산거래계약의 신고를 한 후 거래가격, 중도금 및 지급일 등이 변경된 경우「부동산 등기법」에 따른 부동산에 관한 등기신청 전에 부동산거래계약 변경신고서에 거래당사자 또는 개업공인중개사가 서명 또는 날인하여 신고관청에 제출할 수 있다.
④ 부동산거래신고 내용의 정정신청이나 부동산거래계약의 변경신고는 전자문서에 의하여 할 수 없다.
⑤ 정정신청 또는 변경신고를 받은 신고관청은 그 내용을 확인하였으면 지체 없이 해당 내용을 수정 또는 변경하고 그에 따른 신고필증을 재발급하여야 한다.

16 부동산 거래신고 등에 관한 법령상 부동산거래계약신고 내용의 정정신청사항이 아닌 것은?

제30회

① 거래대상 건축물의 종류
② 개업공인중개사의 성명·주소
③ 거래대상 부동산의 면적
④ 거래지분비율
⑤ 거래당사자의 전화번호

17 부동산 거래신고 등에 관한 법령상 부동산거래계약의 변경신고사항을 모두 고르면 몇 개인가?

> ㉠ 거래지분 및 거래지분비율
> ㉡ 거래대상 부동산 등의 면적
> ㉢ 계약의 조건 또는 기한
> ㉣ 거래가격 및 잔금지급일
> ㉤ 공동매수의 경우 일부 매수인의 추가
> ㉥ 거래대상 부동산 등이 다수인 경우 일부 부동산 등의 제외

① 1개 ② 2개 ③ 3개 ④ 4개 ⑤ 5개

Point 38 제재 등 ★★★

18 부동산 거래신고 등에 관한 법령상 부동산거래신고 등의 위반과 관련하여 500만원 이하의 과태료 부과사유가 아닌 것은?

① 신고의무자로서 부동산거래신고 또는 해제 등의 신고를 하지 아니한 자 또는 공동신고를 거부한 자
② 신고의무자가 아닌 자로서 부동산거래신고를 거짓으로 한 자
③ 거짓으로 부동산거래신고를 하는 행위를 조장하거나 방조한 자
④ 개업공인중개사에게 부동산거래신고를 하지 아니하게 하거나 거짓으로 신고하도록 요구한 자
⑤ 자료제출 요구에도 불구하고 거래대금 지급을 증명할 수 있는 자료 외의 자료를 제출하지 아니하거나 거짓으로 제출한 자

19 부동산 거래신고 등에 관한 법령상 부동산거래신고 위반과 그 제재에 관련한 설명 중 <u>틀린</u> 것은?

① 부동산거래신고대상 계약을 체결하지 아니하였음에도 불구하고 거짓으로 부동산거래신고를 한 자에 대하여는 3천만원 이하의 과태료(벌칙 부과받은 경우 제외)를 부과한다.
② 부당하게 재물이나 재산상 이득을 취득하거나 제3자로 하여금 이를 취득하게 할 목적으로 부동산거래신고를 한 후 해당 계약이 해제 등이 되지 아니하였음에도 불구하고 거짓으로 해제 등의 신고를 한 자는 3년 이하의 징역 또는 3천만원 이하의 벌금에 처한다.
③ 신고관청은 취득가액의 100분의 10 이하의 과태료 부과시 위반행위의 동기·결과 및 횟수 등을 고려하여 개별기준에 따른 과태료의 2분의 1의 범위에서 그 금액을 늘리거나 줄일 수 있다.
④ 거래대금지급 증명자료의 제출 요구에 대하여 거래대금지급 증명자료를 제출하지 아니하거나 그 밖의 필요한 조치를 이행하지 아니한 경우 3천만원 이하의 과태료가 부과된다.
⑤ 신고관청이 개업공인중개사에게 과태료를 부과한 경우에는 부과일로부터 10일 이내에 중개사무소 소재지 등록관청에 과태료 부과사실을 통보하여야 한다.

20 부동산 거래신고 등에 관한 법령상 자진 신고하였을 경우 과태료가 감면 또는 감경되는 자가 <u>아닌</u> 것은? (다른 조건은 충족한 것으로 가정함)

① 부동산거래신고를 거짓으로 한 자
② 거짓으로 부동산거래신고를 하도록 요구, 조장 또는 방조한 자
③ 주택임대차계약의 신고를 거짓으로 한 자
④ 외국인으로서 부동산 등의 취득신고를 하지 아니하거나 거짓으로 신고한 자
⑤ 거래대금 지급을 증명할 수 있는 자료의 제출요구에 불응하거나 거짓으로 자료를 제출한 자

21 부동산 거래신고 등에 관한 법령상 부동산거래신고 위반을 자진 신고한 자에 대한 과태료의 감면 또는 감경에 대한 내용으로 옳지 <u>않은</u> 것은? (다른 조건은 충족한 것으로 봄)

① 신고관청에 단독(거래당사자 일방이 여러 명인 경우 그 일부 또는 전부가 공동으로 신고한 경우 포함)으로 신고한 최초의 자이어야 감경·면제를 받을 수 있다.
② 조사기관의 조사가 시작되기 전에 자진 신고한 경우에는 과태료가 면제된다.
③ 조사기관의 조사가 시작된 후에 자진 신고한 경우에는 과태료의 30%를 감경한다.
④ 자진 신고한 날부터 과거 1년 이내에 자진 신고를 하여 3회 이상 과태료의 감경 또는 면제를 받은 경우에는 과태료를 감경·면제하지 아니한다.
⑤ 자진 신고하려는 부동산 등의 거래계약과 관련하여 「국세기본법」 등 관련 법령을 위반한 사실 등이 관계기관으로부터 신고관청에 통보된 경우에는 과태료를 감경·면제하지 아니한다.

Point 39 부동산거래계약신고서 작성요령 ★★★★★

22 부동산 거래신고 등에 관한 법령상 부동산거래계약신고서의 작성요령에 대한 설명 중 옳지 <u>않은</u> 것은?

① 거래대상 부동산 등의 공법상 거래규제 및 이용제한에 관한 사항은 신고서 기재사항이다.
② 부동산이 '건축물' 또는 '토지 및 건축물'인 경우에는 「건축법 시행령」 별표 1에 따른 용도별 건축물의 종류를 적는다.
③ 공급계약은 시행사 또는 건축주 등이 최초로 부동산을 공급(분양)하는 계약을 말하며, 전매는 부동산을 취득할 수 있는 권리의 매매를 말한다.
④ 종전 부동산란은 입주권 매매의 경우에만 작성하고, 거래금액란에는 추가지급액(프리미엄 등 공급가액을 초과 또는 미달하는 금액) 및 권리가격, 합계 금액, 계약금, 중도금, 잔금을 적는다.
⑤ 거래계약의 체결일이란 거래당사자가 구체적으로 특정되고, 거래목적물 및 거래대금 등 거래계약의 중요 부분에 대하여 거래당사자가 합의한 날(합의와 더불어 계약금의 전부 또는 일부를 지급한 경우에는 그 지급일)을 말한다.

⭐중요

23 부동산 거래신고 등에 관한 법령상 부동산거래계약신고서의 작성방법으로 옳은 것을 모두 고른 것은?

> ㉠ 공급계약(분양) 또는 전매계약(분양권, 입주권)인 경우 물건별 거래가격 및 총 실제 거래가격에 부가가치세를 제외한 금액을 적는다.
> ㉡ 물건별 거래금액란에는 각각의 부동산별 거래금액을 적는다.
> ㉢ 계약대상 면적에는 실제 거래면적을 계산하여 적되, 건축물 면적은 집합건축물의 경우 연면적을 적는다.
> ㉣ 외국인이 매수인인 경우 국적을 반드시 기재하여야 하나, 매수용도까지 기재할 필요는 없다.

① ㉡
② ㉡, ㉣
③ ㉠, ㉡, ㉣
④ ㉡, ㉢, ㉣
⑤ ㉠, ㉡, ㉢, ㉣

24 부동산 거래신고 등에 관한 법령상 부동산거래계약신고서의 작성요령으로 틀린 것은?

① 소재지는 지번(아파트 등 집합건축물의 경우에는 동·호수)까지, 지목·면적은 토지대장상의 지목·면적을, 등기사항증명서상의 대지권 비율을 적는다.
② 임대주택 분양전환은 임대주택사업자(법인으로 한정)가 임대기한이 완료되어 분양전환하는 주택인 경우에 ✔ 표시한다.
③ 계약의 조건 및 참고사항란은 부동산거래계약 내용에 계약조건이나 기한을 붙인 경우, 거래와 관련한 참고내용이 있을 경우에 적는다.
④ 최초 공급계약(분양) 또는 전매계약(분양권, 입주권)의 경우 분양가격만을 적고, 발코니 확장 등 선택비용 및 추가 지급액 등은 적지 않는다.
⑤ '법인 신고서 등'란은 법인 주택거래계약신고서, 주택취득자금조달 및 입주계획서, 토지취득자금조달 및 토지이용계획서 등을 이 신고서와 함께 제출하는지 또는 별도로 제출하는지를 표시한다.

25 부동산 거래신고 등에 관한 법령상 부동산거래계약신고서의 작성방법으로 틀린 것은?

제34회

① 관련 필지 등 기재사항이 복잡한 경우에는 다른 용지에 작성하여 간인 처리한 후 첨부한다.
② '거래대상'의 '종류' 중 '공급계약'은 시행사 또는 건축주 등이 최초로 부동산을 공급(분양)하는 계약을 말한다.
③ '계약대상 면적'란에는 실제 거래면적을 계산하여 적되, 집합건축물이 아닌 건축물의 경우 건축물 면적은 연면적을 적는다.
④ '거래대상'의 '종류' 중 '임대주택 분양전환'은 법인이 아닌 임대주택사업자가 임대기한이 완료되어 분양전환하는 주택인 경우에 ✔ 표시를 한다.
⑤ 전매계약(분양권, 입주권)의 경우 '물건별 거래가격'란에는 분양가격, 발코니 확장 등 선택비용 및 추가 지급액 등을 각각 적되, 각각의 비용에 대한 부가가치세가 있는 경우 이를 포함한 금액으로 적는다.

제2장 주택임대차계약의 신고

Point 40 주택임대차계약의 신고 ★★★

기본서 p.314~324

신고대상 계약	① 시·군(광역시, 경기도에 한함) 주택으로서 ② 보증금 6천만원 초과 또는 월 차임 30만원 초과 임대차계약
신고관할	주택 소재지 신고관청(읍·면·동·출장소장에게 위임 가능)
신고기한	계약의 체결일부터 30일 이내
신고자	① 거래당사자 공동신고(일방이 국가 등인 경우 국가 등이 신고) ② 개업공인중개사가 신고의무 ✕ ③ 신고서 등의 제출대행 가능
신고사항	① 당사자의 인적사항 ② 임대차 목적물 현황 ③ 보증금 또는 월 차임 ④ 계약 체결일 및 계약기간 ⑤ 계약갱신요구권의 행사 여부(갱신한 경우만 해당) ⑥ 해당 주택임대차계약을 중개한 개업공인중개사의 사무소 명칭, 소재지, 대표자 성명, 등록번호, 전화번호 및 소속공인중개사 성명
신고방법	일방 제출, 계약서 제출방법 인정
변경·해제신고	변경·해제된 날로부터 30일 내 신고
정정신청	신고사항이 잘못된 경우 가능
의제	전입신고시, 임대사업자 신고시, 확정일자 의제
제재	100만원 이하의 과태료

제2장 단원별 출제예상문제

☆중요 출제가능성이 높은 중요 문제 ↖고득점 고득점 목표를 위한 어려운 문제 🔍신유형 기존에 출제되지 않은 신유형 대비 문제

> **Tip**
> 1문제 정도의 출제비중이 있는 단원으로, 신고대상, 신고기한, 신고의무자, 신고시 의제되는 사항에 주의하여야 한다.

Point 40 주택임대차계약의 신고 ★★★

정답 및 해설 p.44~45

01 개업공인중개사 甲이 A도 B시 소재의 X주택에 관한 乙과 丙간의 임대차계약 체결을 중개하면서「부동산 거래신고 등에 관한 법률」에 따른 주택임대차계약의 신고에 관하여 설명한 내용의 일부이다. (   )에 들어갈 숫자를 바르게 나열한 것은? (X주택은「주택임대차보호법」의 적용대상이며, 乙과 丙은 자연인임)

제32회

> 보증금이 (㉠)천만원을 초과하거나 월 차임이 (㉡)만원을 초과하는 주택임대차계약을 신규로 체결한 계약당사자는 그 보증금 또는 차임 등을 임대차계약의 체결일부터 (㉢)일 이내에 주택 소재지를 관할하는 신고관청에 공동으로 신고해야 한다.

	㉠	㉡	㉢
①	3	30	60
②	3	50	30
③	6	30	30
④	6	30	60
⑤	6	50	60

신유형

02 부동산 거래신고 등에 관한 법령상 주택임대차계약 신고대상을 모두 고른 것은? (신규 계약임을 가정함)

> ㉠ 인천광역시 강화군 소재 주택임대차계약으로서 보증금이 6,000만원이고, 월 차임이 30만원인 경우
> ㉡ 전라남도 목포시 소재 주택임대차계약으로서 보증금이 7,000만원이고, 월 차임이 20만원인 경우
> ㉢ 경상남도 하동군 소재 주택임대차계약으로서 보증금이 8,000만원이고, 월 차임이 50만원인 경우
> ㉣ 경기도 양평군 소재 주택임대차계약으로서 보증금이 5,000만원이고, 월 차임이 40만원인 경우
> ㉤ 제주특별자치도 서귀포시 소재 주택임대차계약으로서 보증금이 7,000만원이고, 월 차임이 50만원인 경우

① ㉠, ㉡, ㉢
② ㉠, ㉢, ㉣
③ ㉡, ㉣, ㉤
④ ㉢, ㉣, ㉤
⑤ ㉠, ㉡, ㉣, ㉤

중요

03 부동산 거래신고 등에 관한 법령상 주택임대차계약의 신고에 관한 설명으로 틀린 것은?

① 주택의 임대차계약신고는 계약 체결일부터 30일 이내에 신고관청에 해야 한다.
② 주택임대차계약을 신고한 후 보증금, 차임 등 임대차 가격이 변경되거나 임대차계약이 해제된 경우 주택임대차계약의 변경 또는 해제신고는 임의사항이다.
③ 임대차계약당사자 중 일방이 지방자치단체인 경우에는 그 지방자치단체가 신고하여야 한다.
④ 신고를 받은 신고관청은 그 신고내용을 확인한 후 신고인에게 신고필증을 지체 없이 발급하여야 한다.
⑤ 신고관청은 주택임대차계약의 신고에 따른 사무에 대한 해당 권한의 일부를 그 지방자치단체의 조례로 정하는 바에 따라 읍·면·동장 또는 출장소장에게 위임할 수 있다.

04 부동산 거래신고 등에 관한 법령상 주택임대차계약의 신고사항을 모두 고른 것은?

> ㉠ 보증금 또는 월 차임
> ㉡ 계약기간
> ㉢ 임대차 목적물의 소재지, 종류, 임대 면적
> ㉣ 임대차계약당사자의 인적사항
> ㉤ 계약갱신요구권의 행사 여부(갱신한 경우)
> ㉥ 해당 주택임대차계약을 중개한 개업공인중개사의 성명

① ㉠, ㉡, ㉢
② ㉠, ㉡, ㉢, ㉥
③ ㉡, ㉢, ㉣, ㉤
④ ㉢, ㉣, ㉤, ㉥
⑤ ㉠, ㉡, ㉢, ㉣, ㉤, ㉥

☆중요
05 甲이 서울특별시에 있는 자기 소유의 주택에 대해 임차인 乙과 보증금 3억원의 임대차계약을 체결하는 경우, 「부동산 거래신고 등에 관한 법률」에 따른 신고에 관한 설명으로 옳은 것을 모두 고른 것은? (단, 甲과 乙은 자연인임) 제34회

> ㉠ 보증금이 증액되면 乙이 단독으로 신고해야 한다.
> ㉡ 乙이 「주민등록법」에 따라 전입신고를 하는 경우 주택임대차계약의 신고를 한 것으로 본다.
> ㉢ 임대차계약서를 제출하면서 신고를 하고 접수가 완료되면 「주택임대차보호법」에 따른 확정일자가 부여된 것으로 본다.

① ㉠
② ㉡
③ ㉠, ㉡
④ ㉡, ㉢
⑤ ㉠, ㉡, ㉢

06 부동산 거래신고 등에 관한 법령상 주택임대차계약의 신고에 관한 설명으로 <u>틀린</u> 것은?

① 신고대상이 되는 주택은 건축물대장상 용도가 공동주택인 경우에 한한다.
② 주택임대차계약을 공동으로 신고하려는 임대차계약당사자는 '주택임대차계약신고서'에 공동으로 서명 또는 날인해야 한다.
③ 임대차계약당사자 일방은 '주택임대차계약신고서'에 단독으로 서명 또는 날인한 후 임대차 계약서 또는 입금증 등 계약 체결 사실을 입증할 수 있는 서류 또는 계약갱신요구권을 행사한 경우 이를 확인할 수 있는 서류 등을 첨부해 신고관청에 제출할 수 있다.
④ 임대차계약당사자 일방 또는 임대차계약당사자의 위임을 받은 사람이 신고사항이 모두 적혀 있고 임대차계약당사자의 서명이나 날인이 되어 있는 주택임대차계약서를 신고관청에 제출하면 임대차계약당사자가 공동으로 '주택임대차계약신고서'를 제출한 것으로 본다.
⑤ 임대차계약당사자의 위임을 받은 사람은 임대차신고서 등의 작성·제출 및 정정신청을 대행할 수 있다.

07 부동산 거래신고 등에 관한 법령상 주택임대차계약의 신고에 관한 설명으로 <u>틀린</u> 것은?

① 임대차계약당사자 중 일방이 신고를 거부해 단독으로 주택임대차계약을 신고하려는 임대차계약당사자는 주택임대차계약신고서에 서명 또는 날인한 후 계약서 등과 단독신고 사유서를 첨부해 신고관청에 제출해야 한다.
② 주택임대차계약을 신고하려는 자는 신분증명서를 신고관청에 보여줘야 한다.
③ 부동산거래계약시스템을 통해 주택임대차계약을 체결한 경우에는 임대차계약당사자가 공동으로 주택임대차계약신고서를 제출한 것으로 본다.
④ 신고한 주택임대차계약이 해제된 경우 해제가 확정된 날부터 60일 내에 해제신고를 해야 한다.
⑤ 해당 주택임대차계약을 중개한 소속공인중개사의 성명은 주택임대차계약신고서에 기재할 사항이다.

08 부동산 거래신고 등에 관한 법령상 주택임대차계약신고와 관련한 설명으로 **틀린** 것을 모두 고른 것은?

> ㉠ 신고대상 주택임대차계약을 개업공인중개사가 중개한 경우에는 개업공인중개사가 주택임대차계약의 신고를 하여야 한다.
> ㉡ 주택임대차계약의 신고를 한 경우「주민등록법」에 따라 전입신고를 한 것으로 본다.
> ㉢ 주택임대차계약의 계약금액 등을 거짓으로 신고한 자를 신고·고발한 경우에는 포상금이 지급될 수 있다.
> ㉣ 주택임대차계약의 신고는 전자문서로 할 수 없다.
> ㉤ 신고한 임대차계약에서 보증금 및 차임의 증감 없이 임대차 기간만 연장하는 갱신계약은 신고대상이 아니다.

① ㉠, ㉣
② ㉢, ㉤
③ ㉠, ㉡, ㉣
④ ㉡, ㉢, ㉤
⑤ ㉠, ㉡, ㉢, ㉣

☆ 중요
09 부동산 거래신고 등에 관한 법령상 주택임대차계약의 신고와 관련한 설명으로 **틀린** 것은?

① 부동산거래신고의 금지행위·검증·조사규정은 주택임대차계약의 신고에 관하여 준용된다.
② 임차인이「주민등록법」에 따라 전입신고를 한 경우[주택임대차계약서 또는 주택임대차계약신고서(계약서를 작성하지 않은 경우)를 첨부한 경우]에는 주택임대차계약의 신고를 한 것으로 본다.
③ 주택임대사업자는 관련 법령에 따른 주택임대차계약의 신고 또는 변경신고를 한 경우 이 법령에 따른 주택임대차계약의 신고 또는 변경신고를 한 것으로 본다.
④ 주택임대차계약의 신고, 변경신고의 접수를 완료한 때에는「주택임대차보호법」에 따른 확정일자를 부여한 것으로 본다(임대차계약서가 제출된 경우로 한정).
⑤ 주택임대차계약의 신고·변경신고·해제신고를 하지 아니하거나(공동신고 거부자 포함) 신고를 거짓으로 한 자에 대하여는 500만원 이하의 과태료를 부과한다.

제3장 외국인 등의 부동산취득 등에 관한 특례

Point 41 외국인 등의 부동산취득 등에 관한 특례 ★★★★★

기본서 p.326~338

외국인 등의 정의 등	① 외국인 등의 정의 　㉠ 외국시민권자, 외국법인·단체, 국제기구 등 　㉡ 임원·사원·구성원의 2분의 1 이상이 외국인인 법인·단체 　㉢ 의결권, 자본금의 2분의 1 이상을 외국인 등이 보유한 법인 ② 상호주의 적용: 국토교통부장관, 제한할 수 있다(조약 이행 예외).		
관할	신고관청		
신고	계약 취득 (교환, 증여)	계약 체결일로부터 60일 이내 🔍 부동산거래신고대상 계약 제외	300만원 이하의 과태료
	계약 외 취득 (상속, 판결, 경매 등)	취득한 날로부터 6개월 이내 🔍 환매권의 행사, 합병, 건물의 신축 등 포함	100만원 이하의 과태료
	계속보유	변경된 날로부터 6개월 이내	
허가	① 허가대상 토지 　㉠ 「군사기지 및 군사시설보호법」 군사시설보호구역 등 　㉡ 「문화유산의 보존 및 활용에 관한 법률」에 의한 지정문화유산보호구역 　㉢ 「자연유산의 보존 및 활용에 관한 법률」에 따라 지정된 천연기념물 등 보호구역 　㉣ 「자연환경보전법」상 생태·경관보전지역 　㉤ 「야생생물보호 및 관리에 관한 법률」상 야생생물특별보호구역 ② 처리기한: 15일(군사시설보호구역 등은 30일) 이내(허가의 기속성) ③ 무허가 계약: 무효, 2년 이하의 징역 또는 2천만원 이하의 벌금		
특례	부동산거래신고, 토지거래허가 받으면 외국인 등의 신고·허가 면제		
절차 등	① 신고서에는 취득원인서류(예 증여계약서, 판결서 등) 첨부, 허가신청서에는 당사자간 합의서 첨부(제출대행 가능), 전자문서 가능 ② 신고관청은 외국인 등의 신고·허가내용을 매 분기 종료일부터 1개월 이내에 시·도지사에게 제출(전자문서 포함, 특별자치시장은 직접 국토교통부장관에게 제출). 시·도지사는 1개월 내 국토교통부장관에게 제출		

제3장 단원별 출제예상문제

중요 출제가능성이 높은 중요 문제   고득점 고득점 목표를 위한 어려운 문제   신유형 기존에 출제되지 않은 신유형 대비 문제

> **Tip**
> 매회 1문제는 출제되므로, 외국인 등의 정의, 신고 및 허가의무를 철저히 숙지해야 한다.

Point 41 외국인 등의 부동산취득 등에 관한 특례 ★★★★★

정답 및 해설 p.45~47

중요
01 「부동산 거래신고 등에 관한 법률」에 따른 용어의 정의상 '외국인 등'에 포함되지 <u>않는</u> 것은?

① 외국의 법령에 따라 설립된 비법인사단 또는 단체
② 사원 또는 구성원의 2분의 1 이상이 대한민국 국적을 보유하고 있지 않은 내국법인
③ 자본금의 2분의 1을 외국인이 보유한 내국법인
④ 임원의 3분의 1이 대한민국의 국적을 보유하고 있지 아니한 단체
⑤ 외국정부, 국제연합 및 그 산하기구

중요
02 부동산 거래신고 등에 관한 법령상 외국인 등의 국내 부동산 등의 취득에 관한 설명으로 옳은 것은?

① 외국인의 신고제는 대한민국 영토에서 외국인의 상속·경매 등 계약 외의 원인에 의한 부동산취득에는 적용되지 않는다.
② 외국인이 국내 상가건물에 대한 임대차계약을 체결한 경우에는 계약 체결일로부터 30일 내 신고를 하여야 한다.
③ 외국인이 대한민국에 소재하는 건물에 대한 저당권을 취득하는 경우에는 이 법이 적용될 여지가 없다.
④ 외국인이 국내 건물을 신축·증축·개축·재축에 의하여 취득한 때에는 취득일로부터 60일 내에 신고해야 한다.
⑤ 외국인은 부동산거래신고를 한 경우에도 별도로 매매계약일부터 60일 이내에 다시 신고해야 한다.

03 개업공인중개사가 외국인에게 부동산 거래신고 등에 관한 법령을 설명한 내용으로 옳은 것은?

① 외국인이 국내 건물에 대한 매매계약을 한 경우에는 계약 체결일로부터 60일 내에 신고하여야 한다.
② 외국인이 교환계약에 의하여 국내 토지를 취득한 때에는 취득일로부터 60일 내에 취득신고를 하여야 한다.
③ 외국인이 법인의 합병 등 계약 외의 원인으로 대한민국 안의 토지를 취득한 경우 그 취득한 날부터 60일 이내에 신고해야 한다.
④ 외국인이 계약(매매계약 제외)을 원인으로 국내 부동산 등을 취득하고 기한 내에 신고하지 아니한 경우에는 300만원 이하의 과태료가 부과된다.
⑤ 대한민국 안의 토지를 가지고 있는 대한민국 국민이 외국인으로 변경되고 그 외국인이 해당 토지를 계속 보유하려는 경우 신고의무가 없다.

04 부동산 거래신고 등에 관한 법령상 외국인 등의 부동산 등의 취득신고와 관련한 설명으로 옳은 것은?

① 외국인이 증여에 의하여 국내 토지의 소유권을 취득한 경우에는 6개월 내에 신고관청에 신고하여야 한다.
② 외국인이 경매로 건물을 취득한 경우에는 매각결정기일로부터 6개월 이내에 신고하여야 한다.
③ 외국인이 판결에 의하여 건물을 취득하면서 6개월 이내에 이를 신고하지 아니한 경우 300만원 이하의 과태료가 부과된다.
④ 외국인이 일정한 토지·건물의 분양권을 취득하는 경우에도 신고할 의무가 있다.
⑤ 대한민국 국민이었던 자가 외국인으로 변경된 경우 국내 부동산 등을 계속 보유하고자 하는 경우에는 외국인으로 변경된 날로부터 60일 내에 계속보유신고를 하여야 한다.

05 「부동산 거래신고 등에 관한 법률」상 외국인 등이 토지 소재지 관할 시장·군수·구청장(신고관청)으로부터 허가를 받아야 취득할 수 있는 대상 토지가 아닌 것은?

① 「군사기지 및 군사시설 보호법」에 의한 군사시설보호구역
② 「자연유산의 보존 및 활용에 관한 법률」에 따른 천연기념물 등 보호구역
③ 「야생생물 보호 및 관리에 관한 법률」에 의한 야생생물특별보호구역
④ 「자연환경보전법」에 의한 생태경관보전지역
⑤ 「전통사찰의 보존 및 지원에 관한 법률」에 의한 전통사찰의 대지

06 부동산 거래신고 등에 관한 법령상 외국인 등의 토지취득허가 등에 관한 내용 중 틀린 것은?

① 신고관청은 외국인 등이 토지취득의 허가구역·지역 등의 토지를 취득하는 것이 해당 구역·지역 등의 지정목적 달성에 지장을 주지 아니한다고 인정되는 경우에는 허가를 하여야 한다.
② 외국인이 외국인의 허가대상 지역의 토지취득시 허가를 받지 않고 체결한 토지취득계약은 그 효력이 발생하지 아니한다.
③ 외국인 등의 토지취득의 허가신청을 받은 신고관청은 허가신청을 받은 날부터 60일 이내에 허가 또는 불허가처분을 하여야 한다.
④ 외국인이 외국인의 허가대상 지역에 대하여 허가를 받지 아니하고 토지취득계약을 체결하거나 부정한 방법으로 허가를 받아 토지취득계약을 체결한 경우에는 2년 이하의 징역 또는 2천만원 이하의 벌금에 처한다.
⑤ 외국인이 토지거래허가구역 내의 토지를 취득하면서 토지거래허가를 받은 경우에는 외국인 취득허가를 별도로 다시 받지 않아도 된다.

07 개업공인중개사가 대한민국 안의 토지를 취득하고자 하는 외국인에게 설명한 내용으로 틀린 것은?

① 외국인이 군사시설보호구역 내의 토지에 지상권설정계약을 하는 경우에는 지상권설정계약을 체결하기 전에 신고관청의 허가를 받아야 한다.
② 외국인이 토지취득의 허가를 받고자 할 때에는 토지취득허가신청서에 토지취득계약 당사자간의 합의서를 첨부하여야 한다.
③ 국토교통부장관은 대한민국 국민에 대하여 자국(自國) 안의 토지의 취득 또는 양도를 금지하거나 제한하는 국가의 개인 등에 대하여 대한민국 안의 토지의 취득 또는 양도를 금지하거나 제한할 수 있다.
④ 외국인 등의 위임을 받은 사람은 외국인 부동산 등 취득·계속보유신고서 또는 외국인 토지취득허가신청서의 작성 및 제출을 대행할 수 있다.
⑤ 외국인 등의 취득신고서 또는 허가신청서의 제출을 대행하는 자는 위임한 외국인 등의 서명 또는 날인이 있는 위임장과 그 외국인 등의 신분증명서 사본을 제출하여야 한다.

▶ 고득점
08 개업공인중개사가 국내에서 부동산 등을 취득하고자 하는 외국인에게 한 설명으로 옳은 것은?

① 국제연합의 산하기구가 허가 없이 「국토의 계획 및 이용에 관한 법률」에 의한 자연환경보전지역 내의 토지를 취득하는 계약을 체결한 경우 그 효력이 발생하지 않는다.
② 국토교통부장관은 부동산 등의 취득신고를 하지 않은 외국인에게 과태료를 부과·징수한다.
③ 「부동산 거래신고 등에 관한 법률」에 따라 부동산 등의 취득신고를 하지 아니하거나 거짓으로 신고한 외국인은 2년 이하의 징역 또는 2천만원 이하의 벌금에 처한다.
④ 부동산 등의 취득신고를 받은 신고관청은 제출서류를 확인 후 신고확인증을 즉시 발급하여야 한다.
⑤ 신고관청은 외국인의 취득신고 등의 내용을 국토교통부장관에게 직접 통보해야 한다.

09 부동산 거래신고 등에 관한 법령상 외국인의 부동산취득 등에 관한 설명으로 옳은 것은? (단, 상호주의에 따른 제한은 고려하지 않음) 제33회 수정

① 「자연환경보전법」에 따른 생태·경관보전지역에서 외국인이 토지취득의 허가를 받지 아니하고 체결한 토지취득계약은 유효하다.
② 외국인이 건축물의 신축을 원인으로 대한민국 안의 부동산을 취득한 때에는 신고관청으로부터 부동산취득의 허가를 받아야 한다.
③ 외국인이 취득하려는 토지가 토지거래허가구역과 「문화유산의 보존 및 활용에 관한 법률」에 따른 지정문화유산과 이를 위한 보호물 또는 보호구역에 있으면 토지거래계약허가와 토지취득허가를 모두 받아야 한다.
④ 대한민국 안의 부동산을 가지고 있는 대한민국 국민이 외국인으로 변경된 경우 그 외국인이 해당 부동산을 계속 보유하려는 경우에는 부동산 보유의 허가를 받아야 한다.
⑤ 외국인으로부터 토지취득의 허가신청서를 받은 신고관청은 신청서를 받은 날부터 15일(군사시설보호구역 등은 30일) 이내에 허가 또는 불허가처분을 해야 한다.

10 부동산 거래신고 등에 관한 법령상 벌금 또는 과태료의 부과기준이 '계약 체결 당시의 개별공시지가에 따른 해당 토지가격' 또는 '해당 부동산 등의 취득가액'의 비율 형식으로 규정된 경우가 아닌 것은? 제32회

① 토지거래허가구역 안에서 허가 없이 토지거래계약을 체결한 경우
② 외국인이 부정한 방법으로 허가를 받아 토지취득계약을 체결한 경우
③ 토지거래허가구역 안에서 속임수나 그 밖의 부정한 방법으로 토지거래계약허가를 받은 경우
④ 부동산매매계약을 체결한 거래당사자가 그 실제 거래가격을 거짓으로 신고한 경우
⑤ 부동산매매계약을 체결한 후 신고의무자가 아닌 자가 거짓으로 부동산거래신고를 한 경우

제4장 토지거래허가제도

Point 42 토지거래허가제도 ★★★★★

기본서 p.340~367

(1) 토지거래허가구역의 지정

지정권자 및 효력발생 등	① 허가구역이 둘 이상의 시·도의 관할구역에 걸쳐 있는 경우: 국토교통부장관 ② 허가구역이 동일한 시·도 안의 일부 지역인 경우: 시·도지사 ③ 5년 이내의 기간을 정하여 지정, 공고한 날부터 5일 후에 효력발생
지정절차	① 심의: 중앙 / 시·도 도시계획위원회 심의 　(재지정시는 심의 전에 시·도지사 및 시·군·구청장의 의견 청취) ② 공고·통지: 지정시에는 ㉠ 지정기간 ㉡ 토지 소재지, 지번, 지목, 면적 및 용도지역 ㉢ 지형도(축척 1/50,000 또는 1/25,000) ㉣ 허가면제대상 토지 면적을 지체 없이 공고하고, 시·도지사, 시장·군수·구청장에게 통지 ③ 통지·공고·열람: 시장·군수 또는 구청장은 지체 없이 관할 등기소장에게 통지하고, 그 사실을 7일 이상 공고, 15일간 일반에게 열람 조치

🔍 허가대상자(외국인 등 포함), 허가대상 용도와 지목 등을 특정하여 허가구역 지정 가능. 이 경우 허가구역 공고시에는 허가대상자, 허가대상 용도와 지목 등을 공고, 공고사항에 해당하지 않는 경우에는 허가 면제

(2) 허가대상 및 허가 필요 없는 기준면적

허가대상	허가구역 안 일정 면적 초과 토지에 관한 소유권·지상권(권리 포함) 유상계약 및 예약
허가대상 여부	① 허가대상인 경우: 매매, 교환, 대물변제 예약, 판결, 지상권 계약(유상계약) ② 허가대상이 아닌 경우: 임대차, 증여, 경매, 공매(3회 이상 유찰시), 수용
기준면적	① 도시지역 　㉠ 주거지역: 60m² 이하 　㉡ 상업지역: 150m² 이하 　㉢ 공업지역: 150m² 이하 　㉣ 녹지지역: 200m² 이하 　㉤ 미지정구역: 60m² 이하 ② 도시지역 외 　㉠ 250m² 이하 　㉡ 농지: 500m² 이하 　㉢ 임야: 1,000m² 이하 🔍 기준면적의 10%~300% 내에서 조정하여 지정 가능

(3) 허가절차

관할	토지 소재지 관할 시장·군수·구청장(= 허가관청)
신청	• 당사자 공동 사전허가 신청 • 신청서에 토지이용계획서, 취득자금조달계획서 첨부
처리기한	• 15일 이내 허가·불허가처분, 선매 진행 중인 경우 통지 • 통지 없는 경우 15일이 끝난 다음 날에 허가 간주
무허가계약	무효, 2년 이하의 징역 또는 토지가액(공시지가 기준)의 30% 이하에 해당하는 벌금

(4) 허가·불허가의 효과

허가를 받은 때	농지취득자격증명의 의제, 검인 의제
불허가처분	매수청구(1개월 이내, 공시지가 기준)
이의신청	허가·불허가처분에 하여 1개월 이내 - 도시계획위원회의 심의·결과 통지

(5) 이용의무기간

① 거주용 주택용지로 이용: 2년
② 지역주민 복지시설, 편익시설 이용: 2년
③ 농업인 등이 농업·축산업·임업·어업 경영: 2년
④ 사업 시행: 4년(4년 내에 분양 완료시 4년 경과 간주)
⑤ 농지 외의 토지 협의양도, 수용된 자가 3년 이내에 대체토지 취득: 2년
⑥ 사용·수익 제한 토지로서 현상보존의 목적: 5년
⑦ 임대사업: 5년
⑧ 이외 기타: 5년

(6) 이용의무 위반에 따른 이행강제금 등 조치

이용의무	행위제한, 임대, 입영 등 외에는 5년의 범위 내
조사	시장·군수·구청장이 매년 1회 이상 토지의 개발·이용 등 실태조사
이행명령	3개월 이내의 기간, 문서로(「농지법」상 이행강제금 부과시는 제외 가능)
이행강제금의 부과	토지취득가액(실제 거래가격)의 10% 내(방치: 10%, 임대: 7%, 변경: 5%, 기타: 7%), 연 1회 반복부과, 이미 부과분 징수, 30일 내 이의제기 가능
기타	허가취소, 처분, 조치 명령 가능

(7) 선매

대상토지	① 공익사업용 토지 ② 이용목적대로 이용하고 있지 아니한 토지
절차	① 선매자 지정·통지: 허가신청일로부터 1개월 내 ② 선매협의: 지정통지를 받은 날로부터 15일 내(기준가: 감정가 원칙) ③ 선매협의 완료: 지정통지를 받은 날로부터 1개월 내 ④ 불성립시 조치: 지체 없이 허가·불허가처분

제4장 단원별 출제예상문제

☆중요 출제가능성이 높은 중요 문제 ↖고득점 고득점 목표를 위한 어려운 문제 ✋신유형 기존에 출제되지 않은 신유형 대비 문제

> 💡 **Tip**
> 최근 3문제 이상이 출제되고 있는 단원으로, 토지거래허가구역의 지정, 허가·불허가처분의 효과, 이행강제금 등에 유의하여 학습하여야 한다.

Point 42 토지거래허가제도 ★★★★★

정답 및 해설 p.47~50

01 부동산 거래신고 등에 관한 법령상 토지거래허가구역의 지정에 대한 설명으로 **틀린** 것은?

① 토지거래허가구역은 국토교통부장관 또는 시·도지사가 지정한다.
② 토지거래허가구역 지정권자는 투기우려가 있다고 인정되는 지역에서 투기우려가 있다고 인정되는 허가대상자(외국인 등 포함), 허가대상 용도와 지목 등을 특정하여 허가구역을 지정할 수 있다.
③ 토지거래허가구역은 5년 이내의 기간에서 지정할 수 있다.
④ 허가구역이 동일한 시·도 내이지만 둘 이상의 시·군·구의 관할구역에 걸쳐 있는 경우에는 국토교통부장관이 지정한다.
⑤ 국토교통부장관이 토지거래허가구역을 지정 또는 해제하려면 중앙도시계획위원회의 심의를 거쳐야 한다.

★중요

02 부동산 거래신고 등에 관한 법령상 토지거래허가구역의 지정 및 해제에 관한 설명으로 옳은 것은?

① 시·도지사는 토지거래허가구역을 재지정하려면 시·도 도시계획위원회의 심의 전에 미리 시장·군수·구청장의 의견을 들어야 한다.
② 토지거래허가구역을 지정한 시·도지사는 5일 내에 지정기간, 토지의 소재지, 지형도, 면제되는 토지의 면적 등을 공고하고, 국토교통부장관, 시장·군수·구청장에게 통지하여야 한다.
③ 토지거래허가구역 지정통지를 받은 시장·군수·구청장은 지체 없이 그 사실을 15일 이상 공고하고, 그 공고내용을 7일간 일반이 열람할 수 있도록 하여야 한다.
④ 토지거래허가구역의 지정은 공고한 날부터 7일 후에 그 효력이 발생한다.
⑤ 시장·군수·구청장으로부터 받은 토지거래허가구역 지정 해제요청이 이유 있다고 인정되더라도 그 지정을 반드시 해제할 필요는 없다.

03 부동산 거래신고 등에 관한 법령상 토지거래허가구역(이하 '허가구역'이라 함)에 관한 설명으로 옳은 것은?   제32회

① 시·도지사는 법령의 개정으로 인해 토지 이용에 대한 행위제한이 강화되는 지역을 허가구역으로 지정할 수 있다.
② 토지의 투기적인 거래 성행으로 지가가 급격히 상승하는 등의 특별한 사유가 있으면 5년을 넘는 기간으로 허가구역을 지정할 수 있다.
③ 허가구역 지정의 공고에는 허가구역에 대한 축척 1/50,000 또는 1/25,000의 지형도가 포함되어야 한다.
④ 허가구역을 지정한 시·도지사는 지체 없이 허가구역 지정에 관한 공고내용을 관할 등기소장에게 통지해야 한다.
⑤ 허가구역 지정에 이의가 있는 자는 그 지정이 공고된 날부터 1개월 내에 시장·군수·구청장에게 이의를 신청할 수 있다.

04 부동산 거래신고 등에 관한 법령상 토지거래허가구역 내의 토지에 대한 거래로서 허가대상인 것을 모두 고른 것은? (단, 기준면적은 초과하는 것으로 봄)

㉠ 교환	㉡ 증여
㉢ 임대차	㉣ 대물변제 예약
㉤ 판결	㉥ 경매

① ㉠, ㉡, ㉣
② ㉠, ㉣, ㉤
③ ㉠, ㉤, ㉥
④ ㉡, ㉢, ㉥
⑤ ㉣, ㉤, ㉥

05 부동산 거래신고 등에 관한 법령상 토지거래계약허가를 받아야 하는 경우는? (단, 각 토지의 면적은 3,300m²임)

① 허가구역을 포함한 지역의 주민을 위한 복지시설로서 관할 시장·군수 또는 구청장이 확인한 시설의 설치에 이용하려고 토지를 취득하는 경우
② 국세 체납처분에 따라 토지를 취득하는 경우
③ 「택지개발촉진법」에 따라 택지를 공급하는 경우
④ 한국자산관리공사에 매각이 의뢰되어 3회 이상 공매하였으나 유찰된 토지를 매각하는 경우
⑤ 「공익사업을 위한 토지 등의 취득 및 보상에 관한 법률」에 따라 토지를 수용하는 경우

06 부동산 거래신고 등에 관한 법령상 토지거래허가가 필요하지 않은 기준면적으로 옳은 것은? (단, 허가구역 지정권자가 따로 정하여 공고하는 기준면적은 고려하지 않음)

① 주거지역은 90m² 이하
② 공업지역은 200m² 이하
③ 상업지역은 150m² 이하
④ 도시지역 내의 용도지역의 지정이 없는 지역은 100m² 이하
⑤ 도시지역 외의 지역의 농지는 300m² 이하

07 부동산 거래신고 등에 관한 법령상 토지거래허가와 관련한 내용으로 틀린 것은?

① 토지거래허가구역 지정권자는 지정 당시 기준면적의 10% 이상 300% 이하의 범위에서 따로 정하여 공고할 수 있다.
② 일단의 토지 이용을 위하여 토지거래계약을 체결한 후 1년 이내에 일단의 토지 일부에 대하여 토지거래계약을 체결한 경우에는 그 일단의 토지 전체에 대한 거래로 본다.
③ 허가구역 지정 당시 기준면적을 초과하는 토지가 허가구역 지정 후 공유지분으로 거래되는 경우 최초의 거래는 기준면적을 초과하는 토지거래계약을 체결하는 것으로 본다.
④ 토지거래계약 당사자의 한쪽이 국가 등인 경우 그 기관의 장이 시장·군수·구청장과 협의할 수 있고, 그 협의가 성립된 때에는 그 토지거래계약에 관한 허가를 받은 것으로 본다.
⑤ 농업인이 수용된 농지의 대체농지를 취득하려는 경우 공시지가를 기준으로 대체 농지의 가액이 종전의 토지가액 이상이어도 허가를 받을 수 있다.

> 고득점

08 甲은 A도(道) B군(郡)에 토지 210m²를 소유한 자로서, 관할 A도지사는 甲의 토지 전부가 포함된 녹지지역 일대를 토지거래계약허가구역으로 지정하였다. 부동산 거래신고 등에 관한 법령상 이에 관한 설명으로 틀린 것은? (단, A도지사는 허가를 요하지 아니하는 토지의 면적을 따로 정하지 않았음)

제26회 수정

① 甲이 자신의 토지 전부에 대해 대가를 받고 지상권을 설정하려면 토지거래계약허가를 받아야 한다.
② 甲의 토지가 농지라면 토지거래계약허가를 받은 경우에는 「농지법」에 따른 농지취득자격증명을 받은 것으로 본다.
③ 허가구역에 거주하는 농업인 乙이 그 허가구역에서 농업을 경영하기 위해 甲의 토지 전부를 임의매수하는 경우에는 토지거래계약허가가 필요하지 않다.
④ 丙이 자기의 거주용 주택용지로 이용하려는 목적으로 甲의 토지 전부를 임의매수하는 경우, 해당 토지거래계약허가의 신청에 대하여 B군수는 허가하여야 한다.
⑤ 토지거래계약허가신청에 대해 불허가처분을 받은 경우, 甲은 그 통지를 받은 날부터 1개월 이내에 B군수에게 해당 토지에 관한 권리의 매수를 청구할 수 있다.

09 부동산 거래신고 등에 관한 법령상 토지거래허가와 관련한 내용으로 옳은 것은?

① 개업공인중개사가 토지거래허가구역 내의 토지에 대하여 거래를 중개한 경우 토지거래허가신청은 개업공인중개사가 하여야 한다.
② 토지거래허가를 받고자 하는 자는 허가신청서에 토지이용계획서, 토지취득자금조달계획서를 첨부하여 제출하여야 한다.
③ 시·도지사가 토지거래허가구역을 지정한 때에는 허가신청은 시·도지사에게 하여야 한다.
④ 허가관청은 허가신청에 대하여 10일 내에 허가 또는 불허가의 처분을 하고, 서면으로 알려야 한다.
⑤ 처리기간에 허가증의 발급 또는 불허가처분사유의 통지가 없거나 선매협의 사실의 통지가 없는 경우에는 그 기간이 끝난 날에 허가가 있는 것으로 본다.

10 부동산 거래신고 등에 관한 법령상 농업인 등이 토지거래허가구역 내의 토지를 취득하려는 경우 (   ) 안에 들어갈 내용이 순서대로 바르게 나열된 것은?

> 농업인 등으로서 농업경영을 위하여 그가 거주하는 주소지로부터 (   ) 이내에 소재하는 토지를 취득하려는 자는 토지거래계약의 허가를 받을 수 있다. 다만, 농지가 협의양도 또는 수용된 자로서 협의양도하거나 수용된 날부터 (   ) 이내에 대체농지를 취득하려는 경우에는 그가 거주하는 주소지로부터의 거리가 (   ) 안에 소재하는 농지를 취득할 수 있다.

① 20km - 1년 - 30km
② 20km - 3년 - 30km
③ 20km - 3년 - 80km
④ 30km - 1년 - 80km
⑤ 30km - 3년 - 80km

☆중요

11 부동산 거래신고 등에 관한 법령상 토지거래계약의 허가 또는 불허가처분에 설명으로 <u>틀린</u> 것은?

① 허가증을 교부한 경우 시장·군수·구청장은 대상 토지 및 이용목적을 인터넷 홈페이지에 게재하여야 한다.
② 토지거래계약 불허가처분을 받은 자는 그 통지를 받은 날로부터 15일 내에 시장·군수·구청장에게 해당 토지에 관한 권리의 매수를 청구할 수 있다.
③ 허가신청을 받은 시장·군수·구청장은 토지거래계약을 체결하려는 자의 토지이용목적이 생태계의 보전과 주민의 건전한 생활환경 보호에 중대한 위해(危害)를 끼칠 우려가 있는 경우에는 허가처분을 해서는 아니 된다.
④ 허가증을 발급받은 경우에는 「부동산등기 특별조치법」에 의해 계약서의 검인을 받은 것으로 본다.
⑤ 허가 또는 불허가의 처분에 이의가 있는 자는 그 처분을 받은 날부터 1개월 이내에 시장·군수 또는 구청장에게 이의를 신청할 수 있다.

12 부동산 거래신고 등에 관한 법령상 토지거래허가신청의 불허가처분에 대한 매수청구의 내용으로 <u>틀린</u> 것은?

① 매수청구를 하고자 하는 자는 그 통지를 받은 날부터 1개월 이내에 토지매수청구서를 시장·군수·구청장에게 제출하여야 한다.
② 매수청구를 받은 시장·군수 또는 구청장은 국가, 지방자치단체, 한국토지주택공사, 공공기관 또는 공공단체 중에서 매수할 자를 지정하여 해당 토지를 매수하게 하여야 한다.
③ 「한국은행법」에 따른 한국은행, 「지방공기업법」에 따른 지방공사는 매수청구에 따른 매수자에 해당하지 않는다.
④ 매수자의 매수가격은 예산의 범위에서 감정가격을 기준으로 하되, 허가신청서에 적힌 가격이 감정가격보다 낮은 경우에는 허가신청서에 적힌 가격으로 매수할 수 있다.
⑤ 매수청구의 대상이 되는 권리는 소유권뿐만 아니라 지상권도 대상이 될 수 있다.

13 부동산 거래신고 등에 관한 법령상 토지거래허가제와 관련한 내용으로 **틀린** 것은?

① 허가 또는 불허가의 처분에 대한 이의신청을 받은 시장·군수·구청장은 시·군·구 도시계획위원회의 심의를 거쳐 그 결과를 이의신청인에게 알려야 한다.
② 허가를 받지 아니하고 체결한 토지거래계약은 그 효력이 발생하지 아니한다.
③ 허가를 받지 아니하고 토지거래계약을 체결한 자는 3년 이하의 징역 또는 3천만원 이하의 벌금에 처한다.
④ 토지거래계약을 허가받은 자는 대통령령으로 정하는 예외사유가 없는 한 5년의 범위에서 정해진 기간에 그 토지를 허가받은 목적대로 이용하여야 한다.
⑤ 시장·군수·구청장은 토지거래계약을 허가받은 자가 허가받은 목적대로 이용하고 있는지를 매년 1회 이상 토지의 개발 및 이용 등의 실태를 조사하여야 한다.

▶ 고득점

14 부동산 거래신고 등에 관한 법령상 토지거래계약의 허가를 받은 목적과 이용의무기간의 연결로서 **틀린** 것은? (단, 의무기간의 기산점은 토지의 취득시이고, 예외 사유는 고려하지 않음)

① 자기의 거주용 주택용지로 이용하려는 경우 — 2년
② 법률에 따라 토지를 수용하거나 사용할 수 있는 사업을 시행하는 자가 그 사업을 시행하기 위한 경우 — 3년
③ 허가구역에 거주하는 농업인이 농업을 경영하기 위한 경우 — 2년
④ 허가구역을 포함한 지역의 주민을 위한 복지시설로서 관할 시장·군수·구청장이 확인한 시설의 설치에 이용하려는 경우 — 2년
⑤ 관계 법령의 규정에 의하여 건축물이나 공작물의 설치행위가 금지된 토지에 대하여 현상보존의 목적으로 취득하는 경우 — 5년

☆중요

15 부동산 거래신고 등에 관한 법령상 이행강제금에 관한 설명으로 옳은 것은? 제31회 수정

① 이행명령은 구두 또는 문서로 하며 이행기간은 3개월 이내로 정하여야 한다.
② 토지거래계약허가를 받아 토지를 취득한 자가 당초의 목적대로 이용하지 아니하고 방치하여 이행명령을 받고도 정하여진 기간에 이를 이행하지 아니한 경우, 시장·군수 또는 구청장은 토지취득가액의 100분의 10에 상당하는 금액의 이행강제금을 부과한다.
③ 이행강제금 부과처분을 받은 자가 국토교통부장관에게 이의를 제기하려는 경우에는 부과처분을 고지받은 날부터 14일 이내에 하여야 한다.
④ 이행명령을 받은 자가 그 명령을 이행하는 경우 새로운 이행강제금의 부과를 즉시 중지하며, 명령을 이행하기 전에 부과된 이행강제금도 징수할 수 없다.
⑤ 최초의 의무이행위반이 있었던 날을 기준으로 1년에 한 번씩 그 이행명령이 이행될 때까지 반복하여 이행강제금을 부과·징수할 수 있다.

16 부동산 거래신고 등에 관한 법령상 토지거래계약허가를 받아 취득한 토지를 허가받은 목적대로 이용하고 있지 않은 경우 시장·군수·구청장이 취할 수 있는 조치가 아닌 것은? 제32회

① 과태료를 부과할 수 있다.
② 토지거래계약허가를 취소할 수 있다.
③ 3개월 이내의 기간을 정하여 토지의 이용의무를 이행하도록 문서로 명할 수 있다.
④ 해당 토지에 관한 토지거래계약허가신청이 있을 때 국가, 지방자치단체, 한국토지주택공사가 그 토지의 매수를 원하면 이들 중에서 매수할 자를 지정하여 협의 매수하게 할 수 있다.
⑤ 해당 토지를 직접 이용하지 않고 임대하고 있다는 이유로 이행명령을 했음에도 정해진 기간에 이행되지 않은 경우, 토지취득가액의 100분의 7에 상당하는 금액의 이행강제금을 부과한다.

17 부동산 거래신고 등에 관한 법령상 토지거래허가 등에 관한 설명으로 옳은 것은 모두 몇 개인가?

> ㉠ 허가구역의 지정은 시장·군수 또는 구청장이 허가구역 지정의 통지를 받은 날부터 5일 후에 효력이 발생한다.
> ㉡ 농지에 대하여 토지거래계약허가를 받은 경우에는 「농지법」에 따른 농지전용허가를 받은 것으로 본다.
> ㉢ 허가구역 지정권자의 다른 정함이 없는 한 도시지역 외의 지역에 있는 허가구역에서 $700m^2$의 임야를 매매하는 경우에는 허가를 요하지 아니한다.
> ㉣ 시장·군수는 토지 이용의무기간이 지난 후에도 이행강제금을 부과할 수 있다.
> ㉤ 토지의 소유권자에게 부과된 토지이용에 관한 의무는 그 토지에 관한 소유권의 변동과 동시에 그 승계인에게 이전한다.

① 1개　　　　　　② 2개
③ 3개　　　　　　④ 4개
⑤ 5개

18 부동산 거래신고 등에 관한 법령상 선매(先買)와 관련한 내용으로서 **틀린** 것은?

① 시장·군수·구청장은 토지거래허가신청이 있는 경우 공익사업용 토지 또는 허가받은 목적대로 이용하고 있지 아니한 토지에 대하여 공공기관 등이 매수를 원하는 경우 선매자를 지정하여 그 토지를 협의매수하게 할 수 있다.
② 선매자의 지정 통지는 토지거래계약허가신청이 있는 날부터 1개월 이내에 하여야 한다.
③ 선매자로 지정된 자는 그 지정 통지일부터 15일 이내에 선매협의를 하여야 하며, 1개월 이내에 그 토지소유자와 선매협의를 완료하여야 한다.
④ 선매가격은 공시지가를 기준으로 하되, 토지거래계약허가신청서에 적힌 가격이 공시지가보다 낮은 경우에는 허가신청서에 적힌 가격으로 할 수 있다.
⑤ 시장·군수·구청장은 선매협의가 이루어지지 아니한 경우에는 지체 없이 허가 또는 불허가의 여부를 결정하여 통보하여야 한다.

19 부동산 거래신고 등에 관한 법령상 그 사유와 원칙적인 기준가격의 연결로서 <u>틀린</u> 것은?

① 불허가처분에 따른 매수청구 – 공시지가
② 선매 – 감정가
③ 허가를 받지 아니하고 체결한 경우의 벌금 – 공시지가
④ 이행강제금 – 실제 거래가격
⑤ 수용으로 인한 허가구역 내 토지의 대체 취득 – 감정가

20 개업공인중개사가 토지거래허가구역 내의 허가대상 토지매매를 중개하면서 당사자에게 설명한 내용으로 <u>틀린</u> 것은? (다툼이 있으면 판례에 따름)   제22회

① 이 매매계약은 관할관청의 허가를 받기 전에는 효력이 발생하지 않는다.
② 관할관청의 허가가 있기 전에는 매수인은 그 계약내용에 따른 대금의 지급의무가 없다.
③ 허가신청에 이르기 전에 매매계약을 일방적으로 철회하는 경우 상대방에게 일정한 손해액을 배상하기로 하는 약정은 그 효력이 없다.
④ 매도인이 허가신청절차에 협력하지 않으면, 매수인은 매도인에게 협력의무의 이행을 소로써 구할 수 있다.
⑤ 이 매매계약은 당사자 쌍방이 허가신청을 하지 아니하기로 의사표시를 명백히 한 때에는 확정적으로 무효가 된다.

21 부동산 거래신고 등에 관한 법령상 토지거래허가구역 내의 토지매매에 관한 설명으로 옳은 것을 모두 고른 것은? (단, 법령상 특례는 고려하지 않으며, 다툼이 있으면 판례에 따름)   제34회

> ㉠ 허가를 받지 아니하고 체결한 매매계약은 그 효력이 발생하지 않는다.
> ㉡ 허가를 받기 전에 당사자는 매매계약상 채무불이행을 이유로 계약을 해제할 수 있다.
> ㉢ 매매계약의 확정적 무효에 일부 귀책사유가 있는 당사자도 그 계약의 무효를 주장할 수 있다.

① ㉠
② ㉡
③ ㉠, ㉢
④ ㉡, ㉢
⑤ ㉠, ㉡, ㉢

제5장 포상금 등

Point 43 포상금 등 ★★★

기본서 p.369~375

(1) 포상금

포상금 지급 신고·고발대상	① 실제 거래가격 거짓신고자, 주택임대차계약 금액 거짓신고자 ② 계약 체결 없음에도 부동산거래신고를 한 자(가장 계약신고자) ③ 해제 등이 된 바 없음에도 부동산거래 해제 등의 신고를 한 자(가장 해제신고자) ④ 토지거래허가 위반자 ⑤ 토지이용의무 위반자
포상금 지급액 및 기한	① 지급액: 위 ①②③ – 과태료부과액의 20%(①은 최고한도 1천만원), ④⑤ – 건당 50만원 ② 지급기한: 지급신청서 접수일로부터 2개월 내 ③ 시·군·구 재원으로 충당, 익명·가명 등 신고시 지급 불가

(2) 지가동향조사

① 국토교통부장관의 조사: 전국 지가변동률 조사 – 연 1회 이상
② 시·도지사의 지가동향조사: 관할구역 안 다음 순서대로 조사

개황조사	관할구역 안의 분기별로 1회 이상 개괄적 조사
지역별 조사	개황조사 결과 등에 따라 허가구역의 지정 개연성이 높다고 인정되는 지역에 대하여 매월 1회 이상 실시하는 조사
특별집중 조사	지역별 조사를 실시한 결과 허가구역의 지정요건을 충족시킬 수 있는 개연성이 특히 높다고 인정되는 지역에 대한 조사

(3) 정보관리

정책자료 등 종합관리	국토교통부장관 또는 시장·군수·구청장
부동산 정보체계의 구축·운영	국토교통부장관 주체, 부동산거래신고, 토지거래허가 등 정보

제5장 단원별 출제예상문제

☆중요 출제가능성이 높은 중요 문제 🔖고득점 고득점 목표를 위한 어려운 문제 🏷신유형 기존에 출제되지 않은 신유형 대비 문제

💡 **Tip**
포상금 제도를 중점으로, 포상금이 지급되는 신고·고발대상과 절차상 공인중개사법령상 포상금 제도와의 차이를 정리해 두어야 한다.

Point 43 포상금 등 ★★★

정답 및 해설 p.50

☆중요

01 부동산 거래신고 등에 관한 법률상 포상금이 지급되는 신고·고발대상이 <u>아닌</u> 자는?

① 부동산거래신고대상 계약을 체결하지 아니하였음에도 불구하고 거짓으로 부동산거래신고를 한 자
② 토지거래허가를 받지 아니하고 토지거래허가대상 계약을 체결한 자
③ 신고대상 주택임대차계약의 보증금·차임 등 계약금액을 거짓으로 신고한 자
④ 토지거래계약허가를 받아 취득한 토지에 대하여 허가받은 목적대로 이용하지 아니한 자
⑤ 부동산거래신고를 하지 아니한 자

02 부동산 거래신고 등에 관한 법령상 신고포상금 지급대상에 해당하는 위반행위를 모두 고른 것은?

제32회

> ㉠ 부동산매매계약의 거래당사자가 부동산의 실제 거래가격을 거짓으로 신고하는 행위
> ㉡ 부동산매매계약에 관하여 개업공인중개사에게 신고를 하지 않도록 요구하는 행위
> ㉢ 토지거래계약허가를 받아 취득한 토지를 허가받은 목적대로 이용하지 않는 행위
> ㉣ 부동산매매계약에 관하여 부동산의 실제 거래가격을 거짓으로 신고하도록 조장하는 행위

① ㉠, ㉢
② ㉠, ㉣
③ ㉡, ㉣
④ ㉠, ㉡, ㉢
⑤ ㉡, ㉢, ㉣

03 부동산 거래신고 등에 관한 법률상 포상금과 관련된 설명으로 옳은 것을 모두 고른 것은?

⊙ 포상금은 그 지급결정일부터 1개월 이내에 지급하여야 한다.
⊙ 포상금은 시장·군수·구청장이 지급한다.
⊙ 포상금의 지급에 드는 비용은 국고에서 100분의 50까지 보조할 수 있다.
⊙ 부동산거래신고를 한 계약이 해제되지 아니하였음에도 불구하고 해제신고를 한 자를 신고한 경우 포상금은 과태료부과액의 20%를 지급한다.
⊙ 공무원이 직무와 관련하여 발견한 사실을 신고하거나 해당 위반행위에 관여한 자 또는 익명·가명으로 신고한 자에게는 포상금을 지급하지 아니할 수 있다.

① ㉠, ㉡, ㉢
② ㉡, ㉢, ㉣
③ ㉡, ㉣, ㉤
④ ㉡, ㉢, ㉣, ㉤
⑤ ㉠, ㉡, ㉢, ㉣, ㉤

04 부동산 거래신고 등에 관한 법령상 포상금과 관련된 설명으로 틀린 것은?

① 부동산 등의 실제 거래가격을 거짓으로 신고한 자를 신고 또는 고발한 자에 대하여는 1천만원 한도 내에서 포상금을 지급한다.
② 수사기관이 포상금이 지급되는 고발사건을 접수하여 공소제기 또는 기소유예의 결정을 한 때에는 지체 없이 시장·군수 또는 구청장에게 통보하여야 한다.
③ 토지거래허가 위반자에 대한 신고포상금은 1건당 500만원으로 하며, 예산의 범위 안에서 지급하여야 한다.
④ 토지거래허가를 받은 목적대로 토지를 이용하지 아니한 자를 행정기관이 적발하기 전에 신고·고발한 자에 대하여는 시장·군수·구청장의 이행명령이 있는 경우 포상금이 지급된다.
⑤ 하나의 사건에 대하여 2인 이상이 각각 신고·고발한 경우에는 최초로 신고·고발한 자에게 포상금을 지급한다.

05 「부동산 거래신고 등에 관한 법률」상 지가동향의 조사 등의 내용으로 **틀린** 것은?

① 국토교통부장관은 연 1회 이상 전국의 지가변동률을 조사하여야 한다.
② 국토교통부장관은 필요한 경우 한국부동산원의 원장으로 하여금 매월 1회 이상 지가의 동향 및 토지거래의 상황 그 밖의 필요한 자료를 제출하게 할 수 있다.
③ 시·도지사는 관할구역의 지가동향 및 토지거래상황을 조사하여야 하며, 그 결과 허가구역을 지정·축소·해제할 필요가 있다고 인정하는 경우에는 국토교통부장관에게 그 구역의 지정·축소 또는 해제를 요청할 수 있다.
④ 시·도지사가 관할구역 안의 토지거래상황을 파악하기 위하여 분기별로 1회 이상 개괄적으로 실시하는 조사를 지역별 조사라 한다.
⑤ 특별집중조사는 지역별 조사를 실시한 결과 토지거래허가구역의 지정요건을 충족시킬 수 있는 개연성이 특히 높다고 인정되는 지역에 대하여 지가동향 및 토지거래상황을 파악하기 위하여 실시하는 조사를 말한다.

06 「부동산 거래신고 등에 관한 법률」상 부동산 정보관리 등과 관련한 설명으로 **틀린** 것은?

① 이 법 또는 이 법에 따른 명령에 의한 처분, 그 절차 및 그 밖의 행위는 그 행위와 관련된 토지 또는 건축물에 대하여 소유권이나 그 밖의 권리를 가진 자의 승계인에 대하여 효력을 가진다.
② 국토교통부장관은 부동산거래 및 주택임대차의 계약·신고·허가·관리 등의 업무와 관련된 정보체계를 구축·운영할 수 있다.
③ 국토교통부장관 또는 시장·군수·구청장은 적절한 부동산정책의 수립 및 시행을 위하여 부동산거래상황, 주택임대차계약상황, 외국인 부동산취득현황, 부동산가격 동향 등 이 법에 규정된 사항에 관한 정보를 종합적으로 관리하고, 이를 관련 기관·단체 등에 제공할 수 있다.
④ 국토교통부장관, 시·도지사, 시장·군수·구청장은 토지거래계약허가의 취소처분을 하려면 청문을 하여야 한다.
⑤ 외국인 등의 부동산 등 취득신고·허가신청시 첨부서류를 전자문서로 제출하기 곤란한 경우에는 신고일 또는 신청일부터 30일 이내에 우편 또는 팩스로 제출할 수 있다.

07 부동산 거래신고 등에 관한 법령상 부동산 정보체계의 관리대상 정보로 명시된 것을 모두 고른 것은?

제33회

> ㉠ 부동산거래계약 등 부동산거래 관련 정보
> ㉡ 「부동산등기 특별조치법」 제3조에 따른 검인 관련 정보
> ㉢ 중개사무소의 개설등록에 관한 정보
> ㉣ 토지거래계약의 허가 관련 정보

① ㉠, ㉢
② ㉡, ㉣
③ ㉠, ㉡, ㉣
④ ㉡, ㉢, ㉣
⑤ ㉠, ㉡, ㉢, ㉣

🆕 신유형

08 「부동산 거래신고 등에 관한 법률」상 전자문서를 접수하는 방법으로 제출할 수 있는 경우는 몇 개인가?

> • 신고거부로 인한 다른 일방의 단독 부동산거래계약신고서
> • 법인 신고서 및 자금조달·입주계획서
> • 면적의 변경이 없는 실제 거래가격의 변경신고서
> • 거래당사자의 주소·전화번호 또는 휴대전화번호가 잘못된 경우 단독 정정신청
> • 토지거래계약허가신청서

① 1개
② 2개
③ 3개
④ 4개
⑤ 5개

7개년 출제비중분석

제3편 출제비중
20.2%

7개년 평균 출제비중

장별 출제비중

장 제목	평균	제35회	제34회	제33회	제33회	제32회	제31회	제30회
제1장 중개의뢰접수 및 중개계약	0.4	0	0	1	1	0	1	1
제2장 중개대상물의 조사·확인	2.8	4	4	4	4	2	1	2
제3장 중개활동	0	0	0	0	0	0	0	0
제4장 거래계약의 체결	0.4	2	0	0	0	0	0	1
제5장 개별적 중개실무	4.5	7	4	5	5	3	5	4

*평균: 최근 7개년 동안 출제된 각 장별 평균 문제 수입니다.

제3편
중개실무

제1장 중개의뢰접수 및 중개계약
제2장 중개대상물의 조사·확인
제3장 중개활동
제4장 거래계약의 체결
제5장 개별적 중개실무

제1장 중개의뢰접수 및 중개계약

Point 44 중개의뢰접수 및 중개계약서 ★★★

기본서 p.379~387

중개계약	① 의뢰인과 개업공인중개사간에 체결되는 중개의뢰에 관한 합의 ② 민사중개계약, 낙성·불요식·유상·쌍무계약, 위임 유사 비전형계약
중개계약의 종류	① 독점성 기준: 일반·전속·독점중개계약 ② 주체의 수 기준: 단독·공동중개계약 ③ 보수지급형태 기준: 정률·정가·순가중개계약

중개계약서 서식 내용	〈앞면〉
	1. 개업공인중개사의 의무
	2. 중개의뢰인의 권리·의무
	3. 유효기간
	4. 중개보수
	5. 손해배상책임
	6. 그 밖의 사항
	〈뒷면〉
	1. 권리이전용(매도·임대 등)
	   소유자 및 등기명의인, 중개대상물의 표시(건축물, 토지, 제세공과금 등), 권리관계, 규제 및 제한사항, 중개의뢰금액, 기타
	2. 권리취득용(매수·임차 등)
	   희망물건의 종류, 희망가격, 희망지역, 희망조건
	3. 보수표(수록 또는 첨부)
	🔍 일반중개계약서와 전속중개계약서 서식상 차이는 개업공인중개사와 중개의뢰인의 의무에만 차이가 있다.

제1장 단원별 출제예상문제

중요 출제가능성이 높은 중요 문제 고득점 고득점 목표를 위한 어려운 문제 신유형 기존에 출제되지 않은 신유형 대비 문제

> **Tip**
> 출제빈도가 잦은 부분은 아니었으나, 최근 일반중개계약서와 전속중개계약서 서식의 내용을 자주 출제하고 있으므로, 서식내용을 정리해 둘 필요가 있다.

Point 44 중개의뢰접수 및 중개계약서 ★★★

정답 및 해설 p.51

01 중개계약의 법적 성격과 가장 관련이 적은 것은?

① 상사중개계약
② 위임계약
③ 비전형계약(무명계약)
④ 낙성·불요식계약
⑤ 쌍무계약

02 중개계약 서면화의 장점이 아닌 것은?

① 자주통제의 기능
② 유통시장의 근대화
③ 분쟁 예방
④ 부동산투기의 활성화
⑤ 전문성 제고

03 중개계약에 관한 설명 중 틀린 것은?

① 중개계약은 중개권한의 부여형태에 따라 일반(보통)중개계약, 독점중개계약, 전속중개계약으로 분류할 수 있다.
② 중개계약은 중개보수를 정하는 방법에 따라 순가중개계약, 정률중개계약, 정가중개약으로 구분할 수 있다.
③ 공인중개사법령상 순가중개계약은 그 체결 자체를 금지하고 있다.
④ 일반중개계약 및 전속중개계약은 공인중개사법령상 명문규정을 두고 있는 중개계약의 형태이다.
⑤ 개업공인중개사나 중개의뢰인의 숫자에 따라 공동중개계약과 단독중개계약으로 구분할 수 있다.

04 중개계약에 관한 설명으로 틀린 것을 모두 고른 것은?

> ㉠ 중개계약은 권리를 이전하고자 하는 자와 권리를 취득하고자 하는 자 사이에 체결되는 계약이다.
> ㉡ 중개계약을 서면화 또는 정형화 할 경우 개업공인중개사에 대한 정부의 규제를 줄일 수 있다.
> ㉢ 공동중개계약은 신속·정확한 중개활동이 가능하게 한 정보통신시대에 적합한 중개계약 형태이다.
> ㉣ 선량한 관리자로서의 주의의무 및 신의성실의무는 전속중개계약을 체결한 개업공인중개사에게만 인정되고, 일반중개계약을 체결한 개업공인중개사에게는 그러한 의무가 없다.
> ㉤ 일반중개계약은 개업공인중개사의 노력에 대한 보상이 불확실하여 개업공인중개사의 책임의식이 희박해지기 쉽고, 거래가격이 정상시가보다 낮게 형성될 가능성이 많다.

① ㉠, ㉣   ② ㉠, ㉤
③ ㉡, ㉢   ④ ㉡, ㉣
⑤ ㉢, ㉤

05 중개의뢰접수(Listing)에 대한 설명 중 틀린 것은?   제16회 수정

① 개업 초기의 개업공인중개사는 개업식, 개업축하연 등을 통해 리스팅을 할 수 있다.
② 리스팅의 획득은 일반상품의 구입, 진열과 같은 영업의 출발점이 된다.
③ 공가, 공지 등에 대한 조사를 통하여 리스팅을 할 수 있다.
④ 매수의뢰접수에서는 권리의 확인, 중개계약의 유형 확인 등이 필수적이다.
⑤ 의뢰인과 순가중개계약을 체결하고 한도를 초과한 중개보수를 받은 경우 금지행위에 해당한다.

☆ 중요

06 개업공인중개사가 주택을 임차하려는 중개의뢰인과 일반중개계약을 체결하면서 공인중개사법령상 표준서식인 일반중개계약서를 작성할 때 기재할 사항은?   제33회

① 소유자 및 등기명의인
② 은행융자 · 권리금 · 제세공과금 등
③ 중개의뢰금액
④ 희망지역
⑤ 거래규제 및 공법상 제한사항

▶ 고득점

07 「공인중개사법 시행규칙」 별지 제15호 서식이 정하는 '전속중개계약서'의 기재내용으로 볼 수 없는 것은?

① 토지의 소재지, 지목, 면적, 지역 · 지구, 현재용도
② 공시지가
③ 개업공인중개사의 손해배상책임
④ 은행융자 · 권리금 · 제세공과금 등
⑤ 권리관계

고득점

08 공인중개사법령상 일반중개계약서와 전속중개계약서의 서식에 공통으로 기재된 사항이 아닌 것은?
제31회

① 첨부서류로서 중개보수 요율표
② 계약의 유효기간
③ 개업공인중개사의 중개업무 처리상황에 대한 통지의무
④ 중개대상물의 확인·설명에 관한 사항
⑤ 개업공인중개사가 중개보수를 과다 수령한 경우 차액 환급

09 공인중개사법령상 일반중개계약서와 전속중개계약서의 비교에 관한 내용으로 틀린 것은?

① 양 서식 모두 중개계약의 유효기간은 원칙적으로 3개월로 하나, 개업공인중개사와 중개의뢰인간의 약정으로 이를 변경할 수 있다.
② 양 서식은 개업공인중개사와 중개의뢰인의 의무사항에 관하여 동일한 내용으로 구성되어 있다.
③ 양 서식 모두 Ⅱ. 권리취득용(매수, 임차)에는 희망물건의 종류, 취득 희망가격, 희망지역, 희망조건을 기재하도록 되어있다.
④ 양 서식 모두 중개대상물 확인·설명을 소홀히 하여 재산상의 피해를 발생하게 한 경우 손해액을 배상한다는 규정을 두고 있다.
⑤ 양 서식 모두 Ⅰ. 권리이전용(매도, 임대)에 권리관계와 중개의뢰금액을 기재하는 란이 있다.

제2장 중개대상물의 조사·확인

Point 45 조사·확인 총설 ★★

기본서 p.389~391

조사·확인 기준공부	① 부동산의 표시사항, 기본적인 사항: 지적공부, 건축물대장 ② 부동산의 권리관계에 관한 사항: 등기사항증명서 ③ 공법상 이용제한 및 거래규제사항: 토지이용계획확인서
불일치의 해결 (대장 ≠ 등기사항증명서)	① 표시사항(소재지, 면적, 지목 등)의 불일치: 대장 우선 ② 권리관계(소유자 인적사항, 지분 등)의 불일치: 등기사항증명서 우선 ③ 경계의 불일치(현실의 경계 ≠ 공부상의 경계): 공부상의 경계 우선

Point 46 권리관계의 조사 ★★★★

기본서 p.393~403

(1) 분묘기지권

성격	지상권에 유사한 물권, 관습법상의 특수지상권
성립요건	분묘가 있어야 하고, 분묘 내부에 시신이 안장되어 있을 것(평장 ×, 암장 ×, 가묘 ×). 등기 불요
효력	① 시간적 효력: 분묘의 수호와 봉사를 계속하고, 분묘가 존속하는 한 존속한다. ② 장소적 효력: 분묘기지뿐만 아니라 분묘를 보호하고 봉사하는 데 필요한 주위의 빈 땅까지 미친다. ③ 지료 등: 시효취득형은 토지소유자의 청구가 있는 때로부터, 양도형은 분묘기지권이 성립한 때로부터 지급의무가 있다. ④ 합장을 위한 쌍·단분 신설 또는 이장 권능은 없다. ⑤ 유골이 존재하여 분묘의 원상회복이 가능한 일시적 멸실은 분묘기지권 존속한다. ⑥ 권리 포기시 의사표시 외에 점유까지도 포기해야 권리가 소멸하는 것은 아니다.

(2) 「장사 등에 관한 법률」

묘지 면적 등	• 개인묘지: 30m² 이하, 30일 내 신고(개인 자연장지 30m²↓, 30일 내 신고) • 분묘 1기당(상석 등 포함): 10m²↓(합장 15m²↓)
존속기간	• 30년, 연장 가능(30년 1회에 한하여 인정) • 존속기간 만료된 분묘처리: 1년 이내에 철거하여 화장 또는 봉안
승낙 없이 설치한 분묘	• 3개월 이상의 기간을 정하여 통보·공고 ⇨ 관할청의 허가를 받아 개장 • 분묘, 자연장 보존을 위한 권리주장 불가(분묘기지권 시효취득 불가)

Point 47 공법상 이용제한 및 거래규제사항의 조사 ★★★

기본서 p.404~410

농지 소유 상한	상속	1만m² 이내
	이농	8년 이상 농업경영 후 이농 1만m² 이내
	주말·체험영농	세대원 전부 합산 1천m² 미만
농지 임대차 등		① 서면계약 원칙 ② 대항력: 시·구·읍·면장의 확인 + 인도 ⇨ 다음 날부터 ③ 임대차 기간: 3년(다년생식물 재배지 등은 5년) 이상, 임대인이 만료 3개월 전까지 거절통지 등을 하지 않으면 묵시적 갱신이 됨 ④ 임대·위탁경영 사유: 3개월 이상 국외 여행, 선거에 따른 공직취임, 임신, 출산 후 6개월 미만 등
농지취득자격증명		① 발급대상: 증여, 매매, 교환, 경매, 공매, 판결, 주말·체험영농, 전용허가·신고 　발급 불요: 농지전용협의, 토지거래허가받은 농지, 환매, 담보농지, 공유분할, 시효완성 ② 시·구·읍·면장 관할, 7일 내 원칙 처리(농업경영계획서 제출 × − 4일, 농지위원회 심의대상은 14일) ③ 농지의 처분의무: 1년 내 처분통지 ⇨ 6개월 내 처분명령 ⇨ 매년 이행강제금 25% 부과

Point 48 확인·설명서의 작성 ★★★★★

기본서 p.412~440

주거용 건축물 확인·설명서	(1) 기본 확인사항 　① 대상물건의 표시 　② 권리관계 　③ 공법상 이용제한 및 거래규제 사항 　④ 임대차 확인사항 　⑤ 입지조건 　⑥ 관리에 관한 사항 　⑦ 비선호시설(1km 이내) 　⑧ 거래예정금액 등 　⑨ 취득시 부담할 조세의 종류 및 세율 (2) 세부 확인사항 　⑩ 실제 권리관계 또는 공시되지 않은 물건의 권리사항 　⑪ 내·외부 시설물의 상태 　⑫ 벽면·바닥면 및 도배상태 　⑬ 환경조건 　⑭ 현장안내

공통 기재사항	대상물건의 표시, 권리관계(등기부 기재사항) 및 실제 권리관계, 거래예정금액, 취득 관련 조세의 종류 및 세율, 중개보수
임대차시 기재 생략 가능	공법상 이용제한 및 거래규제, 개별공시지가, 공시가격, 취득 관련 조세의 종류 및 세율
주거용 건축물 서식 주요 기재내용	① 공법상 이용제한 및 거래규제: 지역·지구, 용도지역, 건폐율·용적률 상한, 도시·군계획시설, 지구단위계획구역, 토지거래허가구역 등 ② 입지조건: 도로, 대중교통, 주차장, 교육시설 ③ 시설상태: 수도, 전기, 가스, 소방(단독경보형감지기), 난방방식 및 연료공급, 승강기, 배수, 그 밖의 시설물 ④ 환경조건: 일조, 소음, 진동
주의사항	① 환경조건, 관리비, 현장안내는 오직 주거용 건축물 서식에만 기재란이 있다. ② 비주거용 건축물 서식에는 비선호시설(1km 이내) 기재란이 없다. 단, 토지용 서식에는 있다. ③ 소방에 주거용 건축물 서식은 단독경보형감지기를, 비주거용 건축물 서식은 소화전, 비상벨을 기재한다. ④ 임대차 확인사항란에 개업공인중개사는 서명 또는 날인한다.

제2장 단원별 출제예상문제

☆중요 출제가능성이 높은 중요 문제 ◤고득점 고득점 목표를 위한 어려운 문제 ◎신유형 기존에 출제되지 않은 신유형 대비 문제

> 💡 **Tip**
> 4문제 정도의 출제비중이 있는 단원으로, 최근에는 분묘기지권과 「장사 등에 관한 법률」, 확인·설명서의 작성에서 주로 출제하고 있다. 특이한 점은 「집합건물의 소유 및 관리에 관한 법률」의 내용을 4회 연속 출제하였다는 점이다.

Point 45 조사 · 확인 총설 ★★

정답 및 해설 p.51~52

01 개업공인중개사가 중개대상물에 대하여 확인·설명하여야 하는 내용에 관한 조사방법 중 틀린 것은?

제18회

① 중개대상물의 종류·면적·용도 등 중개대상물에 관한 기본적인 사항은 토지대장 및 건축물대장 등을 통하여 조사한다.
② 소유권·저당권 등 권리관계에 관한 사항은 등기사항증명서를 통하여 조사한다.
③ 건폐율 상한 및 용적률 상한은 토지이용계획확인서를 통하여 조사한다.
④ 비선호시설, 입지조건은 현장확인의 방법으로 조사한다.
⑤ 공법상 이용제한 및 거래규제에 관한 사항은 토지이용계획확인서를 통하여 조사한다.

02 개업공인중개사가 중개의뢰인에게 중개대상물에 대하여 설명한 내용으로 옳은 것을 모두 고른 것은? (다툼이 있으면 판례에 따름)

제27회

> ㉠ 토지의 소재지, 지목, 지형 및 경계는 토지대장을 통해 확인할 수 있다.
> ㉡ 분묘기지권은 등기사항증명서를 통해 확인할 수 없다.
> ㉢ 지적도상의 경계와 실제 경계가 일치하지 않는 경우 특별한 사정이 없는 한 실제 경계를 기준으로 한다.
> ㉣ 동일한 건물에 대하여 등기부상의 면적과 건축물대장의 면적이 다른 경우 건축물대장을 기준으로 한다.

① ㉠, ㉢   ② ㉡, ㉣   ③ ㉠, ㉡, ㉢
④ ㉠, ㉢, ㉣   ⑤ ㉡, ㉢, ㉣

03 개업공인중개사가 토지를 중개하면서 판례의 내용을 설명한 것으로 <u>틀린</u> 것을 모두 고르면 몇 개인가?

> ㉠ 토지매매에 있어서 특단의 사정이 없는 한 매수인에게 측량 또는 지적도와의 대조 등의 방법으로 매매목적물이 지적도상의 그것과 정확히 일치하는지의 여부를 미리 확인하여야 할 주의의무가 있다.
> ㉡ 무허가건물 관리대장에 소유자로 등재되었다는 사실만으로는 무허가건물에 대한 소유권 기타의 권리를 취득하거나 권리자로 추정되는 효력이 없다.
> ㉢ 일정한 토지가 지적공부에 1필의 토지로 등록된 경우, 그 토지의 소재, 지번, 지목, 지적 및 경계는 일응 그 등록으로써 특정되고, 토지소유권의 범위는 다른 특별한 사정이 없는 한 현실의 경계와 관계없이 지적공부상의 경계와 면적에 의하여 확정된다.
> ㉣ 1필지의 토지가 「공간정보의 구축 및 관리 등에 관한 법률」이 정하는 바에 따라 분할의 절차를 밟지 않고 등기기록에만 분필의 등기가 이루어졌더라도 분할의 효과가 발생할 수 없다.

① 1개　　　　　② 2개
③ 3개　　　　　④ 4개
⑤ 없음

Point 46 권리관계의 조사 ★★★★

정답 및 해설 p.52~53

04 분묘기지권과 관련한 내용으로서 <u>틀린</u> 것은? (다툼이 있으면 판례에 따름)

① 분묘기지권은 관습법상의 지상권에 유사한 일종의 물권으로, 등기 없이도 그 분묘가 설치된 토지의 매수인에게 대항할 수 있다.
② 타인의 토지에 승낙 없이 분묘를 설치하고 20년간 평온·공연하게 그 분묘의 기지를 점유함으로써 취득시효가 완성된 경우에는 분묘기지권을 취득한다.
③ 분묘기지권의 존속기간은 당사자 사이에 약정이 있더라도 분묘를 수호·봉사하는 한 계속된다.
④ 부부 중 일방이 먼저 사망하여 이미 그 분묘가 설치되고 그 분묘기지권이 미치는 범위 내에서 그 후에 사망한 다른 일방의 합장을 위하여 쌍분(雙墳), 단분(單墳)형태의 분묘를 다시 설치하는 것은 허용되지 않는다.
⑤ 분묘기지권이 시효취득된 경우 시효취득자는 토지소유자의 지료지급청구가 있는 날로부터 지료지급의무가 있다.

05 개업공인중개사가 묘지로 사용할 토지를 구입하려는 중개의뢰인에게 설명한 내용 중 <u>틀린</u> 것은? (다툼이 있으면 판례에 따름)

① 분묘기지권은 원칙적으로 신설할 권능이나 이장할 권능은 포함하지 않는다.
② 평장 또는 암장인 경우 분묘기지권이 인정되지 않는다.
③ 분묘기지권은 분묘의 수호·봉제사에 필요한 범위에서 주위의 공지를 포함한 지역까지 미친다.
④ 총유물인 임야에 대한 분묘설치행위의 성질은 처분행위이므로 사원총회의 결의를 필요로 한다.
⑤ 장래의 묘소(가묘)도 분묘기지권을 시효취득할 수 있다.

06 분묘기지권과 관련한 설명으로 옳은 것을 모두 고른 것은? (다툼이 있으면 판례에 따름)

> ㉠ 타인의 토지에 분묘를 설치 또는 소유하는 자는 점유의 성질상 소유의 의사가 추정된다.
> ㉡ 타인의 토지에 그의 승낙 없이 분묘를 설치한 경우에도 즉시 분묘기지권을 취득한다.
> ㉢ 자신 소유의 토지에 분묘설치 후 해당 토지를 매도하면서 매수인과 분묘이장 등의 특약을 하지 않은 경우 분묘의 설치자는 분묘기지권을 취득한다.
> ㉣ 분묘기지권의 효력이 미치는 범위는 분묘의 기지 자체에 한정된다.

① ㉢
② ㉡, ㉣
③ ㉢, ㉣
④ ㉠, ㉡, ㉢
⑤ ㉠, ㉡, ㉣

★ 중요

07 개업공인중개사가 사설묘지 또는 분묘와 관련 있는 토지에 관하여 중개의뢰인에게 설명한 내용으로 **틀린** 것은? (다툼이 있으면 판례에 따름)

① 분묘가 멸실된 경우라고 하더라도 유골이 존재하여 분묘의 원상회복이 가능하여 일시적인 멸실에 불과하다면 분묘기지권은 소멸하지 않고 존속한다.
② 매수인이 착오로 인접 토지의 일부를 그의 토지에 속하는 것으로 믿고 점유하고 있다면, 그 점유방법이 분묘를 설치·관리하는 것이어도 자주점유에 해당한다.
③ 「장사 등에 관한 법률」 시행 후 토지소유자의 승낙을 얻어 분묘를 설치한 경우 그 분묘의 설치기간은 제한을 받는다.
④ 분묘기지권이 시효취득된 경우 사망자의 연고자는 종손이 분묘를 관리할 수 있는 때에도 토지소유자에 대하여 분묘기지권을 주장할 수 있다.
⑤ 분묘기지권은 권리자가 의무자에 대하여 그 권리를 포기하는 의사표시를 하는 외에 점유까지도 포기해야만 그 권리가 소멸하는 것은 아니다.

▲ 고득점

08 「장사 등에 관한 법률」에 대한 설명으로 **틀린** 것은?

① 개인묘지를 설치한 자 또는 매장을 한 자는 30일 이내에 관할 시장 등에게 신고하여야 한다.
② 가족묘지, 종중·문중묘지 또는 법인묘지를 설치한 자는 묘지를 관할하는 시장·군수·구청장에게 30일 내에 신고하여야 한다.
③ 공설묘지 및 사설묘지에 설치된 분묘의 존속기간은 30년을 원칙으로 한다.
④ 공설묘지, 가족묘지, 종중·문중묘지 또는 법인묘지 안의 분묘 1기 및 해당 분묘의 상석, 비석 등 시설물의 설치구역 면적은 $10m^2$(합장은 $15m^2$)를 초과할 수 없다.
⑤ 다른 사람의 토지 또는 묘지에 그의 승낙 없이 분묘를 설치한 자는 토지사용권이나 그 밖에 분묘의 보존을 위한 권리를 주장할 수 없다.

09 개업공인중개사가 분묘와 관련된 토지에 관하여 매수의뢰인에게 설명한 내용으로 옳은 것은? (다툼이 있으면 판례에 따름)

① 가족묘지 안의 분묘의 형태는 봉분, 평분 또는 평장으로 하되, 봉분의 높이는 지면으로부터 50cm, 평분의 높이는 1m 이하이어야 한다.
② 최종으로 연장받은 설치기간이 종료한 분묘의 연고자는 설치기간 만료 후 2년 내에 분묘에 설치된 시설물을 철거해야 한다.
③ 가족 또는 문중 자연장지를 조성하려는 자는 관할 시장 등의 허가를 받아야 한다.
④ 단순히 토지소유자의 설치승낙만을 받아 분묘를 설치한 경우 분묘설치자는 사용대차에 따른 차주의 권리를 취득한다.
⑤ 문중·종중묘지는 1,000m^2를 초과하여 설치할 수 없다.

10 분묘기지권과 「장사 등에 관한 법률」에 관한 내용으로 옳은 것은 모두 몇 개인가?

> ㉠ 개인묘지는 그 면적이 30m^2를 초과할 수 없다.
> ㉡ 가족 자연장지의 면적은 100m^2 미만이어야 한다.
> ㉢ 가족묘지란 「민법」에 따라 친족관계였던 자의 분묘를 같은 구역 안에 설치하는 묘지를 말한다.
> ㉣ 화장이나 개장을 하고자 하는 자는 미리 관할 시장 등의 허가를 받아야 한다.
> ㉤ 남편의 분묘구역 내에 처의 분묘를 추가로 설치한 경우 추가 설치 후 30일 이내에 해당 묘지의 관할 시장 등에게 신고해야 한다.

① 없음 ② 1개
③ 2개 ④ 3개
⑤ 4개

신유형

11 개업공인중개사가 분묘기지권 및 「장사 등에 관한 법률」에 대해 중개의뢰인에게 설명한 것으로 <u>틀린</u> 것은? (다툼이 있으면 판례에 따름)

① 토지소유자의 승낙에 의하여 성립하는 분묘기지권의 경우 성립 당시 토지소유자와 분묘의 수호·관리자가 지료 지급의무의 존부에 관하여 약정을 하였다면 그 약정의 효력은 분묘기지의 승계인에 대하여도 미친다.
② 개인묘지는 시장 등이 인정한 경우를 제외하고 20호 이상의 인가밀집지역 또는 학교로부터 300m 이상 떨어진 장소에 설치해야 한다.
③ 봉안시설 중 봉안묘의 높이는 70cm, 봉안묘의 1기당 면적은 $2m^2$를 초과하여서는 아니 된다.
④ '자연장(自然葬)'이란 화장한 유골의 골분(骨粉)을 수목·화초·잔디 등의 밑이나 주변에 묻거나 해양 등 대통령령으로 정하는 구역에 뿌려 장사하는 것으로서, 해양에 뿌리는 경우 육지의 해안선으로부터 5km 이상 떨어진 곳에서 골분이 흩날리지 않도록 수면 가까이 뿌려야 한다.
⑤ 「장사 등에 관한 법률」의 시행 후에 설치된 분묘는 더 이상 분묘기지권이 인정되지 않는다.

신유형

12 개업공인중개사가 묘지를 설치하고자 토지를 매수하려는 중개의뢰인에게 장사 등에 관한 법령에 관하여 설명한 내용으로 <u>틀린</u> 것은? 제34회

① 가족묘지는 가족당 1개소로 제한하되, 그 면적은 $100m^2$ 이하여야 한다.
② 개인묘지란 1기의 분묘 또는 해당 분묘에 매장된 자와 배우자 관계였던 자의 분묘를 같은 구역 안에 설치하는 묘지를 말한다.
③ 법인묘지에는 폭 4m 이상의 도로와 그 도로로부터 각 분묘로 통하는 충분한 진출입로를 설치하여야 한다.
④ 화장한 유골을 매장하는 경우 매장 깊이는 지면으로부터 30cm 이상이어야 한다.
⑤ 「민법」에 따라 설립된 사단법인은 법인묘지의 설치 허가를 받을 수 없다.

13 개업공인중개사가 분묘가 있는 토지를 매수하려는 의뢰인에게 분묘기지권에 관해 설명한 것으로 옳은 것은? (다툼이 있으면 판례에 따름) 제33회

① 분묘기지권의 존속기간은 지상권의 존속기간에 대한 규정이 유추적용되어 30년으로 인정된다.
② 「장사 등에 관한 법률」이 시행되기 전에 설치된 분묘의 경우 그 법의 시행 후에는 분묘기지권의 시효취득이 인정되지 않는다.
③ 자기 소유 토지에 분묘를 설치한 사람이 분묘이장의 특약 없이 토지를 양도함으로써 분묘기지권을 취득한 경우, 특별한 사정이 없는 한 분묘기지권이 성립한 때부터 지료지급의무가 있다.
④ 분묘기지권을 시효로 취득한 사람은 토지소유자의 지료지급청구가 있어도 지료지급의무가 없다.
⑤ 분묘가 멸실된 경우 유골이 존재하여 분묘의 원상회복이 가능한 일시적인 멸실에 불과하여도 분묘기지권은 소멸한다.

14 X대지에 Y건물이 있고, X대지와 Y건물은 동일인의 소유이다. 개업공인중개사가 Y건물에 대해서만 매매를 중개하면서 중개의뢰인에게 설명한 내용으로 옳은 것을 모두 고른 것은? (다툼이 있으면 판례에 따름) 제30회

㉠ Y건물에 대한 철거특약이 없는 경우, Y건물이 건물로서의 요건을 갖추었다면 무허가건물이라도 관습상의 법정지상권이 인정된다.
㉡ 관습상의 법정지상권이 성립한 후 Y건물을 증축하더라도 구 건물을 기준으로 관습상의 법정지상권은 인정된다.
㉢ Y건물 취득시 Y건물을 위해 X대지에 대한 임대차계약을 체결하더라도 관습상의 법정지상권을 포기한 것은 아니다.
㉣ 대지소유자가 Y건물만을 매도하여 관습상의 법정지상권이 인정되면 Y건물 매수인은 대지소유자에게 지료를 지급할 의무가 없다.

① ㉠, ㉡
② ㉡, ㉢
③ ㉢, ㉣
④ ㉠, ㉡, ㉣
⑤ ㉠, ㉢, ㉣

15 개업공인중개사가 중개의뢰인에게 중개대상물에 관한 법률관계를 설명한 내용으로 **틀린** 것은? (다툼이 있으면 판례에 의함) 제25회

① 건물 없는 토지에 저당권이 설정된 후, 저당권설정자가 건물을 신축하고 저당권의 실행으로 인하여 그 토지와 지상건물이 소유자를 달리하게 된 경우에 법정지상권이 성립된다.
② 대지와 건물이 동일 소유자에게 속한 경우, 건물에 전세권을 설정한 때에는 그 대지소유권의 특별승계인은 전세권설정자에 대하여 지상권을 설정한 것으로 본다.
③ 지상권자가 약정된 지료를 2년 이상 지급하지 않을 경우, 지상권설정자는 지상권의 소멸을 청구할 수 있다.
④ 지상권자가 지상물의 소유자인 경우, 지상권자는 지상권을 유보한 채 지상물 소유권만을 양도할 수 있다.
⑤ 지상권의 존속기간은 당사자가 설정행위에서 자유롭게 정할 수 있으나, 다만 최단기간의 제한이 있다.

16 개업공인중개사가 집합건물을 매수하려는 의뢰인에게 「집합건물의 소유 및 관리에 관한 법률」에 관하여 설명한 것으로 **틀린** 것은? (다툼이 있으면 판례에 따름) 제34회

① 전유부분이란 구분소유권의 목적인 건물부분을 말한다.
② 소유자가 기존 건물에 증축을 하고 기존 건물에 마쳐진 등기를 증축한 건물의 현황과 맞추어 1동의 건물로서 증축으로 인한 건물표시변경등기를 마친 경우, 그 증축부분에 대해서는 구분소유권이 성립하지 않는다.
③ 구분소유자는 건물의 관리 및 사용에 관하여 구분소유자 공동의 이익에 어긋나는 행위를 하여서는 아니 된다.
④ 일부의 구분소유자만이 공용하도록 제공되는 것임이 명백한 공용부분은 그들 구분소유자의 공유에 속한다.
⑤ 일부 공용부분의 관리에 관한 사항 중 구분소유자 전원에게 이해관계가 있는 사항은 그것을 공용하는 구분소유자만의 집회결의로써 결정한다.

17 개업공인중개사가 구분소유권의 목적인 건물을 매수하려는 중개의뢰인에게 「집합건물의 소유 및 관리에 관한 법률」에 관하여 설명한 내용으로 옳은 것은? 제35회

① 일부의 구분소유자만이 공용하도록 제공되는 것임이 명백한 공용부분도 구분소유자 전원의 공유에 속한다.
② 대지의 공유자는 그 대지에 구분소유권의 목적인 1동의 건물이 있을 때에도 그 건물 사용에 필요한 범위의 대지에 대해 분할을 청구할 수 있다.
③ 구분소유자는 공용부분을 개량하기 위해서 필요한 범위에서 다른 구분소유자의 전유부분의 사용을 청구할 수 있다.
④ 전유부분이 속하는 1동의 건물의 설치 또는 보존의 흠으로 인하여 다른 자에게 손해를 입힌 경우에는 그 흠은 전유부분에 존재하는 것으로 추정한다.
⑤ 대지사용권이 없는 구분소유자는 대지사용권자에게 대지사용권을 시가(時價)로 매도할 것을 청구할 수 있다.

18 개업공인중개사가 「집합건물의 소유 및 관리에 관한 법률」의 내용을 설명한 것으로 옳은 것은?

① 규약으로써 달리 정한 경우에도 구분소유자는 그가 가지는 전유부분과 분리하여 대지사용권을 처분할 수 없다.
② 구분소유자는 그 전유부분을 개량하기 위하여 어떠한 경우에도 다른 구분소유자의 전유부분의 사용을 청구할 수 없다.
③ 아파트 지하실은 특별한 사정이 없는 한 구분소유자 전원의 공용부분으로, 따로 구분소유의 목적이 될 수 없다.
④ 대지 위에 구분소유권의 목적인 건물이 속하는 1동의 건물이 있을 때에는 그 대지의 공유자는 그 건물 사용에 필요한 범위의 대지에 대하여 분할을 청구할 수 있다.
⑤ 공용부분의 공유자가 공용부분에 관하여 다른 공유자에 대하여 가지는 채권은 그 특별승계인에 대하여 행사할 수 없다.

Point 47 공법상 이용제한 및 거래규제사항의 조사 ★★★

정답 및 해설 p.54

☆중요

19 개업공인중개사가 농지매매를 중개할 때 중개의뢰인에게 설명한 것으로 옳은 것은?

① 「농지법」에 의한 농업인은 농업진흥지역 밖의 농지를 세대별로 5만m^2를 초과하여 소유할 수 없다.
② 농지를 상속받은 자는 상속받은 농지 중에서 5,000m^2까지는 농업경영을 하지 않더라도 농지를 소유할 수 있다.
③ 주말·체험영농을 위해 농지를 취득하고자 하는 자는 도시민의 경우 남편이 660m^2, 세대원인 부인이 550m^2를 각각 취득할 수 있다.
④ 5년 이상 농업경영을 한 후 이농하는 자는 이농 당시 소유 농지 중 3,000m^2까지 소유할 수 있다.
⑤ 주말·체험영농인 경우를 제외하고 상속 또는 이농의 경우 「농지법」에 따라 농지를 임대하거나 사용대하는 경우에는 소유상한을 초과할지라도 그 기간에는 그 농지를 계속 소유할 수 있다.

20 농지를 매수하고자 하는 의뢰인에게 개업공인중개사가 설명한 내용으로 옳은 것을 모두 고르면 몇 개인가?

> ㉠ 농업경영이란 농업인이나 농업법인이 자기의 계산과 책임으로 농업을 영위하는 것을 말한다.
> ㉡ 농지는 자기의 농업경영에 이용하거나 이용할 자가 아니면 소유하지 못함이 원칙이다.
> ㉢ 농지소유자는 2개월 이상 국외여행 중인 경우 소유농지를 임대 또는 위탁경영하게 할 수 있다.
> ㉣ 농지에 대한 임대차계약은 그 등기가 없는 경우에도 임차인이 시·구·읍·면장의 확인을 받고, 해당 농지를 인도받으면 그 다음 날로부터 대항력을 취득한다.
> ㉤ 지목이 전·답, 과수원이 아닌 토지(임야 제외)로서 농작물 경작지 또는 다년생식물 재배지로 이용되는 토지는 농지이나, 계속하여 이용되는 기간이 3년 미만인 토지는 제외된다.

① 1개　　② 2개
③ 3개　　④ 4개
⑤ 5개

21 개업공인중개사가 중개의뢰인에게 「농지법」상 농지의 임대차에 대해 설명한 내용으로 틀린 것은?

제26회 수정

① 임대인이 임대차기간이 끝나기 1개월 전까지 임차인에게 임대차계약을 갱신하지 아니한다는 뜻을 통지하지 아니하면 그 임대차기간이 끝난 때에 이전의 임대차계약과 같은 조건으로 다시 임대차계약을 한 것으로 본다.
② 농업경영을 하려는 자에게 농지를 임대하는 임대차계약은 서면계약을 원칙으로 한다.
③ 선거에 따른 공직취임으로 인하여 일시적으로 농업경영에 종사하지 아니하게 된 자가 소유하고 있는 농지는 임대할 수 있다.
④ 농지 임대차계약의 당사자는 임차료에 관하여 협의가 이루어지지 아니한 경우 농지 소재지를 관할하는 시장·군수 또는 자치구구청장에게 조정을 신청할 수 있다.
⑤ 임대 농지의 양수인은 「농지법」에 따른 임대인의 지위를 승계한 것으로 본다.

22 「농지법」상 농지에 대한 임대차 등과 관련한 설명으로 틀린 것은?

① 농지는 「농지법」이 정하는 경우 외에는 임대하거나 무상사용하게 할 수 없다.
② 농지의 임대차기간은 3년 이상으로 하되, 다년생식물 재배지 등은 5년 이상으로 하여야 하고, 이는 갱신시에도 적용된다.
③ 농지의 임차인은 「농지법」이 정하는 임대차기간 미만으로 정한 임대차기간이 유효함을 주장할 수 있다.
④ 국토교통부장관은 농지의 임대차 또는 사용대차에 관한 표준계약서 양식을 정하여 이를 임대차 또는 사용대차계약서의 작성기준으로 사용할 것을 권장할 수 있다.
⑤ 농지임대차 또는 사용대차의 종료명령을 받은 임차인 또는 사용대차인은 그 종료 명령을 받은 날부터 3개월 이내에 해당 계약을 종료하여야 한다.

23 개업공인중개사가 「농지법」에 대하여 중개의뢰인에게 설명한 내용으로 틀린 것은? (다툼이 있으면 판례에 따름)

① 농지취득자격증명은 농지취득의 원인이 되는 법률행위의 효력발생요건이 아니다.
② 농지를 취득하려는 자가 농지에 대한 매매계약을 체결하는 등으로 농지에 관한 소유권이전등기청구권을 취득하였다면, 농지취득자격증명 발급신청권을 보유하게 된다.
③ 농지전용협의를 마친 농지를 취득하려는 자는 농지취득자격증명을 발급받을 필요가 없다.
④ 경매로 농지를 매수하려면 매수신청시에 농지자격취득증명을 제출해야 한다.
⑤ 공유농지의 분할이나 시효취득을 원인으로 농지를 취득하는 경우에는 농지취득자격증명이 필요 없다.

24 「농지법」상 농지취득자격증명을 발급받아야 하는 경우는?

㉠ 주말·체험영농 목적으로 농지를 취득하는 경우
㉡ 농업법인의 합병으로 농지를 취득하는 경우
㉢ 토지거래허가증을 받은 토지거래허가구역 내의 농지를 취득하는 경우
㉣ 농지전용허가를 받은 농지를 취득하는 경우
㉤ 증여 또는 판결에 의하여 농지를 취득하는 경우

① ㉡, ㉣
② ㉠, ㉡, ㉢
③ ㉠, ㉡, ㉣
④ ㉠, ㉣, ㉤
⑤ ㉢, ㉣, ㉤

고득점

25 「농지법」상 농지취득자격증명에 관한 설명으로 옳지 <u>않은</u> 것은?

① 농지를 취득하고자 하는 자는 농지의 소재지를 관할하는 시장·구청장·읍장 또는 면장으로부터 농지취득자격증명을 발급받아야 한다.

② 농지전용허가나 신고를 하고 취득하는 경우는 농지취득자격증명 발급신청시 농업경영계획서는 첨부하지 않아도 된다.

③ 농지취득자격증명 발급신청을 받은 시장 등은 확인기준 등을 검토한 후 7일(농업경영계획서 또는 주말·체험영농계획서를 첨부하지 않는 경우는 4일, 농지위원회 심의대상은 14일) 내에 그 결과를 서면으로 통지하여야 한다.

④ 소유상한을 초과하여 농지를 소유한 것이 판명된 경우 초과면적에 해당하는 농지를 그 사유가 발생한 날부터 1년 이내에 그 사유가 발생한 날 당시 세대원이 아닌 자 등에게 처분하여야 한다.

⑤ 농지의 처분통지를 받고 기한 내에 처분하지 않을 경우에는 처분할 때까지 6개월마다 이행강제금을 부과한다.

26 「농지법」과 관련한 설명으로 <u>틀린</u> 것은?

① 농업진흥지역 내의 농지도 주말·체험영농 목적으로 취득할 수 있다.

② 농지소유제한이나 농지소유상한에 대한 위반 사실을 알고도 농지를 소유하도록 권유하거나 중개하는 행위는 금지된다.

③ 농지 투기가 성행하거나 성행할 우려가 있는 지역의 농지를 취득하려는 경우에는 농지위원회의 심의를 거쳐야 한다.

④ 시·구·읍·면의 장은 농업경영계획서 또는 주말·체험영농계획서를 10년간 보존하여야 한다.

⑤ 시장·군수·구청장은 농지 1필지를 공유로 소유(상속의 경우 제외)하려는 자의 최대 인원수를 7인 이하의 범위에서 시·군·구의 조례로 정하는 바에 따라 제한할 수 있다.

Point 48 확인·설명서의 작성 ★★★★★

정답 및 해설 p.54~55

☆중요

27 공인중개사법령상 주거용 건축물의 확인·설명서상 'Ⅰ. 개업공인중개사 기본 확인사항'란에 기재되는 사항을 모두 고르면 몇 개인가?

┌───┐
│ ㉠ 임대차 확인사항   ㉡ 중개보수   │
│ ㉢ 교육시설   ㉣ 관리비   │
│ ㉤ 현장안내   ㉥ 건폐율·용적률 상한 │
│ ㉦ 일조·소음·진동   ㉧ 비선호시설(1km 이내) │
└───┘

① 2개 ② 3개
③ 4개 ④ 5개
⑤ 6개

28 공인중개사법령상 중개대상물 확인·설명서 [Ⅱ](비주거용 건축물)에서 개업공인중개사의 확인사항으로 옳은 것을 모두 고른 것은?   제29회

┌───┐
│ ㉠ '단독경보형감지기' 설치 여부는 세부 확인사항이다. │
│ ㉡ '내진설계 적용 여부'는 기본 확인사항이다.   │
│ ㉢ '실제 권리관계 또는 공시되지 않은 물건의 권리사항'은 세부 확인사항이다. │
│ ㉣ '환경조건(일조량·소음·진동)'은 세부 확인사항이다. │
└───┘

① ㉠, ㉡ ② ㉠, ㉣
③ ㉡, ㉢ ④ ㉠, ㉡, ㉢
⑤ ㉡, ㉢, ㉣

29 공인중개사법령상 중개대상물 확인·설명서 [Ⅰ](주거용 건축물)의 각 란의 기재내용이 <u>잘못</u> 설명된 것은?

① '토지이용계획, 공법상 이용제한 및 거래규제에 관한 사항'란은 준공년도, 내진설계 적용 여부, 위반건축물 여부, 토지거래허가구역, 건폐율·용적률 상한 등을 기재한다.
② '내·외부 시설물의 상태'란은 수도, 전기, 가스, 소방, 난방방식 및 연료공급, 승강기, 배수시설, 그 밖에 시설물 등을 기재한다.
③ '환경조건'란은 일조, 소음, 진동을 매도(임대)의뢰인에게 자료를 요구하여 기재한다.
④ '입지조건'란은 도로, 대중교통, 주차장, 교육시설을 기재한다.
⑤ '거래예정금액 등'란은 거래예정금액, 개별공시지가(m^2당), 건물(주택)공시가격을 기재한다.

30 공인중개사법령상 개업공인중개사가 토지의 중개대상물 확인·설명서에 기재해야 할 사항에 해당하는 것은 모두 몇 개인가?

- 비선호시설(1km 이내)의 유무
- 일조량 등 환경조건
- 관리비
- 공법상 이용제한 및 거래규제에 관한 사항
- 접근성 등 입지조건
- 현장안내

① 1개 ② 2개
③ 3개 ④ 4개
⑤ 5개

31 개업공인중개사가 주택의 임대차를 중개하면서 중개대상물 확인·설명서 [I](주거용 건축물)를 작성하는 경우 제외하거나 생략할 수 있는 것을 모두 고른 것은?

> ㉠ 취득시 부담할 조세의 종류 및 세율
> ㉡ 개별공시지가(m²당) 및 건물(주택)공시가격
> ㉢ 국세 및 지방세 체납정보
> ㉣ 건축물의 방향
> ㉤ 투기지역, 투기과열지구 여부

① ㉠, ㉡, ㉤ ② ㉠, ㉢, ㉤ ③ ㉡, ㉢, ㉣
④ ㉡, ㉣, ㉤ ⑤ ㉠, ㉡, ㉢, ㉣

32 공인중개사법령상 매매의 경우 중개대상물 확인·설명서 모든 서식의 공통 기재사항이 아닌 것은?

① 권리관계란 중 등기부 기재사항
② 거래예정금액 등
③ 취득시 부담할 조세의 종류 및 세율
④ 중개보수 및 실비의 금액과 산출내역
⑤ 토지이용계획, 공법상 이용제한 및 거래규제에 관한 사항

33 공인중개사법령상 주거용 건축물 확인·설명서 작성요령에 관한 설명 중 틀린 것은?

① '대상물건의 표시'란은 토지대장 및 건축물대장 등을 확인하여 기재한다.
② '실제 권리관계 또는 공시되지 아니한 물건의 권리에 관한 사항'란은 법정지상권, 유치권 등 매도·임대의뢰인이 고지한 사항을 기재한다.
③ 공동주택(기숙사 제외) 중 분양을 목적으로 건축되었으나 분양되지 아니하여 보존등기만 마쳐진 상태인 공동주택에 대하여 임대차계약을 알선하는 경우에는 이를 임차인에게 설명하여야 한다.
④ 경매 및 공매 등의 특이사항이 있는 경우에는 이를 확인하여 기재하고, 근저당 등이 설정된 경우에는 채권최고액과 실제의 채무액을 확인하여 기재하여야 한다.
⑤ '그 밖의 시설물'란은 가정자동화 시설(Home Automation 등 IT 관련 시설)의 설치 여부를 매도의뢰인에게 자료를 요구하여 확인한 사항을 기재한다.

34 공인중개사법령상 주택임대차를 중개하는 경우 주거용 건축물 확인·설명서 작성방법에 관한 설명으로 틀린 것은?

① 신탁등기가 되어 있는 경우에는 수탁자 및 신탁물건(신탁원부 번호)임을 '권리관계'란에 적고, 신탁원부 약정사항에 명시된 임대차계약의 요건을 확인하여 설명해야 한다.
② '임대차 확인사항'란에 개업공인중개사는 서명 및 날인해야 한다.
③ 대상물건에 공동담보가 설정되어 있는 경우에는 공동담보 목록 등을 확인하여 공동담보의 채권최고액 등 해당 중개물건의 권리관계를 명확히 적고 설명해야 한다.
④ 최우선변제금은 근저당권 등 선순위 담보물권이 설정되어 있는 경우 선순위 담보물권 설정 당시의 소액임차인 범위 및 최우선변제금액을 기준으로 적는다.
⑤ 관리비는 직전 1년간 월평균 관리비 등을 기초로 산출한 총 금액을 적되, 관리비에 포함되는 비목들에 대해서는 해당하는 곳에 ✔표시한다.

35 공인중개사법령상 중개대상물 확인·설명서 작성방법에 관한 설명으로 틀린 것은?

① 주택 매매의 경우 '도시·군계획시설', '지구단위계획구역, 그 밖의 도시·군관리계획'은 개업공인중개사가 확인하여 기재한다.
② 비선호시설(1km 이내)의 '종류 및 위치'는 대상물건으로부터 1km 이내에 사회통념상 기피 시설인 화장장·봉안당·공동묘지·쓰레기처리장·쓰레기소각장·분뇨처리장·하수종말처리장 등의 시설이 있는 경우, 그 시설의 종류 및 위치를 적는다.
③ '거래예정금액'은 개업공인중개사 세부사항으로, 중개가 완성된 때의 거래금액을 기재한다.
④ 주거용 건축물로서, 현장 안내를 중개보조원이 한 경우에는 중개의뢰인에게 중개보조원 신분 고지 여부를 기재해야 한다.
⑤ '중개보수 및 실비의 금액과 산출내역'란은 거래예정금액에 따른 중개보수 및 실비의 금액, 지급시기와 그 산출내역을 기재한다.

고득점

36 공인중개사법령상 매매의 경우 중개대상물 확인·설명서의 기재요령에 대한 설명으로 옳은 것은?

① 건축물의 방향은 주택의 경우 주된 출입구의 방향을 기준으로 남향, 북향 등 방향을 적는다.
② 토지의 경우 일조, 소음, 진동, 비선호시설(1km 이내)을 '환경조건'란에 기재한다.
③ '건폐율 상한·용적률 상한'은 토지이용계획확인서를 확인하여 기재한다.
④ 입목·광업재단·공장재단의 경우 '대상물건의 표시'란은 대상물건별 등기사항증명서 등을 확인하여 기재한다.
⑤ 중개대상물에 유치권·법정지상권이 있는지 여부는 '실제 권리관계 또는 공시되지 않은 물건의 권리사항'란에 개업공인중개사가 직접 확인한 사항을 적는다.

37 공인중개사법령상 중개대상물 확인·설명서 [Ⅱ](비주거용 건축물) 작성시 기재요령에 관한 설명으로 <u>틀린</u> 것은? (매매, 임대차 등 거래유형은 고려하지 않음)

① 권리관계의 '계약갱신요구권 행사 여부'는 대상물건이 「주택임대차보호법」 및 「상가건물 임대차보호법」의 적용을 받는 임차인이 있는 경우 매도인(임대인)으로부터 계약갱신요구권 행사 여부에 관한 사항을 확인할 수 있는 서류를 받으면 '확인'에 ✔로 표시하여 해당 서류를 첨부하고, 서류를 받지 못한 경우 '미확인'에 ✔로 표시한다.
② 공부에서 확인할 수 없는 토지이용계획, 공법상 이용제한 및 거래규제에 관한 사항은 부동산종합공부시스템 등에서 확인하여 기재한다.
③ 1km 이내에 비선호시설이 있는지 여부를 현장조사를 통하여 기재해야 한다.
④ '내·외부 시설물의 상태'란의 '그 밖의 시설물'란은 상업용은 오수·정화시설용량, 공업용은 전기용량, 오수정화시설용량, 용수시설 내용을 개업공인중개사가 매도·임대의뢰인에게 자료를 요구하여 확인한 사항을 기재한다.
⑤ '취득시 부담할 조세의 종류 및 세율'란은 중개가 완성되기 전 「지방세법」의 내용을 확인하여 기재하고, 임대차의 경우에는 생략한다.

제3장 중개활동

Point 49 중개활동 ★

기본서 p.442~446

(1) 셀링포인트(Selling Point, 판매소구점): 구매자에게 만족을 주는 특징

기술적 측면의 셀링포인트	기능성, 동선, 설비의 현대성 등
경제적 측면의 셀링포인트	가격·임료의 적정성, 투자가치, 발전 가능성 등
법률적 측면의 셀링포인트	소유권의 진정성, 세제상의 혜택 등

(2) AIDA의 원리: 구매자의 심리상태를 단계적으로 표현

주목단계(Attention)	광고, 부동산의 특징과 개요를 일목요연하게 요약·설명
흥미단계(Interest)	물건의 장점 부각, 고객의 불안감을 해소, 욕망 유도
욕망단계(Desire)	인근 사례와 비교·제시, 구매욕망 촉구, 클로징(closing) 시도
행동단계(Action)	계약 체결

(3) 클로징(closing)

① 구매조건에 만족하여 계약서에 서명·날인시키는 행위를 말한다.
② 방법으로는 점진적 확인법, 계약전제법, 부분선결법 등이 있다.

제3장 단원별 출제예상문제

☆중요 출제가능성이 높은 중요 문제   ▲고득점 고득점 목표를 위한 어려운 문제   ◎신유형 기존에 출제되지 않은 신유형 대비 문제

> 💡 **Tip**
> 제17회 시험 이후에 출제되지 않고 있는 부분이나, 셀링포인트, AIDA의 원리, 클로징은 이해하고 있어야 한다.

Point 49 중개활동 ★

정답 및 해설 p.55~56

01 부동산의 셀링포인트(Selling Point)에 관한 설명 중 틀린 것은? 제17회

① 부동산이 가지고 있는 여러 가지 특징 중 고객인 중개의뢰인의 욕구를 충족시켜줄 수 있는 특징을 말한다.
② 각각의 셀링포인트는 중개대상물이 갖는 고유의 특성이라고 할 수 있지만, 모든 특성이 절대적인 것은 아니기 때문에 상대성이 있을 수 있다.
③ 부동산 가격 및 임료 수준의 적정성 등은 기술적 측면의 셀링포인트에서 가장 중요한 내용이다.
④ 과다한 셀링포인트는 중개의뢰인의 매수의사결정에 결정적으로 작용할 수 있는 셀링포인트 제시효과를 떨어뜨릴 수 있다.
⑤ 주택의 경우 교육여건, 투자가치 등을 셀링포인트로 활용할 수 있다.

02 다음 셀링포인트(Selling Point) 중에서 성질이 다른 하나는?

① 온천의 발견
② 동선(動線)
③ 설비의 현대성
④ 신(新) 건축공법
⑤ 가정자동화시스템(Home Automation System)

03 부동산 중개활동에 있어서의 'AIDA(주의·관심·욕망·행동) 원리'와 클로징(Closing)에 대한 설명 중 틀린 것은?

제15회 추가

① 'AIDA 원리'란 마케팅에서 발달한 용어로 사람이 어떤 물건을 구입하기까지의 심리적 발전단계를 표시한 것이다.
② 주의단계(Attention)는 개업공인중개사가 중개대상물 매각광고 등을 통하여 중개대상물의 구매자를 유인하는 단계이다.
③ 욕망단계(Desire)는 고객의 흥미를 유발시키는 단계로 고객의 흥미가 부족한 부분을 집중적으로 공략하여 구입욕망을 높여야 한다.
④ 클로징이란 부동산거래계약서에 서명·날인시키는 행위를 말한다.
⑤ 계약금·보증금·입주일 등에 관하여 부분적으로 결정을 유도하고 거래를 성사시키는 방법을 부분선결법이라 한다.

04 개업공인중개사가 중개실무 과정에서 행하는 클로징(Closing)에 대하여 틀린 것은?

① 클로징이란 개업공인중개사가 부동산 거래계약서에 당사자의 서명·날인을 시키는 행위를 말한다.
② 클로징이란 현실적인 부동산 소유권이전행위를 말하기도 한다.
③ 개업공인중개사는 고객이 리스팅(Listing)의 조건이나 부동산 거래조건에 만족해 할 때 클로징을 하게 된다.
④ 개업공인중개사는 고객의 언어나 행동에서 클로징의 기회를 잘 포착해야 한다.
⑤ 클로징의 기회는 일반적으로 1회만 있게 되며, 클로징을 실패하게 되면 고객을 잃게 된다.

05 중개대상물이 갖는 특징이나 거래조건 중에서 고객이 안심하고 동의할 수 있는 질문부터 하면서 점진적으로 클로징(Closing)을 유도하는 방법은?

① 점진적 확인법
② 결과강조법
③ 부분선결법
④ 장단비교법
⑤ 만족강조법

제4장 거래계약의 체결

Point 50 거래계약서 작성시 주의사항 ★

기본서 p.448~451

소유자 확인	등기사항증명서, 주민등록증, 등기권리증, 인감증명서, 탐문 등으로 확인
제한능력자 확인	가족관계등록부(기본증명서) 또는 후견등기사항증명서로 확인
대리인 확인	① 법정대리인: 친권자, 후견인 여부를 가족관계등록부 또는 후견등기사항증명서로 확인 ② 임의대리인: 위임장과 인감증명서(또는 본인서명사실확인서)로 확인

Point 51 전자계약시스템 ★★★

기본서 p.453~455

① 중개거래인 경우에만 이용 가능, 개업공인중개사는 회원가입 필요, 공동중개 가능
② 거래당사자(법인 제외)는 회원가입 필요 없음
③ 당사자를 대리하는 전자계약 불가
④ 계약서 등의 보관, 부동산거래신고, 주택임대차계약의 신고, 확정일자 부여 등은 자동처리
⑤ 개인정보 보호, 비용 절감, 불법 중개·계약서 등의 위조 등 방지 장점

제4장 단원별 출제예상문제

☆중요 출제가능성이 높은 중요 문제　▶고득점 고득점 목표를 위한 어려운 문제　🖐신유형 기존에 출제되지 않은 신유형 대비 문제

> 💡 **Tip**
> 거래계약서 작성시 주의사항에서는 당사자 확인과 「민법」의 내용을 출제해왔으나, 최근에는 출제하지 않다가 제35회에서 「민법」 관련 문제를 출제하였다. 전자계약시스템은 제30회부터 출제가 시작된 부분으로 정리해 둘 필요는 있다.

Point 50　거래계약서 작성시 주의사항 ★

정답 및 해설 p.56

01 개업공인중개사가 거래계약서를 작성할 때 당사자 확인에 관한 설명으로 **틀린** 것은? (다툼이 있으면 판례에 따름)

① 진정한 소유자인지 여부를 등기사항증명서와 주민등록증, 등기권리증, 탐문 등을 통하여 확인하여야 한다.
② 거래당사자의 행위능력 유무를 가족관계등록부 또는 후견등기사항증명서 등을 통하여 확인하여야 한다.
③ 법인의 경우에는 법인격의 유무와 대표자의 처분권한 유무 등을 법인등기기록의 열람 또는 법인 등기사항증명서를 통하여 확인하여야 한다.
④ 거래당사자가 법정대리인이라 칭하는 경우에는 본인의 인감증명서가 첨부된 위임장으로 법정대리인 여부를 확인하여야 한다.
⑤ 상속재산의 거래를 중개하는 경우에는 상속인 전원의 동의 유무를 확인하여야 한다.

02 개업공인중개사가 X토지를 공유로 취득하고자 하는 甲, 乙에게 설명한 내용으로 옳은 것을 모두 고른 것은? (다툼이 있으면 판례에 따름) 제35회

> ㉠ 甲의 지분이 1/2, 乙의 지분이 1/2인 경우, 乙과 협의 없이 X토지 전체를 사용·수익하는 甲에 대하여 乙은 X토지의 인도를 청구할 수 있다.
> ㉡ 甲의 지분이 2/3, 乙의 지분이 1/3인 경우, 甲이 X토지를 임대하였다면 乙은 그 임대차의 무효를 주장할 수 없다.
> ㉢ 甲의 지분이 1/3, 乙의 지분이 2/3인 경우, 乙은 甲의 동의 없이 X토지를 타인에게 매도할 수 없다.

① ㉠
② ㉡
③ ㉠, ㉢
④ ㉡, ㉢
⑤ ㉠, ㉡, ㉢

03 개업공인중개사가 중개의뢰인에게 건물의 소유를 목적으로 한 토지임대차를 중개하면서 임대인을 상대로 지상건물에 대한 매수청구권을 행사할 수 있는 임차인에 대하여 설명하였다. 이에 해당하는 자를 모두 고른 것은? (다툼이 있으면 판례에 따르며, 특별한 사정은 고려하지 않음) 제35회

> ㉠ 종전 임차인이 신축한 건물을 매수한 임차인
> ㉡ 차임 연체를 이유로 계약을 해지당한 임차인
> ㉢ 건물을 신축하였으나 행정관청의 허가를 받지 않은 임차인
> ㉣ 토지에 지상권이 설정된 경우 지상권자로부터 그 토지를 임차하여 건물을 신축한 임차인

① ㉠, ㉡
② ㉡, ㉢
③ ㉢, ㉣
④ ㉠, ㉡, ㉣
⑤ ㉠, ㉢, ㉣

Point 51 전자계약시스템 ★★★

04 부동산거래 전자계약시스템(IRTS)을 통한 전자계약과 관련한 다음 설명으로 옳은 것은?

① 개인간 직거래시에도 전자계약이 가능하다.
② 거래당사자(법인 제외)는 전자계약시스템에 별도의 회원가입을 하지 않아도 전자계약을 할 수 있다.
③ 전자계약은 주택의 매매계약에 한하여 이용할 수 있다.
④ 전자계약을 한 경우 별도의 등기신청을 하지 않아도 자동적으로 소유권이전등기가 된다.
⑤ 전자계약은 개인정보의 노출가능성이 높아져서 안심거래가 되기 어렵다는 것이 단점으로 지적된다.

05 부동산거래 전자계약시스템(IRTS)을 통한 전자계약과 관련한 설명으로 틀린 것은?

① 거래당사자가 법인인 경우에는 전자계약을 이용할 수 없다.
② 대면(對面) 계약시 거래당사자는 거래계약서나 확인·설명서에 전자 수기서명을 한다.
③ 거래당사자를 대리하는 대리인에 의해서는 전자계약을 할 수 없다.
④ 거래당사자 및 개업공인중개사가 최종 서명을 완료한 후에는 해당 거래계약서 자체는 수정할 수 없고, 계약해제 후 재작성하여야 한다.
⑤ 공동중개시에도 전자계약을 이용할 수 있다.

06 부동산 전자계약에 관한 설명으로 옳은 것은? 제30회

① 시·도지사는 부동산거래 및 주택임대차의 계약·신고·허가·관리 등의 업무와 관련된 정보체계를 구축·운영하여야 한다.
② 부동산거래계약의 신고를 하는 경우 전자인증의 방법으로 신분을 증명할 수 없다.
③ 정보처리시스템을 이용하여 주택임대차계약을 체결하였더라도 해당 주택의 임차인은 정보처리시스템을 통하여 전자계약증서에 확정일자 부여를 신청할 수 없다.
④ 개업공인중개사가 부동산거래계약시스템을 통하여 부동산거래계약을 체결한 경우 부동산거래계약이 체결된 때에 부동산거래계약신고서를 제출한 것으로 본다.
⑤ 거래계약서 작성시 확인·설명사항이 「전자문서 및 전자거래 기본법」에 따른 공인전자문서센터에 보관된 경우라도 개업공인중개사는 확인·설명사항을 서면으로 작성하여 보존하여야 한다.

제5장 개별적 중개실무

Point 52 「부동산등기 특별조치법」 ★
기본서 p.457~461

소유권이전등기 신청의무	① 쌍무계약: 반대급부의 이행이 완료된 날로부터 60일 이내 ② 편무계약: 계약효력이 발생한 날로부터 60일 이내	
소유권보존등기 신청의무	① 미보존등기부동산 이전계약: 계약 체결일로부터 60일 이내 ② 소유권보존등기를 신청할 수 있게 된 날로부터 60일 이내	
검인 제도	대상 여부	① 검인대상: 매매, 교환, 증여, 판결 등 ② 검인대상이 아닌 것: 저당권·임대차, 경매, 토지거래허가·부동산거래신고를 한 경우, 소유권이전가등기
	절차	① 관할: 부동산 소재지 시장·군수·구청장 ② 신청: 당사자 중 1인(대리인), 개업공인중개사, 법무사, 변호사 ③ 계약서(판결서) 원본 제출 ④ 형식적 심사 ⑤ 필수 기재사항: 당사자, 목적 부동산, 계약연월일, 대금, 개업공인중개사, 조건·기한

Point 53 「부동산 실권리자명의 등기에 관한 법률」 ★★★★
기본서 p.461~469

의의	부동산에 관한 소유권 기타 물권을 실권리자명의로 등기(임차권 ×)
제외	① 양도담보, 가등기담보(담보취지 서면 제출 필요) ② 상호명의신탁(구분소유자의 공유등기) ③ 신탁재산
효력	① 명의신탁약정 무효, 등기 무효. 단, 매도인이 선의인 경우 등기 유효 ② 명의신탁약정의 무효와 등기의 무효는 제3자(선악 불문)에게 대항 불가
유형	① 등기명의신탁 • 2자간 명의신탁(양자간 명의신탁) • 3자간 명의신탁(중간생략형 명의신탁) ② 계약명의신탁(위임형 명의신탁)
특례	종중 외의 자의 명의, 배우자 명의, 종교단체 명의로 등기한 경우 조세포탈 등의 목적이 없으면 효력·과징금·이행강제금·벌칙 등의 규정을 적용하지 않음

제재	① 과징금: 부동산 가액의 30% 내 – 명의신탁자
	② 이행강제금: 과징금 부과일로부터 1년 경과시 부동산평가액 10%, 다시 1년 경과시 20% 부과
	③ 형벌
	• 5년 이하의 징역 또는 2억원 이하의 벌금 – 명의신탁자
	• 3년 이하의 징역 또는 1억원 이하의 벌금 – 명의수탁자

Point 54 「주택임대차보호법」 ★★★★★

기본서 p.469~493

(1) 「주택임대차보호법」과「상가건물 임대차보호법」비교

구분	「주택임대차보호법」	「상가건물 임대차보호법」
적용범위	실사용 주된 부분 주택임대차에 적용	사업자등록대상 영업용 건물임대차에 적용
	• 채권적 전세 적용 • 일시사용 임대차 적용 없음	
보증금 제한	보증금액에 관계없이 적용	보증금액이 일정액을 초과하면 원칙 적용 없음
최단기간	2년	1년
묵시적 갱신	묵시적 갱신규정 있음	묵시적 갱신규정 있음
갱신요구권	• 임차인 1회에 한하여 허용 • 임차인 해지 인정	• 임차인 최초 포함 10년 범위 내 • 임차인 해지규정 없음
대항요건 등	인도 + 주민등록	인도 + 사업자등록신청
확정일자 부여	동 주민센터, 등기소, 공증인사무소	세무서장
소액임차인	서울: 1억 6,500만원 이하 중 5,500만원까지(월 차임 고려하지 않음)	서울: 6,500만원 이하 중 2,200만원까지(월 차임 × 100 합산)
임대차위원회	위원 9명~15명	위원 10명~15명
임차권등기명령	• 대항력 및 우선변제권 취득(기 취득 대항력, 우선변제권 유지) • 대항요건을 상실하더라도 취득한 대항력, 우선변제권 미상실 • 등기 후 임차인은 최우선변제권 없음, 우선변제권은 인정 • 소요된 비용 임대인에게 청구 가능	
해지	2기의 차임 연체시(「민법」)	3기의 차임 연체시
승계	사실혼 배우자의 승계규정 있음	승계규정 없음
증액제한	기존 보증금과 월 차임의 20분의 1	기존 보증금과 월 차임의 100분의 5
월세 전환	연 10% 또는 기준금리에 2%를 더한 이율 중 낮은 비율	연 12% 또는 기준금리의 4.5배 중 낮은 비율

표준계약서	법무부장관, 우선 사용	법무부장관, 권장서식
전대차 보호	규정 없음	갱신요구권, 증액제한, 해지규정 적용

(2) 묵시적 갱신과 갱신요구권 비교

구분	묵시적 갱신	계약갱신요구 갱신
행사시기	• 임대인: 만료 전 6개월~2개월 거절 통지 × • 임차인: 만료 2개월 전 거절 통지 ×	임차인: 만료 6개월~2개월 사이 갱신요구
행사횟수	횟수 제한규정 없음	1회
차임 등 증액 여부	일방적 차임·보증금 증액 불가	차임·보증금 증액 가능
존속기간	2년 간주	2년 간주
해지 여부	• 임차인 언제든지 가능 • 3개월 지나면 효력발생	• 임차인 언제든지 가능 • 3개월 지나면 효력발생
거절사유 등	2기의 차임 연체, 의무위반시 적용 없음	9가지 거절사유 있음 (임대인 거주 목적 거절 가능)

Point 55 「상가건물 임대차보호법」 ★★★★★

기본서 p.493~511

(1) 보증금 제한

보증금 제한	보증금 제한을 초과하는 경우에도 적용되는 규정
• 서울: 9억원 • 과밀억제권역·부산: 6.9억원 • 광역시(과밀, 군지역 제외)·세종, 파주, 화성, 안산, 용인, 김포, 광주: 5.4억원 • 기타: 3.7억원 (차임이 있으면 월 차임 × 100 합산)	대항력, 권리금, 3기 차임 연체시 해지, 폐업으로 인한 해지, 갱신요구권, 표준계약서
	보증금 제한을 초과하는 경우 적용되지 않는 규정
	우선변제권, 증액제한, 임차권등기명령, 존속기간 등

(2) 계약갱신요구권 비교

구분	「주택임대차보호법」	「상가건물 임대차보호법」
행사시기	만료 6개월~2개월 사이	만료 6개월~1개월 사이
행사횟수	1회 限	최초 포함 10년 제한
차임 등 증액 여부	• 동일 조건 재임대차 간주 • 차임·보증금 증감 가능	• 동일 조건 재임대차 간주 • 차임·보증금 증감 가능

존속기간	2년 간주	전 임대차 동일 조건
해지 여부	• 임차인은 언제든지 가능 • 3개월 지나면 효력발생	불가
거절사유	• 9가지 • 임대인(직계 존·비속 포함) 거주	• 8가지 • 임대인 영업 목적 불가

(3) 권리금 보호규정

① 임대인은 임대차 종료 6개월 전부터 권리금 방해 금지(계약갱신요구 거절사유가 없어야 함)
② 방해시 손해배상청구 가능(3년 시효)
③ 정보제공: 신규임차인 정보제공
④ 국토교통부장관(법무부장관 협의)은 권리금 표준계약서를 정하여 사용권장 가능
⑤ 적용 제외: (준)대규모점포(전통시장 제외), 국·공유재산

Point 56 경매 ★★★★

기본서 p.559~571

(1) 경매 권리분석

① 매각부동산 위의 모든 저당권, 근저당권, 담보가등기는 매각으로 소멸한다.
② 지상권, 지역권, 전세권, 임차권이 저당권, 압류채권에 대항할 수 없는 경우에는 매각으로 소멸한다.
③ 배당요구를 한 전세권은 매각으로 소멸된다.
④ 유치권, 법정지상권은 인수된다.
⑤ 매수인은 유치권으로 담보되는 채권을 변제할 책임이 있다(유치권자는 변제청구 불가). 압류의 효력이 발생한 이후에 유치권을 취득한 자는 매수인에게 대항할 수 없다.

(2) 경매

① 미등기건물도 경매신청 가능하다. 이중경매도 가능하다.
② 보증금
  • 매수신청 보증금: 최저매각가격의 10분의 1
  • 즉시항고 보증금(공탁): 매각대금의 10분의 1
③ 경매신청을 취하하면 발생된 압류의 효력은 소멸한다.
④ 배당요구의 종기는 첫 매각기일 전으로 법원이 정하는 날로 한다.
⑤ 부동산의 매각은 기일입찰, 기간입찰, 호가경매 중 법원이 정하는 방법으로 한다.
⑥ 최고가 매수신고인이 2인 이상일 경우 그들만 추가 입찰, 추가 입찰시에는 종전 신고금액 이상으로 입찰해야 한다.
⑦ 차순위매수신고는 그 신고액이 최고가매수신고액에서 그 보증액을 뺀 금액을 넘는 때에만 할 수 있다.

⑧ 매각목적물 취득에 필요한 관청의 증명이나 허가는 매각결정기일까지 제출해야 한다.
⑨ 매수인은 매각대금 지급기한까지 매각대금을 납부해야 한다.
⑩ 매수인은 매각대금을 다 낸 때에 매각의 목적인 권리를 취득한다.
⑪ 공유자는 매각기일까지 보증을 제공하고 최고가매수신고가격과 같은 가격으로 채무자의 지분을 우선 매수할 수 있다.
⑫ 채무자의 가족은 경매절차에 참가할 수 있으나, 채무자는 참가할 수 없다.
⑬ 새 매각
  ㉠ 유찰시 ⇨ 저감률 적용
  ㉡ 불허가시 ⇨ 저감률 적용 안함
⑭ 재매각: 미납시 ⇨ 저감률 적용 안함, 매각조건 그대로 적용, 전매수인 참가 불허

Point 57 매수신청대리인 ★★★★★

기본서 p.525~541

(1) 매수신청대리권의 범위

① 매수신청보증의 제공
② 입찰표의 작성 및 제출
③ 차순위매수신고
④ 매수신청보증금 반환신청
⑤ 공유자의 우선매수신고
⑥ 임차인의 임대주택 우선매수신고
⑦ 우선매수신고에 따라 차순위매수신고인의 지위를 포기하는 행위
🔍 인도명령, 즉시항고 ×

(2) 매수신청대리업무

① 개업공인중개사(공인중개사, 법인)에 한하여 등록신청 가능(14일 내 처리)
② 대리행위마다 대리권을 증명문서 제출
③ 대리행위시 매각장소 또는 집행법원에 개업공인중개사 직접 출석
④ 확인·설명서, 사건카드 보존: 5년
⑤ 대리대상물의 경제적 가치, 인수권리 등 설명 필요
⑥ 경매 실무교육: 법원행정처장 권한, 법인은 대표자만 대상
⑦ 신고의무: 10일 내 – 사무소 이전, 휴업, 폐업, 취소, 정지 등
⑧ 업무정지기간 1월 이상 2년 이하, 필요적 업무정지가 있음

(3) 「공인중개사법」과 매수신청대리인 등록규칙 비교

구분	「공인중개사법」	매수신청대리인 등록규칙
등록관할	등록관청	지방법원장
보증설정기한	등록 후 업무개시 전	등록신청 전
등록처리기한	7일	14일
실무교육권한	시·도지사	법원행정처장
실무교육대상	등록신청인, 임원·사원, 책임자, 소속공인중개사	등록신청인, 법인대표자
실무교육시간	28시간 이상 32시간 이하	32시간 이상 44시간 이하
업무수행	소속공인중개사 대행 가능	개업공인중개사 직접 출석 수행
인장등록	있음	없음
확인·설명서 보존	3년	5년
실비	등기부 열람비 등 가능	등기부 열람비 등 통상실비 제외
영수증 교부	의무 없음(서식 ×)	의무 있음(서식 ○)
업무정지	재량행위	재량행위와 기속행위로 구분
업무정지기간	6개월 이하	1월 이상 2년 이하

제5장 단원별 출제예상문제

☆중요 출제가능성이 높은 중요 문제   ↘고득점 고득점 목표를 위한 어려운 문제   ✎신유형 기존에 출제되지 않은 신유형 대비 문제

> 💡 **Tip**
> 4문제 이상의 출제비중이 있는 단원으로, 「부동산 실권리자명의 등기에 관한 법률」, 「주택임대차보호법」, 「상가건물 임대차보호법」, 경매, 매수신청대리인 등록규칙을 법조문에 충실하여 정리해야 한다.

Point 52 「부동산등기 특별조치법」

정답 및 해설 p.57

01 「부동산등기 특별조치법」상 부동산등기와 관련된 다음 설명 중 옳은 것은?

① 일방만이 채무를 부담하는 부동산 소유권이전계약을 한 경우에는 그 계약의 효력이 발생한 날로부터 6개월 내에 소유권이전등기를 신청하여야 한다.
② 부동산의 매매계약을 한 자는 반대급부의 이행이 완료된 날로부터 60일 내에 소유권이전등기를 신청하여야 한다.
③ 소유권보존등기를 하지 아니한 부동산에 대하여는 매매계약을 할 수 없다.
④ 건물을 신축한 자는 원칙적으로 소유권보존등기신청의무가 있다.
⑤ 등기의무자 및 등기권리자가 상당한 사유 없이 등기신청을 해태한 경우에는 그 해태한 날 당시의 그 부동산에 대한 과세표준에 취득세 표준세율에서 1천분의 20을 뺀 세율을 적용하여 산출한 금액의 5배 이하에 상당하는 금액의 과태료에 처한다.

02 「부동산등기 특별조치법」상 검인을 받아야 할 대상을 모두 고른다면?

> ㉠ 입목 매매계약서
> ㉡ 주택임대차계약서
> ㉢ 토지·건물의 교환계약서
> ㉣ 아파트 증여계약서
> ㉤ 저당권설정계약서
> ㉥ 공유토지분할계약서
> ㉦ 매수인이 국가인 매매계약
> ㉧ 판결에 의하여 부동산소유권이 이전되는 판결서

① ㉠, ㉢, ㉥, ㉧
② ㉡, ㉤, ㉥, ㉧
③ ㉢, ㉣, ㉤, ㉦
④ ㉢, ㉣, ㉥, ㉦
⑤ ㉢, ㉣, ㉥, ㉧

03 개업공인중개사 A의 중개로 甲과 乙간의 토지교환계약이 성립된 경우 계약서의 검인을 받고자 하는 경우 <u>틀린</u> 것은?

① 계약서를 작성한 개업공인중개사 A는 자신의 이름으로 검인을 신청할 수 있다.
② 乙의 주소지를 관할하는 시장·군수 또는 구청장에게 검인신청을 해야 한다.
③ 甲이 검인을 신청하는 경우 甲은 계약서의 원본을 제출해야 한다.
④ 검인신청을 받은 관할청은 검인할 때에 계약서 내용의 진정성을 확인할 권한은 없다.
⑤ 乙이 조세부과를 면하려고 검인을 받지 아니하고 미등기 전매한 경우에는 3년 이하의 징역이나 1억원 이하의 벌금에 처한다.

04 「부동산등기 특별조치법」상 검인계약서의 필요적 기재사항으로 볼 수 <u>없는</u> 것은?

① 계약의 연월일
② 조건이 있는 경우 조건
③ 목적 부동산
④ 대금 및 그 지급일자 등 지급에 관한 사항
⑤ 공법상 이용제한 및 거래규제에 관한 사항

Point 53 「부동산 실권리자명의 등기에 관한 법률」 ★★★★   정답 및 해설 p.57~58

☆중요
05 「부동산 실권리자명의 등기에 관한 법률」에 관한 내용으로 옳은 것은? (다툼이 있는 경우에는 판례에 의함)

① 이 법에 의하여 명의신탁 금지대상이 되는 부동산에 대한 권리는 소유권뿐만 아니라 가등기를 포함하여 등기능력이 인정되는 모든 권리이다.
② 부동산의 위치와 면적을 특정하여 2인 이상이 구분소유하기로 약정을 하고 그 구분소유자의 공유로 등기하는 경우에도 명의신탁약정에 해당한다.
③ 종중이 보유한 부동산에 관한 물권을 종중 외의 자의 명의로 등기한 경우와 배우자 명의로 부동산에 관한 물권을 등기한 경우에는 명의신탁에서 제외된다.
④ 명의신탁한 부동산을 명의수탁자가 임의로 제3자에게 매각한 경우 명의신탁자는 명의신탁약정 및 등기의 무효를 선의의 제3자에게는 대항할 수 없으나 악의의 제3자에게는 대항할 수 있다.
⑤ 종교단체의 명의로 그 산하 조직이 보유한 부동산에 관한 물권을 등기한 경우 조세포탈 등을 목적으로 하지 아니하는 한 그 등기는 유효하다.

▶고득점
06 A주식회사는 공장부지를 확보하기 위하여 그 직원 甲과 명의신탁약정을 맺고, 甲은 2020.6.19. 개업공인중개사 乙의 중개로 丙 소유 X토지를 매수하여 2020.8.20. 甲 명의로 등기하였다. 이에 관한 설명으로 틀린 것은? (다툼이 있으면 판례에 따름) 제31회

① A와 甲 사이의 명의신탁약정은 丙의 선의, 악의를 묻지 아니하고 무효이다.
② 丙이 甲에게 소유권이전등기를 할 때 비로소 A와 甲 사이의 명의신탁약정사실을 알게 된 경우 X토지의 소유자는 丙이다.
③ A는 甲에게 X토지의 소유권이전등기를 청구할 수 없다.
④ 甲이 X토지를 丁에게 처분하고 소유권이전등기를 한 경우 丁은 유효하게 소유권을 취득한다.
⑤ A와 甲의 명의신탁약정을 丙이 알지 못한 경우, 甲은 X토지의 소유권을 취득한다.

고득점

07 甲은 乙과 乙 소유의 X부동산의 매매계약을 체결하고, 친구 丙과의 명의신탁약정에 따라 乙로부터 바로 丙 명의로 소유권이전등기를 하였다. 이와 관련하여 개업공인중개사가 甲과 丙에게 설명한 내용으로 옳은 것을 모두 고른 것은? (다툼이 있으면 판례에 따름)

제30회

> ㉠ 甲과 丙간의 약정이 조세포탈, 강제집행의 면탈 또는 법령상 제한의 회피를 목적으로 하지 않은 경우 명의신탁약정 및 그 등기는 유효하다.
> ㉡ 丙이 X부동산을 제3자에게 처분한 경우 丙은 甲과의 관계에서 횡령죄가 성립하지 않는다.
> ㉢ 甲과 乙 사이의 매매계약은 유효하므로 甲은 乙을 상대로 소유권이전등기를 청구할 수 있다.
> ㉣ 丙이 소유권을 취득하고, 甲은 丙에게 대금 상당의 부당이득반환청구권을 행사할 수 있다.

① ㉠, ㉢
② ㉠, ㉣
③ ㉡, ㉢
④ ㉠, ㉡, ㉣
⑤ ㉡, ㉢, ㉣

신유형

08 2023.10.7. 甲은 친구 乙과 X부동산에 대하여 乙을 명의수탁자로 하는 명의신탁약정을 체결하였다. 개업공인중개사가 이에 관하여 설명한 내용으로 옳은 것을 모두 고른 것은? (다툼이 있으면 판례에 따름)

제34회

> ㉠ 甲과 乙 사이의 명의신탁약정은 무효이다.
> ㉡ X부동산의 소유자가 甲이라면, 명의신탁약정에 기하여 甲에서 乙로 소유권이전등기가 마쳐졌다는 이유만으로 당연히 불법원인급여에 해당한다고 볼 수 없다.
> ㉢ X부동산의 소유자가 丙이고 계약명의신탁이라면, 丙이 그 약정을 알았더라도 丙으로부터 소유권이전등기를 마친 乙은 유효하게 소유권을 취득한다.

① ㉠
② ㉡
③ ㉢
④ ㉠, ㉡
⑤ ㉠, ㉡, ㉢

09 부동산 실권리자명의 등기에 관한 법령과 관련한 내용으로 옳은 것은? (다툼이 있으면 판례에 따름)

① 채무의 변제를 담보하기 위하여 채권자가 부동산에 관한 물권을 이전받거나 가등기하는 경우는 명의신탁약정에 해당한다.
② 명의수탁자로부터 신탁재산을 매수한 제3자가 명의수탁자의 배신행위에 적극적으로 가담한 경우, 명의수탁자와 제3자 사이의 매매계약은 무효이다.
③ 명의수탁자는 이 법상 과징금이나 이행강제금의 대상이 된다.
④ 3자간 등기명의신탁이 무효인 경우 명의신탁자는 직접 명의수탁자에게 그 명의의 등기의 말소를 청구할 수 있다.
⑤ 계약명의신탁에 있어서 부동산의 매도인이 명의신탁약정사실을 안 경우, 명의수탁자로부터 명의신탁된 부동산을 매수한 제3자는 해당 부동산의 소유권을 취득하지 못한다.

10 부동산 명의신탁과 관련한 판례로 틀린 것은?

① 경매 목적 부동산의 소유권은 매각대금을 실질적으로 부담한 자가 누구인가와 상관없이 대외적으로는 물론 대내적으로도 그 명의인(경락인)이 취득한다.
② 위법한 양자간 명의신탁에서 명의수탁자가 명의신탁된 부동산을 임의로 제3자에게 처분한 경우 횡령죄가 성립하지 않는다.
③ 소유권보존등기를 타인명의로 한 경우에도 명의신탁약정은 무효가 되며 명의신탁에 의한 소유권보존등기도 무효가 된다.
④ 상호명의신탁관계 내지 구분소유적 공유관계에서 건물의 특정 부분을 구분소유하는 자는 그 건물 전체에 대한 공유물분할을 청구할 수 있다.
⑤ 명의수탁자가 양자간 명의신탁에 따라 명의신탁자로부터 소유권이전등기를 넘겨받은 부동산을 임의로 처분한 경우, 명의신탁자에 대하여 민사상 불법행위책임을 부담한다.

중요
11 개업공인중개사가 중개행위를 하면서 부동산 실권리자명의 등기에 관한 법령에 대하여 설명한 내용으로 옳은 것은?   제25회 수정

① 위법한 명의신탁약정에 따라 수탁자 명의로 등기한 명의신탁자는 5년 이하의 징역 또는 2억원 이하의 벌금에 처한다.
② 무효인 명의신탁약정에 따라 수탁자 명의로 등기한 명의신탁자에게 해당 부동산 가액의 100분의 30에 해당하는 확정금액의 과징금을 부과한다.
③ 위법한 명의신탁의 신탁자라도 이미 실명등기를 하였을 경우에는 과징금을 부과하지 않는다.
④ 명의신탁을 이유로 과징금을 부과받은 자에게 과징금 부과일부터 부동산평가액의 100분의 20에 해당하는 금액을 매년 이행강제금으로 부과한다.
⑤ 명의수탁자는 1년 이하의 징역 또는 3천만원 이하의 벌금에 처한다.

Point 54 「주택임대차보호법」 ★★★★★

정답 및 해설 p.58~60

중요
12 「주택임대차보호법」의 적용범위에 대한 설명 중 <u>틀린</u> 것은? (다툼이 있으면 판례에 따름)

① 이 법은 임대차계약 당시 주거용으로 계약하고, 실질적으로 주거용 건물로 사용한다면 미등기건물이든 무허가건물이든 불문하고 적용된다.
② 이 법은 주택의 일부를 주거 외의 용도로 사용하는 경우에는 적용이 없다.
③ 「중소기업기본법」에 따른 중소기업이 주택을 임차한 후 그 중소기업의 직원이 아닌 대표이사 또는 등기 사내이사가 해당 주택에 입주한 경우에는 이 법이 적용되지 아니한다.
④ 한국토지주택공사, 주택사업을 목적으로 설립된 지방공사는 이 법의 보호를 받을 수 있다.
⑤ 이 법은 채권적 전세에도 적용되나, 일시사용 임대차임이 명백한 경우에는 적용되지 아니한다.

13 개업공인중개사가 주택의 임대차를 중개하면서 설명한 내용 중 **틀린** 것은?

① 존속기간의 정함이 없는 주택임대차계약은 그 기간을 2년으로 본다.
② 임대차계약이 묵시적으로 갱신된 경우 임차인은 언제든지 계약의 해지통지를 할 수 있다.
③ 임대인과 임차인이 서로 합의하여 주택임대차의 기간을 1년으로 정한 경우에는 임대인과 임차인 모두 1년의 유효함을 주장할 수 있다.
④ 임대차계약이 묵시적으로 갱신된 경우 그 기간이 끝난 때에 전 임대차와 동일한 조건으로 다시 임대차한 것으로 보되, 존속기간은 2년으로 본다.
⑤ 임대차가 종료한 경우에도 임차인이 보증금을 반환받을 때까지는 임대차관계가 존속하는 것으로 본다.

14 개업공인중개사가 임대인 甲과 임차인 乙 사이에 주택임대차계약을 중개하면서 그 계약의 갱신에 대하여 설명하고 있다.「주택임대차보호법」상 ( ) 안에 들어갈 내용으로 옳은 것은?

제24회

- 乙이 임대차기간 종료 (㉠) 전까지 갱신거절의 통지를 하지 않은 경우, 그 기간 만료 시에 전 임대차와 동일한 조건으로 묵시적 갱신이 된다.
- 乙이 (㉡)의 차임액을 연체한 경우에는 묵시적 갱신이 허용되지 않는다.
- 甲이 임대차기간 종료 (㉢) 전부터 (㉣) 전까지의 기간에 갱신거절의 통지를 하지 않은 경우, 그 기간 만료시에 전 임대차와 동일한 조건으로 묵시적 갱신이 된다.
- 묵시적 갱신이 된 후, 乙에 의한 계약해지의 통지는 甲이 그 통지를 받은 날로부터 (㉤)이 지나면 그 효력이 발생한다.

	㉠	㉡	㉢	㉣	㉤
①	1개월	2기	6개월	1개월	3개월
②	2개월	2기	6개월	2개월	3개월
③	2개월	3기	3개월	1개월	1개월
④	3개월	1기	3개월	2개월	3개월
⑤	3개월	2기	6개월	3개월	1개월

중요
15 「주택임대차보호법」상 주택임차인의 계약갱신요구권에 관한 설명으로 틀린 것은?

① 임대인은 임차인이 계약기간 만료 6개월에서 2개월 전까지 계약갱신을 요구할 경우 정당한 사유 없이 거절하지 못한다.
② 임차인은 계약갱신요구권을 1회에 한하여 행사할 수 있다.
③ 갱신요구로 갱신되는 임대차의 존속기간은 2년으로 보나, 차임과 보증금은 증감할 수 있다.
④ 갱신요구로 임대차계약이 갱신된 경우 임차인은 계약기간 동안 임대차계약을 해지할 수 없다.
⑤ 임대인이 주택에 실제 거주하려는 사유로 갱신요구를 거절하고, 정당한 사유 없이 제3자에게 목적 주택을 임대한 경우 임대인은 갱신거절로 인하여 임차인이 입은 손해를 배상하여야 한다.

16 「주택임대차보호법」상 계약갱신요구에 대한 거절사유가 아닌 것은?

① 임대인의 직계존속 또는 직계비속이 목적 주택에 실제 거주하려는 경우
② 서로 합의하여 임대인이 임차인에게 상당한 보상을 제공한 경우
③ 임차인이 임차한 주택의 전부 또는 일부를 고의나 중대한 과실로 파손한 경우
④ 임차인이 2기의 차임액에 해당하는 금액에 이르도록 차임을 연체한 사실이 있는 경우
⑤ 임차한 주택 담장의 노후로 인하여 담장의 일부분을 철거하는 경우

중요
17 「주택임대차보호법」에 관한 설명 중 옳지 않은 것은? (다툼이 있으면 판례에 의함)

① 2025년 8월 21일에 주택의 인도와 주민등록을 마친 임차인에게 대항력이 생기는 때는 2025년 8월 22일 오전 0시이다.
② 한 지번에 다가구용 단독주택 1동만 있는 경우 임차인이 전입신고시 그 지번만 기재하고 편의상 부여된 호수를 기재하지 않았다면 대항력을 취득하지 못한다.
③ 임차인이 대항력을 취득한 후에 임차주택을 양수한 양수인은 임대인의 지위를 승계한 것으로 본다.
④ 주택임차인이 그 지위를 강화하고자 별도로 전세권설정등기를 마쳤더라도 주택임차인이 「주택임대차보호법」상의 대항요건을 상실하면 이미 취득한 동법상의 대항력 및 우선변제권을 상실한다.
⑤ 2025년 5월 15일 확정일자를 갖추고 동년 5월 25일 주택의 인도와 주민등록전입신고를 한 임차인의 우선변제권 발생일은 동년 5월 26일로 보아야 한다.

18 개업공인중개사가 甲 소유의 X주택을 乙에게 임대하는 임대차계약을 중개하면서 양 당사자에게 설명한 내용으로 틀린 것은? (다툼이 있으면 판례에 따름)

① 임차인 본인은 전입신고를 하지 않고 그 처와 자녀만 전입신고와 입주를 한 경우 대항력을 취득할 수 없다.
② 계약이 묵시적으로 갱신된 경우뿐만 아니라 乙의 계약갱신요구로 갱신된 경우라도 乙은 언제든지 甲에게 임대차계약의 해지를 통지할 수 있다.
③ 乙이 입주와 전입신고를 먼저 하고, 후일 확정일자를 받은 날짜와 저당권자의 저당권설정등기일이 같은 경우 X주택에 대한 경매시 乙과 저당권자의 우선변제권은 동순위이다.
④ 乙이 법정 증액비율을 초과하여 차임 또는 보증금을 甲에게 지급한 경우 乙은 특별한 사정이 없는 한 초과 지급된 차임 또는 보증금의 반환을 청구할 수 있다.
⑤ 「주택임대차보호법」의 규정에 위반된 甲과 乙간의 약정으로서 乙에게 불리한 것은 효력이 없다.

고득점

19 甲 소유의 X주택에 대하여 임차인 乙이 주택의 인도를 받고 2019.6.3. 10:00에 확정일자를 받으면서 주민등록을 마쳤다. 그런데 甲의 채권자 丙이 같은 날 16:00에, 다른 채권자 丁은 다음 날 16:00에 X주택에 대해 근저당권설정등기를 마쳤다. 임차인 乙에게 개업공인중개사가 설명한 내용으로 옳은 것은? (다툼이 있으면 판례에 따름)   제30회

① 丁이 근저당권을 실행하여 X주택이 경매로 매각된 경우, 乙은 매수인에 대하여 임차권으로 대항할 수 있다.
② 丙 또는 丁 누구든 근저당권을 실행하여 X주택이 경매로 매각된 경우, 매각으로 인하여 乙의 임차권은 소멸한다.
③ 乙은 X주택의 경매시 경매법원에 배당요구를 하면 丙과 丁보다 우선하여 보증금 전액을 배당받을 수 있다.
④ X주택이 경매로 매각된 후 乙이 우선변제권 행사로 보증금을 반환받기 위해서는 X주택을 먼저 법원에 인도하여야 한다.
⑤ X주택에 대해 乙이 집행권원을 얻어 강제경매를 신청하였더라도 우선변제권을 인정받기 위해서는 배당요구의 종기까지 별도로 배당요구를 하여야 한다.

20 개업공인중개사가 주택임대차계약을 중개할 경우 확정일자 및 정보제공에 대한 설명으로 틀린 것은?

① 확정일자인은 동 주민센터 등과 등기소(법원등기과), 공증인사무소에서 부여받을 수 있고, 임차인 단독으로 신청할 수 있다.
② 임대인의 직접 거주를 사유로 계약의 갱신이 거절된 임차인이었던 자는 확정일자 부여기관에 현재 임대인·임차인의 성명에 대한 정보제공을 요청할 수 있다.
③ 확정일자부는 1년을 단위로 매년 만들고, 폐쇄한 확정일자부는 20년간 보존하여야 한다.
④ 임대차계약을 체결하려는 자는 임차인의 동의를 받아 확정일자 부여기관에 임대차 정보제공을 요청할 수 있다.
⑤ 해당 주택의 임대인·임차인이 아닌 이해관계인은 확정일자 부여기관에 임대인·임차인의 인적사항에 대한 정보는 요청할 수 없다.

21 주택임대차보호법령이 정하는 우선변제권의 승계와 관련한 설명으로 틀린 것은?

① 금융기관 등이 우선변제권을 취득한 임차인의 보증금반환채권을 계약으로 양수한 경우에는 양수한 금액의 범위에서 우선변제권을 승계한다.
② 우선변제권을 승계한 금융기관은 확정일자 부여기관에 임대차정보의 제공(임대인·임차인의 인적사항 제외)을 요청할 수 있다.
③ 우선변제권을 승계한 금융기관 등은 임차인이 대항요건을 상실한 경우 또는 임차권 등기가 말소된 경우에는 우선변제권을 행사할 수 없다.
④ 금융기관 등은 우선변제권을 행사하기 위하여 임차인을 대리하거나 대위하여 임대차계약을 해지할 수 있다.
⑤ 우선변제권을 승계한 금융기관 등은 임차인을 대위하여 임차권등기명령을 신청할 수 있다.

22 개업공인중개사 甲이 주택임대차중개를 하면서 소액임차인 乙에게 최우선변제 등에 대하여 설명한 내용으로 옳은 것은?

① 乙이 「주택임대차보호법」에서 정하고 있는 최우선변제를 받기 위해서는 주택에 대한 경매개시결정의 등기 전에 대항요건을 갖추고, 임대차계약서에 확정일자인을 받아야 한다.
② 임차권등기명령의 집행에 의한 임차권등기가 경료된 주택이라도 乙이 소액임차인으로서 임대차계약을 체결하면 보증금 중 일정액을 다른 담보물권자보다 우선하여 변제받을 권리가 있다.
③ 乙이 소액임차인으로서 임대차계약을 체결하더라도 담보권자와의 관계에서 「주택임대차보호법」의 종전 규정에 의할 경우 소액임차인에 해당되지 않는 경우가 있다.
④ 광역시 내에 있는 행정구역이 군지역인 경우에도 「주택임대차보호법」에서 정하고 있는 광역시의 기준에 따라 최우선변제를 받을 수 있다.
⑤ 乙의 보증금 중 일정액이 주택가액의 3분의 1을 초과하는 경우에는 주택가액의 3분의 1에 해당하는 금액까지만 최우선변제권이 있다.

23 개업공인중개사가 주택의 임대차를 중개하면서 「주택임대차보호법」의 내용을 설명한 것으로 틀린 것은?

① 보증금반환청구소송에 대하여는 「소액사건심판법」의 일부 규정이 준용된다.
② 임차인이 임차주택에 대하여 보증금반환청구소송의 확정판결 기타 이에 준하는 집행권원에 의한 경매를 신청하는 경우에는 반대의무의 이행 또는 이행의 제공을 집행개시의 요건으로 하지 아니한다.
③ 임차주택에 대하여 「민사집행법」에 따른 경매가 행하여진 경우 임차권은 대항력이 있더라도 경락에 의하여 소멸한다.
④ 경매절차에서 임차인이 보증금을 수령하려면 임차주택을 매수인(경락인)에게 인도하여야 한다.
⑤ 임차권등기명령신청에 의하여 임차권의 등기가 된 경우라도 임차권등기는 경매권은 없다.

24 주택임대차와 관련한 설명으로 옳지 않은 것은? (다툼이 있으면 판례에 따름)

① 임차인이 계약갱신을 요구한 후, 갱신된 계약기간이 시작되기 전에 임대인에게 다시 계약해지를 통지한 경우 갱신된 계약기간이 개시된 때부터 3개월이 지나야만 해지의 효력이 발생한다.
② 임대차계약을 체결할 때 임대인은 원칙적으로 해당 주택의 확정일자 부여일, 차임 및 보증금 등 정보와 「국세징수법」에 따른 납세증명서 및 「지방세징수법」에 따른 납세증명서를 임차인에게 제시하여야 한다.
③ 최우선변제권이 있는 임차인이라 하더라도 경매시에 최우선변제를 받기 위해서는 법원이 정한 배당요구의 종기까지 배당요구를 하여야 한다.
④ 이행지체에 빠진 임대인의 보증금반환의무는 임차권등기명령에 의하여 등기된 임차권등기의 말소의무보다 먼저 이행되어야 한다.
⑤ 점포 및 사무실로 사용되던 건물에 근저당권이 설정된 후 그 건물이 주거용 건물로 용도 변경되어 이를 임차한 소액임차인도 특별한 사정이 없는 한 경매시 최우선변제권이 있다.

25 개업공인중개사 甲의 중개로 丙은 2018.10.17. 乙 소유의 용인시 소재 X주택에 대하여 보증금 5천만원에 2년 기간으로 乙과 임대차계약을 체결하고, 계약 당일 주택의 인도와 주민등록 이전, 임대차계약증서상의 확정일자를 받았다. 丙이 임차권등기명령을 신청하는 경우 주택임대차보호법령의 적용에 관한 甲의 설명으로 옳은 것은? 제31회 수정

① 丙은 임차권등기명령신청서에 신청의 취지와 이유를 적어야 하지만, 임차권등기의 원인이 된 사실을 소명할 필요는 없다.
② 丙이 임차권등기와 관련하여 든 비용은 乙에게 청구할 수 있으나, 임차권등기명령신청과 관련하여 든 비용은 乙에게 청구할 수 없다.
③ 丙이 신청한 법원의 임차권등기명령이 乙에게 송달되어야 임차권등기명령을 집행할 수 있다.
④ 임차권등기명령의 집행에 따른 임차권등기 후에 丙이 주민등록을 서울특별시로 이전한 경우 대항력과 우선변제권을 상실한다.
⑤ 丙은 X주택에 대하여 乙과 합의하여 「민법」에 의한 임차권등기를 경료한 경우 대항력 및 우선변제권을 취득한다.

26 「주택임대차보호법」에 관하여 개업공인중개사가 설명한 내용으로 <u>틀린</u> 것을 모두 고른 것은? (다툼이 있으면 판례에 따름)

> ㉠ 임차인이 상속인 없이 사망한 경우에 임차인과 가정공동생활을 하던 사실혼배우자는 임차권을 승계받을 수 있으나, 1개월 이내에 임대인에게 반대의사를 표시한 경우에는 승계하지 않는다.
> ㉡ 경제사정의 변동 등으로 인한 약정한 차임 또는 보증금의 감액청구는 약정한 차임 등의 20분의 1의 금액을 초과하지 못한다.
> ㉢ 주택 소재지가 대구광역시인 경우 보증금 1억 5,000만원 중 2,800만원에 대해서는 최우선변제가 인정된다.
> ㉣ 임차인에게 우선변제권이 인정되기 위하여는 임대차계약 당시 임차보증금이 전액 지급되어 있어야 한다.

① ㉠
② ㉠, ㉣
③ ㉠, ㉡
④ ㉡, ㉢, ㉣
⑤ ㉠, ㉡, ㉢, ㉣

27 보증금 1억원을 6천만원으로 내리고 4천만원을 월 차임으로 전환하는 경우 임대인이 받을 수 있는 「주택임대차보호법 시행령」상 월 차임의 상한액은? (한국은행 공시 기준금리는 연 1%로 가정함)

① 100,000원
② 120,000원
③ 150,000원
④ 200,000원
⑤ 300,000원

28 주택임대차보호법령상 주택임대차 분쟁조정위원회와 관련한 설명으로 틀린 것은?

① 주택임대차 관련 분쟁을 심의·조정하기 위하여 대한법률구조공단의 지부, 한국토지주택공사의 지사·사무소 및 한국부동산원의 지사·사무소에 주택임대차 분쟁조정위원회를 둔다.
② 조정위원회는 위원장 1명을 포함하여 5명 이상 30명 이하의 위원으로 성별을 고려하여 구성한다.
③ 조정위원회의 위원장은 판사·검사 또는 변호사로 6년 이상 재직한 사람에 해당하는 위원 중에서 위원들이 호선한다.
④ 조정위원의 임기는 2년으로 하고 연임할 수 없으며, 보궐위원의 임기는 전임자의 남은 임기로 한다.
⑤ 조정위원회는 원칙적으로 분쟁의 조정신청을 받은 날부터 60일 이내에 그 분쟁조정을 마쳐야 한다.

29 「주택임대차보호법」상 옳은 것은 몇 개인가? (다툼이 있으면 판례에 따름)

> ㉠ 주택임대차 분쟁조정안을 통지받은 당사자가 통지받은 날부터 7일 이내에 수락의 의사를 서면으로 표시하지 아니한 경우에는 조정을 거부한 것으로 본다.
> ㉡ 최우선변제를 받을 임차인 및 보증금 중 일정액의 범위와 기준을 심의하기 위하여 법무부에 법무부차관을 위원장으로 하는 성별을 고려한 9명 이상 15명 이하의 위원으로 구성된 주택임대차위원회를 둔다.
> ㉢ 임차권등기명령에 의한 임차권등기가 첫 경매개시 결정등기 전에 이루어진 경우, 임차인은 별도의 배당요구를 하지 않아도 당연히 배당받을 채권자에 속한다.
> ㉣ 주택임대차계약을 서면으로 체결할 때에는 당사자가 다른 서식을 사용하기로 합의한 경우를 제외하고 법무부장관이 국토교통부장관과 협의하여 정하는 주택임대차표준계약서를 우선적으로 사용한다.

① 1개 ② 2개
③ 3개 ④ 4개
⑤ 없음

Point 55 「상가건물 임대차보호법」 ★★★★★

중요
30 「상가건물 임대차보호법」에 대한 다음 설명 중 틀린 것은?

① 단순히 상품의 보관·제조·가공 등 사실행위만이 이루어지는 공장·창고 등은 이 법이 적용되지 아니한다.
② 이 법은 비영리사업이나 동창회, 종친회 등의 사무실에는 적용되지 아니한다.
③ 이 법은 임차인이 사업자등록이 되어 있지 아니한 경우에도 주된 부분을 영업목적으로 사용하는 경우에는 적용된다.
④ 등기하지 아니한 전세계약에 관하여도 이 법을 적용한다.
⑤ 이 법은 일시사용을 위한 임대차임이 명백한 경우에는 적용하지 아니한다.

고득점
31 개업공인중개사 甲의 중개로 2025.10.17. 상가건물의 임대차계약을 체결한 임차인 중에서 「상가건물 임대차보호법」의 전면적인 적용을 받을 수 있는 경우를 모두 고른 것은? (단, 계약갱신의 경우는 고려하지 않음)

제24회 수정

> ㉠ 임차인이 서울특별시 종로구 소재 상가건물을 보증금 4억원, 월 차임 500만원으로 임차한 경우
> ㉡ 임차인이 인천광역시 강화군 소재 상가건물을 보증금 3억원, 월 차임 400만원으로 임차한 경우
> ㉢ 임차인이 경상남도 창원시 소재 상가건물을 보증금 4억원으로 임차한 경우
> ㉣ 임차인이 경기도 수원시 소재 상가건물을 보증금 6억원으로 임차한 경우

① ㉠, ㉡
② ㉠, ㉣
③ ㉡, ㉢
④ ㉡, ㉣
⑤ ㉢, ㉣

32 甲과 乙은 2025.1.25. 서울특별시 소재 甲 소유 X상가건물에 대하여 보증금 5억원, 월 차임 500만원으로 하는 임대차계약을 체결한 후, 乙은 X건물을 인도받고 사업자등록을 신청하였다. 이 사안에서 개업공인중개사가 「상가건물 임대차보호법」의 적용과 관련하여 설명한 내용으로 틀린 것을 모두 고른 것은? (일시사용을 위한 임대차계약은 고려하지 않음)

제28회 수정

> ㉠ 甲과 乙이 계약기간을 정하지 않은 경우 그 기간을 1년으로 본다.
> ㉡ 甲으로부터 X건물을 양수한 丙은 甲의 지위를 승계한 것으로 본다.
> ㉢ 乙의 차임 연체액이 3기의 차임액에 달하는 경우 甲은 임대차계약을 해지할 수 있다.
> ㉣ 乙이 임대차계약서에 확정일자를 받았다면, 乙은 확정일자를 받은 후 X건물에 대하여 저당권을 취득한 丁보다 경매절차에서 우선하여 보증금을 변제받을 권리가 있다.
> ㉤ 乙은 임대차계약 종료시 甲이 보증금을 반환하지 아니하면 관할 법원에 임차권등기명령을 신청할 수 있다.

① 없음
② ㉡, ㉢
③ ㉣, ㉤
④ ㉠, ㉣, ㉤
⑤ ㉠, ㉡, ㉢, ㉣, ㉤

33 개업공인중개사 甲의 중개로 乙은 丙 소유의 서울특별시 소재 X상가건물에 대하여 보증금 10억원에 1년 기간으로 丙과 임대차계약을 체결하였다. 乙은 X건물을 인도받아 2020.3.10. 사업자등록을 신청하였으며 2020.3.13. 임대차계약서상의 확정일자를 받았다. 이 사례에서 상가건물 임대차보호법령의 적용에 관한 甲의 설명으로 틀린 것은?

제31회 수정

① 乙은 2020.3.11. 대항력을 취득한다.
② 乙은 2020.3.13. 보증금에 대한 우선변제권을 취득한다.
③ 丙은 乙이 임대차기간 만료되기 6개월 전부터 1개월 전까지 사이에 계약갱신을 요구할 경우, 정당한 사유 없이 거절하지 못한다.
④ 丙은 임대차기간 만료되기 6개월 전부터 종료시까지 乙이 신규임차인이 되려는 자로부터 권리금을 지급받는 것을 방해하여서는 아니 된다.
⑤ 乙의 계약갱신요구로 임대차계약이 갱신되는 경우 丙이 경제사정의 변동 등을 고려하여 보증금을 1억원 증액청구하는 것은 허용된다.

34 개업공인중개사가 「상가건물 임대차보호법」의 적용을 받는 상가건물의 임대차를 중개하면서, 임차인의 계약갱신요구권에 관하여 설명한 내용으로 옳은 것은?

① 임대인의 동의를 받고 전대차계약을 체결한 전차인은 임차인의 계약갱신요구권 행사기간 이내에 임차인을 대위하여 임대인에게 계약갱신요구권을 행사할 수 있다.
② 계약갱신요구권은 최초의 임대차기간을 제외하고 10년을 초과하지 않는 범위에서만 행사할 수 있다.
③ 2기의 차임액에 달하도록 차임을 연체한 임차인은 계약갱신요구권을 행사할 수 없다.
④ 갱신되는 임대차는 전(前) 임대차와 동일한 조건으로 다시 계약된 것으로 보므로 차임과 보증금은 변경할 수 없다.
⑤ 계약갱신요구에 의하여 임대차계약이 갱신된 경우 임차인은 언제든지 계약해지를 통지할 수 있다.

☆ 중요
35 「상가건물 임대차보호법」에 대하여 개업공인중개사가 한 설명 중 옳은 것은? (다툼이 있으면 판례에 따름)

① 계약기간을 1년 미만으로 정한 상가임대차계약은 성립할 수 없다.
② 임대차는 그 등기가 없는 경우에도 임차인이 건물의 인도와 관련 법에 의한 사업자등록증을 교부받으면 그 다음 날부터 제3자에 대하여 효력이 생긴다.
③ 대항요건을 갖추고 관할 동 주민센터에서 확정일자를 받은 임차인은 경매시에 우선변제를 받을 권리가 있다.
④ 소액임차인이 경매시에 최우선변제를 받기 위해서는 경매개시결정등기 전에 대항요건을 갖추어야 하고, 이를 배당요구의 종기까지 유지하여야 한다.
⑤ 서울특별시 소재 상가 임대차로서 보증금 6,500만원, 월 차임이 50만원인 임차인은 경매시에 2,200만원까지 최우선변제를 받을 권리가 있다.

36 개업공인중개사가 선순위 저당권이 설정되어 있는 서울시 소재 상가건물(「상가건물 임대차보호법」이 적용됨)에 대해 임대차기간 2018.10.1.부터 1년, 보증금 5천만원, 월 차임 100만원으로 임대차를 중개하면서 임대인 甲과 임차인 乙에게 설명한 내용으로 옳은 것은? (다툼이 있으면 판례에 따름) 제30회 수정

① 乙의 연체차임액이 200만원에 이르는 경우 甲은 계약을 해지할 수 있다.
② 차임 또는 보증금의 감액이 있은 후 1년 이내에는 다시 감액을 하지 못한다.
③ 乙이 2019.9.15. 甲에게 갱신거절의 통지를 한 경우, 정당한 거절통지로 볼 수 없어, 임대차계약은 묵시적으로 갱신된다.
④ 상가건물에 대한 경매개시 결정등기 전에 乙이 건물의 인도와 「부가가치세법」에 따른 사업자등록을 신청한 때에는, 보증금 5천만원을 선순위 저당권자보다 우선변제 받을 수 있다.
⑤ 乙이 임대차의 등기 및 사업자등록을 마치지 못한 상태에서 2019.1.5. 甲이 상가건물을 丙에게 매도한 경우, 丙의 상가건물 인도청구에 대하여 乙은 대항할 수 없다.

37 「상가건물 임대차보호법」상 권리금과 관련한 설명으로 **틀린** 것은?

① 권리금계약이란 신규임차인이 되려는 자가 임차인에게 권리금을 지급하기로 하는 계약을 말한다.
② 임차인이 계약갱신요구 거절사유에 해당한 경우 임차인은 권리금을 보호받지 못한다.
③ 권리금지급방해로 인한 임차인이 임대인에게 손해배상을 청구할 권리는 임대차가 종료한 날부터 1년 이내에 행사하지 아니하면 시효의 완성으로 소멸한다.
④ 임차인은 자신이 주선한 신규임차인이 되려는 자의 보증금 및 차임을 지급할 자력 또는 그 밖에 임차인으로서의 의무를 이행할 의사 및 능력에 관하여 알고 있는 정보를 임대인에게 제공해야 한다.
⑤ 국토교통부장관은 법무부장관과 협의를 거쳐 임차인과 신규임차인이 되려는 자의 권리금계약 체결을 위한 표준권리금계약서를 정하여 그 사용을 권장할 수 있다.

38 개업공인중개사가 「상가건물 임대차보호법」의 적용을 받는 상가건물임대차를 중개하면서 설명한 내용 중 **틀린** 것은?

① 임대차 목적물인 상가건물을 1년 6개월 이상 영리목적으로 사용하지 아니한 경우 임대인은 임차인이 주선한 신규임차인이 되려는 자와 임대차계약의 체결을 거절할 수 있다.
② 국토교통부장관은 권리금에 대한 감정평가의 절차와 방법 등에 관한 기준을 고시할 수 있다.
③ 임대차 목적물인 상가건물이 「유통산업발전법」에 따른 대규모점포 또는 준대규모점포(전통시장 제외)의 일부인 경우에는 권리금보호규정을 적용하지 아니한다.
④ 임차인이 임차권등기명령의 집행에 따른 임차권등기를 마쳤더라도 대항요건을 상실하면 대항력 또는 우선변제권을 상실한다.
⑤ 임차인이 임차건물에 대하여 보증금반환청구소송의 확정판결에 의하여 경매를 신청하는 경우 임차건물을 먼저 명도할 필요가 없다.

39 「상가건물 임대차보호법」을 설명한 내용으로 옳은 것은? (다툼이 있으면 판례에 따름)

① 상가건물의 임대차를 등기한 때에는 그 다음 날부터 제3자에 대하여 효력이 생긴다.
② 이미 입주와 사업자등록을 한 임차인이 확정일자를 받은 일자와 저당권자의 설정등기일이 같은 경우, 동 상가건물에 대한 경매시 우선변제권은 임차인이 저당권자에 우선한다.
③ 임차인은 「감염병의 예방 및 관리에 관한 법률」에 따른 집합제한 또는 금지조치(운영시간 제한 조치 포함)를 총 3개월 이상 받음으로써 발생한 경제사정의 중대한 변동으로 폐업한 경우에는 임대차계약을 해지할 수 있고, 이 경우 해지는 임대인이 계약해지의 통고를 받은 날부터 1개월이 지나면 효력이 발생한다.
④ 보증금 제한을 초과하는 임대차에서 임대차기간을 정하지 않은 경우라도 임차인은 계약갱신요구권을 행사할 수 있다.
⑤ 「감염병의 예방 및 관리에 관한 법률」에 따른 제1급 감염병에 의한 경제사정의 변동으로 차임 등이 감액된 후 임대인이 증액을 청구하는 경우에는 증액된 차임 등이 감액 전 차임 등의 금액에 달할 때까지는 증액제한규정을 적용하지 아니한다.

40 「상가건물 임대차보호법」에 관한 설명 중 틀린 것은?

① 법무부장관은 국토교통부장관과 협의를 거쳐 보증금, 차임액, 임대차기간, 수선비 분담 등의 내용이 기재된 상가건물임대차 표준계약서를 정하여 그 사용을 권장할 수 있다.
② 보증금 5천만원, 월 차임 100만원으로 한 상가건물임대차인 경우 임대인의 차임 증액 청구는 10만원까지 인정된다.
③ 보증금의 전부 또는 일부를 월 단위의 차임으로 전환하는 경우에는 그 전환되는 금액에 연 1할 2푼과 한국은행 공시 기준금리에 4.5를 곱한 비율 중 낮은 비율을 곱한 월 차임의 범위를 초과할 수 없다.
④ 계약갱신요구권, 3기 차임 연체시 해지규정, 차임 등의 증감청구권, 월 차임 전환시 산정률의 제한규정은 전대인과 전차인의 적법한 전대차관계에도 적용한다.
⑤ 상가건물의 임대차에 이해관계가 있는 자는 상가건물의 소재지 관할 세무서장에게 임대차관계에 대한 자료의 열람 또는 제공을 요청할 수 있다.

41 「상가건물 임대차보호법」에 관한 설명으로 틀린 것은? (다툼이 있으면 판례에 따름)

① 상가건물을 임차하고 사업자등록을 마친 사업자가 임차건물을 전대한 경우 건물을 직접 점유하면서 사업을 운영하는 전차인이 그 명의로 사업자등록을 하여야 임차인의 대항력 및 우선변제권이 유지된다.
② 사업자가 폐업신고를 하였다가 다시 같은 상호 및 등록번호로 사업자등록을 한 경우에는 「상가건물 임대차보호법」상의 대항력 및 우선변제권이 그대로 존속한다.
③ 구분건물이 아닌 상가건물 한 층의 일부분을 임차하는 경우에는 사업자등록신청시 그 임차부분을 표시한 도면을 첨부하여야 유효한 임대차의 공시방법이 된다.
④ 소액임차인의 범위 등을 정하기 위하여 위원장 1명을 포함한 10명 이상 15명 이하의 위원으로 성별을 고려하여 구성된 상가건물임대차위원회를 법무부에 둔다.
⑤ 최초의 임대차기간을 포함한 전체 임대차기간이 10년을 초과하여 임차인이 계약갱신요구권을 행사할 수 없는 경우에도 임대인은 권리금 회수기회 보호의무를 부담한다.

Point 56 경매 ★★★★★

42 「민사집행법」에 따른 부동산의 경매에 관한 다음 설명 중 틀린 것은?

① 임의경매는 집행권원에 의한 강제집행으로 채무자의 일반재산에 대한 집행이다.
② 집행권원이란 채권자가 채무자에 대하여 급부청구권이 있음을 표시하고 그 청구권을 강제적으로 실현할 수 있음을 인정한 공적인 문서를 말한다.
③ 집행권원에는 확정된 이행판결, 가집행선고부판결, 확정된 지급명령, 화해조서, 조정조서, 청구인낙조서, 공증된 금전채권문서 등이 있다.
④ 강제경매는 예견되지 않은 경매로서 인적(人的) 책임의 성격을 띠는 경매이다.
⑤ 담보권실행을 위한 경매는 채무자의 특정재산에 대한 강제집행이고, 예견된 경매이며, 물적(物的) 책임의 성격을 띠는 경매이다.

43 「민사집행법」상 경매대상 부동산에 대한 권리분석의 내용으로 틀린 것은?

① 매각부동산 위의 모든 저당권·근저당권·담보가등기는 매각으로 소멸한다.
② 전세권은 배당요구를 한 경우에 한하여 소멸한다.
③ 지상권·지역권·임차권은 저당권·압류채권·가압류채권에 대항할 수 없는 경우에는 매각으로 소멸한다.
④ 매수인은 유치권자에게 그 유치권으로 담보하는 채권을 변제할 책임이 있다.
⑤ 압류의 효력이 발생한 후에 경매목적물의 점유를 취득한 유치권자는 매수인에게 대항할 수 없다.

44 매수신청대리인으로 등록한 개업공인중개사가 매수신청대리 위임인에게 「민사집행법」의 내용에 관하여 설명한 것으로 틀린 것은? (다툼이 있으면 판례에 따름) 제33회

① 후순위 저당권자가 경매신청을 하면 매각부동산 위의 모든 저당권은 매각으로 소멸된다.
② 전세권 및 등기된 임차권은 저당권·압류채권·가압류채권에 대항할 수 없는 경우에는 매각으로 소멸된다.
③ 유치권자는 유치권이 성립된 목적물을 경매로 매수한 자에 대하여 그 피담보채권의 변제를 청구할 수 있다.
④ 최선순위 전세권은 그 전세권자가 배당요구를 하면 매각으로 소멸된다.
⑤ 매수인은 매각대금을 다 낸 때에 매각의 목적인 권리를 취득한다.

45 「민사집행법」에 따른 부동산경매절차와 관련한 설명으로 틀린 것은?

① 강제경매신청시에는 집행력 있는 정본을 제출하여야 하고, 담보권실행경매를 신청할 경우에는 담보권존재서면을 제출하여야 한다.
② 경매신청으로 인한 압류의 효력은 채무자에게 경매개시결정이 송달된 때 또는 경매개시결정의 등기가 된 때에 발생한다.
③ 경매신청이 취하되면 압류의 효력은 소멸한다.
④ 매수신고가 있은 뒤 경매신청을 취하하는 경우에는 최고가매수신고인 또는 매수인과 차순위매수신고인의 동의를 받아야 한다.
⑤ 미등기 건물에 대하여는 채무자의 소유임이 입증되더라도 강제경매를 신청할 수 없다.

46 개업공인중개사가 「민사집행법」에 따른 강제경매에 관하여 중개의뢰인에게 설명한 내용으로 틀린 것은?　제35회

① 법원이 경매절차를 개시하는 결정을 할 때에는 동시에 그 부동산의 압류를 명하여야 한다.
② 압류는 부동산에 대한 채무자의 관리·이용에 영향을 미치지 아니한다.
③ 제3자는 권리를 취득할 때에 경매신청 또는 압류가 있다는 것을 알았을 경우에도 압류에 대항할 수 있다.
④ 경매개시결정이 등기된 뒤에 가압류를 한 채권자는 배당요구를 할 수 있다.
⑤ 이해관계인은 매각대금이 모두 지급될 때까지 법원에 경매개시결정에 대한 이의신청을 할 수 있다.

47 「민사집행법」상 부동산경매제도에 관한 설명 중 틀린 것은?

① 배당요구의 종기는 첫 매각기일 이전으로 법원이 정하는 날로 한다.
② 배당요구에 따라 매수인이 인수하여야 할 부담이 바뀌는 경우 배당요구를 한 채권자는 배당요구의 종기가 지난 뒤에는 이를 철회할 수 없다.
③ 채권자이면서 배당요구를 하지 않은 경우에는 당연배당 채권자가 아닌 한 선순위채권자라도 배당을 받을 수 없게 될 뿐만 아니라 자기보다 후순위채권자로서 배당받은 자를 상대로 별도의 소송으로 부당이득반환청구를 하는 것도 허용되지 않는다.
④ 최우선변제권이 있는 임차권자는 배당요구를 하지 않아도 경매절차에서 배당을 받을 수 있다.
⑤ 첫 경매개시결정등기 전에 등기된 저당권자, 근저당권자, 압류권자, 가압류권자 및 임차권등기명령에 의한 임차권등기권자는 배당요구를 하지 않아도 배당을 받을 수 있다.

48 「민사집행법」상 부동산경매와 관련한 설명 중 틀린 것은?

① 집행법원은 매각준비절차가 끝나면 직권으로 매각기일과 매각결정기일을 정하여 매각기일의 2주 전까지 공고하여야 한다.
② 부동산의 매각은 기일입찰 또는 기간입찰(1주 이상 1월 이하)의 2가지 방법으로 집행법원이 정한 매각방법에 따른다.
③ 압류채권자의 채권에 우선하는 채권에 관한 부동산의 부담을 매수인에게 인수하게 하거나, 매각대금으로 그 부담을 변제하는 데 부족하지 아니하다는 것이 인정된 경우가 아니면 그 부동산을 매각하지 못한다.
④ 기일입찰에서 매수신청의 보증의 제공은 금전 또는 자기앞수표 외에 지급보증위탁계약 문서로도 할 수 있다.
⑤ 공유자 및 구 「임대주택법」상 임차인은 매각기일까지 보증을 제공하고 최고매수신고가격과 같은 가격으로 채무자의 지분을 우선 매수하겠다는 신고를 할 수 있다.

49 개업공인중개사가 부동산경매에 관하여 의뢰인에게 설명한 내용으로 옳은 것은? 제23회

① 기일입찰에서 매수신청의 보증금액은 매수신고가격의 10분의 1로 한다.
② 차순위매수신고는 그 신고액이 최고가매수신고액에서 그 보증액을 뺀 금액을 넘는 때에만 할 수 있다.
③ 매수인은 매각대금이 지급되어 법원사무관 등이 소유권이전등기를 촉탁한 때에 매각의 목적인 권리를 취득한다.
④ 매각허가결정이 확정되면 매수인은 법원이 정한 대금지급기일에 매각대금을 지급해야 한다.
⑤ 재매각절차에서 전(前)의 매수인은 매수신청을 할 수 있다.

50 「민사집행법」상 부동산경매에 관한 설명으로 옳은 것을 모두 고른 것은?

> ㉠ 강제경매신청을 기각하거나 각하하는 재판에 대하여는 즉시항고를 할 수 있다.
> ㉡ 경매개시결정을 한 부동산에 대하여 다른 강제경매의 신청이 있는 때에는 법원은 뒤의 경매신청을 각하해야 한다.
> ㉢ 차순위매수신고는 그 신고액이 최고가매수신고액에서 그 보증액을 뺀 금액을 넘지 않는 때에만 할 수 있다.
> ㉣ 매각부동산의 후순위저당권자가 경매신청을 하여 매각되어도 선순위저당권은 매각으로 소멸되지 않는다.

① ㉠
② ㉠, ㉢
③ ㉡, ㉢
④ ㉡, ㉢, ㉣
⑤ ㉠, ㉡, ㉢, ㉣

51 법원은 X부동산에 대하여 담보권실행을 위한 경매절차를 개시하는 결정을 내렸고, 최저매각가격을 1억원으로 정하였다. 기일입찰로 진행되는 이 경매에서 매수신청을 하고자 하는 중개의뢰인 甲에게 개업공인중개사가 설명한 내용으로 옳은 것은? 제30회

① 甲이 1억 2,000만원에 매수신청을 하려는 경우, 법원에서 달리 정함이 없으면 1,200만원을 보증금액으로 제공하여야 한다.
② 최고가매수신고를 한 사람이 2명인 때에는 법원은 그 2명뿐만 아니라 모든 사람에게 다시 입찰하게 하여야 한다.
③ 甲이 다른 사람과 동일한 금액으로 최고가매수신고를 하여 다시 입찰하는 경우, 전의 입찰가격에 못 미치는 가격으로 입찰하여 매수할 수 있다.
④ 1억 5,000만원의 최고가매수신고인이 있는 경우, 법원에서 보증금액을 달리 정하지 않았다면 甲이 차순위매수신고를 하기 위해서는 신고액이 1억 4,000만원을 넘어야 한다.
⑤ 甲이 차순위매수신고인인 경우 매각기일이 종결되면 즉시 매수신청의 보증을 돌려줄 것을 신청할 수 있다.

52 「민사집행법」상 부동산경매절차에서 매수신청을 할 수 있는 자는?

① 경매대상 부동산을 평가한 감정인 및 그 친족
② 집행관 및 그 친족
③ 채무자
④ 채무자의 가족
⑤ 재매각에서 전(前)의 매수인

53 「민사집행법」상 부동산경매절차와 관련한 설명으로 옳지 <u>않은</u> 것은?

① 경매목적물의 취득에 관청의 증명이나 허가를 필요로 하는 경우에는 매각기일까지 이를 제출하여야 한다.
② 경매를 통하여 토지거래허가구역 내 토지를 취득하고자 하는 경우에는 토지거래허가는 받을 필요가 없다.
③ 농업인이 아닌 자가 경매 농지의 최고가매수신고인인 경우 농지취득자격증명을 제출하여야 매각허가결정을 받을 수 있다.
④ 기일입찰 또는 호가경매의 방법에 의한 매각기일에서 매각기일을 마감할 때까지 허가할 매수가격의 신고가 없는 때에는 집행관은 즉시 매각기일의 마감을 취소하고 같은 방법으로 매수가격을 신고하도록 최고할 수 있다.
⑤ 허가할 매수가격의 신고가 없이 매각기일이 최종적으로 마감된 때에는 법원은 최저매각가격을 상당히 낮추고 새 매각기일을 정하여 새 매각을 실시하여야 한다.

☆ 중요
54 「민사집행법」상의 부동산경매제도에 관한 설명 중 <u>틀린</u> 것은?

① 매각허가결정에 대하여 항고를 하고자 하는 사람은 보증으로 최저매각가격의 10분의 1에 해당하는 금전 또는 법원이 인정한 유가증권을 공탁하여야 한다.
② 매각허가결정에 대하여 한 즉시항고가 기각된 때에 채무자 및 소유자는 보증으로 제공한 금전이나 유가증권을 돌려줄 것을 요구하지 못한다.
③ 법원은 매각을 허가하지 아니하고 다시 매각을 명하는 때에는 최저매각가격의 저감이 없는 새 매각을 실시한다.
④ 매각허가결정이 확정되면 집행법원은 대금의 지급기한을 정하고, 이를 매수인과 차순위매수신고인에게 통지하여야 한다.
⑤ 채권자가 매수인인 경우에는 매각결정기일이 끝날 때까지 법원에 상계신고하고 배당받아야 할 금액을 제외한 대금을 배당기일에 낼 수 있다.

55 부동산의 강제매각절차에 관한 설명 중 <u>틀린</u> 것은 모두 몇 개인가?

> ㉠ 매수인은 법원이 정하여 통지한 대금지급기한까지 언제든지 매각대금을 납부할 수 있다.
> ㉡ 매수인이 경매부동산의 소유권을 취득하는 시기는 매각허가결정이 확정된 때이다.
> ㉢ 매수인이 대금지급기한 또는 다시 정한 기한까지 그 의무를 완전히 이행하지 아니하였고, 차순위매수신고인이 없는 때에는 집행법원은 직권으로 부동산의 재매각을 명하여야 한다.
> ㉣ 매수인이 재매각기일의 3일 이전까지 대금, 그 지급기한이 지난 뒤부터 지급일까지의 대금에 대한 대법원규칙이 정하는 이율에 따른 지연이자와 절차비용을 지급한 때에는 재매각절차를 취소하여야 한다.

① 없음
② 1개
③ 2개
④ 3개
⑤ 모두

56 부동산경매절차에서 각 채권자의 배당순위를 바르게 나열한 것은?

> ㉠ 「상가건물 임대차보호법」상의 소액보증금 중 일정금액
> ㉡ 담보물권에 의한 채권
> ㉢ 국세, 지방세 중 당해세
> ㉣ 최종 3개월분 임금과 3년분 퇴직금을 제외한 일반임금채권

① ㉠ ⇨ ㉡ ⇨ ㉢ ⇨ ㉣
② ㉠ ⇨ ㉡ ⇨ ㉣ ⇨ ㉢
③ ㉠ ⇨ ㉢ ⇨ ㉡ ⇨ ㉣
④ ㉠ ⇨ ㉢ ⇨ ㉣ ⇨ ㉡
⑤ ㉠ ⇨ ㉣ ⇨ ㉢ ⇨ ㉡

57 「민사집행법」상 부동산경매절차와 관련된 설명 중 틀린 것은?

① 재매각절차에는 종전에 정한 최저매각가격, 그 밖의 매각조건을 적용한다.
② 재매각절차에서는 전(前)의 매수인은 매수신청을 할 수 없으며, 매수신청의 보증을 돌려줄 것을 요구하지 못한다.
③ 매각부동산에 대한 채무자·소유자 또는 부동산 점유자에 대한 인도명령은 대금을 낸 뒤 60일 이내에 신청하여야 한다.
④ 매각부동산의 점유자가 매수인에게 대항할 수 있는 권원에 의하여 점유하고 있는 경우에는 인도명령신청에 의하여 부동산의 인도를 받을 수 없다.
⑤ 법원은 매수인 또는 채권자가 신청하면 매각허가가 결정된 뒤 인도할 때까지 관리인에게 부동산을 관리하게 할 것을 명할 수 있다.

58 부동산공매와 관련한 설명으로 틀린 것은?

① 공매는 세무서장·지방자치단체의 장이나 한국자산관리공사(KAMCO)에서 주로 행한다.
② 유입부동산 공매는 금융기관이나 기업체가 보유하고 있는 비업무용 부동산 등을 한국자산관리공사가 이들로부터 부동산매각을 의뢰받아 이들 기관의 대리인으로서 일반인에게 매각하는 공매이다.
③ 압류부동산 공매는 세무서장·지방자치단체가 「국세징수법」 등에 의거하여 국세·지방세의 체납자의 재산을 압류한 후 체납된 세금을 징수하기 위해서 한국자산관리공사에 공매대행을 의뢰하여 행하는 공매이다.
④ 비업무용 부동산공매의 경우 원칙적으로 토지거래허가가 면제되지 않는다.
⑤ 비업무용 부동산공매는 경매에 비하여 권리면에서 비교적 안전하다는 장점이 있다.

Point 57 매수신청대리인 ★★★★★

⭐중요
59 「공인중개사의 매수신청대리인 등록 등에 관한 규칙」에 따라 매수신청대리인으로 등록한 개업공인중개사 甲의 매수신청대리권의 범위로 볼 수 <u>없는</u> 것은?

① 매수신청보증의 제공
② 인도명령신청
③ 차순위매수신고
④ 공유자의 우선매수신고
⑤ 입찰표의 작성 및 제출

60 「공인중개사의 매수신청대리인 등록 등에 관한 규칙」상 매수신청대리의 대상물에 해당하지 <u>않는</u> 것은?

① 토지
② 건물 그 밖의 토지의 정착물
③ 입목
④ 자동차
⑤ 공장재단

⭐중요
61 「공인중개사의 매수신청대리인 등록 등에 관한 규칙」에 따른 매수신청대리인 등록 등과 관련한 설명으로 옳은 것은?

① 중개업의 폐업신고에 따라 매수신청대리인 등록이 취소되고 3년이 경과하지 아니한 자는 매수신청대리인 등록을 할 수 없다.
② 「형법」상 경매·입찰방해죄로 유죄의 확정판결을 받고 3년이 지나지 아니한 사람은 매수신청대리인 등록을 할 수 없다.
③ 매수신청대리인으로 등록한 개업공인중개사는 업무를 개시하기 전까지 보증보험 또는 협회의 공제에 가입하거나 공탁을 하여야 한다.
④ 중개업과 매수신청대리의 경우 공인중개사인 개업공인중개사가 손해배상책임을 보장하기 위한 보증의 설정금액은 서로 다르다.
⑤ 매수신청대리인으로 등록한 개업공인중개사가 중개업의 휴업신고를 한 경우 지방법원장은 매수신청대리업무에 관하여 기간을 정하여 업무정지처분을 하여야 한다.

62 「공인중개사의 매수신청대리인 등록 등에 관한 규칙」상 매수신청대리인 등록과 관련한 설명으로 옳은 것은?

① 소속공인중개사는 매수신청대리인 등록을 할 수 있다.
② 등록을 신청하는 개업공인중개사는 등록신청일 전 1년 이내에 지방법원장이 지정하는 교육기관에서 부동산경매에 관한 실무교육을 이수하여야 한다.
③ 등록신청을 받은 경우에는 7일 이내에 공인중개사인 개업공인중개사 또는 법인인 개업공인중개사로 구분하여 등록을 하여야 한다.
④ 등록신청은 법원행정처장에게 하여야 한다.
⑤ 손해배상책임을 보장하기 위한 보증을 법인은 4억원 이상, 법인이 아닌 개업공인중개사는 2억원 이상을 설정하여 등록신청시에 그 증명서류를 제출하여야 한다.

★중요
63 매수신청대리인 등록을 한 개업공인중개사 甲의 매수신청대리행위와 관련한 설명 중 옳은 것은?

① 甲은 위임인의 인감증명서가 첨부된 위임장과 매수신청대리인등록증 사본을 한 번 제출하면 그 다음 날부터는 대리행위마다 대리권을 증명할 필요가 없다.
② 甲은 대리행위를 함에 있어서 소속공인중개사 또는 중개보조원으로 하여금 대신하게 할 수 있다.
③ 甲은 매수신청대리 사건카드를 비치하고, 사건을 위임받은 때에는 사건카드에 위임받은 순서에 따라 필요한 사항을 기재하고, 서명날인한 후 5년간 이를 보존하여야 한다.
④ 甲은 위임계약을 체결한 경우 확인·설명사항을 서면으로 작성하여 서명날인한 후 위임인에게 교부하고, 그 사본을 사건카드에 철하여 3년간 보존하여야 한다.
⑤ 甲은 사건카드나 확인·설명서에 서명날인할 경우에는 「공인중개사의 매수신청대리인 등록 등에 관한 규칙」에 의하여 등록한 인장을 사용하여야 한다.

64 「공인중개사의 매수신청대리인 등록 등에 관한 규칙」상 매수신청대리인 등록과 관련한 설명으로 틀린 것은?

① 개업공인중개사는 등록증, 매수신청대리 등 보수표, 보증관계증서를 중개사무소 안의 보기 쉬운 곳에 게시하여야 한다.
② 매수신청대리인은 매수신청대리업의 3월을 초과하는 휴업을 하고자 할 때에는 감독법원에 그 사실을 미리 신고해야 하고, 휴업은 6월을 초과할 수 없다.
③ 중개법인이 매수신청대리인 등록을 신청하는 경우에는 대표자 및 그 임원이 실무교육을 이수하여야 한다.
④ 중개업 실무교육을 받은 후 1년 내일 경우라도 매수신청대리인 등록을 하기 위해서는 경매대리업 실무교육을 다시 이수하여야 한다.
⑤ 실무교육에는 평가가 포함되어야 하며, 교육시간은 32시간 이상 44시간 이내로 한다.

65 매수신청대리인인 개업공인중개사가 매수신청대리의 위임을 받은 경우에 위임인에게 확인·설명하여야 하는 사항이 아닌 것은?

① 당해 매수신청대리 대상물의 표시에 관한 사항
② 법령의 규정에 따른 제한사항
③ 당해 매수신청대리 대상물의 경제적 가치
④ 당해 매수신청대리 대상물에 관한 소유권을 양도함에 따라 부담할 세액 등의 사항
⑤ 당해 매수신청대리 대상물의 권리관계

66 매수신청대리업무의 보수에 관한 설명으로 틀린 것은?

① 개업공인중개사는 보수표와 보수에 대하여 이를 위임인에게 위임계약 전에 설명하여야 하고, 보수를 사건카드에 반드시 기록하여야 한다.
② 보수의 지급시기는 별도의 약정이 없을 때에는 매각대금의 지급기한일로 한다.
③ 매각허가결정이 확정되어 매수인으로 된 경우에는 감정가의 1% 이하 또는 최저매각가격의 1.5% 이하의 범위 안에서 당사자의 합의에 의하여 결정한다.
④ 확인·설명을 위한 등기기록 열람비용 등 매수신청대리에 필요한 통상의 실비라 하더라도 별도로 받을 수 있다.
⑤ 개업공인중개사는 보수를 받은 경우 예규에서 정한 양식에 의한 영수증을 작성하여 서명날인한 후 위임인에게 교부하여야 한다.

67 「공인중개사의 매수신청대리인 등록 등에 관한 규칙」상 매수신청대리인의 의무와 관련한 설명으로 틀린 것은?

① 개업공인중개사는 다른 법률에서 특별한 규정이 있는 경우를 제외하고는 그 업무상 알게 된 비밀을 누설하여서는 아니 되며, 이는 개업공인중개사가 그 업무를 떠난 경우에도 같다.
② 개업공인중개사는 매각절차의 적정과 매각장소의 질서유지를 위하여 「민사집행법」의 규정 및 집행관의 조치에 따라야 한다.
③ 매수신청대리인 등록을 한 개업공인중개사는 그 사무소의 명칭이나 간판에 '법원'의 명칭이나 휘장 등을 표시할 수 있다.
④ 개업공인중개사는 매수신청대리인 등록이 취소된 때에는 사무실 내·외부에 매수신청대리업무에 관한 표시 등을 제거하여야 한다.
⑤ 개업공인중개사는 매수신청대리의 업무정지처분을 받은 때에는 업무정지사실을 당해 중개사무소의 출입문에 표시하여야 한다.

68 매수신청대리인인 개업공인중개사가 그 사유 발생일로부터 10일 내에 지방법원장에게 신고하여야 하는 사항이 아닌 것은?

① 소속공인중개사나 중개보조원을 고용하거나 해고한 경우
② 중개사무소를 이전하거나 중개업을 휴업 또는 폐업한 경우
③ 공인중개사 자격이 취소되거나 공인중개사 자격이 정지된 경우
④ 중개사무소 개설등록이 취소되거나 중개업무가 정지된 경우
⑤ 분사무소를 설치한 경우

69 「공인중개사의 매수신청대리인 등록 등에 관한 규칙」상 매수신청대리업무를 수행하는 개업공인중개사의 금지행위에 해당하지 않는 것은? 제24회 수정

① 명의를 대여하는 행위
② 매수신청대리인 등록증을 대여하는 행위
③ 다른 개업공인중개사의 명의를 사용하는 행위
④ 이중으로 매수신청대리인 등록신청을 하는 행위
⑤ 구 「임대주택법」에 따른 임차인의 임대주택 우선매수신고를 하는 행위

70 甲은 매수신청대리인으로 등록한 개업공인중개사 乙에게 「민사집행법」에 의한 경매대상 부동산에 대한 매수신청대리의 위임을 하였다. 이에 관한 설명으로 옳은 것은?

① 乙은 중개사무소를 이전한 경우 그 날부터 7일 이내에 관할 지방법원장에게 그 사실을 신고하여야 한다.
② 乙은 법원의 부당한 매각허가결정에 대하여 항고할 수 있다.
③ 乙은 매수신청대리인이 된 사건에 있어서 매수신청인으로서 매수신청을 하는 행위를 해서는 아니 된다.
④ 乙이 중개업을 휴업한 경우나 업무정지처분을 받은 경우 관할 지방법원장은 乙의 매수신청대리인 등록을 취소해야 한다.
⑤ 甲과 乙이 보수의 지급시기에 관하여 약정이 없을 때에는 위임계약을 체결한 때로 한다.

71 「공인중개사의 매수신청대리인 등록 등에 관한 규칙」상 매수신청대리인의 등록을 취소하여야 하는 경우가 아닌 것은?

① 개업공인중개사가 「공인중개사법」에 의한 등록의 결격사유에 해당하는 경우
② 중개업의 폐업신고를 한 경우
③ 최근 1년 이내에 이 규칙에 따라 2회 이상 업무정지처분을 받고 다시 업무정지처분에 해당하는 행위를 한 경우
④ 공인중개사 자격이 취소되거나 중개사무소 개설등록이 취소된 경우
⑤ 등록 당시 이 규칙에 의한 등록요건을 갖추지 않았던 경우

★ 중요
72 매수신청대리인 등록을 한 개업공인중개사에 대한 행정처분과 관련한 설명으로 **틀린** 것은?

① 개업공인중개사에 대한 등록의 취소권한은 법원행정처장에게 있다.
② 업무정지처분의 기간은 1월 이상 2년 이하의 기간으로 하되, 임의적 업무정지처분과 필요적 업무정지처분으로 구분된다.
③ 등록취소처분을 받은 개업공인중개사는 처분을 받은 날로부터 7일 이내에 관할 지방법원장에게 등록증을 반납하여야 한다.
④ 지방법원장은 등록취소, 업무정지처분을 하고자 하는 때에는 10일 이상의 기간을 정하여 개업공인중개사에게 구술 또는 서면(전자문서 포함)에 의한 의견진술의 기회를 주어야 한다.
⑤ 중개사무소의 개설등록이 취소된 경우로서 개인인 개업공인중개사가 사망한 경우에는 그 개업공인중개사와 세대를 같이 하고 있는 자, 법인인 개업공인중개사가 해산한 경우에는 당해 법인의 대표자 또는 임원이었던 자가 등록취소처분을 받은 날로부터 7일 이내에 등록증을 관할 지방법원장에게 반납하여야 한다.

🔍 신유형
73 공인중개사법령상 중개사무소의 개설등록과 매수신청대리인 등록에 관한 설명 중 **틀린** 것은?

① 공인중개사는 중개사무소 개설등록을 하지 않으면 매수신청대리인으로 등록할 수 없다.
② 중개사무소의 개설등록은 등록관청에 하여야 하고, 매수신청대리인 등록은 관할 지방법원장에게 하여야 한다.
③ 중개사무소의 개설등록의 실무교육권한은 시·도지사에게 있으나 매수신청대리인 등록의 실무교육은 법원행정처장에게 권한이 있다.
④ 손해배상책임을 보장하기 위한 보증은 중개사무소 개설등록요건 및 매수신청대리인 등록요건이다.
⑤ 중개사무소 개설등록의 결격사유와 매수신청대리인 등록의 결격사유는 서로 다르다.

74 공인중개사의 매수신청대리인 등록 등에 관한 규칙에 따른 개업공인중개사의 매수신청대리에 관한 설명으로 옳은 것은? (다툼이 있으면 판례에 따름)　제34회

① 미등기건물은 매수신청대리의 대상물이 될 수 없다.
② 공유자의 우선매수신고에 따라 차순위매수신고인으로 보게 되는 경우 그 차순위매수신고인의 지위를 포기하는 행위는 매수신청대리권의 범위에 속하지 않는다.
③ 소속공인중개사도 매수신청대리인으로 등록할 수 있다.
④ 매수신청대리인이 되려면 관할 지방자치단체의 장에게 매수신청대리인 등록을 하여야 한다.
⑤ 개업공인중개사는 매수신청대리행위를 함에 있어서 매각장소 또는 집행법원에 직접 출석하여야 한다.

저자 약력

한민우 교수

현 | 해커스 공인중개사학원 공인중개사법령 및 실무 대표강사
해커스 공인중개사 공인중개사법령 및 실무 동영상강의 대표강사

전 | EBS 공인중개사법령 및 실무 전임강사
금융연수원, 한국경제TV 공인중개사법령 및 실무 강사
새롬행정고시학원, 웅진패스원, 안산법학원 공인중개사법령 및 실무 전임강사
새대한공인중개사협회 실무교육 강사

저서 | 공인중개사법령 및 중개실무(기본서·문제집), 고시동네 외, 2006~2017
공인중개사법령 및 중개실무(기본서), 새롬에듀, 2019
공인중개사법령 및 중개실무(기본서), 유비온, 2020
공인중개사법령 및 중개실무(기본서·문제집), 랜드하나, 2022
공인중개사법령 및 실무(기본서), 해커스패스, 2023~2025
공인중개사법령 및 실무(한손노트), 해커스패스, 2023~2025
공인중개사법령 및 실무(핵심요약집), 해커스패스, 2024~2025
공인중개사법령 및 실무(단원별 기출문제집), 해커스패스, 2025
공인중개사법령 및 실무(출제예상문제집), 해커스패스, 2023~2024
공인중개사 2차(기초입문서), 해커스패스, 2023~2025
공인중개사 2차(핵심요약집), 해커스패스, 2023
공인중개사 2차(단원별 기출문제집), 해커스패스, 2023~2024
공인중개사 2차(회차별 기출문제집), 해커스패스, 2023~2025
공인중개사 2차(실전모의고사), 해커스패스, 2023~2024

해커스 공인중개사
출제예상문제집
+ 7개년 기출분석
2차 공인중개사법령 및 실무

개정3판 1쇄 발행 2025년 5월 22일

지은이	한민우, 해커스 공인중개사시험 연구소 공편저
펴낸곳	해커스패스
펴낸이	해커스 공인중개사 출판팀

주소	서울시 강남구 강남대로 428 해커스 공인중개사
고객센터	1588-2332
교재 관련 문의	land@pass.com
	해커스 공인중개사 사이트(land.Hackers.com) 1:1 무료상담
	카카오톡 플러스 친구 [해커스 공인중개사]
학원 강의 및 동영상강의	land.Hackers.com

ISBN	979-11-7404-143-2 (13360)
Serial Number	03-01-01

저작권자 2025, 해커스 공인중개사

이 책의 모든 내용, 이미지, 디자인, 편집 형태는 저작권법에 의해 보호받고 있습니다.
서면에 의한 저자와 출판사의 허락 없이 내용의 일부 혹은 전부를 인용, 발췌하거나, 복제, 배포할 수 없습니다.

공인중개사 시험 전문,
해커스 공인중개사 land.Hackers.com

해커스 공인중개사

- 해커스 공인중개사학원 및 동영상강의
- 해커스 공인중개사 온라인 전국 실전모의고사
- 해커스 공인중개사 무료 학습자료 및 필수 합격정보 제공

해커스 공인중개사

교재만족도 96.5%!
베스트셀러 1위 해커스 교재

[96.5%] 해커스 공인중개사 수강생 온라인 설문조사(2023.10.28~12.27.) 결과(해당 항목 응답자 중 만족 의견 표시 비율)

기초부터 탄탄하게 입문서 & 기본서

만화로 시작하는
해커스 공인중개사

해커스 공인중개사
기초입문서

해커스 공인중개사
기본서

시험에 반드시 나오는 것만 엄선! 핵심요약집 & 부교재

해커스 공인중개사
7일완성 핵심요약집

해커스 공인중개사
한눈에 보는 공법체계도

해커스 공인중개사
계산문제집 부동산학개론

[만화로 시작하는 해커스 공인중개사] 교보문고 취업/수험서 공인중개사/주택관리사 분야 베스트셀러(2021.1.18, 온라인 주간 집계 기준) [2024 해커스 공인중개사 1차 기초입문서] YES24 수험서 자격증 베스트셀러 공인중개사 기본서 분야 2023년 11월 주간 베스트 기준 [2025 해커스 공인중개사 2차 기초입문서] YES24 수험서 자격증 베스트셀러 공인중개사 기본서 분야 2023년 11월 주간 베스트 기준 [2025 해커스 공인중개사 1차 기본서] 부동산학개론 교보문고 취업/수험서 분야 공인중개사 베스트셀러 1위(2024.12.05, 온라인 주간 베스트 기준) [2025 해커스 공인중개사 1차 기본서] 교보문고 취업/수험서 분야 공인중개사1차 베스트셀러 1위(2024.12.06, 온라인 주간 베스트 기준) [2025 해커스 공인중개사 2차 기본서] 공인중개사법령 및 실무 교보문고 취업/수험서 분야 공인중개사2차 베스트셀러 1위(2024.12.05, 온라인 주간 베스트 기준) [2025 해커스 공인중개사 2차 기본서] 부동산공시법령 교보문고 취업/수험서 분야 공인중개사 2차 베스트셀러 1위(2024.12.06, 온라인 주간 베스트 기준) [2025 해커스 공인중개사 2차 기본서] 부동산공법 교보문고 취업/수험서 분야 공인중개사 2차 베스트셀러 1위(2024.12.06, 온라인 주간 베스트 기준) [2025 해커스 공인중개사 2차 기본서] 부동산세법 교보문고 취업/수험서 분야 공인중개사 2차 베스트셀러 1위(2024.12.12, 온라인 주간 베스트 기준) [2025 해커스 공인중개사 1차 7일완성 핵심요약집 교보문고 취업/수험서 1위(2024.12.10, 온라인 주간 베스트 기준) [2025 해커스 공인중개사 1차 7일완성 핵심요약집 민법 및 민사특별법] 교보문고 취업/수험서 공인중개사/주택관리사 공인중개사 1차 분야 베스트셀러 1위(25.02.06, 온라인 주간베스트 공인중개사/주택관리사 공인중개사 1차 분야 베스트셀러 1위(25.02.05, 온라인 주간베스트 기준) [2025 해커스 공인중개사 2차 7일완성 핵심요약집 및 실무] 교보문고 취업/수험서 공인중개사/주택관리사 공인중개사 2차 분야 베스트셀러 1위(25.02.07, 온라인 주간베스트 기준) [2025 해커스 공인중개사 2차 7일완성 핵심요약집 부동산공시법] 교보문고 취업/수험서 공인중개사/주택관리사 공인중개사 2차 분야 베스트셀러 1위(25.02.10, 온라인 주간베스트 기준) [2025 해커스 공인중개사 2차 7일완성 핵심요약집 부동산공법] 교보문고 취업/수험서 공인중개사/주택관리사 공인중개사 2차 분야 베스트셀러 1위(25.02.11, 온라인 주간베스트 기준) [2025 해커스 공인중개사 2차 7일완성 핵심요약집 부동산세법] 교보문고 취업/수험서 공인중개사/주택관리사 공인중개사 2차 분야 베스트셀러 1위(25.02.12, 온라인 주간베스트 기준) [2023 해커스 공인중개사 한눈에 보는 공법체계도 2차 부동산공법] 교보문고 취업/수험서 베스트셀러 공인중개사 분야 1위(2023.04.03, 온라인 주간베스트 기준) [2025 해커스 공인중개사 신관식 계산문제집 1차 부동산학개론] 교보문고 취업/수험서 공인중개사/주택관리사 공인중개사 1차 분야 베스트셀러(25.02.20, 온라인 주간베스트 기준)

해커스 공인중개사 출제예상문제집

2차 공인중개사법령 및 실무

해설집

빠른 정답확인 + 정답 및 해설 + 지문분석

해커스 공인중개사 출제예상문제집

2차 공인중개사법령 및 실무

해설집

land.Hackers.com

Contents

◉ 빠른 정답확인
◉ 정답 및 해설
    제1편 공인중개사법령 ··· 9
    제2편 부동산 거래신고 등에 관한 법령 ················· 42
    제3편 중개실무 ··· 51

빠른 정답확인

제1편 공인중개사법령

제1장 p.20~29

01	④
02	②
03	③
04	④
05	⑤
06	④
07	①
08	②
09	①
10	①
11	⑤
12	①
13	③
14	①
15	③
16	②
17	⑤
18	①
19	①
20	④
21	⑤
22	③
23	②
24	①

제2장 p.31~38

01	④
02	①
03	④
04	⑤
05	④
06	②
07	④
08	②
09	②
10	①
11	⑤
12	②
13	⑤
14	①
15	②
16	④
17	④

제3장 p.41~53

01	⑤
02	④
03	①
04	③
05	⑤
06	③
07	⑤
08	④
09	⑤
10	①
11	②
12	④
13	⑤
14	④
15	④
16	⑤
17	②
18	⑤
19	③
20	②
21	⑤
22	⑤
23	④
24	①
25	②
26	②
27	③
28	⑤
29	③
30	④
31	①

제4장 p.57~81

01	③
02	④
03	②
04	②
05	④
06	④
07	⑤
08	①
09	④
10	②
11	⑤
12	③
13	③
14	③
15	⑤
16	⑤
17	③
18	⑤
19	⑤
20	②
21	②

22	④
23	①
24	④
25	①
26	②
27	⑤
28	②
29	④
30	③
31	⑤
32	①
33	④
34	④
35	①
36	⑤
37	③
38	②
39	④
40	⑤
41	④
42	②
43	⑤
44	③
45	①
46	①
47	⑤
48	②
49	③
50	①
51	③
52	③
53	④
54	④

제5장 p.84~93

01	⑤
02	③
03	⑤
04	④
05	④
06	①
07	②
08	④
09	①
10	②
11	④
12	④
13	④
14	③
15	②
16	⑤
17	②
18	②
19	④

제6장 p.98~119

01	①
02	②
03	③
04	④
05	②
06	⑤
07	①
08	⑤
09	④
10	②
11	②
12	⑤
13	③
14	⑤
15	③
16	②
17	②
18	⑤
19	②
20	③
21	①
22	②
23	①
24	②
25	①
26	④
27	③
28	②
29	④
30	③
31	①
32	①
33	①
34	③
35	④
36	⑤
37	③
38	②
39	①
40	③
41	④
42	③
43	①
44	④

제7장 p.121~130

01	②
02	③
03	③
04	①
05	④
06	④
07	④
08	⑤
09	②
10	④
11	④
12	①
13	④
14	③
15	②
16	①
17	④
18	①
19	③
20	③

제8장 p.135~143

01	③
02	⑤
03	④
04	②
05	①
06	③
07	④
08	③
09	④
10	⑤
11	④
12	①
13	③
14	④
15	③
16	②
17	④
18	⑤

제9장 p.146~151

01	③
02	②
03	④
04	②
05	⑤
06	④
07	①
08	③
09	④
10	⑤

제10장 p.156~173

01	④
02	⑤
03	①
04	①
05	④
06	②
07	②
08	②
09	⑤
10	⑤
11	⑤
12	③
13	④
14	②
15	①
16	④
17	①
18	④
19	②
20	②
21	②
22	①
23	②
24	③
25	⑤
26	②
27	③
28	②
29	④
30	⑤
31	③
32	③
33	③
34	①
35	①
36	③
37	④
38	①

제2편 부동산 거래신고 등에 관한 법령

제1장 p.178~190

01	②
02	④
03	④
04	④
05	③
06	⑤
07	④
08	①
09	⑤
10	②
11	①
12	⑤
13	②
14	⑤
15	④
16	②
17	⑤
18	②
19	③
20	⑤
21	③
22	①
23	①
24	④
25	④

제2장 p.192~196

01	③
02	③
03	②
04	⑤
05	④
06	①
07	④
08	③
09	⑤

제3장 p.198~202

01	④
02	③

03	④
04	④
05	⑤
06	③
07	①
08	④
09	⑤
10	②

제4장 p.206~215

01	④
02	①
03	③
04	②
05	①
06	③
07	⑤
08	③
09	②
10	⑤
11	②

제3편 중개실무

제1장 p.225~228

01	①
02	④
03	③
04	①
05	④

12	④
13	③
14	②
15	②
16	①
17	②
18	④
19	⑤
20	③
21	③

제5장 p.217~220

01	⑤
02	①
03	③
04	③
05	④
06	⑤
07	③
08	②

06	④
07	②
08	③
09	②

제2장 p.233~250

01	③
02	②
03	①
04	③
05	⑤
06	①
07	④
08	②
09	⑤
10	⑤
11	⑤
12	⑤
13	③
14	①
15	①
16	⑤
17	③
18	③
19	⑤
20	④
21	①
22	④
23	④
24	④
25	⑤
26	①
27	④
28	③
29	①
30	③
31	①
32	⑤
33	④
34	②
35	③
36	④
37	③

제3장 p.253~254

01	③
02	①
03	③
04	⑤
05	①

제4장 p.257~259

01	④
02	④
03	⑤
04	②
05	①
06	④

제5장 p.266~300

01	②
02	⑤
03	②
04	⑤
05	⑤
06	②
07	③

#	Ans	#	Ans	#	Ans	#	Ans
08	④	38	④	68	①	72	①
09	②	39	⑤	69	⑤	73	④
10	④	40	②	70	③	74	⑤
11	①	41	②	71	③		
12	②	42	①				
13	③	43	②				
14	②	44	③				
15	④	45	⑤				
16	⑤	46	③				
17	②	47	④				
18	①	48	②				
19	②	49	②				
20	④	50	①				
21	④	51	④				
22	③	52	④				
23	③	53	①				
24	①	54	①				
25	⑤	55	②				
26	④	56	③				
27	①	57	③				
28	④	58	②				
29	③	59	②				
30	③	60	④				
31	②	61	⑤				
32	④	62	⑤				
33	②	63	③				
34	①	64	③				
35	④	65	④				
36	⑤	66	④				
37	③	67	③				

정답 및 해설

제1편 공인중개사법령

제1장 총칙   p.20~29

01	④	02	②	03	③	04	④	05	⑤
06	④	07	①	08	②	09	①	10	①
11	⑤	12	①	13	③	14	①	15	③
16	②	17	⑤	18	⑤	19	①	20	④
21	⑤	22	③	23	②	24	①		

Point 01 법의 제정목적

01 ④
ⓒⓔ이 법의 제정목적에 해당한다.
ⓐⓒ 법의 제정목적에 해당하지 아니한다.

 「공인중개사법」의 제정목적

이 법은 공인중개사의 업무 등에 관한 사항을 정하여 그 전문성을 제고하고 부동산중개업을 건전하게 육성하여 국민경제에 이바지함을 목적으로 한다(법 제1조).

Point 02 용어의 정의

02 ②

지문분석
① 중개업이 다른 사람의 의뢰에 의하여 일정한 보수를 받고 중개를 업으로 행하는 것을 말한다.
③ 금전은 중개대상물이 아니므로, 금전소비대차 행위를 일정한 보수를 받고 계속·반복적으로 알선한 경우라도 중개업에 해당하지 않는다.
④ 중개업에의 해당 여부는 등록을 불문하므로 무등록중개업자의 중개행위도 중개업에 해당될 수 있다.
⑤ 중개대상인 권리에는 저당권 등 담보물권이 포함된다. 단, 동산질권은 포함되지 않는다(대판 1996.9.24, 96도1641).

핵심 용어의 정의

중개	법정 중개대상물에 대하여 거래당사자간의 매매·교환·임대차 그 밖의 권리의 득실변경에 관한 행위를 알선하는 것
중개업	다른 사람의 의뢰에 의하여 일정한 보수를 받고 중개를 업으로 행하는 것
개업공인중개사	이 법에 의하여 중개사무소의 개설등록을 한 자
공인중개사	이 법에 의한 공인중개사 자격을 취득한 자
소속공인중개사	개업공인중개사에 소속된 공인중개사(개업공인중개사인 법인의 사원 또는 임원으로서 공인중개사인 자를 포함)로서 중개업무를 수행하거나 개업공인중개사의 중개업무를 보조하는 자
중개보조원	공인중개사가 아닌 자로서 개업공인중개사에 소속되어 중개대상물에 대한 현장안내 및 일반서무 등 개업공인중개사의 중개업무와 관련된 단순한 업무를 보조하는 자

03 ③

지문분석
① '중개사무소 개설등록을 하고'라는 표현이 삭제되어야 한다.
② '개업공인중개사'는 이 법에 의하여 중개사무소의 개설등록을 한 자를 말한다.
④ 소속공인중개사는 개업공인중개사에 소속된 공인중개사(개업공인중개사인 법인의 사원 또는 임원으로서 공인중개사인 자를 포함)로서 중개업무를 수행하거나 개업공인중개사의 중개업무를 보조하는 자를 말한다.
⑤ 중개보조원은 공인중개사가 아닌 자로서 개업공인중개사에 소속되어 중개대상물에 대한 현장안내 및 일반서무 등 개업공인중개사의 중개업무와 관련된 단순한 업무를 보조하는 자를 말한다.

04 ④
중개보조원에 소속공인중개사가 포함되는 것은 아니다.

05 ⑤

지문분석

① 중개대상물에 대하여 거래당사자간에 교환하는 행위를 알선하는 것이 '중개'이다.
② 중개업은 다른 사람의 의뢰에 의하여 중개를 업으로 행하는 것이므로, 보수를 받아야만 '중개업'이 될 수 있다.
③ 개업공인중개사인 법인의 임원으로서 공인중개사인 자는 소속공인중개사에 해당한다.
④ 개업공인중개사에 소속되어 개업공인중개사의 중개업무와 관련된 단순한 업무를 보조하는 경우라도 공인중개사인 자는 소속공인중개사에 해당한다.

06 ④

ⓒⓒ②이 옳은 지문이다.
㉠ 개업공인중개사라 함은 「공인중개사법」에 의하여 중개사무소의 개설등록을 한 자를 말한다.
ⓒ 대판 2011.5.13, 2010도16970
② 대판 2011.4.14, 2010다101486

07 ①

지문분석

② 유·무형의 재산적 가치의 양도에 대하여 권리금을 수수하도록 중개한 것은 중개행위에 해당하지 아니한다(대판 2006.2.23, 2006두156).
③ 우연한 기회에 단 1회 건물전세계약의 중개를 하고 보수를 받은 사실만으로는 알선·중개를 업으로 한 것이라 볼 수 없다(대판 1988.8.9, 88도998).
④ 중개는 매매·교환·임대차뿐만 아니라 저당권 등 권리의 득실변경행위도 대상으로 한다.
⑤ 「공인중개사법」은 중개보수를 받지 않은 중개행위에도 적용된다.

08 ②

중개행위는 법률행위의 성립을 위한 중개의뢰인의 사자(使者) 또는 대리인으로서의 행위가 아니라 개업공인중개사의 독자적 행위로 보아야 한다.

지문분석

③ 부동산중개업무는 「상법」 제46조 제11호에서 정하고 있는 '중개에 관한 행위'로서 기본적 상행위에 해당한다(대판 2008.12.11, 2007다66590).

09 ①

중개행위에 해당하는지 여부는 개업공인중개사가 진정으로 거래당사자를 위하여 거래를 알선, 중개하려는 의사를 갖고 있었느냐고 하는 개업공인중개사의 주관적 의사에 의하여 결정할 것이 아니라 개업공인중개사의 행위를 객관적으로 보아 사회통념상 거래의 알선, 중개를 위한 행위라고 인정되는지 여부에 의하여 결정하여야 할 것이다(대판 1995.9.29, 94다47261).

지문분석

④ 대판 1996.9.24, 96도1641
⑤ 대판 1995.9.29, 94다47261

10 ①

틀린 것은 ㉠ⓒ이다.
㉠ 우연한 기회에 타인간의 거래를 중개한 것은 보수를 받은 경우라 하더라도 중개업에 해당하지 않는다.
ⓒ 중개업을 부동산컨설팅행위에 부수하여 하는 경우에도 중개업에 해당한다.

Point 03 중개대상물

11 ⑤

등록되는 항공기, 자동차, 건설기계 등 의제(준)부동산 모두가 중개대상물이 되는 것은 아니다.

12 ①

1필 토지의 일부분도 용익권의 객체가 되므로 중개대상물이 될 수 있다.

지문분석

② 대판 2009.1.15, 2008도9427
⑤ 대판 2013.1.24, 2010다16519

보충 분양권과 입주권

- **분양권**: 동·호수가 지정되거나 분양계약이 체결된 장래의 건물 - 중개대상물 (○)
- **입주권**: 당첨이 되면 입주예정자로 선정될 수 있는 지위 - 중개대상물 (×) ⇨ 단, 특정되고, 구체화된 입주권은 중개대상물이다.

13 ③

동산질권은 부동산에 성립하는 권리가 아니므로 중개대상이 될 수 없다.

지문분석

① 무허가·미등기건물이라도 중개대상물이 될 수 있다.
② 명인방법을 갖춘 수목의 집단은 중개대상물이 될 수 있다.

④ 교량, 담장 등 토지의 종물 또는 부합물이 되는 것은 독립 중개대상물이 될 수 없다.
⑤ 선박은 모두 중개대상물이 아니다.

14 ①
중개대상물 중 '건물'에는 기존의 건축물뿐만 아니라, 장차 건축될 특정의 건물도 포함된다고 볼 것이므로 아파트의 특정 동, 호수에 대하여 피분양자가 선정되거나 분양계약이 체결된 후에는 그 특정 아파트가 완성되기 전이라 하여도 이에 대한 매매 등 거래를 중개하는 것은 '건물'의 중개에 해당한다(대판 2005.5.27, 2004도62).

지문분석
② 특정한 아파트에 입주할 수 있는 권리가 아니라 아파트에 대한 추첨기일에 신청을 하여 당첨이 되면 아파트의 분양예정자로 선정될 수 있는 지위를 가리키는 데에 불과한 입주권은 중개대상물인 건물에 해당한다고 보기 어렵다(대판 1991.4.23, 90도1287).
③ '금전채권'은 「공인중개사법」이 정한 중개대상물이 아니다. 따라서 근저당권이 설정되어 있는 피담보채권은 금전채권으로서, 금전채권 매매계약을 중개한 것은 중개행위에 해당하지 않으므로, 중개보수의 한도액은 금전채권 매매계약의 중개행위에는 적용되지 않는다(대판 2019.7.11, 2017도13559).
④ 영업용 건물의 영업시설·비품 등 유형물이나 거래처, 신용, 영업상의 노하우 또는 점포위치에 따른 영업상의 이점 등 무형의 재산적 가치는 중개대상물이라고 할 수 없다(대판 2006.9.22, 2005도6054).
⑤ 가식(假植)의 수목의 집단은 중개대상물이 될 수 없다.

15 ③
입목을 목적으로 하는 저당권의 효력은 입목을 베어 낸 경우에 그 토지로부터 분리된 수목에 대하여도 미친다(「입목에 관한 법률」 제4조 제1항).

16 ②
입목으로 등기를 받을 수 있는 수목의 집단은 1필의 토지의 전체 또는 일부분에 생립하고 있는 모든 수종의 수목이다.

17 ⑤
광업재단 또는 공장재단의 소유권보존등기는 그 등기 후 '10개월' 이내에 저당권설정등기를 하지 아니한 경우에는 효력을 상실한다(「공장 및 광업재단 저당법」 제11조).

18 ⑤
㉠㉡㉢ 모두 옳은 지문이다.

㉠ 대판 2009.1.15, 2008도9427
㉡ 「입목에 관한 법률」 제10조
㉢ 「공장 및 광업재단 저당법」 제13조 제3항

19 ①
영업용 건물의 영업시설·비품 등 유형물이나 거래처, 신용, 영업상의 노하우 또는 점포위치에 따른 영업상의 이점 등 무형의 재산적 가치는 중개대상물이라고 할 수 없다(대판 2006.9.22, 2005도6054).

보충 유치권

- 유치권: 중개대상권리 (○)
- 유치권의 이전: 중개대상행위 (○)
- 유치권의 성립: 중개대상행위 (×)
- 유치권이 성립된 건물: 중개대상물 (○)

20 ④
중개대상이 아닌 것은 5개(㉠㉡㉢㉣㉤)이다.
㉢㉣㉥ 가압류된 아파트, 부동산 환매계약 및 부동산 유치권은 중개대상이 된다.

21 ⑤
㉠㉡㉢㉣ 모두 중개대상물에 해당하지 않는다.

22 ③
㉡㉢㉤이 중개대상이 될 수 있는 권리 및 대상물로 틀린 항목이 포함되어 있다.
㉡ 법정저당권의 성립은 중개행위의 개입 여지가 없다.
㉢ 분묘기지권은 이전성이 없어서 중개대상권리가 되지 않고, 권리금은 중개대상물이 아니며, 동산질권은 중개대상물에 성립하는 권리가 아니다.
㉣㉤ 등기된 부동산 환매권과 법정지상권은 중개대상권리이나, 다만 그 행사나 성립은 중개할 수 없을 뿐이다.
㉤ 특허권은 중개대상물에 성립하는 권리가 아니다.

23 ②
토지로부터 분리된 수목은 중개대상물이 아니다.

24 ①
㉠㉡이 중개대상물에 해당한다.
㉢ 특정한 아파트에 입주할 수 있는 권리가 아니라 아파트에 대한 추첨기일에 신청을 하여 당첨이 되면 아파트의 분양예정자로 선정될 수 있는 지위를 가리키는 데에 불과한 입주권은 중개대상물인 건물에 해당한다고 보기 어

렵다(대판 1991.4.23, 90도1287).
ⓔ 대토권은 주택이 철거될 경우 일정한 요건하에 택지개발지구 내에 이주자택지를 공급받을 지위에 불과하고 특정한 토지나 건물 기타 정착물 또는 법 시행령이 정하는 재산권 및 물건에 해당한다고 볼 수 없으므로 중개대상물에 해당하지 않는다(대판 2011.5.26, 2011다23682).

제2장 공인중개사 제도   p.31~38

01 ④	02 ①	03 ④	04 ⑤	05 ④
06 ②	07 ④	08 ②	09 ②	10 ①
11 ⑤	12 ②	13 ⑤	14 ①	15 ②
16 ④	17 ④			

Point 04 공인중개사 정책심의위원회

01 ④
심의위원회 위원장이 직무를 수행할 수 없을 경우 위원장이 지명한 위원이 그 직무를 대행한다.

[핵심] 공인중개사 정책심의위원회

설치	국토교통부에 설치, 임의기관
위원장	국토교통부 제1차관(직무수행 불가시 지명한 위원이 대행)
위원	국토교통부장관이 임명·위촉, 위원장 1인 포함 7~11명 이내, 임기 2년
소집	위원장이 7일 전까지 소집통지(긴급시는 전날까지)

02 ①
ⓛⓒ이 옳은 지문이다.
㉠ 위원장은 <u>국토교통부 제1차관</u>으로 한다.
ⓔ 회의 소집통지는 <u>7일</u> 전까지 해야 하고, 긴급 또는 부득이한 사유가 있는 때에는 전날까지 할 수 있다.

03 ④
출제위원은 시험시행기관장이 임명 또는 위촉하고, 심의위원회의 심의·의결사항이 아니다.

[보충] 공인중개사 정책심의위원회 심의·의결사항

심의사항	의결사항
• 공인중개사의 시험 등 공인중개사의 자격 취득에 관한 사항 • 부동산중개업의 육성에 관한 사항 • 중개보수 변경에 관한 사항 • 손해배상책임의 보장 등에 관한 사항	• 국토교통부장관이 시험을 시행하고자 하는 경우 • 당해 연도 시험을 시행하지 아니할 경우 • 선발예정인원, 최소 선발인원 또는 최소 선발비율 결정 • 기피신청에 대한 가부 결정 • 심의위원회의 운영에 관하여 필요한 사항

04 ⑤
심의위원회에서 <u>공인중개사의 시험 등 공인중개사의 자격 취득에 관한 사항</u>을 심의한 경우 시·도지사는 이에 따라야 한다.

05 ④
「소비자기본법」에 따른 한국소비자원 또는 등록 소비자단체의 임직원으로 재직하고 있는 사람은 심의위원회의 위원이 될 수 있다. 그 밖에 국토교통부 4급 이상 공무원, 부교수 이상, 변호사 또는 공인회계사, 공인중개사협회 추천자, 자격시험 수탁기관장 추천자, 비영리민간단체 추천자, 그 밖에 부동산·금융 관련 분야에 학식과 경험이 풍부한 사람은 위원으로 위촉될 수 있다.

06 ②
㉠㉥이 옳은 지문이다.
ⓛ 위원회는 위원장 1명을 포함하여 7명 이상 11명 이내의 위원으로 구성한다.
ⓒ 위원의 임명·위촉은 국토교통부장관이 행한다.
ⓔ 위원장이 부득이한 사유로 직무를 수행할 수 없을 때에는 위원 중에서 <u>지명된</u> 자가 그 직무를 대행한다.

Point 05 공인중개사 자격시험

07 ④
파산자도 시험에 응시할 수 있으므로, 공인중개사가 될 수 있다. 그러나 결격사유에 해당하므로 복권되기 전에는 소속공인중개사는 될 수 없다.

> 지문분석

① 시험의 원칙적인 시행기관장은 시·도지사이다.
② 시험 부정행위자는 5년간 응시자격이 제한되므로, 2027년 10월 28일까지 응시자격이 정지된다.
③ 미성년자도 시험에 응시할 수 있다.
⑤ 시험에 관하여 필요한 사항은 대통령령으로 정한다.

08 ②

ⓒⓒ이 공인중개사 자격시험에 응시할 수 없는 경우이다.
ⓒⓒ 공인중개사 자격취소처분을 받고 3년이 경과되지 아니한 자와, 공인중개사 자격시험에서 부정행위처분을 받고 5년이 경과되지 아니한 자는 시험에 응시할 수 없다.

09 ②

국토교통부장관이 직접 시험문제를 출제하려는 경우에는 공인중개사 정책심의위원회의 사전의결을 거쳐야 한다.

10 ①

출제위원은 시험시행기관장이 임명 또는 위촉한다.

11 ⑤

시·도지사는 시험 합격자의 결정 공고일부터 1개월 이내에 시험합격자에 관한 사항을 공인중개사 자격증 교부대장에 기재한 후, 시험 합격자에게 공인중개사 자격증을 교부하여야 한다.

12 ②

공인중개사에 관한 설명으로 옳은 것은 ㉠㉡ 2개이다.
㉢ 공인중개사 자격증의 재교부를 신청하는 자는 재교부신청서를 자격증을 교부한 시·도지사에게 제출해야 한다.
㉣ 공인중개사인 자는 중개업 종사 여부를 불문하고 공인중개사라는 명칭을 사용할 수 있다.
㉤ 공인중개사일지라도 중개사무소의 개설등록을 하지 않으면 중개업을 영위할 수 없다.

Point 06 공인중개사 자격증의 양도·대여 등의 금지

13 ⑤

공인중개사 자격을 사칭한 자는 1년 이하의 징역 또는 1천만원 이하의 벌금에 처한다.

14 ①

공인중개사 자격을 부정한 방법으로 취득한 자에 대한 형벌은 「공인중개사법」상 규정된 바가 없다.

> 지문분석

② 대판 2017.10.26, 2017도11528
③ 대판 2007.3.29, 2006도9334

15 ②

공인중개사의 명의로 등록되어 있으나 실제로는 공인중개사가 아닌 자가 주도적으로 운영하는 형식으로 동업하여 중개사무소를 운영한 경우, 이는 법에 의하여 금지된 행위로서 형사처벌의 대상이 되는 범죄행위에 해당하는 것이다(대판 2007.1.12, 2006도6599).

> 지문분석

① 공인중개사 자격증은 특정 업무를 위하여 일시적으로도 대여할 수 없다.
③ 공인중개사 자격증과 중개사무소 등록증을 대여받아 중개사무소를 운영하는 甲이 직접 거래당사자로서 위 중개사무소를 방문한 乙과 임대차계약을 체결한 경우, 甲의 이러한 행위는 '중개행위'에 해당하지 않는다(대판 2011. 4.14, 2010다101486).
④⑤ 무자격자가 공인중개사의 업무를 수행하였는지 여부는 외관상 공인중개사가 직접 업무를 수행하는 형식을 취하였는지 여부에 구애됨이 없이 실질적으로 무자격자가 공인중개사의 명의를 사용하여 업무를 수행하였는지 여부에 따라 판단하여야 한다. 무자격자가 자신의 명함에 '부동산뉴스 대표'라는 명칭을 기재하여 사용한 것은 공인중개사와 유사한 명칭을 사용한 것에 해당한다(대판 2007.3.29, 2006도9334).

16 ④

등록증을 대여한 경우에는 등록이 취소되는 것이지, 자격이 취소되는 것이 아니다.

17 ④

ⓒⓒ은 1년 이하의 징역 또는 1천만원 이하의 벌금형에 처하는 사유로서, 금지되는 행위이다.
㉠ 법인인 개업공인중개사는 중개업과 함께 주택의 분양대행을 겸업할 수 있다.

제3장 중개사무소의 개설등록 p.41~53

01	⑤	02	④	03	①	04	③	05	⑤
06	③	07	⑤	08	④	09	⑤	10	①
11	②	12	④	13	⑤	14	④	15	④
16	⑤	17	②	18	④	19	③	20	②
21	⑤	22	⑤	23	④	24	①	25	②
26	②	27	③	28	⑤	29	③	30	④
31	①								

Point 07 중개사무소 개설등록기준

01 ⑤
중개사무소의 개설등록은 중개업을 영위하기 위한 적법요건으로서, 등록을 하지 아니한 자가 부동산거래를 중개했더라도 그 거래계약이 무효가 되는 것은 아니다.

02 ④
현행 「공인중개사법」상 등록의 갱신제도는 규정된 바가 없다.

03 ①
지문분석
② 법인은 대표자를 제외한 사원 또는 임원의 3분의 1 이상이 공인중개사이어야 한다.
③ 건축물대장에 기재되지 않았더라도 준공 등이 된 건물에는 설치할 수 있고, 중개사무소의 면적에 대한 제한규정은 없다.
④ 사회적 협동조합은 비영리법인으로서 중개사무소의 개설등록을 할 수 없다.
⑤ 중개업만을 영위할 목적으로 설립될 필요는 없고, 부동산 상담업 등 공인중개사법령이 정한 업무를 영위할 목적으로 설립되면 된다.

핵심 법인의 등록기준
- 법정업무만 영위할 목적으로 설립된, 자본금 5천만원 이상의 「상법」상 회사 또는 「협동조합 기본법」상 협동조합(사회적 협동조합 제외)일 것
- 대표자는 공인중개사이고, 대표자를 제외한 임원 또는 사원의 3분의 1 이상이 공인중개사일 것
- 중개사무소를 확보할 것
- 대표자, 사원·임원 전체가 실무교육 수료할 것
- 법인, 사원 또는 임원 전체 결격사유에 해당하지 않을 것

04 ③
지문분석
① 분사무소 설치 여부는 임의사항으로서 그 확보는 법인의 등록기준이 아니다.
② 「상법」상 회사인 경우 반드시 주식회사일 필요는 없고, 유한회사, 유한책임회사, 합자회사, 합명회사이어도 된다.
④ 대표자, 사원 또는 임원 전원이 실무교육을 받았어야 한다.
⑤ 대표자는 공인중개사이어야 한다.

05 ⑤
㉠㉡㉢이 틀린 지문이다.
㉠ 반드시 소유권에 의하여 사무소의 사용권을 확보해야 하는 것은 아니고, 임대차, 사용대차의 방법으로 확보하여도 된다.
㉡ 변호사일지라도 공인중개사의 자격이 없다면 개설등록을 할 수 없으므로, 변호사도 등록기준을 적용받는다.
㉢ 대표자를 제외한 임원 또는 사원은 3분의 1 이상이 공인중개사이어야 하므로, 7명 중에 최소한 3명은 공인중개사이어야 한다.
㉣ 공인중개사(소속공인중개사 제외) 또는 법인이 아닌 자는 중개사무소의 개설등록을 신청할 수 없으므로, 법인 아닌 사단은 등록을 신청할 수 없다. 따라서 옳은 내용이다.

06 ③
지문분석
① 부동산개발업은 중개법인의 영위 가능한 업무범위에 해당하지 않으므로 등록을 할 수 없다.
② 가설건축물에 중개사무소를 확보한 경우에는 중개사무소의 개설등록을 할 수 없다.
④ 공인중개사 자격을 취소당한 후 3년이 경과되지 아니한 자는 등록결격자로서, 결격사유자가 무한책임사원으로 있는 합명회사는 결격이므로 등록을 할 수 없다.
⑤ 유한책임회사의 업무집행자는 임원이므로 실무교육을 수료하여야 한다.

07 ⑤
특수법인도 중개업을 영위할 수 있는 분사무소를 설치할 수 있다.

08 ④

특수법인에 대한 확인·설명서 작성면제에 대한 특례규정은 없으며, 보증설정의무도 면제되지 않는다.

> **핵심** 다른 법률에 따라 중개업을 할 수 있는 법인에 대한 특례
> - 법인의 등록기준을 적용하지 않는다.
> - 분사무소를 두는 경우 그 책임자가 공인중개사가 아니어도 된다.
> - 보증을 2천만원 이상만 설정하면 된다.

Point 08 중개사무소 개설등록절차

09 ⑤

법 제7638호 부칙 제6조 제2항의 개업공인중개사(중개인)가 공인중개사 자격을 취득하여 <u>동일 등록관청의 관할구역 안</u>에서 공인중개사인 개업공인중개사로서 업무를 계속하고자 하는 경우 등록증과 변경사항을 입증하는 서류를 첨부하여 등록증 재교부신청을 하여야 한다.

10 ①

법인 등기사항증명서와 건축물대장은 「전자정부법」에 따라 행정정보의 공동이용을 통하여 확인하므로, 제출서류가 아니다.

11 ②

ⓛⓔⓜ이 개설등록신청시 제출서류이다.
ⓖⓒ 보증설정 증명서류 사본과 공인중개사 자격증 사본은 등록신청시 제출서류에 해당하지 않는다.

12 ④

등록사항 등의 공인중개사협회 통보는 <u>다음 달 10일까지</u> 하면 된다.

13 ⑤

보증설정은 등록 후 업무개시 전에 하는 것으로, 이를 이유로 등록을 거부할 수 없다.

14 ④

등록신청을 받은 등록관청은 신청인이 등록기준에 적합할 경우에는 7일 이내에 개업공인중개사의 종별에 따라 구분하여 등록을 하고, 등록신청인에게 서면으로 통지할 뿐, 7일 내에 등록증을 교부해야 하는 것이 아니다.

15 ④

지문분석

① 등록관청이 등록증을 교부한다.
② 등록신청과 함께 중개행위에 사용할 인장을 <u>등록할 수 있다.</u>
③ 소속공인중개사는 중개사무소의 개설등록을 신청할 수 <u>없다.</u>
⑤ 공인중개사법령상 업무개시 시점에 대한 명문규정은 없다. 그러나 3개월을 초과하여 휴업할 경우에는 휴업신고 의무를 부과하고 있으므로, 휴업신고를 하지 않는다면 등록 후 3개월 이내에 업무를 개시하여야 한다.

16 ⑤

중개사무소등록증 재교부사항이나 공인중개사에 대한 자격취소 및 자격정지사항은 협회 통보사항이 아니다.

> **핵심** 협회 통보사항
> - 중개사무소등록증을 교부한 때(등록증 재교부 ✕)
> - 분사무소 설치신고를 받은 때
> - 중개사무소 이전신고를 받은 때
> - 휴업·폐업·기간 변경·재개신고를 받은 때
> - 소속공인중개사 또는 중개보조원의 고용이나 고용관계 종료의 신고를 받은 때
> - 행정처분(등록취소 또는 업무정지)을 한 때(자격취소·자격정지 ✕)

Point 09 무등록중개업 등

17 ②

중개법인의 대표자의 사망은 <u>등록증 재교부신청사유</u>이지 등록의 효력소멸사유가 아니다.

18 ⑤

공인중개사 명의로 등록되어 있으나 실제로는 공인중개사가 아닌 자가 주도적으로 운영하는 형식으로 동업하여 중개사무소를 운영하다가 그의 귀책사유로 중개사무소의 폐업신고를 한 경우, 공인중개사가 아닌 자의 중개업은 법에 의하여 금지된 행위로서 형사처벌의 대상이 되는 범죄행위에 해당하여 업무방해죄의 보호대상이 되는 업무라고 볼 수 없다 (대판 2007.1.12, 2006도6599).

지문분석

① 공인중개사 자격이 없는 자가 중개사무소 개설등록을 하지 아니한 채 부동산매매계약을 중개하면서 매매당사자와 사이에 체결한 중개보수 지급약정은 강행규정에 위배되어 무효이다(대판 2010.12.23, 2008다75119).
② 대판 2006.9.22, 2006도4842

19 ③

㉠㉢이 틀린 지문이다.
㉠ 무등록중개업자에게 중개를 의뢰하거나 미등기부동산의 전매에 대하여 중개를 의뢰한 행위 자체는 처벌대상이 될 수 없고, 무등록중개업자의 공동정범으로도 처벌할 수 없다(대판 2013.6.27, 2013도3246).
㉢ 공인중개사 자격이 없는 자가 우연한 기회에 단 1회 타인 간의 거래행위를 중개하고 그에 따른 중개보수 지급약정을 한 경우 그 약정이 무효라고 볼 것은 아니다(대판 2012.6.14, 2010다86525).

20 ②

개업공인중개사가 이중소속 금지규정에 위반한 경우에는 등록이 취소된다.

21 ⑤

등록증 대여 등을 알선한 자는 1년 이하의 징역 또는 1천만원 이하의 벌금에 처해진다.

지문분석

① 소속공인중개사는 다른 중개사무소에 다시 고용되는 이중소속은 할 수 없지만, 소속되어 있는 중개법인의 임원이나 사원은 될 수 있다.

Point 10 개업공인중개사 등의 결격사유

22 ⑤

개업공인중개사가 결격사유에 해당하면 등록이 취소되나, 행정형벌의 대상이 되는 것은 아니다. 또한, 결격사유에 해당되었다 하더라도 등록의 효력이 그 즉시 소멸하는 것도 아니다.

23 ④

지문분석

① 파산자는 시험을 응시할 수 있으므로 공인중개사가 될 수 있지만, 중개보조원은 될 수 없다.
② 집행유예를 받은 자는 공인중개사가 될 수 있으나, 유예기간이 만료된 날로부터 2년이 경과하지 아니하면 개업공인중개사 등이 될 수 없다.
③ 중개인도 등록취소 후 3년이 경과하지 아니하였더라도 자격시험에는 응시할 수 있다.
⑤ 결격사유에 해당하게 된 중개보조원을 2개월 내에 해소하지 아니한 경우 업무정지처분을 받을 수 있다.

24 ①

개업공인중개사 등이 될 수 있는 자는 ㉢이다.
㉠ 피성년후견인은 성년후견 종료심판을 받아야 결격사유에서 벗어난다.
㉡ 피한정후견인은 법정대리인의 동의를 받아도 중개업에 종사할 수 없다.
㉢ 개인회생절차 중에 있는 자는 결격이 아니므로 개업공인중개사 등이 될 수 있다.
㉣ 파산자는 복권이 되어야 결격사유에서 벗어나고, 복권신청을 함으로써 벗어나는 것이 아니다.
㉤ 미성년자는 혼인 여부를 불문하고 결격이다.

핵심 결격사유

제한 능력자	• 미성년자 • 피한정후견인 • 피성년후견인 🔍 피특정후견인 ×
파산자	파산선고를 받고 복권되지 아니한 자 🔍 개인회생 ×
수형자	• 금고 이상의 실형 선고받고 집행종료 또는 집행면제되어 3년이 지나지 아니한 자 • 금고 이상의 형의 집행유예를 받고 그 유예기간이 만료된 날부터 2년이 지나지 아니한 자 🔍 선고유예 × • 이 법 위반 300만원 이상의 벌금형 선고를 받고 3년이 지나지 아니한 자
행정처분 받은 자	• 공인중개사의 자격이 취소된 후 3년이 경과되지 아니한 자 • 공인중개사의 자격이 정지된 자로서 자격정지기간 중에 있는 자 • 등록취소된 후 3년이 지나지 아니한 자 • 업무정지처분 받고 폐업한 자로서 업무정지기간 중인 자 • 업무정지 받은 법인의 업무정지사유 발생 당시 사원·임원이었던 자로서 해당 법인이 업무정지기간 중인 자
법인	결격사유에 해당하는 사원·임원이 있는 법인

25 ②
②① 징역 또는 금고형의 선고를 받고 그 집행이 종료되거나 면제된 자는 3년이 경과하면 결격에서 벗어난다.

지문분석
③ 「건축법」을 위반하여 징역 1년을 선고받은 자는 총 4년이 지나야 결격에서 벗어난다.
④ 집행유예 4년을 선고받은 자는 유예기간 4년 경과 후 2년이 더 지나야 결격에서 벗어난다.
⑤ 자신의 행위로 「공인중개사법」을 위반하여 300만원의 벌금형의 선고를 받은 자는 3년이 지나야 결격에서 벗어난다.

26 ②
자격정지는 최고 6개월이므로, 자격정지처분을 받고 6개월이 지난 자는 결격사유에서 벗어났다.

지문분석
①③ 자격취소 또는 등록취소처분을 받은 자는 3년이 지나야 결격에서 벗어난다.
④ 업무정지 3개월을 받은 자는 폐업을 하더라도 업무정지기간이 지나야 결격에서 벗어난다.
⑤ 업무정지처분을 받은 중개법인의 그 사유 발생 당시의 임원 또는 사원이었던 자는 해당 법인의 업무정지기간 동안은 결격이다.

27 ③
ⓒⓔ이 옳은 지문이다.
㉠ 가석방을 받은 자는 가석방기간 + 3년 동안 결격이므로, 가석방되어 3년이 경과한 자는 결격사유에 해당한다.
㉡ 특별사면을 받은 자는 3년이 지나면 결격에서 벗어나므로, 옳은 내용이다.
㉢ 만 19세가 되면 성년이 되므로, 옳은 내용이다.
㉣ 양벌규정에 의한 벌금은 결격이 아니다(대판 2008.5.29, 2007두26568).

28 ⑤
만기출소한 자는 3년이 지나야 결격사유에서 벗어나고, 임원 또는 사원 중에 결격사유자가 있는 법인은 결격이므로, 2년 전에 만기출소한 자가 임원으로 있는 주식회사는 결격이다.

지문분석
① 피특정후견인은 질병, 장애, 노령 등 정신적 제약으로 일시적 후원 또는 특정한 사무에 관한 후견개시의 심판을 받은 자로서, 결격사유자가 아니다.
② 선고유예를 받은 자는 결격사유자가 아니다.

③ 결격사유로 인하여 등록이 취소된 자는 등록취소의 원인이 된 결격사유를 벗어나면 결격이 해소되므로, 파산선고로 등록이 취소된 자는 복권된 때로부터 결격사유에서 벗어난다.
④ 등록기준 미달 또는 법인의 해산으로 인하여 등록이 취소된 경우는 결격사유가 아니다.

29 ③
법인의 업무정지처분시 처분 당시의 임원 또는 사원이 아닌 업무정지사유 발생 당시의 임원 또는 사원이 결격이다.

30 ④
거짓등록으로 인하여 등록이 취소된 자는 3년 결격이므로, 2025년 10월 25일 현재 결격이다.

지문분석
① 일반사면을 받은 자는 즉시 결격사유에서 벗어난다.
② 파산자가 4월 15일 복권이 되었으므로, 현재 결격이 아니다.
③ 다른 법 위반 벌금형은 결격이 아니다.
⑤ 자격정지는 최고 6개월이므로, 현재 결격이 아니다.

31 ①

지문분석
개업공인중개사가 결격사유로 인하여 등록이 취소된 경우(② ③)나 등록기준 미달 또는 법인의 해산으로 인하여 등록이 취소된 경우(④ ⑤)는 '등록취소 후 3년'의 결격기간이 적용되지 않는다.

제4장 중개업무 p.57~81

01	02	03	04	05
③	④	②	②	④
06	07	08	09	10
④	⑤	①	④	②
11	12	13	14	15
⑤	③	③	③	⑤
16	17	18	19	20
⑤	③	⑤	⑤	②
21	22	23	24	25
②	④	①	④	①
26	27	28	29	30
②	⑤	②	③	③
31	32	33	34	35
⑤	①	④	③	①
36	37	38	39	40
⑤	③	②	④	⑤

41	④	42	②	43	⑤	44	③	45	①
46	①	47	⑤	48	②	49	③	50	①
51	③	52	③	53	④	54	④		

Point 11 중개사무소

01 ③
임시 중개시설물 설치에 대한 신고제도는 없으며, 임시 중개시설물 설치는 금지된다.

> **지문분석**
> ④ 설치가 금지되는 이중사무소는 중개사무소 개설등록의 기준을 갖춘 중개사무소에 국한되는 것이 아니며, 그러한 기준을 갖추지 못한 중개사무소도 포함된다(대판 2004. 3.25, 2003도7508).

02 ④
분사무소의 면적제한은 없으며, 분사무소 확보계획을 수립하여야 하는 것이 아니라 미리 확보해야 한다.

> **핵심 분사무소 설치요건**
> - 주된 사무소 소재지 시·군·구를 제외한 시·군·구 별로 설치하되, 시·군·구별로 1개소 초과 불가
> - 분사무소 책임자는 공인중개사일 것(특수법인 제외)
> - 분사무소 책임자 실무교육 수료
> - 분사무소를 둘 때마다 보증을 2억원 이상 추가 설정
> - 분사무소 확보

03 ②

> **지문분석**
> ① 분사무소 설치신고는 주된 사무소의 소재지를 관할하는 시장·군수·구청장에게 하여야 한다.
> ③ 중개사무소등록증은 첨부할 법정서류에 해당하지 않는다.
> ④ 법인이 아닌 개업공인중개사는 분사무소를 설치할 수 없다.
> ⑤ 분사무소를 필요에 따라 시·도별로 설치할 수도 있다.

04 ②
ⓒⓔ이 분사무소 설치신고시 제출서류가 아니다.
ⓒ 법인 등기사항증명서는 등록관청이 「전자정부법」에 따라 직접 확인한다.

ⓔ 책임자의 공인중개사 자격증 사본은 자격 발급 시·도지사에게 확인·요청하므로, 제출하지 않는다.

> **보충 등록신청서류와 분사무소 설치신고서류**
>
> | 등록신청서류 | 분사무소 설치신고서류 |
> | --- | --- |
> | • 신청서
• 실무교육수료확인증 사본
• 중개사무소 확보 증명서류
• 여권용 사진
• 결격사유에 해당하지 아니함을 입증하는 서류와 국내 영업소 등기 증명서류(외국인 및 외국법인) | • 신고서
• 분사무소 확보 증명서류
• 책임자 실무교육수료확인증 사본
• 보증설정 증명서류 |
>
> 🔍 자격증 사본, 법인 등기사항증명서, 건축물대장은 제출하지 않는다.

05 ④
분사무소 설치신고 내용이 적합한 경우에는 신고확인서를 7일 내에 교부하고, 지체 없이 그 분사무소 설치예정지역을 관할하는 시장·군수·구청장에게 통보하여야 한다.

06 ④
분사무소 설치신고시에는 지방자치단체 조례(주된 사무소 시·군·구 조례)가 정하는 바에 따른 수수료를 납부하여야 한다.

07 ⑤
중개사무소의 공동사용시 해당 건물주의 사용승낙서가 아니라 공동사용하는 다른 개업공인중개사(甲)의 승낙서를 첨부하여야 한다.

08 ①
중개사무소 이전신고는 10일 내에 해야 한다.

> **보충 중개사무소 이전신고시 제출서류와 송부서류**
>
> | 중개(분)사무소 이전신고시 제출서류 | 관할 밖 이전시 송부서류 (종전 ⇨ 이전 후) |
> | --- | --- |
> | 1. 중개사무소 이전신고서
2. 등록증(분사무소는 신고확인서)
3. 사무소 확보 증명서류 | 1. 중개사무소 등록대장
2. 중개사무소 개설등록신청 서류
3. 최근 1년간의 행정처분 관련 서류 |

09 ④

지문분석

① 중개인도 전국 어디로든 중개사무소를 이전할 수 있다.
② 분사무소 이전신고시에는 지체 없이 이전 전·후의 분사무소 소재지를 관할하는 등록관청에 이를 통보하여야 한다.
③ 분사무소의 이전신고시에는 분사무소설치신고확인서를 첨부하고, 주된 사무소의 중개사무소등록증을 첨부하는 것이 아니다.
⑤ 휴업기간 중에도 중개사무소를 이전할 수 있다.

10 ②

옳은 것은 1개(ⓒ)이다.
㉠ 이전한 날로부터 10일 내에 신고하면 된다.
ⓒ 행정처분은 이전 후 등록관청이 행한다.
㉣ 관할 밖 이전신고시에는 등록증을 재교부하여야 한다.

11 ⑤

지문분석

① 개업공인중개사가 등록관청에 중개사무소의 이전사실을 신고한 경우에는 지체 없이 사무소의 간판을 철거하여야 한다.
② 종전의 등록관청은 지체 없이 관련 서류를 송부하여야 한다.
③ 중개사무소 이전신고를 하지 않은 경우에는 100만원 이하의 과태료 부과사유이다.
④ 분사무소 이전신고는 주된 사무소 등록관청에 하여야 한다.

12 ③

ⓒⓒ이 틀린 지문이다.
ⓒ 등록관청의 관할구역 내로 중개사무소를 이전한 경우, 등록관청은 중개사무소등록증을 재교부하지 않고, 변경사항만을 적어 교부할 수도 있다.
ⓒ 이전신고를 할 때 중개사무소등록증을 제출해야 한다.

Point 12 게시, 명칭 및 표시·광고

13 ③

ⓒⓒ㉣이 게시해야 하는 것이다.
㉠ 실무교육수료확인증은 게시사항이 아니다.
㉤ 소속공인중개사의 공인중개사 자격증 원본을 게시하여야 한다.

 게시사항

- 중개사무소등록증 원본(분사무소는 신고확인서 원본)
- 공인중개사 자격증 원본(개업공인중개사 및 소속공인중개사)
- 보증설정 증명서류
- 중개보수·실비의 요율 및 한도액 표
- 사업자등록증

14 ③

개업공인중개사가 소속공인중개사의 자격증 원본을 게시하여야 한다.

15 ⑤

개업공인중개사 아닌 자가 '공인중개사사무소', '부동산중개' 또는 이와 유사한 명칭을 사용한 경우에는 명칭 사칭으로서, 1년 이하의 징역 또는 1천만원 이하의 벌금에 처해진다. 개업공인중개사가 명칭 또는 표기의무를 위반한 경우 100만원 이하의 과태료가 부과된다.

16 ⑤

지문분석

① 분사무소의 경우에는 그 간판에 책임자의 성명을 표기하여야 한다.
② 중개사무소의 명칭에는 '부동산중개' 또는 '공인중개사사무소'라는 문자를 사용하여야 한다.
③ 개업공인중개사가 아닌 자가 '발품부동산' 및 '부동산 Cafe'라고 표시된 옥외광고물을 설치한 것은 공인중개사 또는 개업공인중개사와 유사한 명칭을 사용한 경우에 해당한다(대판 2015.7.23, 2014도12437).
④ 철거명령은 등록관청이 할 수 있다.

17 ③

지문분석

① 부동산중개라는 문자를 사용할 수도 있다.
② 옥외광고물을 설치하는 경우에 등록증에 표기된 개업공인중개사의 성명을 표기하여야 한다.
④ 간판의 철거절차는 「행정대집행법」에 따른다.
⑤ 100만원 이하의 과태료를 부과한다.

18 ⑤

㉠ⓒⓒ 모두 틀린 지문이다.
㉠ 개업공인중개사에게 옥외광고물을 설치할 의무가 있는 것은 아니다.

ⓒ 옥외광고물에는 인식할 수 있는 크기로 개업공인중개사의 성명을 표기하여야 하나, 연락처를 표기할 의무는 없다.
ⓒ 개업공인중개사가 아닌 자는 사무소의 명칭에 '공인중개사사무소'라는 문자를 사용할 수 없다.

19 ⑤
개업공인중개사가 아닌 자가 중개업을 하기 위하여 중개대상물에 대한 표시·광고를 한 경우에는 1년 이하의 징역 또는 1천만원 이하의 벌금에 처한다.

20 ②
표시·광고시 사업자등록번호는 명시사항이 아니다.

핵심 중개대상물 표시·광고시 공통 명시사항
- 개업공인중개사의 성명(법인은 대표자)
- 중개사무소의 명칭
- 중개사무소 소재지
- 연락처
- 개설등록번호

21 ②
틀린 항목이 들어 있는 것은 2개(ⓒ, ⓔ)이다.
ⓒ 구조는 명시할 사항이 아니다.
ⓔ 내진설계 적용 여부는 명시할 사항이 아니다.

22 ④
권리자가 공동중개를 통한 거래를 허용한 중개대상물에 대한 표시·광고는 부당한 표시·광고의 유형에 해당하지 않는다.

23 ①
모니터링의 주체는 국토교통부장관이다.

24 ④
㉠ 기본 모니터링 결과보고서는 30일 이내에 제출해야 한다.
ⓒ 수시 모니터링 결과보고서는 15일 이내에 제출해야 한다.
ⓒ 조사 및 조치결과는 10일 이내에 통보해야 한다.

25 ①
지문분석
② 개업공인중개사가 아닌 자로서 표시·광고한 자를 신고한 경우에 포상금 지급대상이 된다.
③ 표시·광고시 명시사항을 위반한 경우에는 100만원 이하의 과태료가 부과된다.

④ 부당한 표시·광고를 한 개업공인중개사에 대하여는 500만원 이하의 과태료가 부과된다.
⑤ 자료제출 및 조치요구 불응은 500만원 이하의 과태료 부과사유이다.

26 ②
지문분석
① 중개보조원을 명시해서는 아니 된다.
③ 부당한 표시·광고를 한 자는 포상금이 지급되는 신고·고발대상이 아니다.
④ 인터넷을 이용하여 표시·광고시에는 중개사무소의 명칭, 소재지, 연락처, 등록번호를 명시해야 한다.
⑤ 기본 모니터링은 분기마다 실시한다.

Point 13 겸업

27 ⑤
중개인이 부동산거래정보망에 가입하거나 소속공인중개사를 고용하더라도 업무지역이 전국으로 확대되는 것은 아니다.

28 ②
ⓒⓑ이 겸업 가능한 것이다.
㉠ⓒⓔ 중개법인은 주택용지의 분양대행, 금융의 알선, 공매대상 동산에 대한 입찰신청의 대리는 할 수 없다.

핵심 중개법인의 겸업
- 상가 및 주택의 임대관리 등 관리대행업
- 부동산 이용·개발 및 거래에 관한 상담업
- 개업공인중개사를 대상으로 한 중개업의 경영기법 및 경영정보 제공업
- 주택 및 상업용 건축물의 분양대행업
- 경매·공매대상 부동산에 대한 권리분석 및 취득의 알선, 매수(입찰)신청대리업
- 주거이전에 부수되는 용역(예 이사업체, 도배업체 등)의 알선업

29 ④
지문분석
①② 주택 및 상업용 건축물에 대한 관리대행 및 분양대행을 할 수 있고, 농업용 창고시설에 대한 관리대행이나 토지에 대한 분양대행은 할 수 없다.

③ 중개업 경영기법의 제공행위는 <u>개업공인중개사를 대상으로만</u> 할 수 있다.
⑤ 이사업체, 도배업체 등 주거이전에 부수되는 용역의 알선을 할 수 있고, 이의 제공은 할 수 없다.

30 ③

옳은 것과 틀린 것을 바르게 표시하면 ㉠(×) – ㉡(×) – ㉢(×) – ㉣(×)이다.
㉠ 개업공인중개사는 등록관청의 관할구역 외의 지역에 있는 중개대상물도 중개할 수 있다. 다만, 법 제7638호 부칙 제6조 제2항의 개업공인중개사는 원칙적으로 업무지역의 외에 있는 중개대상물을 중개할 수 없다.
㉡ 매매업이 되므로 할 수 없다.
㉢ 경매대상 부동산에 대한 <u>매수신청의 대리</u>를 하고자 할 때에만 법원에 등록을 해야 하고, 공매업무나 경매대상 부동산 권리분석 및 취득의 알선만을 영위하고자 할 경우에는 법원에 등록하지 않고도 할 수 있다.
㉣ 중개법인은 주택 또는 상업용 건축물의 임대관리는 가능하나, 부동산 임대업은 할 수 없다.

31 ⑤

중개법인이 겸업제한을 위반한 경우 등록관청은 <u>등록취소처분 또는 업무정지처분을 선택적으로</u> 부과할 수 있다.

32 ①

지문분석

② 법 제7638호 부칙 제6조 제2항의 개업공인중개사(중개인)는 경·공매대상 부동산에 대한 권리분석 및 취득의 알선과 매수신청대리업을 영위할 수 없다.
③ 법인인 개업공인중개사는 부동산 상담업을 겸업할 수 있고, 해야 하는 것은 아니다.
④ 도배·이사업을 겸업할 수는 없고, 그에 대한 알선업을 영위할 수 있다.
⑤ 공인중개사인 개업공인중개사는 원칙적으로 겸업제한에 대한 규정이 없으므로, 미분양주택의 분양대행업을 겸업할 수 있다.

Point 14 고용인

33 ④

지문분석

① 직무교육을 받도록 한 후 <u>업무개시 전까지</u> 등록관청에 신고하여야 한다.
② 중개보조원의 <u>업무상 행위만</u>을 그를 고용한 개업공인중개사의 행위로 본다.

③ 고용관계 종료신고는 <u>고용관계 종료일로부터 10일 내</u>에 하면 된다.
⑤ 고용신고는 전자문서에 의하여 할 수 있다.

34 ④

개업공인중개사가 고용·고용관계 종료신고를 위반한 경우 <u>그 밖의 이 법 위반 또는 이 법에 의한 명령 위반</u>으로서, <u>업무정지처분</u>을 받을 수 있다.

35 ①

㉢이 옳은 지문이다.
㉠ 소속공인중개사가 외국인이어도 등록관청이 직접 확인하므로 공인중개사 자격증은 제출하지 않는다.
㉡ 乙은 소속공인중개사이므로, <u>실무교육</u> 수료 여부를 확인하여야 한다.

36 ⑤

개업공인중개사가 고용 인원수 제한을 초과하여 중개보조원을 고용한 경우에는 1년 이하의 징역 또는 1천만원 이하의 벌금에 처해진다.

보충 고용인 비교

소속공인중개사	중개보조원
• 중개업무 수행 가능	• 중개업무 수행 불가
• 인장등록의무 있음	• 인장등록의무 없음
• 중개행위시 거래계약서, 확인·설명서에 서명 및 날인의무 있음	• 서명·날인의무 없음
• 부동산거래계약신고서 제출대행 가능	• 부동산거래신고 대행 불가
• 품위유지, 신의성실 공정 중개의무 명문규정	• 명문규정 ×
• 실무교육, 연수교육의 대상	• 직무교육 대상
• 자격취소, 자격정지대상	• 행정처분대상 ×
• 고용 인원수 제한 없음	• 고용 인원수 제한 있음

37 ③

직접행위자인 乙도 개업공인중개사와 함께 손해배상책임을 진다(대판 2006.9.14, 2006다29945). 고용인의 업무상 행위로 인한 개업공인중개사의 손해배상책임은 무과실, 부진정연대책임이다.

38 ②

고용인의 업무상 행위에 대하여 개업공인중개사는 무과실, 부진정 연대성격의 손해배상책임을 지므로, 甲이 무과실이 더라도 乙과 함께 손해배상책임을 부담한다.

지문분석
① 중개보조원의 고의로 인한 불법행위에 개업공인중개사가 가담하지 아니한 경우에는 개업공인중개사의 책임을 정함에 있어서 과실상계를 인정한다(대판 2011.7.14, 2011다21143).
⑤ 중개보조원의 업무상 행위는 개업공인중개사의 행위로 간주하므로, 금지행위를 한 것이 되어 개업공인중개사의 등록이 취소될 수 있다.

보충 고용인의 업무상 행위로 인한 개업공인중개사의 책임

민사책임	무과실·부진정연대성격의 손해배상책임
행정책임	등록취소 또는 업무정지 가능
형사책임	양벌규정에 의하여 벌금형 가능

39 ④

지문분석
① 금지행위를 한 것이므로, B는 6개월 이하의 자격정지처분을 받을 수 있고, A는 중개사무소의 개설등록의 취소 또는 업무정지처분을 받을 수 있다.
② B는 1년 이하의 징역 또는 1천만원 이하의 벌금에 처해지고, A는 양벌규정에 의하여 1천만원 이하의 벌금에 처해진다.
③ 양벌규정이 적용되더라도 A와 B가 반드시 같은 금액의 벌금형을 선고받는 것은 아니다.
⑤ 양벌규정에 의하여 A가 벌금형을 선고받더라도 이는 결격이 아니므로, 이로 인해서는 등록이 취소되지 않는다.

Point 15 인장등록

40 ⑤

지문분석
① 업무개시 전까지 등록하여야 하고, 개설등록신청과 함께 할 수 있을 뿐이다.
② 전자문서에 의한 인장등록이 허용된다.
③ 인장을 변경한 경우 7일 내에 그 변경된 인장을 등록하여야 한다.
④ 소속공인중개사가 그의 인장을 등록관청에 등록하여야 한다.

41 ④

지문분석
① 법인의 대표자가 보증하는 인장을 등록할 수 있다.
② 법인의 분사무소에서 사용할 인장의 등록도 주된 사무소 소재지 관할 시장·군수·구청장에게 하여야 한다.
③ 법인이 아닌 개업공인중개사 및 소속공인중개사가 등록할 인장은 그 크기가 가로·세로 각각 7mm 이상 30mm 이내의 인장이어야 한다.
⑤ 개업공인중개사의 인장 관련 의무 위반은 6개월 이하의 업무정지처분사유이다.

42 ②

㉠㉢이 옳은 지문이다.
㉡ 소속공인중개사의 인장의 등록은 고용신고와 함께 할 수 있다.
㉣ 등록인장의 변경신고는 7일 이내에 해야 한다.

43 ⑤

㉠㉡㉢㉣ 모두 옳은 내용이다.

Point 16 휴업 및 폐업

44 ③

휴업신고는 3개월을 초과하는 휴업을 하고자 하는 경우 미리하는 사전신고이다.

45 ①

지문분석
② 폐업신고 위반은 100만원 이하의 과태료 처분사유이다.
③ 휴업은 6개월을 초과할 수 없으나, 질병·징집·취학의 경우 6개월을 초과하는 휴업이 가능하다.
④ 휴업신고를 한 개업공인중개사가 업무를 재개하고자 하면 사전에 등록관청에 신고하여야 한다.
⑤ 재개신고를 한 경우 등록관청은 반납받은 등록증(분사무소의 경우 신고확인서)을 즉시 반환하여야 한다.

46 ①

휴업신고는 사전신고이므로 휴업하기 전에 등록증을 첨부하여 신고하여야 한다.

47 ⑤

옳은 것과 틀린 것을 바르게 표시하면 ㉠(×) - ㉡(×) - ㉢(○) - ㉣(×)이다.

㉠ 중개업의 폐업신고를 한 때에는 지체 없이 사무소의 간판을 철거하여야 한다.
㉡ 폐업신고서에 폐업기간은 기재할 사항이 아니고, 폐업일이 기재사항이다.
㉣ 폐업신고 후 중개사무소 간판철거의무를 이행하지 아니한 경우의 제재는 규정되어 있지 않다.

48 ②
휴업신고시 이미 등록증을 반납하였으므로, 휴업기간 변경신고시에는 등록증을 첨부할 수 없다.

49 ③
휴업기간의 변경신고는 전자문서에 의한 방법으로 할 수 있다.

50 ①
분사무소의 휴업신고를 하는 때에는 분사무소설치신고확인서를 첨부한다.

51 ③
중개사무소 폐업 및 휴업신고는 전자문서로 할 수 없다.

52 ③
㉡㉢ 중개사무소 이전신고서 및 분사무소 휴업신고서에는 원본이 첨부되어야 한다.
㉠㉣㉤은 사본을 첨부한다. 특히, ㉠의 경우 실무교육을 위탁받은 기관이 전자적 방법으로 확인 가능하도록 조치한 경우는 실무교육수료증 사본도 첨부하지 않는다.

Point 17 간판철거

53 ④
㉠㉡㉢ 폐업신고, 등록취소처분, 사무소 이전사실을 신고한 경우가 간판철거사유에 해당한다.
㉣ 휴업신고 및 업무정지처분시에는 간판철거의무가 없다.

> **핵심 간판철거사유**
> • 중개사무소 이전신고
> • 중개업의 폐업신고
> • 중개사무소의 개설등록취소

54 ④
업무정지처분시에는 간판철거의무가 없다.

제5장 중개계약 및 부동산거래정보망 p.84~93

01	02	03	04	05
⑤	③	⑤	④	④
06	07	08	09	10
①	②	④	①	②
11	12	13	14	15
④	④	④	③	②
16	17	18	19	
⑤	②	②	④	

Point 18 중개계약

01 ⑤
개업공인중개사에게 일반중개계약서의 작성의무, 보관의무는 없다.

02 ③
중개대상물의 시설상태 및 벽면상태는 일반중개계약서의 기재사항에 해당하지 아니한다.

03 ⑤
지문분석
① 국토교통부장관이 일반중개계약의 표준이 되는 서식을 정하여 이의 사용을 권장할 수 있다.
② 일반중개계약은 구두로도 체결할 수 있으며, 서식의 사용의무는 없다.
③ 임대차에 대한 전속중개계약의 경우 중개대상물의 공시지가를 공개하지 아니할 수 있다.
④ 의뢰인의 전속중개계약 요청이 있다 하더라도 전속중개계약을 체결하여야 하는 것은 아니다.

04 ④
지문분석
① 甲은 공인중개사법령이 정한 전속중개계약서를 사용하고, 작성하여야 한다.
② 전속중개계약서는 3년간 보관하여야 한다.
③ 공개한 내용의 통지는 지체 없이 하여야 한다.
⑤ 업무처리상황은 2주일에 1회 이상 통지하면 족하다.

핵심 전속중개계약을 체결한 개업공인중개사와 중개의뢰인의 의무

개업공인중개사의 의무	중개의뢰인의 의무
• 전속중개계약서 사용의무 • 전속중개계약서 보존: 3년 • 비공개 요청 없을시 7일 내 정보공개 • 2주에 1회 이상 업무처리상황 문서 통지 • 확인·설명 성실이행	• 위약금 지급의무 • 소요비용(중개보수의 50% 내) 지급의무 • 확인·설명의무를 이행하는 데 협조

05 ④
의뢰인이 스스로 발견한 상대방과 거래한 경우에는 중개보수의 50% 범위 내에서 개업공인중개사의 소요비용을 지급하여야 한다.

06 ①

지문분석
② 우리나라에서 가장 많이 체결되는 중개계약은 일반중개계약이다.
③ 전속중개계약시 전속중개계약서 사용의무를 위반한 경우에는 업무정지처분을 받을 수 있다.
④ 권리자의 인적사항에 관한 정보는 공개 금지사항이다.
⑤ 전속중개계약은 중개의뢰인이 스스로 발견한 상대방과 직접 거래계약을 체결한 경우를 금지하고 있지는 않으므로, 매매계약이 무효가 되는 것은 아니다.

07 ②
ⓒⓔ이 공개해야 하는 정보이다.
㉠ 권리자의 성명·주소 등 인적사항은 공개 금지사항이다.
ⓒ 임대차의 경우 공시지가는 공개하지 아니할 수 있다.

보충 전속중개계약시 공개할 정보 중 주의할 점

- 권리자의 성명·주소 등 인적사항에 관한 정보는 공개 금지사항이다.
- 임대차 전속중개계약의 경우 공시지가는 공개하지 아니할 수 있다.
- 중개보수와 취득 관련 조세의 종류 및 세율은 공개할 정보가 아니다.

08 ④
㉠ⓒⓔ이 공개해야 하는 정보이다.
ⓒ 중개보수 및 실비의 금액과 산출내역은 공개할 정보에 해당하지 아니한다.

09 ①
전속중개계약의 유효기간은 다른 약정이 없으면 3개월로 한다.

10 ②

지문분석
① 공인중개사법령상 일반중개계약서는 보존의무가 없다.
③ 전속중개계약서에 개업공인중개사는 서명 또는 날인하면 되고, 소속공인중개사는 전속중개계약서에 서명·날인의 의무가 없다.
④ 당사자의 합의로 3개월을 초과하는 전속중개계약의 유효기간을 정할 수 있다.
⑤ 전속중개계약의 의뢰인이 그 유효기간 내에 스스로 발견한 상대방과 거래한 경우 중개의뢰인은 중개보수의 50% 범위 내에서 개업공인중개사가 지출한 소요비용을 지급해야 한다.

Point 19 부동산거래정보망

11 ④
「공인중개사법」상 국토교통부장관으로부터 지정을 받지 아니한 자가 사설 부동산거래정보망을 운영한 경우 처벌할 수 있는 명문의 규정은 없다.

12 ④

지문분석
① 법인인 개업공인중개사는 거래정보사업이 겸업범위에 해당하지 않으므로 지정을 받을 수 없다.
② 정보처리기사 1인 이상과 공인중개사 1인 이상을 확보하여야 한다.
③ 외국인도 부가통신사업자라면 거래정보사업자로 지정을 받을 수 있다.
⑤ 지정을 받고자 하는 자가 국토교통부장관이 정하는 용량 및 성능을 갖춘 컴퓨터설비를 확보하여야 한다.

거래정보사업자 지정요건

- 「전기통신사업법」에 의한 부가통신사업자일 것
- 가입·이용신청한 개업공인중개사가 500명 이상이고, 2개 이상의 시·도에서 각 30명 이상일 것
- 정보처리기사 1인 이상 확보
- 공인중개사 1인 이상 확보
- 국토교통부장관이 정하는 용량 및 성능을 갖춘 컴퓨터설비를 갖출 것

13 ④
부동산거래정보망의 가입·이용신청을 한 개업공인중개사의 수가 500명 이상이고 2개 이상의 특별시·광역시·도 및 특별자치도에서 각각 30인 이상의 개업공인중개사가 가입·이용신청을 하였을 것과 공인중개사 1명 이상을 확보해야 한다.

14 ③
운영규정은 거래정보사업자로 지정을 받은 날로부터 3개월 이내에 정하여 국토교통부장관의 승인을 얻으면 되고, 지정 신청시 제출할 서류가 아니다.

15 ②
국토교통부장관은 거래정보사업자 지정신청을 받은 날부터 30일 이내에 이를 검토하여 그 지정 여부를 결정해야 한다.

16 ⑤
「전기통신사업법」에 다른 부가통신사업자번호는 거래정보사업자 지정대장 서식에 기재되는 사항이 아니다.

17 ②
지문분석
① 거래사실을 지체 없이 통보하여야 한다.
③ 거래정보사업자는 개업공인중개사가 아닌 중개의뢰인으로부터 중개대상물의 정보공개를 의뢰받아 이를 공개할 수 없다.
④ 지정취소는 재량행위이므로, 지정을 취소할 수 있다.
⑤ 운영규정 제정승인을 받은 날이 아니라 지정을 받은 날로부터 1년 내에 부동산거래정보망을 설치·운영하여야 한다.

18 ②
지문분석
① 개업공인중개사는 6개월 이하의 업무정지처분을 받을 수 있다.
③ 지정취소는 재량행위이므로, 지정을 취소할 수 있다.
④ 1년 이하의 징역 또는 1천만원 이하의 벌금에 처해지고, 지정을 취소당할 수 있다.
⑤ 500만원 이하의 과태료가 부과된다.

19 ④
㉠㉡㉢㉣이 지정취소사유이다.
㉢ 정당한 사유 없이 지정받은 날부터 1년 이내에 부동산거래정보망을 설치하지 아니한 경우가 지정취소사유가 된다.

 지정취소사유

- 거짓 그 밖의 부정한 방법으로 지정을 받은 경우
- 운영규정 제정(변경)승인받지 않거나, 위반운영(+ 500만원 이하의 과태료)
- **정보공개 관련 의무 위반**: 의뢰받지 아니한 정보 공개, 다르게·차별 공개(+ 1년 이하의 징역 또는 1천만원 이하의 벌금)
- 1년 이내에 부동산거래정보망을 설치·운영하지 아니한 경우
- 사망·해산 등의 사유로 정보망의 계속적인 운영이 불가능한 경우

제6장 개업공인중개사 등의 의무 p.98~119

01	02	03	04	05
①	②	③	④	②
06	07	08	09	10
⑤	①	⑤	④	②
11	12	13	14	15
②	⑤	③	⑤	③
16	17	18	19	20
②	②	②	④	③
21	22	23	24	25
①	②	③	②	①
26	27	28	29	30
④	③	②	④	③
31	32	33	34	35
①	①	①	③	④
36	37	38	39	40
⑤	③	②	①	③
41	42	43	44	
④	③	①	④	

Point 20 기본적 윤리의무

01 ①
개업공인중개사는 직접적인 위탁관계가 없더라도 그의 개입을 신뢰하여 거래하게 된 거래상대방에 대하여 목적물의 하자, 권리자의 진위 등에 대한 일반적인 주의의무를 부담한다(대판 2008.3.13, 2007다73611).

지문분석
④ 대판 1999.5.14, 98다30667
⑤ 대판 1993.5.11, 92다55350

02 ②
개업공인중개사 등은 그 업무를 떠난 후에도 비밀준수의무가 있다.

Point 21 확인·설명 및 확인·설명서 작성 등의 의무

03 ③

지문분석
① 확인·설명은 중개의뢰를 받으면 중개가 완성되기 전까지 권리취득의뢰인에게 한다.
② 권리취득의뢰인에게 설명하고, 중개대상물 확인·설명서에 기재해야 한다.
④ 확인·설명의무는 원칙적으로 개업공인중개사에게 있다.
⑤ 500만원 이하의 과태료 부과사유에 해당한다.

보충 확인·설명 관련 제재 비교

확인·설명의무 위반	확인·설명서 작성 등 의무 위반
• 개업공인중개사: 500만원 이하의 과태료 • 소속공인중개사: 자격정지	• 개업공인중개사: 업무정지 • 소속공인중개사(서명 및 날인): 자격정지

04 ④
㉠㉡㉢㉣가 의무적으로 확인·설명할 내용이다.
㉤㉥ 중개대상물의 경제적 가치, 중개대상물에 대한 권리를 이전함에 따라 부담하여야 할 조세의 종류 및 세율은 확인·설명사항에 해당하지 않는다.

05 ②
공통된 사항은 1개(㉠)이다.
㉠ 공법상 이용제한 및 거래규제에 관한 사항은 확인·설명사항이면서 전속중개계약 체결시 공개할 정보이다.

㉡㉢ 취득 관련 조세의 종류 및 세율과 중개보수 및 실비의 금액과 산출내역은 확인·설명사항이지만, 공개할 정보는 아니다.
㉣ 권리자의 주소·성명 등 인적사항은 확인·설명사항이지만, 공개 금지사항이다.

보충 확인·설명사항과 전속중개계약시 공개할 정보의 주요한 차이

• 권리자의 인적사항: 설명 ○, 공개 ×
• 공시지가: 명문 설명 ×, 공개 ○
• 중개보수 및 실비의 금액과 산출내역: 설명 ○, 공개 ×
• 취득 관련 조세의 종류 및 세율: 설명 ○, 공개 ×

06 ⑤
㉠㉡㉢㉣ 모두 주택임대차중개시 확인·설명사항에 해당한다.

07 ①
중개계약에 따른 개업공인중개사의 확인·설명의무와 이에 위반한 경우의 손해배상의무는 중개의뢰인이 개업공인중개사에게 소정의 보수를 지급하지 아니하였다고 해서 당연히 소멸되는 것이 아니다(대판 2002.2.5, 2001다71484).

지문분석
② 대판 2008.9.25, 2008다42836
③ 대판 1999.5.14, 98다30667
④ 대판 2012.1.26, 2011다63857
⑤ 대판 2017.7.11, 2016다261175

08 ⑤
㉠㉡㉢㉣ 모두 틀린 지문이다.
㉠ 등기사항증명서 등의 근거자료를 권리를 취득하려는 의뢰인에게 제시하면 족하다.
㉡ 주택의 임대차를 중개하는 경우에 임대보증금 보증에 관한 사항(민간임대주택인 경우)과 관리비 및 그 산출내역을 설명해야 한다.
㉢ 분사무소에서 작성된 거래계약서에는 그 책임자가 서명 및 날인해야 한다.
㉣ 중개행위를 한 소속공인중개사는 확인·설명서에 서명 및 날인해야 한다.

09 ④

지문분석

① 확인·설명서는 중개가 완성되어 거래계약서를 작성하는 때 작성한다.
② 중개대상물의 상태에 관한 자료요구는 의무사항이 아니라 임의적 사항이다.
③ 중개대상물의 범위 외의 물건이나 권리 또는 지위를 중개하는 경우에도 선량한 관리자의 주의로 권리관계 등을 조사·확인하여 설명할 의무가 있다(대판 2015.1.29, 2012다74342).
⑤ 확인·설명서는 공인전자문서센터에 보관된 경우를 제외하고 원본, 사본, 전자문서를 <u>3년간</u> 보관하여야 한다.

10 ②

공동중개시에는 <u>관여 개업공인중개사 모두가</u> 확인·설명서에 서명 및 날인하여야 한다.

Point 22 거래계약서 작성 등의 의무

11 ②

지문분석

① 거래계약서의 서식은 정해진 바가 없다.
③ 거래계약서는 공인전자문서센터에 보관된 경우를 제외하고 그 원본, 사본, 전자문서를 <u>5년간</u> 보관하여야 한다.
④ <u>국토교통부장관이</u> 거래계약서의 표준서식을 정하여 그 사용을 권장할 수 있다.
⑤ <u>중개행위를 한 소속공인중개사만</u> 개업공인중개사와 함께 서명 및 날인한다.

12 ⑤

㉠㉡㉢㉣ 모두 거래계약서의 필요적 기재사항에 해당한다.

핵심 거래계약서 필수 기재사항

- 거래당사자의 인적사항
- 물건의 표시
- 계약일
- 거래금액·계약금액 및 그 지급일자 등 지급에 관한 사항
- 물건의 인도일시
- 권리이전의 내용
- 계약의 조건이나 기한이 있는 경우에는 그 조건 또는 기한
- 중개대상물 확인·설명서 교부일자
- 그 밖의 약정내용

13 ③

담보책임에 관한 약정이 있는 경우 그 내용은 필수 기재사항에 해당한다.

지문분석

④ 거래예정금액이 아니라 <u>거래금액</u>이 필수 기재사항이다.

14 ⑤

이중계약서를 작성한 경우는 중개사무소의 개설등록을 <u>취소할 수 있다.</u>

지문분석

① 개업공인중개사는 중개를 하지 아니하였음에도 함부로 거래계약서 등을 작성·교부하여서는 아니 된다(대판 2010. 5.13, 2009다78863, 78870).

15 ③

개업공인중개사는 전속중개계약서에는 서명 및 날인할 의무는 없고, <u>서명 또는 날인</u>하면 족하다. 개업공인중개사와 중개행위 한 소속공인중개사가 서명 및 날인해야 하는 서류는 거래계약서와 확인·설명서뿐이다.

16 ②

중개가 완성되면 거래당사자 쌍방에게 ㉠ 거래계약서, ㉢ 확인·설명서, ㉣ 보증관계증서 사본이 교부되어야 한다. ㉡㉤ 거래대금 영수증은 권리이전의뢰인이 권리취득의뢰인에게 교부하는 서면이고, 전속중개계약서는 중개계약시 중개의뢰인에게 교부하는 서면이다.

17 ②

소속공인중개사가 거래금액 등을 거짓기재하거나 이중계약서를 작성한 경우에는 6개월 이하의 자격정지에 처해질 수 있다.

18 ⑤

거래계약서 또는 확인·설명서의 보관의무 위반은 업무정지처분사유이다.

보충 서류 정리

구분	보관	서식	교부	서명·날인	위반
거래계약서	5년	×	완성시 쌍방	서명 및 날인	업무정지
확인·설명서	3년	○	완성시 쌍방	서명 및 날인	업무정지
보증증서	게시	–	완성시 쌍방	–	100만원↓
전속중개계약서	3년	○	중개계약시 일방	서명 또는 날인	업무정지
일반중개계약서	×	○	중개계약시 일방	서명 또는 날인	–

19 ②
㉠㉡ 중개대상물 확인·설명서와 거래계약서는 공인전자문서센터에 보관된 경우, 공인중개사법령상 개업공인중개사에게 원본, 사본 또는 전자문서의 보존의무가 면제된다.
㉢ 손해배상책임보장에 관한 증서는 게시할 서류이다.
㉣ 소속공인중개사 고용신고서는 개업공인중개사의 보관서류가 아니다.

Point 23 손해배상책임과 보증설정

20 ③
중개보조원이 중개업무에 관하여 고의로 거래당사자에게 손해를 입힌 경우라 하더라도 개업공인중개사는 손해배상책임을 진다(대판 1995.9.29, 94다47261).

지문분석
① 대판 1999.3.9, 98다61913
② 대판 1995.9.29, 94다47261
⑤ 대판 2002.2.5, 2001다71484

21 ①
공인중개사법령에 따라 손해배상책임을 부담하는 자는 '개업공인중개사'에 한정되므로, 개업공인중개사나 그 보조원이 아닌 자에게 「공인중개사법」에 의한 손해배상책임을 물을 수는 없다(대판 2007.11.15, 2007다44156).

지문분석
② 고의·과실이 요구되는 과실책임이 원칙이고, 예외적으로 사무소 제공으로 인한 경우와 고용인의 업무상 행위로 인한 손해배상책임만 무과실책임이다.
③ 중개법인이 2개의 분사무소를 두는 경우 이 법인의 최소 보증설정금액은 8억원이다.
④ 중개사무소를 제공하여 손해를 발생하게 한 때에도 손해배상책임이 있다.
⑤ 개업공인중개사의 손해배상책임은 보증설정금액에 한정되지 않는다.

22 ②
경매대상 부동산에 대한 권리분석 및 취득의 알선을 한 행위는 '중개행위를 함에 있어서 거래당사자에게 재산상의 손해를 발생하게 한 때'에 해당하므로 이로 말미암아 손해를 입은 자에게 공제기관은 공제금의 지급책임이 있다(대판 2007.4.12, 2005다40853).

지문분석
① 대판 2012.8.17, 2010다93035
③ 대판 2010.5.13, 2009다78863, 78870
④ 대판 2012.8.17, 2010다93035
⑤ 대판 2011.7.14, 2011다21143

23 ①
보증은 업무를 개시하기 전까지 설정하여 등록관청에 신고하여야 하는 의무이다.

24
지문분석
① 보증은 업무를 시작하기 전까지 설정하여 신고하여야 한다.
③ 보증의 변경은 <u>이미 설정한 보증의 효력이 있는 기간 중</u>에 다른 보증을 설정하고 신고하여야 한다.
④ 보증기간 만료시에는 그 <u>기간 만료일까지</u> 다시 보증을 설정하여 신고하여야 한다.
⑤ 공탁금은 폐업 또는 사망한 날로부터 <u>3년</u> 이내에는 회수할 수 없다.

핵심 보증설정

보증설정시기	업무개시 전(분사무소는 설치신고 전)
보증 변경	이미 설정한 보증의 효력이 있는 기간 중에 다른 보증설정신고

재설정	보증보험, 공제의 보증기간 만료시 기간만료일까지 재설정, 신고
공탁금 회수 제한	폐업, 사망한 날로부터 3년간 회수 금지
보증 설명 및 교부	중개완성시, 쌍방 설명, 그 증서 사본(전자문서 포함) 교부
재가입·보전	보증보험금, 공제금 또는 공탁금으로 손해배상시 15일 내 보증보험, 공제에 다시 가입하거나 공탁금 중 부족한 금액을 보전

25 ①

지문분석

② 보증의 설명은 <u>중개가 완성된 때</u>에 한다.
③ 보증기관을 통한 손해배상시 재가입, 보전은 <u>15일</u> 내에 하면 된다.
④ 다른 법률의 규정에 따라 중개업을 할 수 있는 법인도 중개업을 하는 경우 보증설정을 <u>하여야 한다</u>.
⑤ 보증을 설정하지 아니하고 업무를 개시한 경우 등록관청은 <u>개설등록을 취소할 수 있다</u>.

26 ④

지문분석

① 보증설정신고를 할 때 증명서류는 전자문서로 제출할 수 있다.
② 보증기관이 보증사실을 등록관청에 직접 통보한 경우에는 보증설정신고를 <u>생략할 수 있다</u>.
③ 보증을 다른 보증으로 변경하려면 이미 설정한 보증의 <u>효력이 있는 기간 중</u>에 다른 보증을 설정하여 등록관청에 신고해야 한다.
⑤ 보증보험금으로 손해배상을 한 때에는 15일 내에 보증보험 또는 공제에 다시 가입하거나(보전하는 것이 아님) 공탁을 해야 한다. 보증보험에 다시 가입하지 않고 다른 보증으로 변경할 수도 있다.

27 ③

손해배상을 한 보증보험사나 공제기관은 개업공인중개사를 상대로 구상권을 행사할 수 <u>있다</u>.

28 ②

공인중개사법령상 비재산적 손해는 배상할 책임이 없다. 비재산적 손해(정신적 손해)는 「민법」에 따라 책임을 진다.

Point 24 계약금 등의 반환채무이행 보장제도

29 ④

예치명의자는 개업공인중개사 또는 대통령령이 정하는 자(예 은행, 공제사업자, 신탁업자, 보험회사, 체신관서, 전문회사 등)이므로, <u>매도인의 명의로는 예치할 수 없다</u>.

30 ③

지문분석

① 부동산거래계약의 이행을 보장하기 위하여 계약 관련 서류 및 계약금 등을 관리하는 업무를 수행하는 전문회사는 예치명의자가 될 수 있다.
② 개업공인중개사는 계약금 등을 자신의 예치금과 분리관리하여야 하므로, 자신의 예금통장에 계약금 등을 함께 예치할 수 <u>없다</u>.
④ 체신관서는 금융업무를 하므로, 예치기관이 될 수 <u>있다</u>.
⑤ 개업공인중개사가 계약금 등의 반환채무이행의 보장에 반하는 행위를 한 경우 '그 밖의 이 법 위반'으로 <u>업무정지</u> 처분을 받을 수 있다.

예치기관 및 예치명의자

예치기관	예치명의자
금융기관, 공제사업자, 신탁업자 등	개업공인중개사, 은행, 공제사업자, 신탁업자, 보험회사, 체신관서, 계약이행대행 전문회사

31 ①

계약금 등의 예치명의자가 될 수 있는 자는 1개(ⓒ)이다.
㉠㉡㉢㉤는 예치명의자가 될 수 없다.

32 ①

지문분석

② 분리관리의무는 예치명의자가 개업공인중개사인 경우에만 규정되어 있다.
③ 계약금을 예치한 경우에도 계약금을 교부한 자는 이를 포기함으로써 해당 거래계약을 해제할 수 있다.
④ 사전수령을 위한 보증서는 <u>예치명의자에게</u> 교부하여야 한다.
⑤ 사전수령을 위한 보증서 발행기관은 금융기관 또는 보증보험회사이다.

33 ①
계약금 등의 반환채무 이행보장에 소요된 실비는 권리취득의뢰인으로부터 받을 수 있으므로, 영수증을 첨부하여 매수인에게 청구할 수 있다.

> **핵심** 개업공인중개사의 명의로 계약금 등을 예치한 경우 개업공인중개사 의무
> - 거래당사자와 거래안전 약정
> - 계약금 등의 분리관리
> - 거래당사자 동의 없이 인출 불가
> - 보증설정, 증서 교부

Point 25 금지행위

34 ③
㉠㉡㉢이 금지행위에 해당한다.
㉠ 시세교란행위, ㉡ 거짓된 언행, ㉢ 단체구성 중개제한 행위로서, 금지행위이다.
㉣은 직접거래가 아니고, ㉤은 정당한 중개활동이다.

35 ④
단체를 구성하여 단체 구성원 이외의 자와 공동중개를 제한하는 행위는 개업공인중개사 등의 금지행위로서, 시세에 부당한 영향을 줄 목적으로 개업공인중개사 등의 업무를 방해하는 금지행위가 아니다.

> **핵심** 개업공인중개사 등에 대한 금지행위(시세교란 목적 업무방해)
> - 특정 개업공인중개사에게 중개의뢰 유도
> - 특정 가격 이하 중개의뢰 제한
> - 시세보다 현저히 높게 표시·광고 강요·유도
> - 특정 개업공인중개사 중개의뢰 제한
> - 정당한 표시·광고 방해

36 ⑤
일방대리로서, 금지행위가 아니다.

지문분석
① 중개보수 초과수수(대판 2004.11.12, 2004도4136)
② 직접거래
③ 투기조장행위(대판 1990.11.23, 90누4464)
④ 증서 등의 매매업

37 ③
중개의뢰인의 대리인과 중개의뢰인 소유 중개대상물을 거래한 행위는 직접거래에 해당한다(대판 1990.11.9, 90도1872).

지문분석
① 분양대행이므로 보수초과행위가 아니다(대판 1999.7.23, 98도1914).
② 계약의 이행에 대한 쌍방대리는 금지행위가 아니다.
④ 무허가건축물은 중개대상물이 될 수 있으므로, 이의 중개는 금지행위가 아니다.
⑤ 상가매매계약서일 뿐이므로 '증서'로 볼 수 없다(대판 1993.5.25, 93도773)

38 ②
옳은 것은 2개(㉢㉣)이다.
㉠ 중개의뢰인의 재산상 손해발생은 금지행위의 성립요건이 아니다(대판 2004.11.12, 2004도4136).
㉡ 직접거래 금지행위 규정은 단속규정이다(대판 2017.2.3, 2016다259677).
㉢ 대판 2008.2.1, 2007도9149
㉣ 직접거래에 해당한다.
㉤ 중개의뢰인과 1회 중개대상물을 매매한 행위는 직접거래에 해당한다.

39 ①
㉠㉡이 금지행위이다.
㉠은 보수초과, ㉡은 무등록중개업자와의 거래행위로서 금지행위이다.
㉢은 직접거래에 해당하지 않고, ㉣은 컨설팅에 대한 보수로서 금지행위가 아니다.

40 ③
중개인이 토지소유자와 사이에 중개인 자신의 비용으로 토지를 택지로 조성하여 분할한 다음 토지 중 일부를 중개인이 임의로 정한 매매대금으로 타에 매도하되, 토지의 소유자에게는 그 매매대금의 수액에 관계없이 확정적인 금원을 지급하고 그로 인한 손익은 중개인에게 귀속시키기로 하는 약정을 한 경우, 이는 단순한 중개의뢰 약정이 아니라 위임 및 도급의 복합적인 성격을 가지는 약정으로서, '직접거래' 또는 '보수 초과'로 보기 어렵다(대판 2005.10.14, 2005도4494).

지문분석
① 보수 초과에 해당한다.
② 거짓된 언행에 해당한다.
④ 직접거래에 해당한다(대판 2021.8.12, 2021도6910).
⑤ 시세교란행위에 해당한다.

41 ④

개업공인중개사가 금지행위를 한 경우라도 그 즉시 등록의 결격사유에 해당되는 것은 아니다. 금지행위로 인하여 징역형(집행유예 포함) 또는 300만원 이상의 벌금형을 선고받거나 등록취소처분 등을 받아야 결격사유에 해당하게 된다.

42 ③

공인중개사가 토지와 건물의 임차권 및 권리금, 시설비의 교환계약을 중개하고 그 사례 명목으로 포괄적으로 금원을 지급받은 경우 어느 금액까지가 중개보수에 해당하는지를 특정할 수 없어 법이 정한 한도를 초과하여 중개보수를 지급받았다고 단정할 수 없다(대판 2006.9.22, 2005도6054).

43 ①

1년 이하의 징역 또는 1천만원 이하의 벌금형 사유이다.

▶지문분석◀

②③④⑤ 3년 이하의 징역 또는 3천만원 이하의 벌금형 사유이다.

▶보충◀ **개업공인중개사 등의 금지행위 형벌**

1년 이하의 징역 또는 1천만원 이하의 벌금 사유	• 매매업 • 무등록중개업자와 거래 • 중개보수 및 실비 초과 • 거짓된 언행
3년 이하의 징역 또는 3천만원 이하의 벌금 사유	• 증서 등 중개·매매업 • 직접거래, 쌍방대리 • 투기조장행위 • 시세교란행위 • 단체구성 중개제한 행위

44 ④

ⓒⓓⓔ이 금지되는 행위이다.
ⓐ 소속공인중개사가 공인중개사 명칭을 사용하는 행위는 금지되는 행위가 아니다.
ⓒ 개업공인중개사가 아닌 자는 중개대상물에 대한 표시·광고를 할 수 없다.
ⓓⓔ 이는 금지행위로서, 소속공인중개사도 할 수 없다.

제7장 중개보수 및 실비   p.121~130

01	②	02	③	03	③	04	①	05	④
06	④	07	④	08	⑤	09	②	10	④
11	④	12	①	13	④	14	③	15	②
16	①	17	④	18	①	19	③	20	③

Point 26 중개보수 및 실비

01 ②

중개보수 청구권은 거래당사자 일방의 이행지체로 거래계약이 해제·무효·취소된 경우에는 소멸하지 않는다.

▶지문분석◀

④ 대판 2005.5.27, 2004도62
⑤ 대판 1995.4.21, 94다36643

02 ③

주택의 중개에 대한 보수는 중개의뢰인 쌍방으로부터 각각 받되, 그 일방으로부터 받을 수 있는 한도는 거래금액이 15억원 이상인 경우 매매·교환은 거래금액의 1천분의 7 이내로 하고, 임대차 등의 경우에는 거래금액의 1천분의 6 이내로 한다.

▶핵심◀ **중개보수의 한도**

주택	국토교통부령이 정하는 범위 내에서 시·도의 조례로 정함(일방 한도) 1. 매매·교환: 거래금액 15억원 이상 1천분의 7(0.7%) 이내 2. 임대차 등: 거래금액 15억원 이상 1천분의 6(0.6%) 이내
주택 외	국토교통부령으로 정함(일방 한도) 1. 오피스텔(85m² 이하, 부엌, 화장실) • 매매·교환: 거래금액의 0.5% 이내 • 임대차 등: 0.4% 이내 2. 오피스텔 외: 거래금액의 0.9% 이내

03 ③

▶지문분석◀

① 중개사무소의 소재지를 관할하는 시·도의 조례에서 정한 기준에 따라 중개보수 및 실비를 받아야 한다.
② 분사무소는 분사무소 소재지를 관할하는 시·도 조례에 의한 중개보수를 받아야 한다.

④ 주택의 면적이 2분의 1 미만인 경우에는 주택 외의 중개대상물에 대한 중개보수를 적용한다.
⑤ 토지는 매매나 임대차 구분 없이 일방으로부터 거래금액의 0.9%까지이므로, 쌍방이라면 거래금액의 1.8%까지 받을 수 있다.

04 ①

지문분석

② 주택 외의 중개대상물에 관한 중개보수의 한도는 국토교통부령으로 정한다.
③ 중개보수의 지급시기는 개업공인중개사와 중개의뢰인 간의 별도의 약정이 없으면 거래대금지급이 완료된 날로 한다.
④ 개업공인중개사가 중개보수 산정에 관한 지방자치단체의 조례를 잘못 해석하여 법에서 허용하는 금액을 초과한 중개보수를 수수한 경우 이는 법률의 착오에 해당하지 않으므로, 금지행위에 해당한다(대판 2005.5.27, 2004도62).
⑤ 한도액을 초과하는 중개보수 약정은 강행법규에 위반한 것으로서 그 한도액을 초과하는 부분은 무효이다(대판 2007.12.20, 2005다32159 전원합의체).

05 ④

임대차 중 보증금 외에 차임이 있는 경우에는 주택이나 주택 외의 중개대상물 모두 월 단위의 차임액에 1분의 100을 곱하여 환산한 금액을 보증금에 합산하여 거래금액을 계산한다. 다만, 이렇게 계산한 금액이 5천만원 미만인 경우에는 월 단위의 차임액에 70을 곱한 금액과 보증금을 합산한 금액을 거래금액으로 한다.

핵심 중개보수 계산시 거래금액 기준과 적용

- 매매는 매매가액, 교환은 큰 거래가액, 분양권은 기 납입금에 프리미엄 기준
- 임대차는 보증금 + (월 차임 × 100) 기준. 단, 5천만원 미만인 경우 보증금 + (월 차임 × 70) 적용
- 주택의 소재지와 중개사무소의 소재지 시·도 조례가 서로 다른 경우 중개사무소 소재지 시·도 조례 적용
- 건축물 중 주택의 면적이 2분의 1 이상인 경우에는 주택요율을, 주택의 면적이 2분의 1 미만인 경우에는 주택 외의 중개대상물 요율을 적용
- 동일 중개대상물, 동일 당사자, 동일 기회에 매매를 포함한 그 외의 거래시는 매매만 적용

06 ④

지문분석

① 분양권은 기 납입액(예 계약금, 중도금 등)과 프리미엄을 합산한 금액을 기준으로 한다(대판 2005.5.27, 2004도62).
② 월 단위의 차임액에 100을 곱한 금액과 보증금을 합산한 금액이 5천만원 미만인 임대차의 경우에는 월 단위의 차임액에 70을 곱한 금액과 보증금을 합산한 금액을 거래금액으로 한다.
③ 부가가치세는 정해진 중개보수의 한도에 포함되어 있지 않으므로, 별도로 받을 수 있다.
⑤ 권리금은 중개보수를 적용하지 않으므로, 상가의 임대차가액을 기준으로 중개보수를 계산하고, 권리금 중개에 대한 보수는 별도로 의뢰인과 합의한 금액을 받는다.

07 ④

지문분석

① 토지이므로 국토교통부령이 정하는 바에 따라 중개보수를 받아야 한다.
② 전용면적 85m² 이하이고 전용 입식 부엌 및 화장실 등을 갖춘 오피스텔의 임대차는 거래금액의 0.4%이고, 상가의 임대차는 거래금액의 0.9%이므로, 중개보수 한도는 동일하지 않다.
③ 교환계약은 거래금액이 큰 중개대상물을 기준으로 중개보수를 계산한다.
⑤ 다른 약정이 없는 경우 중개보수의 지급시기는 중개대상물의 거래대금 지급이 완료된 날로 한다.

08 ⑤

법정 중개보수 또는 실비를 초과하여 금품을 받은 경우는 임의적(상대적) 등록취소 또는 업무정지처분사유이다.

09 ②

설문은 점유개정에 관한 문제로서, 주어진 사례의 건축물은 주택의 면적이 3분의 1이므로, 전체에 대하여 주택 외의 중개보수를 적용한다. 따라서 ㉠과 ㉢은 옳은 지문이다.
㉡㉣ 주택 외의 중개대상물은 시·도 조례가 아닌 국토교통부령이 정하는 바에 따라 중개보수를 받아야 한다.

10 ④

㉡과 ㉢이 옳은 지문이다.
㉠ 중개보수 제한에 관한 「공인중개사법」 규정들은 공매대상 부동산취득의 알선에 대해서도 적용된다(대판 2021.7.29, 2017다243723).
㉡ 한도를 초과하는 부동산 중개보수 약정은 그 한도를 초과하는 범위 내에서 무효이다(대판 2007.12.20, 2005다

32159 전원합의체).
ⓒ 개업공인중개사는 중개대상물에 대한 계약이 완료되지 않을 경우에도 중개행위에 상응하는 보수를 지급하기로 약정할 수 있다. 이 경우 당사자의 약정에서 보수액을 산정하는 구체적인 기준을 정하지 않았으면 중개에 들인 기간과 노력의 정도 등을 고려하여 보수를 정해야 하고, 약정에서 특정 보수액이 정해졌다면 신의성실의 원칙, 형평의 원칙 등을 고려하여 합리적이라고 인정되는 범위 내의 보수만을 청구할 수 있다. 이러한 보수는 계약이 완료되었을 경우에 적용되었을 중개보수 한도를 초과할 수는 없다고 보아야 한다(대판 2021.7.29, 2017다243723).

11 ④
㉠㉡㉢이 옳은 지문이다.
㉣ 오피스텔의 중개에 대한 보수 및 실비 규정을 적용한다.

12 ①
1억 8천만원 × 0.5% = 90만원이나, 한도액이 80만원이므로 한도액이 보수가 된다. 따라서 매수인으로부터 80만원까지 받을 수 있다.

13 ④
분양권 전매시 거래금액은 기 납입금액 + 프리미엄이 기준이므로, 거래금액은 1억 5천만원이다. 상가분양권이므로 1억 5천만원 × 0.9% = 135만원이고, 중개보수는 쌍방으로부터 받으므로 135만원 × 2 = 270만원이다.

14 ③
매매와 임대차계약의 당사자가 서로 다르므로, 乙로부터 매매와 임대차 각각 보수를 받을 수 있다. 매매의 경우 보수는 거래금액 2억원 × 0.4% = 80만원이다. 임대차는 거래금액이 3천만원 + (월 차임 20만원 × 100) = 5천만원이므로, 5천만원 이상의 거래가 되어 월 차임 × 70으로 하는 것이 아니다. 따라서 5천만원 × 0.4% = 20만원이므로, 합하면 100만원을 乙로부터 받을 수 있다.

15 ②
오피스텔은 매매의 경우 일방 0.5%이므로, A로부터 3억원 × 0.5% = 150만원을 받을 수 있다.

16 ①
오피스텔에 대한 임대차 중개보수를 묻는 문제로서, 환산 합산금액이 5천만원 미만이 되므로, 거래금액은 2천만원 + (25만원 × 70) = 3,750만원이고, 주거용 오피스텔의 임대차는 최고 요율이 0.4%이므로, 일방 중개보수는 3,750만원 × 0.4% = 150,000원이다.

17 ④
교환의 경우 거래금액 큰 것이 기준이 되므로 5억원 × 0.4% = 200만원, 따라서 쌍방으로부터 400만원을 받을 수 있다.

18 ①
거래금액은 5천만원 + (40만원 × 100) = 9천만원이며, 산출액은 9천만원 × 0.4% = 36만원이나, 한도액은 30만원이므로, 임차인으로부터 최고 30만원을 받을 수 있다.

19 ③
주택의 면적이 3분의 1이므로 주택 외의 중개대상물에 대한 중개보수를 적용(제시된 중개보수 요율은 주택이므로 본 설문과는 관계가 없음)하고, 점유개정의 경우로서 중개보수는 매매만 받을 수 있다. 따라서 중개보수는 매매가 1억원 × 0.9% = 90만원이 최고 한도액이 된다. 당사자의 합의된 중개보수는 100만원이지만, 한도를 초과한 중개보수를 받을 수 없으므로, 개업공인중개사는 甲으로부터 90만원까지 받을 수 있다.

20 ③
주택매매 6천만원에 대한 중개보수는 6,000만원 × 0.5% = 30만원이고, 임대차에 대한 중개보수는 환산 거래금액 5천만원 미만인 거래이어서 [1,500만원 + (30만원 × 70)] × 0.5% = 18만원이므로, 차이는 12만원이다.

제8장 교육, 업무위탁 및 포상금 등   p.135~143

01	02	03	04	05
③	⑤	④	②	①
06	07	08	09	10
③	④	③	④	⑤
11	12	13	14	15
④	①	③	④	③
16	17	18		
②	④	⑤		

Point 27 교육

01 ③
실무교육을 의무적으로 받아야 하는 경우는 3개(㉠㉡㉣)이다.
㉢ 중개보조원은 <u>직무교육</u>의 대상이다.
㉤ 소속공인중개사로서 고용관계 종료신고 후 1년 이내에 중개사무소의 개설등록을 신청하려는 자는 실무교육이 면제된다.

실무교육 대상자

- 등록신청인(임원·사원)
  🔍 폐업신고 후 1년 내 재등록시 면제
- 분사무소 책임자
- 소속공인중개사
  🔍 고용관계 종료신고 후 1년 내 면제

02 ⑤
공인중개사 여부에 불문하고 임원 또는 사원 전원이 등록신청일 전 1년 내에 실시하는 실무교육을 수료하여야 한다.

 교육시간 비교

- 실무교육: 28시간 이상 32시간 이하
- 직무교육: 3시간 이상 4시간 이하
- 연수교육: 12시간 이상 16시간 이하

03 ④
지문분석

① 직무교육은 등록관청 외에 시·도지사도 실시할 수 있다.
② 직무교육은 중개보조원을 대상으로 직업윤리 등을, 연수교육이 개업공인중개사 및 소속공인중개사를 대상으로 부동산중개 관련 법·제도의 변경사항, 부동산중개 및 경영실무, 직업윤리 등을 교육내용으로 한다.
③ 직무교육 시간은 3시간 이상 4시간 이하로 하고, 연수교육시간은 12시간 이상 16시간 이하로 한다.
⑤ 연수교육을 받지 아니한 개업공인중개사 및 소속공인중개사에 대하여는 500만원 이하의 과태료가 부과된다. 직무교육은 중개보조원이 고용신고 전에 받아야 하므로 제재가 규정되어 있지 않다.

04 ②
부동산거래사고 예방교육의 통지 또는 공고는 교육일 10일 전까지 하여야 한다.

05 ①
지문분석

② 연수교육을 실시하려는 자는 2년이 되기 2개월 전까지 대상자에게 통지하여야 한다.
③ 등록관청은 중개보조원만을 대상으로 하는 부동산거래사고 예방교육을 실시할 수도 있다.

④ 실무교육 실시권자는 시·도지사이므로, 분사무소의 책임자가 되려는 자는 고용신고일 전 1년 이내에 시·도지사가 실시하는 실무교육을 받아야 한다.
⑤ 직무교육을 받고 1년 내라도 임원이 되려면 실무교육을 받아야 한다.

06 ③
지문분석

① 폐업신고 후 1년이 지난 후 재등록을 하는 때에는 실무교육을 다시 받아야 한다.
② 중개보조원의 직무수행에 필요한 직업윤리에 대한 교육(직무교육)시간은 3시간 이상 4시간 이하이다.
④ 부동산중개 및 경영실무에 대한 교육은 실무교육 또는 연수교육으로서, 실무교육시간은 28시간 이상 32시간 이하이고, 연수교육시간은 12시간 이상 16시간 이하이다.
⑤ 부동산거래사고 예방교육을 실시하려는 경우에는 교육일 10일 전까지 교육일시 등을 대상자에게 통지 또는 공고하면 된다.

Point 28 업무위탁

07 ④
시험의 시행에 관한 업무는 공기업, 준정부기관 또는 공인중개사협회에 위탁할 수 있으나, 학교에는 위탁할 수 없다.

08 ③
강의실은 1개소 이상 확보하되, 그 면적은 50㎡ 이상이어야 한다.

Point 29 포상금

09 ④
무등록중개업자를 통하여 중개의뢰를 받은 개업공인중개사는 포상금이 지급되는 신고·고발대상이 아니다.

 포상금 지급 신고·고발대상

- 무등록중개업자
- 부정등록자
- 등록증·자격증 양도·대여한 자 또는 받은 자
- 개업공인중개사가 아닌 자로서 표시·광고한 자
- 금지행위 중 시세교란행위, 단체구성 중개제한행위, 시세에 부당한 영향을 줄 목적으로 개업공인중개사 등의 업무를 방해한 자

10 ⑤

중개업의 폐업신고 후 계속하여 중개업을 한 자는 무등록중개업자로서 포상금이 지급되는 신고·고발대상이다.

> **지문분석**
>
> ①②③④ 포상금이 지급되는 신고 또는 고발대상이 아니다.

11 ④

하나의 사건에 대하여 2건 이상의 신고 또는 고발이 접수된 경우에는 <u>최초로</u> 신고 또는 고발한 자에게 포상금을 지급한다.

12 ①

> **지문분석**
>
> ② 포상금의 지급에 소요되는 비용 중 국고에서 보조할 수 있는 비율은 <u>100분의 50 이내</u>로 한다.
> ③ 포상금은 지급결정일로부터 <u>1개월</u> 이내에 지급하여야 한다.
> ④ 공동 포상금을 수령할 자가 합의한 포상금 배분방법은 균등배분방법에 우선하여 적용된다.
> ⑤ 포상금은 신고 또는 고발사건에 대하여 검사가 공소제기 또는 기소유예의 결정을 한 경우에 한하여 지급한다.

13 ③

甲은 A에 대한 포상금 50만원, D에 대한 포상금 25만원을 받으므로 75만원, 乙은 C에 대한 포상금 50만원, D에 대한 포상금 25만원, E에 대한 포상금 50만원을 받으므로 125만원이다. 甲은 B에 대하여는 무혐의처분, E에 대하여는 乙이 신고한 이후에 신고하였으므로 포상금을 받을 수 없다.

Point 30 수수료

14 ④

ⓒⓔⓗ이 지방자치단체의 조례가 정하는 바에 따라 수수료를 납부해야 하는 경우이다.

㉠ 조례가 정하는 바에 따른 수수료이므로, 국토교통부장관이 시험을 시행할 경우에는 국토교통부장관이 정하는 수수료를 납부하여야 한다.
ⓒⓔⓗ 중개사무소의 개설등록을 신청하는 자, 중개사무소등록증의 재교부를 신청하는 자, 분사무소 설치신고를 하는 자는 해당 지방자치단체 조례가 정하는 수수료를 납부해야 한다.
ⓒⓓ 공인중개사 자격증을 교부받는 자, 중개업의 휴·폐업을 신고하는 자는 수수료를 납부하지 않는다.

 수수료 납부사유

- 공인중개사 자격시험 응시
- 공인중개사 자격증 재교부신청
- 중개사무소 개설등록신청
- 중개사무소등록증 재교부신청
- 분사무소 설치신고
- 분사무소설치신고확인서 재교부신청

15 ③

주된 사무소 소재지 관할 시장·군수·구청장에게 분사무소 설치신고확인서의 재교부를 신청하므로 창원시 조례가 정하는 바에 따라 수수료를 납부하여야 한다.

Point 31 부동산거래질서교란행위 신고센터

16 ②

㉠ⓒⓜ이 부동산거래질서교란행위에 해당하지 아니한다.

17 ④

조사 및 조치결과는 완료한 날부터 <u>10일</u> 이내에 신고센터에 통보해야 한다.

 부동산거래질서교란행위 신고센터

- **설치·운영**: 국토교통부장관, '할 수 있다.'
- 신고센터가 시·도지사 및 등록관청 등에 조사 및 조치 요구
- 시·도지사 및 등록관청 등은 조사·조치결과를 10일 내에 신고센터에 통보
- 신고센터는 매월 10일까지 직전 달의 신고접수 등 사항을 국토교통부장관에게 통보

18 ⑤

신고센터가 신고인에게 신고사항 처리결과를 통보하는 것은 기한이 없다.

제9장 공인중개사협회 p.146~151

01	③	02	②	03	④	04	②	05	⑤
06	④	07	①	08	③	09	④	10	⑤
11	③	12	②	13	⑤						

Point 32 협회의 설립, 조직 및 업무

01 ③
현행 공인중개사법령상의 공인중개사협회의 성격은 ⓒⓒⓔ
ⓗ 4개이다. 이외에 협회는 사법인(私法人), 임의설립, 복수협회제이다.

02 ②
지문분석
① 개업공인중개사인 공인중개사(중개인 포함)는 중개업에 관한 제도의 개선 및 운용에 관한 업무 등을 효율적으로 수행하기 위하여 공인중개사협회를 설립할 수 있다.
③ 공인중개사가 아니라 회원 300인 이상이 발기인이 되어 정관을 작성한다.
④ 협회 설립을 위한 창립총회에는 광역시에서 20인 이상의 회원이 참여하여야 한다.
⑤ 협회는 정관에 대한 창립총회의 의결을 거친 후 국토교통부장관의 인가를 받아 그 주된 사무소의 소재지에서 설립등기를 함으로써 성립한다.

핵심 협회의 설립 절차
- **정관 작성**: 회원 300인 이상이 발기인이 되어 작성
- **창립총회**: 600인 이상 출석, 서울 100인 이상, 광역시·도 각 20인 이상(정관 과반수 동의)
- **설립인가**: 국토교통부장관
- **설립등기**: 성립

03 ④
창립총회에는 회원 600인 이상이 출석하되, 서울특별시에서 100인 이상, 광역시 및 도에서는 각 20인 이상이 출석하여야 한다.

04 ②
지문분석
① 요건에 적합하다면 설립인가를 해 주어야 한다.

③ 「민법」 중 사단법인에 관한 규정을 적용한다.
④ 지부를 설치한 때에 시·도지사에게 신고한다(사후신고).
⑤ 지회·지부의 설치신고 기한은 정해진 바가 없다.

05 ⑤
지문분석
① 협회는 정관이 정하는 바에 따라 지부, 지회를 둘 수 있다.
② 협회는 총회의 의결내용을 지체 없이 국토교통부장관에게 보고해야 한다.
③ 지부를 설치한 때에는 시·도지사에게, 지회를 설치한 때에는 등록관청에 신고한다.
④ 협회는 지부, 지회까지 국토교통부장관이 감독한다.

핵심 협회 조직
- **지부**: 시·도에 설치한 때에는 시·도지사에게 신고 (사후신고)
- **지회**: 시·군·구에 설치한 때에는 등록관청에 신고 (사후신고)
- 총회 의결사항은 국토교통부장관에게 지체 없이 보고

06 ④
공인중개사협회의 업무에 해당하는 것은 ⓐⓒⓔ이다. 이는 공인중개사협회의 고유업무이다.
ⓒ 인터넷을 이용한 중개대상물에 대한 표시·광고 모니터링 업무는 국토교통부장관의 업무이다.

Point 33 공제사업

07 ①
협회의 공제사업은 할 수 있는 임의사업이다.

08 ③
공제사업에 관한 설명으로 옳은 것은 3개이다.
- 책임준비금의 적립비율은 공제료 총 수입액의 100분의 10 이상으로 정해야 한다.
- 공제사업의 운영실적은 3개월 내에 공시하면 된다.

09 ④
ⓐⓒⓒⓔ이 공제사업 운영개선을 위하여 명할 수 있는 조치이다.
ⓜ 공제사업의 양도는 개선조치로 명할 수 없다.

공제사업 개선명령 사항

- 업무집행방법의 변경
- 자산예탁기관의 변경
- 자산의 장부가격의 변경
- 불건전한 자산에 대한 적립금의 보유
- 가치가 없다고 인정되는 자산의 손실 처리
- 그 밖에 개선명령

10 ⑤
운영위원회의 위원의 수는 성별을 고려하되, 19명 이내로 한다.

11 ③
위원의 임기는 2년으로 하되, 1회에 한하여 연임할 수 있다.

12 ②
㉠㉣이 옳은 지문이다.
㉡ 운영위원회의 회의는 재적위원 과반수의 출석으로 개의하고, 출석위원 과반수의 찬성으로 심의사항을 의결한다.
㉢ 금융기관에서 임원 이상의 현직에 있는 사람, 한국소비자원의 임원으로 재직 중인 사람, 공제조합 관련 업무에 관한 학식과 경험이 풍부한 사람으로서 해당 업무에 5년 이상 종사한 사람 등은 공제사업 운영위원회 위원이 될 수 있다.
㉤ 협회에 대한 제재로 업무정지는 없고, 이 경우에는 500만원 이하의 과태료 부과사유이다.

13 ⑤
협회는 매 회계연도 종료 후 3개월 이내에 공제사업 운용실적을 일간신문 또는 협회보에 공시하고, 협회의 인터넷 홈페이지에 게시해야 한다.

제10장 지도·감독 및 벌칙   p.156~173

01	④	02	⑤	03	①	04	①	05	④
06	②	07	②	08	②	09	⑤	10	⑤
11	⑤	12	③	13	②	14	②	15	①
16	④	17	①	18	④	19	②	20	②
21	②	22	①	23	②	24	③	25	⑤
26	②	27	③	28	②	29	④	30	⑤
31	③	32	③	33	③	34	①	35	①
36	③	37	④	38	①				

Point 34 행정처분

01 ④
개업공인중개사가 감독상의 명령 등에 위반한 경우에는 6개월 이하의 업무정지처분을 받을 수 있다.

02 ⑤
감독관청이 수시로 필요하다고 인정하는 경우는 「공인중개사법」상 명시한 감독상 명령 등을 할 수 있는 사유가 아니다.

03 ①
행정처분에는 등록취소·업무정지·자격취소·자격정지·지정취소가 있다.

04 ①
취소처분시에는 청문을 원칙적으로 실시하여야 하나, 사망이나 해산 등으로 취소하는 경우에는 청문을 실시하지 아니하고 취소처분을 할 수 있다.

행정처분 사후조치

- 등록취소 또는 업무정지처분시 다음 달 10일까지 공인중개사협회 통보
- 등록취소시에는 7일 내에 등록증 반납
- 자격취소시에는 5일 내 국토교통부장관, 다른 시·도지사에 통보
- 자격취소시 7일 내에 자격증 교부 시·도지사에게 자격증 반납

05 ④

지문분석

① 자격정지처분시에는 국토교통부장관, 다른 시·도지사에게 통지하여야 한다는 규정이 없다.
② 자격증의 반납은 취소한(교부한) 시·도지사에게 한다.
③ 업무정지처분 또는 자격정지처분시에는 등록증이나 자격증 반납규정이 없다.

⑤ 거래정보사업자의 지정취소시 지정서 반납규정은 없다.

06 ②
중개사무소 개설등록을 반드시 취소해야 하는 것은 3개(㉠㉣㉤)이다.
㉡㉢㉥ 임의적 등록취소사유이다.

 필요적 등록취소사유

- 사망·해산
- 부정등록
- 결격사유
- 이중등록
- 이중소속
- 등록증 양도·대여, 성명·상호 사용 중개업무하게 함
- 업무정지기간 중에 중개업무, 자격정지 받은 소속공인중개사로 하여금 중개업무하게 함
- 최근 1년 내 2회 이상 업무정지받고 다시 업무정지 행위
- 중개보조원 수 제한을 초과하여 중개보조원을 고용한 경우

07 ②
㉠㉢㉣㉥이 개설등록을 취소해야 하는 사유이다.
㉡㉤㉦ 임의적(상대적, 재량) 등록취소사유이다.

08 ②
전속중개계약서를 작성하지 아니한 경우는 업무정지처분사유이다.

09 ⑤
업무정지를 명할 수 있는 것은 5개(㉠㉡㉢㉣㉤)이다.
㉠ 임의적 등록취소사유이다. 임의적 등록취소사유는 업무정지사유이기도 하다.
㉥ 필요적 등록취소사유이다.

10 ⑤
보기의 지문은 그 기준기간이 모두 옳은 내용이다.

 업무정지기준기간이 6개월인 경우

- 결격사유자를 소속공인중개사 또는 중개보조원으로 둔 경우(2개월 내에 해소하지 않은 경우 포함)

- 부동산거래정보망에 중개대상물에 관한 정보를 거짓으로 공개한 경우
- 임의적 등록취소사유의 어느 하나에 해당한 경우
- 최근 1년 이내에 2회 이상의 업무정지 또는 과태료처분을 받고 다시 과태료처분에 해당하는 행위를 한 경우
- 부당한 공동행위에 의하여 부당하게 경쟁을 제한하는 행위를 하여 과징금처분을 받은 경우 또는 시정조치와 과징금처분을 동시에 받은 경우

11 ⑤
지문분석
① 각 업무정지 기준기간을 합산한 기간을 넘지 않는 범위에서 가장 무거운 처분기준의 2분의 1의 범위에서 가중하되, 가중하더라도 <u>6개월</u>을 초과할 수 없다.
② 업무정지 기준기간의 <u>2분의 1</u> 범위에서 그 기간을 늘릴 수 있으나, 6개월을 초과할 수는 없다.
③ 업무정지처분은 해당 사유가 발생한 날부터 <u>3년</u>이 지난 때에는 이를 할 수 없다.
④ 분사무소에 대한 업무정지처분은 주된 사무소 등록관청이 한다.

12 ③
최근 1년 내에 2회의 업무정지처분을 받고 다시 업무정지처분에 해당하는 행위를 하였으므로, 필요적 등록취소사유이다.

 상습위반에 대한 가중처벌

- 최근 1년 이내에 2회 이상 업무정지 + 다시 업무정지 행위 ⇨ 필요적 등록취소
- 최근 1년 이내에 3회 이상 업무정지·과태료 + 다시 업무정지·과태료행위 ⇨ 임의적 등록취소
- 최근 1년 이내에 2회 이상 업무정지·과태료 + 다시 과태료행위 ⇨ 업무정지

13 ④
1년 내에 1회 업무정지, 2회 과태료처분을 받고 다시 업무정지처분사유에 해당하는 행위를 한 경우 등록을 취소할 수 있는 사유에 해당한다.

14 ②
폐업신고 전의 개업공인중개사에 대한 업무정지처분사유나 과태료처분사유로 행한 행정처분의 효과는 그 처분일로부터 <u>1년간</u> 재등록 개업공인중개사에게 승계된다.

> **핵심** 재등록 개업공인중개사에 대한 행정제재처분효과의 승계 등
>
> - 폐업기간이 3년을 초과할 경우 폐업신고 전 위반사유 등록취소 불가
> - 폐업기간이 1년을 초과할 경우 폐업신고 전 위반사유 업무정지 불가
> - 폐업신고 전 받은 업무정지 또는 과태료처분효과는 처분일로부터 1년 승계

15 ①

지문분석

② 폐업신고 전 위반행위를 사유로 행한 업무정지처분의 효과는 처분일부터 1년간 재등록 개업공인중개사에게 승계된다.
③ 업무정지처분에 대하여만 제척기간(3년)이 규정되어 있다.
④ 업무정지 또는 자격정지의 기준은 국토교통부령으로 정한다.
⑤ 등록관청을 달리하더라도 폐업신고 전의 개업공인중개사의 지위를 승계한다.

16 ④

폐업신고 전에 개업공인중개사에게 한 과태료 부과처분의 효과는 그 처분일부터 1년간 승계되므로, 10개월이 된 때에는 당연히 승계된다.

지문분석

① 등록증 대여행위는 필요적 등록취소사유로서, 폐업기간이 3년이 경과되지 않았으므로 업무정지가 아니라 등록을 취소하여야 한다.
② 고용인의 결격을 2개월 내에 해소한 경우에는 업무정지처분을 받지 않는다.
③ 폐업기간이 1년을 초과한 경우에는 폐업신고 전 위반을 사유로 하는 업무정지처분을 할 수 없다.
⑤ 폐업기간이 3년을 초과한 경우 폐업신고 전의 위반행위를 이유로 개설등록 취소처분을 할 수 없다.

17 ①

옳은 것은 ㉠이다.
㉠ 과태료 부과처분일로부터 1년 내에 재등록했으므로, 과태료 부과처분의 효과는 승계된다. 따라서 옳은 내용이다.
㉡ 전속중개계약서 사용의무 위반은 업무정지사유이나, 폐업기간이 1년을 초과했으므로, 이를 이유로 업무정지처분을 할 수 없다.
㉢ 다른 사람에게 상호를 사용하게 한 행위는 필요적 등록취소사유이나, 폐업기간이 3년을 초과했으므로, 등록을 취소하지 못한다.

18 ④

둘 이상의 중개사무소에 소속한 경우는 6개월 이하의 자격정지사유에 해당한다.

> **핵심** 자격취소사유
>
> - 부정 취득한 경우(형벌 ×)
> - 자격증 양도·대여, 성명 사용하여 중개업무하게 함 (+ 1년 / 1천)
> - 자격정지기간 중 중개업무 또는 이중소속(+ 1년 / 1천)
> - 이 법 또는 공인중개사의 직무와 관련하여 「형법」상의 범죄단체 등의 조직죄, 사문서 등의 위조·변조죄, 위조사문서 등의 행사죄, 사기죄, 횡령·배임죄 또는 업무상 횡령·배임죄로 금고 이상의 형(집행유예 포함)을 선고받은 경우

19 ②

「형법」상의 사기죄로 벌금형을 선고받은 경우는 자격취소사유가 아니다. 사기죄로 징역형 또는 징역형의 집행유예를 선고받은 경우가 자격취소사유이다.

20 ②

지문분석

① 공인중개사의 자격취소처분은 자격증을 교부한 시·도지사가 행한다.
③ 공무집행방해죄로 징역형을 선고받은 경우는 자격취소사유가 아니다.
④ 자격취소시에만 5일 이내에 국토교통부장관, 다른 시·도지사에게 통보한다.
⑤ 개업공인중개사가 공정거래위원회로부터 과징금처분을 받은 경우 업무정지처분을 받을 수 있다.

21 ②

소속공인중개사의 자격정지처분사유에 해당하지 않는 것은 2개이다.
소속공인중개사는 중개대상물의 확인·설명을 할 수 있고, 「공인중개사법」을 위반하여 징역형의 집행유예를 선고받은 경우는 자격취소사유이다.

자격정지사유와 개업공인중개사 위반시 제재

자격정지사유	기준기간	개업공인중개사 위반시 제재
이중소속	6개월	필요적 등록취소
인장 미등록 또는 미등록인장 사용	3개월	업무정지
불성실 확인·설명, 근거자료 미제시	3개월	500만원 이하의 과태료
확인·설명서 서명 및 날인 위반	3개월	업무정지
거래계약서 서명 및 날인 위반	3개월	업무정지
거래계약서 거짓기재, 이중계약서 작성	6개월	임의적 등록취소
금지행위	6개월	임의적 등록취소

22 ①
자격정지의 기준기간은 6개월인 것은 ㉠이다.
㉡㉢㉣은 자격정지의 기준기간이 3개월이다.

23 ②
이중소속과 같이, 자격정지사유에는 행정형벌이 병과될 수 있는 경우도 있으므로, 옳은 지문이다.

지문분석
① 자격취소권은 자격증을 교부한 시·도지사에게 있고, 자격취소는 기속취소만 있다.
③ 사무소의 소재지를 관할하는 시·도지사가 자격취소처분 또는 자격정지처분에 필요한 절차를 모두 이행한 후 자격증을 교부한 시·도지사에게 통보하여야 한다.
④ 등록관청은 지체 없이 시·도지사에게 통보하여야 한다.
⑤ 자격정지기간을 가중하더라도 6개월을 초과할 수 없다.

24 ③
㉠㉡㉢이 개업공인중개사의 업무정지사유이자 중개행위를 한 소속공인중개사의 자격정지사유이다.
㉣ 확인·설명서 교부의무는 개업공인중개사에게 있고, 미교부시 업무정지처분사유일 뿐이다.

Point 35 벌칙

25 ⑤
양벌규정은 행정형벌 위반행위에 대하여만 적용된다.

26 ②
㉡㉢㉥ 3개가 3년 이하의 징역 또는 3천만원 이하의 벌금형 사유이다.
㉠ 1년 이하의 징역 또는 1천만원 이하의 벌금형 사유이다.
㉣㉤ 행정형벌 규정이 없다.

27 ③
㉠㉡㉢㉣㉤이 1년 이하의 징역 또는 1천만원 이하의 벌금형 사유이다.
㉥ 3년 이하의 징역 또는 3천만원 이하의 벌금에 처해지는 사유이다.

 1년 이하의 징역 또는 1천만원 이하의 벌금형 사유

- 이중등록, 이중소속, 이중사무소
- 자격증, 등록증 양도·대여, 성명·상호 사용
- **사칭**: 자격 사칭, 명칭 사칭
- 개업공인중개사가 아닌 자로서 표시·광고를 한 자
- 개업공인중개사로부터 의뢰받지 아니한 정보 공개, 다르게, 차별 공개한 거래정보사업자
- 임시 중개시설물을 설치한 자
- 업무상 비밀을 누설한 개업공인중개사 등(반의사불벌죄)
- **금지행위**: 매매업, 무등록중개업자와 거래, 보수초과, 거짓된 언행
- 중개보조원 수 제한을 초과하여 중개보조원을 고용한 경우

28 ②
㉠㉢㉣ 1년 이하의 징역 또는 1천만원 이하의 벌금형
㉡㉤ 3년 이하의 징역 또는 3천만원 이하의 벌금형

29 ④
㉠㉡㉢㉣이 벌금 부과기준에 해당한다.
㉠㉡ 3년 이하의 징역 또는 3천만원 이하의 벌금형 사유이다.
㉢㉣ 1년 이하의 징역 또는 1천만원 이하의 벌금형 사유이다.
㉤ 500만원 이하의 과태료 부과사유이다.

30 ⑤
게시의무를 위반한 개업공인중개사에 대하여 가중하여 과태료를 부과하는 경우에도 100만원을 초과할 수 없다.

과태료 부과대상자와 부과권자

- 거래정보사업자, 협회, 정보통신서비스 제공자: 국토교통부장관
- 연수교육 미이수자, 자격증 미반납자: 시·도지사
- 중개업무 관련 위반 개업공인중개사 및 중개보조원: 등록관청

31 ③
부당한 표시·광고를 한 개업공인중개사에 대한 과태료는 등록관청이 부과·징수한다.

32 ③
지정취소사유이면서, 1년 이하의 징역 또는 1천만원 이하의 벌금사유에 해당한다.

33 ③
㉠㉡㉢㉣ 4개가 100만원 이하의 과태료 부과사유이다.
㉤은 업무정지처분사유, ㉥㉦은 500만원 이하의 과태료 부과사유이다.

100만원 이하의 과태료 부과사유

- 게시사항 위반
- 명칭, 옥외광고물 성명표기 위반
- 표시·광고 명시사항 위반
- 중개사무소 이전신고 위반
- 휴업, 폐업, 재개, 변경신고 위반
- 보증설정사항 미설명, 미교부
- 공인중개사 자격증 미반납, 사유서 미제출
- 중개사무소등록증 미반납

34 ①
지문분석
② 표시·광고시 중개보조원을 명시한 개업공인중개사에 대하여는 100만원 이하의 과태료를 등록관청이 부과한다.
③ 성실·정확하게 확인·설명을 하지 아니한 개업공인중개사에 대하여는 500만원 이하의 과태료를 등록관청이 부과한다.
④ 운영규정의 제정승인을 받지 아니한 경우 500만원 이하의 과태료를 국토교통부장관이 부과한다.
⑤ 공제업무의 개선명령을 이행하지 아니한 공인중개사협회에 대하여는 500만원 이하의 과태료를 국토교통부장관이 부과한다.

35 ①
휴업한 중개업의 재개신고를 하지 않은 경우의 과태료 부과기준은 20만원이다.

지문분석
②③④⑤의 과태료 부과기준은 30만원이다.

36 ③
지문분석
① 매매업은 임의적 등록취소 또는 업무정지처분사유이다.
② 이중사무소 설치와 임시 중개시설물 설치는 임의적 등록취소사유에 해당하고, 1년 이하의 징역 또는 1천만원 이하의 벌금 사유에 해당하는 것으로 제재가 동일하다.
④ 양벌규정의 면책규정을 설명한 내용으로, 해당 업무에 대하여 주의와 감독을 게을리하지 않았다면 벌금형을 면한다.
⑤ 확인·설명의무를 위반한 경우 개업공인중개사는 500만원 이하의 과태료, 소속공인중개사는 자격정지처분사유에 해당한다.

37 ④
공인중개사가 아닌 자가 공인중개사 명칭을 사용한 경우는 1년 이하의 징역 또는 1천만원 이하의 벌금 사유이므로, 1,200만원의 벌금형을 받을 수는 없다.

38 ①
지정취소사유이면서 500만원 이하의 과태료 부과사유이다.

지문분석
② 지정취소사유이자 1년 이하의 징역 또는 1천만원 이하의 벌금 사유이다.
③ 자격취소사유이자 1년 이하의 징역 또는 1천만원 이하의 벌금 사유이다.
④ 필요적 등록취소사유이자 1년 이하의 징역 또는 1천만원 이하의 벌금 사유이다.
⑤ 임의적 등록취소사유이자 3년 이하의 징역 또는 3천만원 이하의 벌금 사유이다.

제2편 부동산 거래신고 등에 관한 법령

제1장 부동산거래신고제도 p.178~190

01	②	02	④	03	④	04	④	05	③
06	⑤	07	③	08	①	09	⑤	10	②
11	①	12	⑤	13	②	14	⑤	15	④
16	②	17	⑤	18	②	19	③	20	⑤
21	③	22	①	23	①	24	④	25	④

Point 36 신고대상 계약, 신고기한, 의무자 등

01 ②
건물 또는 토지의 매매계약은 면적에 관계없이 부동산거래신고대상이다.

02 ④
㉠㉢㉣㉤이 부동산거래신고대상 계약이다.
㉡ 단독주택의 저당권설정계약은 부동산거래신고대상이 아니다.

> **핵심** 부동산거래신고대상
> - 토지·건물의 매매계약
> - 「택지개발촉진법」, 「주택법」 등에 따른 토지·건물에 대한 공급계약
> - 부동산 공급계약을 통하여 부동산을 공급받는 자로 선정된 지위(분양권)의 매매계약
> - 「도시 및 주거환경정비법」에 따른 관리처분계획의 인가 및 「빈집 및 소규모주택 정비에 관한 특례법」에 따른 사업시행계획인가로 취득한 입주자로 선정된 지위(입주권)의 매매계약

03 ④
지문분석
①② 토지거래허가, 농지취득자격증명을 받은 경우에도 부동산거래신고를 하여야 한다.
③ 부동산거래계약신고필증을 받으면 검인이 의제되므로, 별도로 검인받은 계약서를 제출할 필요가 없다.
⑤ 「빈집 및 소규모주택 정비에 관한 특례법」에 따른 사업시행계획인가로 취득한 입주자로 선정된 지위(입주권)의 매매계약은 부동산거래신고대상이다.

04 ④
지문분석
① 부동산거래신고제도는 지역제한 없이 전국적으로 시행되는 제도이다.
② 부동산거래신고는 계약 체결일로부터 30일 내에 하여야 한다.
③ 신고서는 거래당사자 중 1인이 제출하면 된다.
⑤ 부동산거래신고의 관할은 매매대상 부동산(권리에 관한 매매계약의 경우에는 그 권리의 대상인 부동산) 소재지를 관할하는 시장·군수·구청장(= 신고관청)이다.

05 ③
지문분석
① 거래당사자 중 일방이 신고를 거부한 경우 다른 일방은 단독으로 신고서에 서명 또는 날인을 한 후 단독신고사유서와 거래계약서 사본을 첨부하여 제출해야 한다.
② 거래당사자 일방이 국가, 지방자치단체, 공공기관(국가 등)인 경우에는 국가 등이 부동산거래신고를 하여야 한다.
④ 공동중개의 경우에는 해당 개업공인중개사가 공동으로 신고하여야 한다.
⑤ 부동산거래신고는 신고관청(부동산 소재지 시장·군수·구청장)에 하여야 한다.

06 ⑤
㉠㉡㉣㉥이 공통으로 신고할 사항이다.
㉢ 저당권 등 권리관계는 신고사항이 아니다.
㉤ 거래당사자가 신고하는 경우이므로 개업공인중개사의 인적사항, 상호·전화번호 및 소재지는 신고사항이 아니다.

> **핵심** 부동산거래의 공통 신고사항
> - 거래당사자의 인적사항
> - 계약 체결일, 중도금 지급일 및 잔금 지급일
> - 거래대상 부동산 등(권리)의 소재지·지번·지목 및 면적, 종류
> - 실제 거래가격
> - 조건·기한이 있는 경우 그 조건·기한
> - 개업공인중개사가 거래계약서를 작성·교부한 경우 개업공인중개사의 인적사항, 상호·전화번호 및 소재지
> - 매수인이 외국인으로서 국내 주소 또는 거소를 두지 않은 경우 위탁관리인의 인적사항

07 ③
법인이 아닌 자가 투기과열지구·조정대상지역이 아닌 지역 내의 실제 거래가격이 6억원 이상인 주택을 매수하는 경우 취득에 필요한 자금의 조달계획 및 이용계획을 신고한다.

 취득자금조달계획, 지급방식 및 입주(이용)계획을 신고하는 경우

- 법인이 주택을 매수하는 경우
- 투기과열지구, 조정대상지역 내 주택을 매수하는 경우(투기과열지구 내 주택 매수시는 자금조달의 증명서류도 첨부)
- 실제 거래가격 6억원 이상의 주택을 매수하는 경우
- 수도권 등 토지 1억원(지분거래는 금액 무관), 그 외 지역 6억원 이상 토지 매수(토지거래허가구역, 건물이 있는 토지는 제외)
- 국가 등이 매수자인 경우, 건축물이 있는 토지, 토지거래허가구역 내 토지 제외

08 ①
주택취득자금조달 및 입주계획서에는 매수인이 단독으로 서명 또는 날인한다.

09 ⑤
가격산정시 「건축법」에 따른 사용승인을 받은 건축물이 소재하는 필지가격은 거래가격에서 제외한다.

10 ②
전자문서에 의하여 신고하는 경우에는 부동산거래계약신고서 등의 제출을 대행할 수 없다.

11 ①
㉠㉣이 틀린 지문이다.
㉠ 신고를 받은 신고관청은 그 신고내용을 확인한 후 신고필증을 신고인에게 지체 없이 발급하여야 한다.
㉣ 소속공인중개사는 개업공인중개사의 부동산거래계약신고서 등의 제출을 대행하는 경우 신분증명서를 신고관청에 보여주면 족하고, 개업공인중개사의 위임장 등을 제출할 필요가 없다.

12 ⑤
신고관청은 매 분기 종료일부터 1개월 이내에 특별시장·광역시장·도지사 또는 특별자치도지사에게 제출(전자문서 제출 포함)하여야 한다. 다만, 특별자치시장은 직접 국토교통부장관에게 제출하여야 한다. 시·도지사는 제출받은 날부터 1개월 이내에 국토교통부장관에게 제출하여야 한다.

13 ②
거래당사자 중 일방이 국가 등인 경우 신고서에 국가 등이 단독으로 서명 또는 날인하여 해제 등의 신고를 할 수 있고, 중개거래인 경우 개업공인중개사가 해제 등 신고서를 제출할 수 있을 뿐 의무가 있는 것은 아니다.

Point 37 검증, 조사 등

14 ⑤
지문분석
① 부동산거래가격 검증체계의 구축·운영은 국토교통부장관이 한다.
②④ 통보·보고기한은 정해진 바가 없다.
③ 국토교통부장관은 신고받은 내용의 확인을 위하여 필요한 때에는 신고내용 조사를 직접 또는 신고관청과 공동으로 실시할 수 있다.

검증과 조사

검증	• 검증: 신고관청 – 검증결과를 세무서장 통보 • 검증체계의 구축·운영: 국토교통부장관
조사	• 조사: 신고관청, 국토교통부장관 가능 • 결과 보고: 신고관청이 시·도지사 보고, 시·도지사는 월 1회 국토교통부장관 보고

15 ④
정정신청 및 변경신고는 원칙적으로 전자문서에 의하여 할 수 있다. 다만, 단독 정정신청이나, 면적의 변경이 없는 실제 거래금액만의 변경신고는 전자문서로 할 수 없다.

16 ②
개업공인중개사의 전화번호·상호 또는 사무소 소재지는 정정신청할 수 있지만, 개업공인중개사의 성명·주소는 정정신청사항에 해당하지 아니한다.

지문분석
③ 거래대상 부동산 등의 지목, 면적, 거래지분 및 대지권비율은 정정신청사항이지만, 부동산의 소재지는 정정신청사항이 아니다.

핵심 정정신청사항과 변경신고사항	
정정신청사항	변경신고사항
• 거래당사자의 주소 · 전화번호 또는 휴대전화번호 • 거래지분비율 • 개업공인중개사의 전화번호 · 상호 또는 사무소 소재지 • 거래대상 건축물의 종류 • 거래대상 부동산 등의 지목, 면적, 거래지분 및 대지권비율	• 거래지분비율, 거래지분 • 거래대상 부동산 등의 면적 • 계약의 조건 또는 기한 • 거래가격, 중도금 · 잔금 및 지급일 • 공동매수의 경우 일부 매수인의 변경(일부 제외만 해당) • 다수 부동산 등인 경우 일부 부동산 등의 변경(일부 제외만 해당) • 위탁관리인의 인적사항

17 ⑤
변경신고사항은 5개(㉠㉡㉢㉣㉥)이다.
㉤ 공동매수의 경우 일부 매수인의 추가는 변경신고를 할 수 없고, 매수인 중 일부가 제외되는 경우만 가능하다.

Point 38 제재 등

18 ②
신고의무자이든 신고의무자가 아닌 자이든 부동산거래신고를 거짓으로 한 자에게는 해당 부동산 등의 취득가액의 100분의 10 이하에 상당하는 금액의 과태료를 부과한다.

19 ③
3천만원 이하의 과태료 및 취득가액의 100분의 10 이하의 과태료는 5분의 1 범위에서, 500만원 이하의 과태료는 2분의 1의 범위에서 그 금액을 늘리거나 줄일 수 있다. 다만, 늘리는 경우에도 과태료의 총액은 규정 과태료 금액(3천만원, 500만원, 취득가액의 100분의 10)의 상한을 초과할 수 없다.

20 ⑤
자료제출 요구에 불응하거나 거짓으로 제출한 자는 자진 신고하였더라도 과태료가 감면 또는 감경대상이 되는 것은 아니다.

21 ③
조사가 시작된 후에 자진 신고한 자에게는 과태료의 50%를 감경한다.

Point 39 부동산거래계약신고서 작성요령

22 ①
공법상 거래규제 및 이용제한에 관한 사항은 신고서 기재사항이 아니다.

23 ①
㉡이 옳은 지문이다.
㉠ 공급계약(분양) 또는 전매계약(분양권, 입주권)인 경우 물건별 거래가격 및 총 실제 거래가격에 부가가치세를 포함한 금액을 적고, 그 외의 거래대상의 경우 부가가치세를 제외한 금액을 적는다.
㉢ 건축물 면적은 집합건축물의 경우 전용면적을 적고, 그 밖의 건축물의 경우 연면적을 적는다.
㉣ 외국인은 국적과 매수용도를 기재하여야 한다.

24 ④
최초 공급계약(분양) 또는 전매계약(분양권, 입주권)의 경우 분양가격, 발코니 확장 등 선택비용 및 추가 지급액 등(프리미엄 등 분양가격을 초과 또는 미달하는 금액)을 각각 적는다. 이 경우 각각의 비용에 부가가치세가 있는 경우 부가가치세를 포함한 금액으로 적는다.

25 ④
'거래대상'의 '종류' 중 '임대주택 분양전환'은 법인인 임대주택사업자가 임대기한이 완료되어 분양전환하는 주택인 경우에 ✔ 표시를 한다.

제2장 주택임대차계약의 신고

| 01 | ③ | 02 | ③ | 03 | ② | 04 | ⑤ | 05 | ④ |
| 06 | ① | 07 | ④ | 08 | ③ | 09 | ⑤ | | |

Point 40 주택임대차계약의 신고

01 ③
보증금이 6천만원을 초과하거나 월 차임이 30만원을 초과하는 주택임대차계약을 신규로 체결한 계약당사자는 그 보증금 또는 차임 등을 임대차계약의 체결일부터 30일 이내에 주택 소재지를 관할하는 신고관청에 공동으로 신고해야 한다.

핵심 주택임대차계약 신고대상

1. 시·군(광역시, 경기도에 한함) 주택으로서
2. 보증금이 6천만원을 초과하거나 월 차임이 30만원을 초과하는 임대차계약

02 ③
신고대상이 되는 것은 ⓒⓔⓜ이다.
㉠㉢ 주택임대차계약 신고대상은 특별자치시·특별자치도·시·군(광역시 및 경기도의 관할 구역에 있는 군으로 한정)·구(자치구) 소재 주택으로서, 보증금이 6천만원을 초과하거나 월 차임이 30만원을 초과하는 임대차계약(계약을 갱신하는 경우로서 보증금 및 차임의 증감 없이 임대차기간만 연장하는 계약은 제외)을 말하므로, 신고대상이 아니다.

03 ②
주택임대차계약을 신고한 후 보증금, 차임 등 임대차 가격이 변경되거나 임대차계약이 해제된 경우 임대차계약당사자는 변경 또는 해제가 확정된 날부터 30일 이내에 해당 신고관청에 공동으로 신고하여야 하는 의무사항이다.

04 ⑤
㉠ⓒⓒⓔⓜⓗ 모두 신고사항에 해당한다. 이 외에 계약 체결일도 신고사항에 해당한다.

05 ④
주택임대차계약의 신고에 관하여 ⓒⓒ이 옳은 지문이다.
㉠ 서울특별시 소재 주택의 임대차로서, 보증금이 3억원이면 신고대상이고, 이 보증금이 증액되면 임대인과 임차인이 공동으로 신고해야 한다.

06 ①
신고대상이 되는 주택은 일정 금액을 초과하는 일정 지역 내의 사실상 주된 부분을 주거용으로 사용하는 경우라면 신고대상이 된다.

07 ④
주택임대차계약의 해제신고는 해제가 확정된 날부터 30일 이내에 해야 한다.

08 ③
㉠ⓒⓔ이 틀린 지문이다.
㉠ 중개거래인 경우라도 거래당사자에게 신고의무가 있다.

ⓒ 임차인이「주민등록법」에 따라 전입신고를 한 경우 주택임대차계약의 신고를 한 것으로 본다. 단, 주택임대차계약신고서 또는 주택임대차계약서를 제출해야 한다.
ⓔ 주택임대차계약의 신고도 원칙적으로 전자문서로 할 수 있다.

09 ⑤
주택임대차계약 신고·변경신고·해제신고를 하지 아니하거나(공동신고 거부자 포함) 신고를 거짓으로 한 자에 대하여는 100만원 이하의 과태료를 부과한다.

제3장 외국인 등의 부동산취득 등에 관한 특례
p.198~202

| 01 | ④ | 02 | ③ | 03 | ④ | 04 | ④ | 05 | ⑤ |
| 06 | ③ | 07 | ① | 08 | ④ | 09 | ⑤ | 10 | ② |

Point 41 외국인 등의 부동산취득 등에 관한 특례

01 ④
임원의 2분의 1 이상이 대한민국의 국적을 보유하고 있지 아니한 경우 '외국인 등'에 해당한다.

핵심 외국인 등의 정의

- 대한민국의 국적을 보유하고 있지 아니한 개인(외국 시민권자)
- 외국의 법령에 따라 설립된 법인 또는 단체
- 사원·구성원·업무를 집행하는 사원이나 이사 등 임원의 2분의 1 이상이 외국인인 법인 또는 단체
- 외국인이나 외국법인 또는 단체가 자본금 또는 의결권의 2분의 1 이상을 가지고 있는 법인 또는 단체
- 외국 정부, 국제기구(국제연합과 그 산하기구·전문기구, 정부간 기구, 준정부간 기구, 비정부간 국제기구)

02 ③

지문분석
① 외국인 등이 상속·경매 등 계약 외의 원인으로 인한 부동산취득시 취득일로부터 6개월 내에 신고해야 한다.

② 주택임대차계약신고대상 주택의 임대차계약을 한 경우만 계약 체결일로부터 30일 내에 신고하고, 그 외 부동산에 대한 임대차계약은 신고대상이 아니다.
④ 외국인이 신축·증축·개축·재축에 의하여 건물을 취득한 때에는 취득일로부터 6개월 내에 신고해야 한다.
⑤ 외국인이 부동산거래신고를 한 경우에는 별도로 외국인 등의 취득신고를 하지 않는다.

핵심 외국인 등의 신고의무

계약(교환, 증여)	계약 체결일부터 60일 이내	300만원 이하의 과태료
계약 외 취득 (상속, 판결, 경매, 환매권의 행사, 합병, 신축 등)	취득한 날부터 6개월 이내	100만원 이하의 과태료
계속보유	변경된 날부터 6개월 이내	100만원 이하의 과태료

핵심 외국인 등의 취득허가

대상 토지	• 군사기지 및 군사시설보호구역, 기타 고시지역(섬) • 「문화유산의 보존 및 활용에 관한 법률」에 의한 지정문화유산과 이를 위한 보호물 또는 보호구역 • 「자연유산의 보존 및 활용에 관한 법률」에 따라 지정된 천연기념물 등과 이를 위한 보호물 또는 보호구역 • 「자연환경보전법」에 의한 생태·경관보전지역 • 「야생생물 보호 및 관리에 관한 법률」에 의한 야생생물특별보호구역
처리기한	15일(군사시설보호구역 등은 30일) 내 허가 또는 불허가처분(허가 기속성)
위반	• 계약 무효 • 2년 이하의 징역 또는 2천만원 이하의 벌금

03 ④

지문분석
① 매매계약은 부동산거래신고를 해야 하므로, 계약 체결일부터 30일 이내에 신고해야 한다.
② 교환계약 체결일로부터 60일 내에 취득신고를 하여야 한다.
③ 계약 외의 원인으로 인한 취득은 취득한 날부터 6개월 이내에 신고해야 한다.
⑤ 외국인으로 변경된 경우 변경된 날로부터 6개월 내에 계속보유신고를 하여야 한다.

04 ④

지문분석
① 증여계약으로 인한 취득은 계약 체결일부터 60일 이내에 신고해야 한다.
② 경매로 취득을 한 경우에는 취득일(대금완납일)로부터 6개월 이내에 신고하여야 한다.
③ 판결 등 계약 외 원인으로 취득시 신고하지 아니하면 100만원 이하의 과태료가 부과된다.
⑤ 계속보유신고는 6개월 내에 하여야 한다.

05 ⑤

「전통사찰의 보존 및 지원에 관한 법률」에 의한 전통사찰의 대지는 「부동산 거래신고 등에 관한 법률」상 외국인 등의 허가대상 토지에 해당하지 않는다.

06 ③

허가신청을 받은 신고관청은 15일(군사시설보호구역 등은 30일) 이내에 허가 또는 불허가처분을 하여야 한다.

07 ①

외국인의 지상권설정계약은 신고나 허가대상이 아니다.

08 ④

지문분석
① 자연환경보전지역은 외국인의 허가대상 토지가 아니다.
② 과태료의 부과·징수권자는 신고관청이다.
③ 취득신고를 하지 아니하거나 거짓으로 신고한 자는 과태료 부과대상이다.
⑤ 신고관청은 신고·허가내용을 매 분기 종료일부터 1개월 이내에 시·도지사에게 통보하고, 통보를 받은 시·도지사는 1개월 이내에 그 내용을 국토교통부장관에게 통보하여야 한다. 다만, 특별자치시장은 분기 종료일부터 1개월 이내에 국토교통부장관에게 직접 통보한다.

09 ⑤

지문분석
① 「자연환경보전법」에 따른 생태·경관보전지역에서 외국인이 토지취득의 허가를 받지 아니하고 체결한 토지취득계약은 무효이다.

② 외국인이 건축물의 신축을 원인으로 대한민국 안의 부동산을 취득한 때에는 취득일로부터 6개월 내에 취득신고를 하면 된다.
③ 토지가 토지거래허가구역과 「문화유산의 보존 및 활용에 관한 법률」에 따른 지정문화유산과 이를 위한 보호물 또는 보호구역에 있으면 외국인은 토지거래계약허가와 토지취득허가 중 하나만 받으면 된다.
④ 대한민국 안의 부동산을 가지고 있는 대한민국 국민이 외국인으로 변경된 경우 그 외국인이 해당 부동산을 계속 보유하려는 경우에는 외국인으로 변경된 날로부터 6개월 내에 계속보유신고를 하면 된다.

10 ②

외국인이 부정한 방법으로 허가를 받아 토지취득계약을 체결한 경우는 2년 이하의 징역 또는 2천만원 이하의 벌금이므로, 비율 형식으로 벌금이 부과되는 것이 아니다.

지문분석

①③ 2년 이하의 징역 또는 계약 체결 당시의 개별공시지가에 따른 해당 토지가격의 100분의 30에 해당하는 금액 이하의 벌금에 처하므로, 벌금이 비율 형식이다.
④⑤ 부동산 등의 취득가액의 100분의 10 이하에 상당하는 금액의 과태료를 부과하므로, 비율 형식으로 과태료가 부과된다.

제4장 토지거래허가제도									p.206~215
01	④	02	①	03	③	04	②	05	①
06	③	07	⑤	08	③	09	②	10	⑤
11	②	12	④	13	③	14	②	15	②
16	①	17	②	18	④	19	⑤	20	③
21	③								

Point 42 토지거래허가제도

01 ④

허가구역이 동일한 시·도 안의 일부 지역인 경우에는 시·도지사가 지정한다. 다만, 국가가 시행하는 개발사업 등에 따라 투기적인 거래가 성행하거나 지가가 급격히 상승하는 지역과 그러한 우려가 있는 지역 등은 국토교통부장관이 지정할 수 있다.

보충 허가구역 지정대상 지역

토지의 투기적인 거래가 성행하거나 지가가 급격히 상승하는 지역과 그러한 우려가 있는 지역으로서 다음 지역
- 광역도시계획 등 토지이용계획이 새로 수립·변경되는 지역
- 법령의 제정·폐지 등으로 토지이용에 대한 행위제한이 완화·해제되는 지역
- 개발사업이 진행 중이거나 예정되어 있는 지역과 그 인근 지역
- 투기우려 인정 지역 또는 관계 행정기관장이 투기우려로 요청하는 지역

02 ①

지문분석

② 토지거래허가구역 지정공고는 지체 없이 하여야 한다.
③ 시장·군수·구청장은 지체 없이 그 사실을 7일 이상 공고하고, 15일간 열람할 수 있도록 하여야 한다.
④ 토지거래허가구역 지정의 효력은 공고한 날부터 5일 후에 발생한다.
⑤ 허가구역 지정 해제요청이 이유 있다면 지정을 반드시 해제하여야 한다.

03 ③

지문분석

① 시·도지사는 법령의 개정으로 인해 토지이용에 대한 행위제한이 완화되는 지역을 허가구역으로 지정할 수 있다.
② 토지거래허가구역은 5년 이내에 기간을 정하여 지정할 수 있다.
④ 등기소장에게 통지는 시장·군수·구청장이 한다.
⑤ 토지거래허가구역 지정에 대한 이의제기 규정은 없다. 허가·불허가처분에 대한 이의신청을 1개월 내에 할 수 있다.

보충 허가구역 지정 공고사항

- 지정기간
- 토지 소재지, 지번, 지목, 면적 및 용도지역
- 지형도(축척 1/50,000 또는 1/25,000)
- 허가면제대상 토지면적
- 허가대상자(외국인 등 포함), 허가대상 용도와 지목 등을 특정하여 허가구역을 지정한 때에는 허가대상자, 허가대상 용도와 지목 등을 공고해야 한다.

04 ②

㉠㉣㉤이 허가대상이다.
토지거래허가대상은 허가구역에 있는 일정 면적을 초과하는 토지에 관한 유상의 소유권·지상권(권리 포함) 이전 또는 설정계약 및 예약이다. 따라서 ㉡ 증여, ㉢ 임대차, ㉥ 경매는 제외된다.

보충 토지거래허가대상

토지거래허가대상인 경우	토지거래허가대상이 아닌 경우
• 매매, 교환, 대물변제예약 • 판결(화해, 조정 등 포함) • 지상권 계약	• 건물, 전세권, 임차권 • 무상계약(예 증여, 상속, 유증, 사용대차 등) • 경매, 공매(3회 이상 유찰 시), 수용 • 국·공유재산의 입찰처분 • 법률에 따른 토지 공급, 조세 물납 • 조세 체납처분 또는 강제집행의 경우 • 외국인 등이 토지취득의 허가를 받은 경우

05 ①

허가구역을 포함한 지역의 주민을 위한 복지시설로서 관할 시장·군수 또는 구청장이 확인한 시설의 설치에 이용하려고 토지를 취득하는 경우는 토지거래계약허가대상이다.

06 ③

지문분석
① 주거지역은 60㎡, ② 공업지역은 150㎡, ④ 도시지역 내의 용도지역의 지정이 없는 지역은 60㎡, ⑤ 도시지역 외의 농지는 500㎡가 기준면적이다.

핵심 토지거래허가가 필요 없는 기준면적

도시지역	도시지역 외
• 주거지역: 60㎡ 이하 • 상업지역: 150㎡ 이하 • 공업지역: 150㎡ 이하 • 녹지지역: 200㎡ 이하 • 미지정 지역: 60㎡ 이하	• 250㎡ 이하 • 농지: 500㎡ 이하 • 임야: 1,000㎡ 이하

07 ⑤

농업인이 수용된 농지의 대체 농지를 취득하려는 경우 공시지가를 기준으로 대체 농지의 가액은 종전의 토지가액 이하이어야 한다. 다만, 행정기관의 장이 대체 농지의 취득을 알선하는 경우는 제외한다.

08 ③

녹지지역은 기준면적이 200㎡이므로, 면적이 210㎡인 이 토지를 매수하는 경우에는 토지거래계약의 허가를 받아야 한다.

09 ②

지문분석
① 개업공인중개사가 중개한 경우라도 개업공인중개사에게는 토지거래허가신청의무가 없다. 당사자가 공동으로 신청하여야 한다.
③ 허가신청은 토지 소재지를 관할하는 시장·군수·구청장에게 하여야 한다.
④ 허가·불허가의 처분은 「민원 처리에 관한 법률」에 따른 처리기간(15일 내)에 하고, 서면으로 알려야 한다.
⑤ 처리기간에 처리하지 아니한 경우에는 그 기간이 끝난 날의 다음 날에 허가가 있는 것으로 본다.

10 ⑤

농업인 등은 농업경영을 위하여 그의 주소지로부터 30km 이내에 소재하는 토지를 취득할 수 있다. 다만, 협의양도 또는 수용된 농지의 3년 이내의 대체 취득은 80km 안에 소재하는 농지를 취득할 수 있다.

11 ②

불허가처분에 따른 권리의 매수청구는 1개월 내에 하면 된다.

보충 허가·불허가처분의 효과

허가를 받은 때	농지취득자격증명의 의제, 검인 의제
불허가처분	매수청구(1개월 이내, 공시지가 기준)
이의신청	허가·불허가처분에 한하여 1개월 이내 – 도시계획위원회의 심의·결과 통지

12 ④

매수자의 매수가격은 예산의 범위에서 공시지가를 기준으로 하되, 허가신청서에 적힌 가격이 공시지가보다 낮은 경우에는 허가신청서에 적힌 가격으로 매수할 수 있다.

13 ③
허가를 받지 아니하고 토지거래계약을 체결한 자는 2년 이하의 징역 또는 계약 체결 당시의 개별공시지가에 따른 해당 토지가격의 100분의 30에 해당하는 금액 이하의 벌금에 처한다.

14 ②
법률에 따라 토지를 수용하거나 사용할 수 있는 사업을 시행하는 자가 그 사업을 시행하기 위하여 토지를 취득한 경우에는 의무이용기간은 <u>4년</u>이다.

> **보충 실수요성 및 이용의무기간**
> - 거주용 주택용지로 이용: 2년
> - 지역주민 복지시설, 편익시설 이용: 2년
> - 농업인 등이 농업·축산업·임업·어업 경영: 2년
> - 사업 시행: 4년(4년 내에 분양 완료시 4년 경과 간주)
> - 농지 외의 토지 협의양도, 수용된 자가 3년 이내에 대체 토지취득: 2년
> - 사용·수익 제한 토지로서 현상보존의 목적: 5년
> - 임대사업: 5년
> - 이외 기타: 5년

15 ②
방치한 경우는 이행강제금 부과기준이 10%이므로 옳은 지문이다.

> **지문분석**
> ① 이행명령은 <u>문서</u>로, 3개월 이내로 정한다.
> ③ 이행강제금의 부과처분에 불복하는 자는 <u>시장·군수·구청장</u>에게 30일 내에 이의를 제기할 수 있다.
> ④ 이행명령을 이행하기 전에 부과된 이행강제금은 징수하여야 한다.
> ⑤ 이행강제금은 <u>최초의 이행명령이 있었던 날</u>을 기준으로 1년에 1회 그 이행명령이 이행될 때까지 반복하여 부과·징수할 수 있다.

> **핵심 이용의무 위반에 따른 이행강제금**
> 1. 토지취득가액(토지취득가액은 실제 거래가격으로 하되, 확인 불가시는 공시지가 기준)의 100분의 10의 범위에서 문서로 연 1회 부과
> 2. 이행강제금 부과기준
>   - 방치: 토지취득가액의 100분의 10
>   - 임대: 토지취득가액의 100분의 7
>   - 무단 변경이용: 토지취득가액의 100분의 5
>   - 이외의 경우: 토지취득가액의 100분의 7
> 3. 30일 내 이의제기 가능, 이용의무기간 경과시는 부과 중지하되, 이미 부과된 것은 징수

16 ①
토지거래허가받은 목적대로 토지를 이용하지 않은 경우 과태료 부과규정은 없다.

17 ②
옳은 것은 2개(ⓒⓜ)이다.
㉠ 허가구역의 지정은 지정권자가 지정공고를 한 날부터 5일 후에 효력이 발생한다.
㉡ 농지에 대하여 토지거래계약허가를 받은 경우에는 「농지법」에 따른 농지취득자격증명을 받은 것으로 본다.
㉢ 임야는 기준면적이 1,000m²이므로, 700m²는 허가를 받을 필요가 없다. 따라서 옳은 지문이다.
㉣ 시장·군수는 토지 이용의무기간이 지난 후에는 이행강제금의 부과를 중지한다.
㉤ 「부동산 거래신고 등에 관한 법률」 제22조 제1항의 내용으로, 옳은 지문이다.

18 ④
선매가격은 <u>감정가격</u>을 기준으로 하되, 토지거래계약허가신청서에 적힌 가격이 감정가격보다 낮은 경우에는 허가신청서에 적힌 가격으로 할 수 있다.

19 ⑤
수용으로 인한 허가구역 내 토지를 대체 취득하는 경우의 기준가격은 공시지가 기준 종전 토지가격 이하이어야 한다.

20 ③
매매계약을 체결할 당시 당사자 사이에 그 일방이 토지거래허가를 받기 위한 협력 자체를 이행하지 아니하거나 허가신청에 이르기 전에 매매계약을 철회하는 경우 상대방에게 일정한 손해액을 배상하기로 하는 약정을 유효하게 할 수 있다(대판 2008.7.10, 2008다15377).

21 ③
㉠㉢이 옳은 내용이다.
㉡ 허가를 받을 것을 전제로 한 거래계약은 허가받기 전의 상태에서는 거래계약의 채권적 효력도 전혀 발생하지 않으므로 권리의 이전 또는 설정에 관한 어떠한 내용의 이

행청구도 할 수 없고, 그러한 거래계약의 당사자로서는 허가받기 전의 상태에서 상대방의 거래계약상 채무불이행을 이유로 거래계약을 해제하거나 그로 인한 손해배상을 청구할 수 없다(대판 1997.7.25, 97다4357, 4364).
ⓒ 토지거래허가구역 안의 토지에 대한 거래계약이 확정적으로 무효가 된 경우에는 거래계약이 확정적으로 무효로 됨에 있어서 귀책사유가 있는 자라고 하더라도 그 계약의 무효를 주장할 수 있다(대판 1997.7.25, 97다4357, 4364).

제5장 포상금 등   p.217~220

01	⑤	02	①	03	③	04	③	05	④
06	⑤	07	③	08	②				

Point 43 포상금 등

01 ⑤
부동산거래신고를 하지 아니한 자는 포상금이 지급되는 신고·고발대상이 아니고, 부동산 등의 실제 거래가격을 거짓으로 신고한 자가 포상금이 지급되는 신고·고발대상이다.

> **핵심** 포상금이 지급되는 신고·고발대상
> - 실제 거래가격 거짓신고자, 주택임대차계약 금액 거짓신고자
> - 계약 체결 없음에도 부동산거래신고를 한 자(가장 계약신고자)
> - 해제 등이 된 바 없음에도 부동산거래 해제 등의 신고를 한 자(가장 해제신고자)
> - 토지거래허가 위반자
> - 토지이용의무 위반자

02 ①
㉠㉢이 신고포상금 지급대상이다.
ⓒ 개업공인중개사에게 신고를 하지 않도록 요구하는 행위는 포상금이 지급되는 신고·고발대상이 아니다.
㉣ 거짓신고를 요구 또는 조장한 자는 포상금이 지급되는 신고·고발대상이 아니다.

03 ③
ⓒ㉣㉤이 옳은 지문이다.
㉠ 포상금은 지급신청서 접수일부터 2개월 이내에 지급하여야 한다.
ⓒ 포상금의 지급에 드는 비용은 시·군·구의 재원으로 충당한다.

04 ③
토지거래허가 위반자에 대한 신고포상금은 1건당 50만원으로 한다.

05 ④
개황조사에 대한 설명이다. 지역별 조사는 개황조사를 실시한 결과 등에 따라 토지거래허가구역의 지정요건을 충족시킬 수 있는 개연성이 높다고 인정되는 지역에 대하여 지가동향 및 토지거래상황을 파악하기 위하여 매월 1회 이상 실시하는 조사를 말한다.

06 ⑤
신고일 또는 신청일부터 14일 이내에 우편 또는 팩스로 제출할 수 있다.

07 ③
㉠ⓒ㉣이 부동산 정보체계의 관리대상 정보이다.
ⓒ 중개사무소의 개설등록에 관한 정보는 부동산 정보체계의 관리대상 정보가 아니다.

> **보충** 정보체계 구축·운영대상 정보
> - 부동산거래신고 정보, 검증체계 관련 정보
> - 주택임대차계약신고 정보, 변경 및 해제신고 정보
> - 외국인 등의 부동산취득·보유 신고 자료 및 관련 정보
> - 토지거래계약의 허가 관련 정보
> - 「부동산등기 특별조치법」에 따른 검인 관련 정보
> - 부동산거래계약 등 부동산거래 관련 정보

08 ②
법인 신고서 및 자금조달·입주계획서와 토지거래계약허가 신청서 2개가 전자문서를 접수하는 방법으로 제출할 수 있는 경우이다.

제3편 중개실무

제1장 중개의뢰접수 및 중개계약 p.225~228

01	①	02	④	03	③	04	①	05	④
06	④	07	②	08	③	09	②		

Point 44 중개의뢰접수 및 중개계약서

01 ①
중개계약은 민사중개계약이다.

02 ④
중개계약서를 작성한다면, 중개거래의 노출로 인하여 무등록중개업자의 출현을 방지하고, 오히려 부동산투기를 예방할 수 있다.

03 ③
공인중개사법령상 순가중개계약의 체결을 금지하는 명문규정을 두고 있지는 않다.

04 ①
㉠㉣이 틀린 지문이다.
㉠ 중개계약은 <u>개업공인중개사와 중개의뢰인간</u> 체결되는 중개의뢰에 관한 합의를 말한다.
㉣ 일반중개계약을 체결한 개업공인중개사에게도 선량한 관리자로서의 주의의무 및 신의성실의무는 있다.

05 ④
권리의 확인은 <u>매도의뢰</u>의 접수처리사항이다.

06 ④
희망지역이 임차를 의뢰받은 경우 일반중개계약서를 작성할 때 기재할 사항이다.

> **지문분석**
> ①②③⑤ 매도나 임대를 의뢰받았을 때 기재하는 내용이다.

07 ②
공시지가는 전속개업공인중개사가 공개할 정보이기는 하나, 전속중개계약서나 일반중개계약서에 기재되는 사항이 아니다.

> **핵심** 전속중개계약서 기재사항
> 1. 앞면
>   개업공인중개사의 의무, 중개의뢰인의 권리·의무, 유효기간, 중개보수, 손해배상책임, 특약, 중개의뢰인과 개업공인중개사의 서명 또는 날인
> 2. 뒷면
>   - 권리이전용(매도·임대): 소유자 및 등기명의인, 물건의 표시(토지, 건물, 제세공과금 등), 권리관계, 거래규제 및 공법상 제한사항, 중개의뢰금액, 기타
>   - 권리취득용(매수·임차): 희망물건의 종류, 희망가격, 희망지역, 희망조건
> 3. 중개보수 요율표 첨부 또는 수록

08 ③
개업공인중개사의 중개업무 처리상황에 대한 통지의무는 전속중개계약서에만 있다.

09 ②
양 서식은 개업공인중개사와 중개의뢰인의 의무사항에 관하여 차이가 있고, 나머지 내용은 동일하다.

제2장 중개대상물의 조사·확인 p.233~250

01	③	02	②	03	①	04	③	05	⑤
06	①	07	④	08	②	09	⑤	10	⑤
11	⑤	12	③	13	③	14	①	15	①
16	⑤	17	③	18	③	19	⑤	20	④
21	①	22	④	23	④	24	④	25	⑤
26	①	27	④	28	③	29	①	30	⑤
31	①	32	⑤	33	④	34	②	35	③
36	④	37	③						

Point 45 조사·확인 총설

01 ③
건폐율 상한 및 용적률 상한은 <u>시·군 조례</u>를 통하여 확인한다.

02 ②

ⓒⓔ이 옳은 지문이다.
㉠ 지형 및 경계는 토지대장을 통하여 확인할 수 없고, 지적도를 통하여 확인해야 한다.
ⓒ 지적도상의 경계와 실제 경계가 일치하지 않는 경우 특별한 사정이 없는 한 지적도상의 경계를 기준으로 한다.

03 ①

틀린 것은 ㉠ 1개이다.
㉠ 토지매매에 있어서 특단의 사정이 없는 한 매수인에게 측량 또는 지적도와의 대조 등 방법으로 매매목적물이 지적도상의 그것과 정확히 일치하는지의 여부를 미리 확인하여야 할 주의의무가 있다고 볼 수 없다(대판 1985. 11.12, 84다카2344).

Point 46 권리관계의 조사

04 ③

분묘기지권의 존속기간에 관하여는 「민법」의 지상권에 관한 규정에 따를 것이 아니라 당사자 사이에 약정이 있는 등 특별한 사정이 있으면 그에 따른다(대판 1994.8.26, 94다28970).

05 ⑤

장래의 묘소(가묘)는 분묘기지권을 취득할 수 없다.

06 ①

ⓒ이 옳은 지문이다.
㉠ 분묘기지권자의 점유는 원칙적으로 타주점유이다.
ⓛ 타인의 승낙 없이 분묘를 설치한 경우 20년간 평온·공연하게 점유하면 분묘기지권을 시효로 취득한다. 단, 「장사 등에 관한 법률」 시행 후에 설치된 분묘는 분묘기지권을 시효취득할 수 없다.
ⓔ 분묘기지권은 분묘의 기지 자체뿐만 아니라 그 분묘의 설치목적인 분묘의 수호 및 제사에 필요한 범위 내에서 분묘의 기지 주위의 공지를 포함한 지역에까지 미치는 것이다(대판 1994.12.23, 94다15530).

07 ④

분묘의 수호 관리나 봉제사에 대하여 현실적으로 또는 관습상 호주상속인인 종손이 그 권리를 가지고 있다면 그 권리는 종손에게 전속하는 것이다(대판 2007.6.28, 2005다44114).

지문분석

② 대판 2007.6.14, 2006다84423

08 ②

개인묘지 외의 사설묘지를 설치하고자 하는 자는 사전에 허가를 받아야 한다.

09 ⑤

지문분석

① 봉분의 높이는 지면으로부터 1m, 평분의 높이는 50cm 이하여야 한다.
② 존속기간이 만료된 분묘는 1년 내에 철거하여 화장하거나 봉안하여야 한다.
③ 가족 또는 문중 자연장지 조성은 사전신고사항이다.
④ 토지소유자의 승낙을 받고 분묘를 설치하면 지상권 유사의 물권인 분묘기지권을 취득한다.

보충 장사 등에 관한 법령상 면적 제한

1. 분묘 1기(비석 등 포함): 10m²(합장 15m²) 초과 금지
2. 봉안묘의 높이: 70cm, 봉안묘의 1기당 면적은 2m² 초과 금지

개인묘지	사후신고 (30일 내)	30m² 이하	개인자연장지	사후신고 (30일 내)	30m² 미만
가족묘지	사전허가	100m² 이하	가족자연장지	사전신고	100m² 미만
문중묘지	사전허가	1,000m² 이하	문중자연장지	사전신고	2,000m² 이하
법인묘지	사전허가	10만m² 이상	종교단체자연장지	사전허가	4만m² 이하
			법인자연장지	사전허가	5만m² 이상

10 ⑤

옳은 것은 4개(㉠ⓛⓒⓜ)이다.
ⓔ 화장이나 개장을 하고자 하는 자는 미리 관할 시장 등에게 신고하여야 한다.

11 ⑤

「장사 등에 관한 법률」 시행 후에 설치된 분묘라도 분묘기지권은 인정될 수 있으나, 시효취득에 의한 분묘기지권은 인정하지 않는다.

12 ③

법인묘지에는 폭 5m 이상의 도로와 그 도로로부터 각 분묘로 통하는 충분한 진출입로를 설치하고, 주차장을 마련하여야 한다.

⑤ 법인묘지는 「민법」에 따라 설립된 재단법인에 한하여 설치 허가를 받을 수 있으므로, 옳은 지문이다.

13 ③

자기 소유 토지에 분묘를 설치한 사람이 분묘 이장의 특약 없이 토지를 양도함으로써 분묘기지권을 취득한 경우, 특별한 사정이 없는 한 분묘기지권이 성립한 때부터 지료지급의무가 있다(대판 2021.5.27, 2020다295892).

지문분석

① 분묘기지권의 존속기간에 관하여는 「민법」의 지상권에 관한 규정에 따를 것이 아니라 당사자 사이에 약정이 있는 등 특별한 사정이 있으면 그에 따를 것이며, 그러한 사정이 없는 경우에는 권리자가 분묘의 수호와 봉사를 계속하며 그 분묘가 존속하고 있는 동안은 분묘기지권은 존속한다고 해석함이 타당하므로 「민법」 제281조에 따라 5년간이라고 보아야 할 것은 아니다(대판 1994.8.26, 94다28970).
② 「장사 등에 관한 법률」이 시행되기 전에 설치된 분묘는 분묘기지권의 시효취득이 인정된다.
④ 분묘기지권을 시효로 취득한 사람은 토지소유자가 분묘기지에 관한 지료를 청구하면 그 청구한 날부터의 지료를 지급할 의무가 있다(대판 2021.4.29, 2017다228007 전원합의체).
⑤ 분묘가 멸실된 경우 유골이 존재하여 분묘의 원상회복이 가능한 일시적인 멸실에 불과하다면 분묘기지권은 소멸하지 않는다(대판 2007.6.28, 2005다44114).

14 ①

㉠㉡이 옳은 지문이다.
㉢ 건물소유자가 토지소유자와 사이에 건물의 소유를 목적으로 하는 토지 임대차계약을 체결한 경우에는 관습상의 법정지상권을 포기한 것이다(대판 1992.10.27, 92다3984).
㉣ 지료는 협의 또는 법원의 결정에 의하여 정해지므로, 지료지급의무가 없는 것은 아니다.

15 ①

건물 없는 토지에 저당권이 설정된 후 저당권설정자가 그 위에 건물을 건축하였다가 담보권의 실행을 위한 경매절차에서 경매로 인하여 그 토지와 지상 건물이 소유자를 달리하였을 경우 법정지상권이 인정되지 아니할 뿐만 아니라 관습상의 법정지상권도 인정되지 아니한다(대판 1995.12.11, 95마1262).

16 ⑤

일부 공용부분의 관리에 관한 사항 중 구분소유자 전원에게 이해관계가 있는 사항과 규약으로써 정한 사항은 구분소유자 전원의 집회결의로써 결정하고, 그 밖의 사항은 그것을 공용하는 구분소유자만의 집회결의로써 결정한다(「집합건물의 소유 및 관리에 관한 법률」 제14조).

17 ③

「집합건물의 소유 및 관리에 관한 법률」 제5조 제3항의 내용으로, 옳은 지문이다.

지문분석

① 일부의 구분소유자만이 공용하도록 제공되는 것임이 명백한 공용부분은 그들 구분소유자의 공유에 속한다(「집합건물의 소유 및 관리에 관한 법률」 제10조 제1항 단서).
② 대지 위에 구분소유권의 목적인 건물이 속하는 1동의 건물이 있을 때에는 그 대지의 공유자는 그 건물 사용에 필요한 범위의 대지에 대하여는 분할을 청구하지 못한다(「집합건물의 소유 및 관리에 관한 법률」 제8조).
④ 전유부분이 속하는 1동의 건물의 설치 또는 보존의 흠으로 인하여 다른 자에게 손해를 입힌 경우에는 그 흠은 '공용부분'에 존재하는 것으로 추정한다(「집합건물의 소유 및 관리에 관한 법률」 제6조).
⑤ 대지사용권을 가지지 아니한 구분소유자가 있을 때에는 그 전유부분의 철거를 청구할 권리를 가진 자는 그 구분소유자에 대하여 구분소유권을 시가(時價)로 매도할 것을 청구할 수 있다(「집합건물의 소유 및 관리에 관한 법률」 제7조).

18 ③

지문분석

① 구분소유자는 그가 가지는 전유부분과 분리하여 대지사용권을 처분할 수 없다. 다만, 규약으로써 달리 정한 경우에는 그러하지 아니하다(「집합건물의 소유 및 관리에 관한 법률」 제20조 제2항).
② 구분소유자는 그 전유부분을 개량하기 위하여 필요한 범위에서 다른 구분소유자의 전유부분의 사용을 청구할 수 있다(「집합건물의 소유 및 관리에 관한 법률」 제5조 제3항).
④ 대지 위에 구분소유권의 목적인 건물이 속하는 1동의 건물이 있을 때에는 그 대지의 공유자는 그 건물 사용에 필요한 범위의 대지에 대하여는 분할을 청구하지 못한다(「집합건물의 소유 및 관리에 관한 법률」 제8조).
⑤ 공유자가 공용부분에 관하여 다른 공유자에 대하여 가지는 채권은 그 특별승계인에 대하여도 행사할 수 있다(「집합건물의 소유 및 관리에 관한 법률」 제18조).

Point 47 공법상 이용제한 및 거래규제사항의 조사

19 ⑤

지문분석

① 농업인에 대하여는 농지소유상한이 적용되지 않는다.
②④ 상속 또는 이농(8년 이상 농업경영 후)의 경우에는 1만m² 이내에서 농지를 소유할 수 있다.
③ 주말·체험영농 목적 농지는 세대원 전부합산 1,000m² 미만으로 농지를 소유할 수 있다.

핵심 농지의 소유상한

상속	1만m² 이내
이농	8년 이상 농업경영 후 이농 1만m² 이내
주말·체험영농	세대원 전부 합산 1천m² 미만

20 ④

옳은 것은 4개(㉠㉡㉢㉣)이다.
㉢ 농지의 소유자는 3개월 이상 국외여행 중인 경우 농지를 임대 또는 위탁경영할 수 있고, 이외에도 징집, 질병, 취학 등의 경우에는 임대 또는 위탁경영을 할 수 있다.

21 ①

임대인이 임대차기간이 끝나기 3개월 전까지 거절통지를 하지 아니하면 같은 조건으로 재계약을 한 것으로 본다.

22 ④

농림축산식품부장관이 농지의 임대차 또는 사용대차에 관한 표준계약서를 정하여 사용할 것을 권장할 수 있다.

23 ④

농지취득자격증명은 매각결정기일까지 제출하면 된다.

지문분석

① 대판 1998.2.27, 97다49251
② 대판 2018.7.11, 2014두36518

24 ④

㉠㉢㉣이 농지취득자격증명을 발급받아야 하는 경우이다.
㉡ 농업법인의 합병으로 농지를 취득하는 경우는 농지취득자격증명이 필요 없다.
㉢ 토지거래허가를 받으면 농지취득자격증명이 의제된다.

보충 농지취득자격증명 발급 여부

발급대상	발급 불요
• 증여, 매매, 교환 • 판결, 공매, 경매 • 국가나 지방자치단체로부터 취득 • 주말·체험영농 농지 취득 • 전용허가, 신고 농지 취득 • 상속인 이외 자에 대한 유증 • 도시지역 내 녹지지역 중 도시계획시설사업에 불필요한 농지	• 상속, 수용, 도시지역 내 도시계획 시설사업에 쓸 농지 • 국가, 지방자치단체가 취득 • 환매취득, 담보취득, 공유분할, 시효완성 취득 • 농업법인 합병 • 농지전용협의 취득 • 토지거래허가받은 농지

25 ⑤

처분통지 후 6개월 내의 기간을 정하여 처분명령을 하고, 정당한 사유 없이 처분명령을 위반하였을 경우에는 처분명령을 이행할 때까지 농지 감정가 또는 개별공시지가 중 높은 가액의 25%를 매년 이행강제금으로 부과한다.

26 ①

농업진흥지역 내의 농지는 주말·체험영농 목적으로 취득할 수 없다.

Point 48 확인·설명서의 작성

27 ④

㉠㉢㉣㉥㉦ 5개가 'Ⅰ. 개업공인중개사 기본 확인사항'란에 기재하는 사항이다.
㉡ 'Ⅲ. 중개보수 등에 관한 사항'란에 기재하는 사항이다.
㉤㉧ 'Ⅱ. 개업공인중개사 세부 확인사항'란에 기재하는 사항이다.

핵심 주거용 건축물 확인·설명서상 기본 확인사항과 세부 확인사항

기본 확인사항	세부 확인사항
① 대상물건의 표시 ② 권리관계 ③ 토지이용계획, 공법상 이용제한 및 거래규제에 관한 사항(토지) ④ 임대차 확인사항 ⑤ 입지조건 ⑥ 관리에 관한 사항	⑩ 실제 권리관계 또는 공시되지 않은 물건의 권리 사항 ⑪ 내·외부 시설물의 상태 (건축물) ⑫ 벽면·바닥면 및 도배상태 ⑬ 환경조건

⑦ 거래예정금액 등
⑧ 취득시 부담할 조세의 종류 및 세율
⑭ 현장안내

28 ③
ⓒⓔ이 옳은 지문이다.
비주거용 건축물 서식에서 개업공인중개사의 확인사항을 묻고 있으므로, ㉠ 단독경보형 감지기 설치 여부 및 ㉣ 환경조건은 해당되지 않는다. 이는 주거용 건축물 서식에 기재하는 내용이다.

29 ①
준공년도, 내진설계 적용 여부, 위반건축물 여부는 '대상 물건의 표시'란 중 '건축물'란에 기재하는 사항이다.

30 ③
일조량 등 환경조건과 관리비, 현장안내는 토지 확인·설명서에 기재해야 할 사항에 해당하지 않는다.

31 ①
㉠은 임대차 중개시 기재를 생략하고, ㉡㉢은 임대차중개시 기재를 생략할 수 있으므로, 옳은 내용이다.
㉣㉤ 국세 및 지방세 체납정보와 건축물의 방향은 임대차 중개시에도 기재해야 한다.

핵심 | 주거용 건축물 확인·설명서상 임대차시 기재 생략 또는 생략 가능 사항

- 공법상 이용제한 및 거래규제(생략 가능)
- 개별공시지가(생략 가능)
- 공시가격(생략 가능)
- 취득 관련 조세의 종류 및 세율(생략)

32 ⑤
토지이용계획, 공법상 이용제한 및 거래규제에 관한 사항란은 입목·광업재단·공장재단 확인·설명서에는 기재란이 없다.

핵심 | 확인·설명서 공통 기재사항

- 대상물건의 표시
- 권리관계(등기부 기재사항)
- 실제 권리관계 또는 공시되지 아니한 물건의 권리사항
- 거래예정금액
- 취득 관련 조세의 종류 및 세율
- 중개보수

33 ④
근저당 등이 설정된 경우에는 채권최고액만을 기재하면 족하고, 실제의 채무액을 확인하여 기재할 의무는 없다.

34 ②
'임대차 확인사항'란에 개업공인중개사는 서명 또는 날인한다.

35 ③
'거래예정금액'은 개업공인중개사 기본 확인사항으로, 중개가 완성되기 전의 거래예정금액을 기재한다.

36 ④

지문분석

① 건축물의 방향은 주택의 경우 거실이나 안방 등 주실(主室)의 방향을, 그 밖의 건축물은 주된 출입구의 방향을 기준으로 남향, 북향 등 방향을 적고 방향의 기준이 불분명한 경우 기준(예 남동향 - 거실 앞 발코니 기준)을 표시하여 적는다.
② 토지 서식에는 일조·소음·진동의 환경조건 기재란이 없다. 비선호시설(1km 이내)은 '비선호시설'란에 기재한다.
③ 건폐율 상한·용적률 상한은 시·군 조례를 확인하여 기재한다.
⑤ 중개대상물에 유치권·법정지상권이 있는지 여부는 '실제 권리관계 또는 공시되지 않은 물건의 권리 사항'란에 매도(임대)의뢰인이 고지한 사항을 적는다.

37 ③
비주거용 확인·설명서에는 비선호시설(1km 이내) 기재란이 없다.

Point 49 중개활동

01 ③
부동산 가격 및 임료수준의 적정성은 경제적 측면의 셀링 포인트에 해당한다.

02 ①
온천의 발견은 경제적 측면의 셀링포인트에 해당한다.

지문분석

②③④⑤ 기술적(기능적) 측면의 셀링포인트에 해당한다.

03 ③
욕망단계(Desire)는 인근지역의 사례 등을 제시함으로써 고객의 욕망을 유발시키는 단계이다.

04 ⑤
클로징의 기회는 여러 번 있다는 것이 정설이나, 적어도 1회, 많아도 3회를 넘지 않는다는 것이 일반적이다.

05 ①
설문은 점진적 확인법에 대한 내용이다.

제4장 거래계약의 체결 p.257~259

| 01 | ④ | 02 | ④ | 03 | ⑤ | 04 | ② | 05 | ① |
| 06 | ④ |

Point 50 거래계약서 작성시 주의사항

01 ④
법정대리인 여부는 가족관계등록부 또는 후견등기사항증명서를 통하여 확인한다.

02 ④
공유와 관련한 설명으로 옳은 것은 ⓒⓓ이다.
㉠ 공유물의 소수지분권자가 다른 공유자와 협의 없이 공유물의 전부 또는 일부를 독점적으로 점유·사용하고 있는 경우 다른 소수지분권자는 공유물의 보존행위로서 그 인도를 청구할 수는 없고, 다만 자신의 지분권에 기초하여 공유물에 대한 방해 상태를 제거하거나 공동 점유를 방해하는 행위의 금지 등을 청구할 수 있다(대판 2020.5.21, 2018다287522 전원합의체).
㉡ 공유물의 관리에 관한 사항은 공유자의 지분의 과반수로써 결정하므로, 옳은 지문이다.
㉢ 공유자는 다른 공유자의 동의 없이 공유물을 처분하거나 변경하지 못하므로, 옳은 지문이다.

03 ⑤
지상건물에 대한 매수청구권을 행사할 수 있는 임차인은 ㉠ⓒ㉣이다.
㉠ⓒ 특별한 사정이 없는 한 행정관청의 허가를 받은 적법한 건물이 아니더라도 임차인의 지상물매수청구권의 대상이 될 수 있다. 종전 임차인으로부터 미등기 무허가건물을 매수하여 점유하고 있는 임차인은 특별한 사정이 없는 한 비록 소유자로서의 등기명의가 없어 소유권을 취득하지 못하였다 하더라도 임대인에 대하여 지상물매수청구권을 행사할 수 있는 지위에 있다(대판 2013.11.28, 2013다48364, 48371).
㉡ 건물의 소유를 목적으로 한 토지의 임대차에 있어서 임차인의 차임 연체로 임대차계약이 해지되었을 때에는 임차인에게 그 지상건물에 관한 매수청구권이 발생하지 아니한다(대판 1994.2.22, 93다44104).
㉣ 「민법」 제282조, 제643조의 내용으로 옳은 내용이다.

Point 51 전자계약시스템

04 ②
지문분석

① 개인간 직거래시에는 전자계약을 이용할 수 없고, 중개거래에 한하여 전자계약을 이용할 수 있다.
③ 전자계약은 주택을 포함하여 상가, 오피스텔, 토지 등에 대하여도 가능하고, 임대차계약도 가능하다.
④ 등기는 별도로 신청하여야 한다.
⑤ 전자계약은 오히려 개인정보의 암호화로 안심거래가 된다.

05 ①
거래당사자가 법인인 경우에도 전자계약이 가능하다

06 ④
지문분석

① 부동산거래 정보체계의 구축·운영은 국토교통부장관이 할 수 있다.
② 전자인증의 방법으로 신분을 증명할 수 있다.
③ 임대차계약시 확정일자는 자동 부여된다.
⑤ 확인·설명서가 공인전자문서센터에 자동 보관되므로 별도로 보관할 필요가 없다.

제5장 개별적 중개실무 p.266~300

01	②	02	⑤	03	②	04	⑤	05	⑤
06	②	07	③	08	④	09	②	10	④
11	①	12	②	13	③	14	②	15	④
16	⑤	17	②	18	①	19	②	20	④
21	④	22	③	23	②	24	①	25	②
26	④	27	①	28	②	29	③	30	⑤
31	②	32	⑤	33	②	34	②	35	④
36	⑤	37	③	38	②	39	⑤	40	②
41	②	42	①	43	②	44	③	45	②
46	③	47	④	48	②	49	②	50	①
51	②	52	④	53	②	54	①	55	②
56	④	57	③	58	②	59	②	60	④
61	②	62	②	63	②	64	⑤	65	②
66	④	67	③	68	①	69	⑤	70	③
71	③	72	①	73	④	74	⑤		

Point 52 「부동산등기 특별조치법」

01 ②

지문분석

① 편무계약은 계약의 효력이 발생한 날로부터 60일 내에 소유권이전등기를 신청하여야 한다.
③ 소유권보존등기를 하지 아니한 부동산도 거래할 수는 있으나, 매매계약을 체결한 날로부터 60일 내에 소유권보존등기를 하여야 한다.
④ 건물의 신축은 원시취득이므로, 원칙적으로 소유권보존등기신청의무가 없다.
⑤ 등기권리자에게만 과태료가 부과된다.

02 ⑤

ⓒⓔⓗⓘ이 검인을 받아야 할 대상이다.
검인은 계약을 원인으로 한 부동산 소유권이전등기를 신청할 때 받아야 하므로(단, 판결은 포함), 경매, 공용수용, 상속, 거래당사자의 일방이 국가나 지방자치단체인 경우, 입목·공장재단·광업재단에 대한 계약, 임대차 등의 경우는 제외된다.

03 ②

검인신청의 관할은 부동산 소재지를 관할하는 시장·군수·구청장이다.

04 ⑤

공법상 이용제한 및 거래규제에 관한 사항은 검인계약서의 필요적 기재사항이 아니다.

Point 53 「부동산 실권리자명의 등기에 관한 법률」

05 ⑤

지문분석

① 명의신탁 금지대상이 되는 부동산에 대한 권리는 부동산에 관한 물권(가등기 포함)이다.
② 상호명의신탁은 명의신탁약정에서 제외된다.
③ 종중 외의 자의 명의로 등기한 경우와 배우자 명의로 등기한 경우 명의신탁이지만, 조세포탈 등의 목적이 없으면 효력규정, 제재 규정이 적용되지 않는 특례가 인정될 뿐이다.
④ 악의의 제3자에게도 대항할 수 없다(대판 1992.6.9, 91다29842).

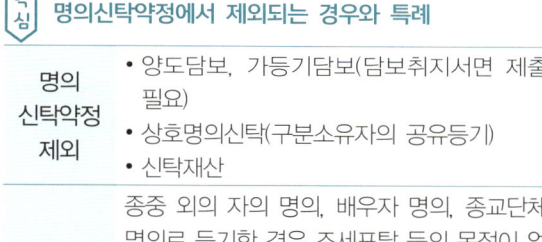

	명의신탁약정에서 제외되는 경우와 특례
명의 신탁약정 제외	• 양도담보, 가등기담보(담보취지서면 제출 필요) • 상호명의신탁(구분소유자의 공유등기) • 신탁재산
특례	종중 외의 자의 명의, 배우자 명의, 종교단체 명의로 등기한 경우 조세포탈 등의 목적이 없으면 효력·과징금·이행강제금·벌칙 등의 규정 적용 배제

06 ②

계약명의신탁에 관한 문제로서, 계약명의신탁에 있어서 매도인의 선의는 매매계약을 체결할 당시를 기준으로 하므로, 매도인이 계약 체결 이후에 명의신탁약정사실을 알게 되었다고 하더라도 매매계약과 등기의 효력에는 영향이 없다(대판 2018.4.10, 2017다257715). 따라서 甲이 소유권을 취득한다.

07 ③

ⓒⓑ이 옳은 지문이다.
㉠ 명의신탁에 대한 특례는 종중, 배우자, 종교단체에 대하여만 인정되므로, 친구간 중간생략형 명의신탁을 한 경

우에는 특례가 적용되지 않는다. 따라서 명의신탁약정 및 그 등기는 무효이다.
ⓔ 중간생략형 명의신탁의 경우, 수탁자인 丙 명의의 등기는 무효이므로, 丙은 소유권을 취득할 수 없고, 부당이득의 문제도 생기지 않는다.

08 ④
㉠㉡이 옳은 내용이다.
ⓒ 「부동산 실권리자명의 등기에 관한 법률」을 위반하여 무효인 명의신탁약정에 따라 명의수탁자 명의로 등기를 하였다는 이유만으로 그것이 당연히 불법원인급여에 해당한다고 단정할 수는 없다(대판 2019.6.20, 2013다218156 전원합의체).
ⓒ 계약명의신탁에 있어서 부동산의 매도인이 악의인 경우, 수탁자 명의의 등기는 무효이므로, 명의수탁자인 乙은 소유권을 취득하지 못한다.

09 ②
지문분석
① 양도담보, 가등기담보는 명의신탁약정에서 제외된다.
③ 명의수탁자는 이 법상 과징금이나 이행강제금의 대상이 되지 않는다.
④ 3자간 등기명의신탁이 무효인 경우 명의신탁자는 매도인을 대위하여 명의수탁자 명의의 등기의 말소를 청구할 수 있다.
⑤ 계약명의신탁에 있어서 부동산의 매도인이 명의신탁약정사실을 안 경우라도, 수탁자로부터 부동산을 매수한 제3자는 해당 부동산의 소유권을 취득한다.

10 ④
상호명의신탁관계 내지 구분소유적 공유관계에서 건물의 특정 부분을 구분소유하는 자는 그 부분에 대하여 신탁적으로 지분등기를 가지고 있는 자를 상대로 하여 그 특정 부분에 대한 명의신탁해지를 원인으로 한 지분이전등기절차의 이행을 구할 수 있을 뿐 그 건물 전체에 대한 공유물분할을 구할 수는 없다(대판 2010.5.27, 2006다84171).

11 ①
지문분석
② 과징금은 부동산평가액의 100분의 30 범위 내에서 대통령령이 정하는 금액으로 부과된다.
③ 명의신탁 후 이미 실명등기를 하였을 경우라 하더라도 명의신탁기간·부동산평가액에 따라 과징금이 부과된다.
④ 과징금 부과일부터 1년 내에 실명등기를 하지 않으면 부동산평가액의 100분의 10, 다시 1년 내에 실명등기를 하지 않으면 100분의 20에 해당하는 이행강제금이 부과된다.
⑤ 명의수탁자는 3년 이하의 징역 또는 1억원 이하의 벌금에 처한다.

핵심 제재

과징금	부동산 가액의 30% 내 - 명의신탁자
이행강제금	과징금 부과일로부터 1년 경과시 부동산평가액 10%, 다시 1년 경과시 20% 부과
형벌	• 5년 이하의 징역 또는 2억원 이하의 벌금: 명의신탁자 • 3년 이하의 징역 또는 1억원 이하의 벌금: 명의수탁자

Point 54 「주택임대차보호법」

12 ②
주된 부분을 주거용으로 사용한다면 주택의 일부를 주거 외의 용도로 사용하는 경우에도 이 법이 적용된다.

13 ③
임차인만 2년 미만으로 정한 기간이 유효함을 주장할 수 있다.

14 ②
㉠ⓒⓔ 임차인은 계약기간 만료 2개월 전까지, 임대인은 계약기간 만료 6개월에서 2개월 전까지 갱신거절통지 등을 하지 않은 경우 계약은 묵시적으로 갱신된다.
ⓒ 임차인이 2기의 차임액을 연체한 경우에는 묵시적 갱신 규정이 적용되지 않는다.
ⓜ 묵시적 갱신의 경우 계약의 해지통지는 임대인이 이 통지를 받은 날로부터 3개월이 경과하면 해지의 효력이 발생한다.

15 ④
갱신요구로 임대차계약이 갱신된 경우 임차인은 언제든지 계약을 해지할 수 있고, 해지통지를 한 경우 임대인이 그 통지를 받은 날로부터 3개월이 경과하면 해지의 효력이 발생한다.

핵심 계약갱신요구권

행사시기	임차인: 만료 6개월~2개월 사이 갱신요구
행사횟수	1회
차임 등 증액 여부	차임·보증금 증액 가능

존속기간	2년 간주
해지 여부	임차인 언제든지 가능, 3개월 지나면 효력발생
거절사유 등	9가지 거절사유 있음(임대인 거주 목적 거절 가능)

16 ⑤
노후·훼손 또는 일부 멸실되는 등 안전사고의 우려가 있어 주택의 전부 또는 대부분을 철거는 경우에는 거절할 수 있지만, 임차한 주택 담장의 노후로 인하여 담장의 일부분을 철거하는 경우는 거절할 수 없다.

17 ②
다가구용 단독주택은 지번만 기재하여도 대항력을 취득한다(대판 2007.2.8, 2006다70516).

지문분석
④ 대판 2007.6.28, 2004다69741

> **보충 임차인과 저당권의 우선변제권 순위**
> - 인도, 주민등록, 확정일자일과 저당권설정등기일이 모두 동일한 경우: 저당권 우선
> - 인도, 주민등록, 확정일자일이 같은 날이고 그 다음 날에 저당권설정등기: 임차인 우선
> - 임차인이 대항력을 취득한 이후에 확정일자를 받고, 그 확정일자를 받은 날에 저당권설정등기가 경료된 경우: 우선변제권은 동순위

18 ①
임차인 본인은 전입신고를 하지 않더라도 처와 자녀만 주민등록 전입신고를 하고 주택을 인도받으면 대항력을 취득할 수 있다(대판 1996.1.26, 95다30338).

19 ②
지문분석
① 丙이 乙보다 선순위이므로 乙은 매수인에게 대항할 수 없다.
③ 丙이 乙보다 선순위이므로 乙은 丙에 우선하여 보증금을 배당받을 수 없다.
④ 보증금을 수령하기 위해서는 법원이 아니라 매수인(경락인)에게 주택을 인도하여야 한다.
⑤ 강제경매를 신청한 乙은 배당요구를 하지 않더라도 배당을 받을 수 있다.

20 ④
임대차계약을 체결하려는 자는 임대인의 동의를 받아 확정일자 부여기관에 임대차 정보제공을 요청할 수 있다.

21 ④
금융기관 등은 우선변제권을 행사하기 위하여 임차인을 대리하거나 대위하여 임대차계약을 해지할 수 없다.

22 ③
최우선변제 보호대상 금액의 개정 전에 담보물권을 취득한 자에 대하여는 종전의 규정에 의하므로, 주택에 선순위 담보권자가 있는 경우에는 그 담보권 설정 당시 최우선변제 보호대상금액(소액임차인)에 해당해야만 경매에서 그 담보권자에 우선하여 보증금 중 일정액을 우선하여 변제받을 수 있다.

지문분석
① 확정일자는 최우선변제의 요건이 아니다.
② 임차권등기명령의 집행에 의한 임차권등기가 경료된 주택을 그 이후에 임차한 임차인은 최우선변제를 받을 권리가 없다.
④ 광역시 내의 행정구역이 군(郡)인 지역에서의 주택임대차는 광역시 기준이 아니라 '그 밖의 지역'을 적용한다.
⑤ 임차인의 보증금 중 일정액이 주택가액의 2분의 1을 초과하는 경우에는 주택가액의 2분의 1에 해당하는 금액까지만 최우선변제권이 있다.

23 ③
보증금이 모두 변제되지 아니한 대항력이 있는 임차권은 경락이 되더라도 소멸하지 아니한다.

24 ①
임차인이 임대차계약의 갱신을 요구한 경우, 갱신의 효력은 임대인에게 갱신요구가 도달할 때에 발생하고, 임차인의 계약해지 통지가 갱신된 임대차계약 기간이 개시되기 전에 임대인에게 도달한 경우라도 그 효력은 갱신된 계약기간이 개시된 후 3개월이 아니라 해지통지 후 3개월이 지난 때 발생한다(대판 2024.1.11, 2023다258672).

지문분석
④ 대판 2005.6.9, 2005다4529
⑤ 대판 2009.8.20, 2009다26879

25 ⑤
지문분석
① 임차권등기의 원인이 된 사실을 소명해야 한다.
② 임차권등기명령신청과 관련하여 든 비용을 임대인인 乙에

게 청구할 수 있다.
③ 주택 임차권등기명령의 경우에는 임대인에게 임차권등기명령의 결정을 송달하기 전에도 임차권등기의 기입을 촉탁할 수 있다(「임차권등기명령 절차에 관한 규칙」 제5조 단서).
④ 임차권등기명령의 집행에 따른 임차권등기를 마치면 대항력과 우선변제권을 취득하고, 기존의 대항력, 우선변제권은 유지된다. 이는 이사를 가더라도 유지된다.

26 ④
ⓒⓓⓔ이 틀린 지문이다.
ⓒ 감액에 대한 제한은 없다. 증액청구가 시·도 조례로 달리 정함이 없는 한 약정한 차임 등의 20분의 1의 금액을 초과하지 못한다.
ⓓ 주택 소재지가 대구광역시(군지역 제외)인 경우 최우선변제대상 임차인은 보증금이 8,500만원 이하이어야 하므로, 보증금이 1억 5천만원인 경우는 최우선변제대상 임차인이 아니다.
ⓔ 임차인에게 우선변제권이 인정되기 위하여 대항요건과 임대차계약증서상의 확정일자를 갖추는 것 외에 계약 당시 임차보증금이 전액 지급되어 있을 것을 요구하지는 않는다(대판 2017.8.29, 2017다212194).

27 ①
주택임대차 보증금의 월 차임 전환시 이율제한은 연 1할(10%) 또는 한국은행공시 기준금리에 2%를 더한 비율 중 낮은 비율을 초과할 수 없으므로, (4천만원 × 3%) ÷ 12개월 = 100,000원이 된다.

28 ④
조정위원의 임기는 <u>3년</u>으로 하되 <u>연임할 수 있다</u>.

29 ③
옳은 것은 3개(ⓒⓓⓔ)이다.
ⓐ 조정안을 통지받은 당사자가 통지받은 날부터 <u>14일</u> 이내에 수락의 의사를 서면으로 표시하지 아니한 경우에는 조정을 거부한 것으로 본다.
ⓒ 대판 2005.9.15, 2005다33039

Point 55 「상가건물 임대차보호법」

30 ③
「상가건물 임대차보호법」은 사업자등록의 대상이 영업목적의 건물 임대차에 적용되므로, 임차인이 사업자등록이 되어 있지 아니한 경우라면 보호를 받지 못한다.

31 ②
ⓐⓔ이 「상가건물 임대차보호법」의 전면 적용이 가능한 경우이다.
ⓐⓔ 월 차임을 환산하여 보증금에 합산한 금액이 서울은 9억원, 과밀억제권역(수원시)은 6억 9천만원을 초과하지 않아야 하므로, 법이 전면 적용된다.
ⓑⓒ 인천광역시는 과밀억제권역이지만 군지역은 '그 밖의 지역'을 적용하고, 강화군과 창원시는 '그 밖의 지역'으로서 환산 합산 보증금이 3억 7천만원을 초과하지 않아야 하므로, 법의 일부만 적용된다.

「상가건물 임대차보호법」 전면 적용 보증금

- 서울특별시: 9억원 이하
- 과밀억제권역, 부산: 6억 9천만원 이하
- 광역시(과밀억제권역과 군지역 제외), 세종, 파주, 화성, 안산, 용인, 김포, 광주: 5억 4천만원 이하
- 그 밖의 지역: 3억 7천만원 이하

🔍 월 차임이 있는 경우 월 차임액에 1분의 100을 곱한 금액을 보증금에 합산

32 ④
ⓐⓓⓕ이 틀린 지문이다.
서울특별시 소재 상가 임대차로서 환산 합산 보증금액이 9억원을 초과하므로, ⓐ(존속기간), ⓓ(우선변제권), ⓕ(임차권등기명령)은 「상가건물 임대차보호법」이 적용되지 않는다. 그러나 ⓑ(대항력), ⓒ(해지)은 보증금 제한을 초과하더라도 적용된다. 이 외에도 권리금 보호규정, 계약갱신요구권 규정, 폐업으로 인한 해지규정, 표준계약서 규정이 보증금 제한을 초과하더라도 적용된다.

보증금 제한에 따른 적용 여부

보증금 제한을 초과하는 경우에도 적용되는 규정	보증금 제한을 초과하는 경우 적용되지 않는 규정
• 대항력 규정 • 권리금 보호규정 • 3기 차임 연체시 해지규정 • 계약갱신요구권 규정 • 표준계약서 규정 • 감염병 등에 의한 폐업시 해지규정	• 우선변제권 규정 • 증액, 월 차임 전환 이율 제한규정 • 임차권등기명령 규정 • 존속기간 규정 등

33 ②

서울특별시 소재 상가 임대차의 경우 임차인의 환산 합산 보증금이 9억원 이하이어야 「상가건물 임대차보호법」이 전면 적용되므로, 乙은 보증금이 10억원이므로 확정일자에 의한 우선변제권을 취득하지 못한다.

지문분석

①은 대항력, ③은 계약갱신요구권, ④는 권리금, ⑤는 증액에 대한 특별규정에 관한 내용이므로, 옳은 내용이다.

34 ①

지문분석

② 계약갱신요구권은 최초의 임대차기간을 포함한 전체 임대차기간이 10년을 초과하지 않는 범위에서만 행사할 수 있다.
③ 2기의 차임액에 달하도록 차임을 연체한 임차인이라도 계약갱신요구권을 행사할 수 있다.
④ 계약갱신요구에 의하여 임대차계약이 갱신되는 경우 차임과 보증금은 증감을 청구할 수 있다.
⑤ 계약갱신요구에 의하여 임대차계약이 갱신된 경우 임의로 임차인은 계약해지를 통지할 수 없다.

35 ④

대판 2007.6.14, 2007다17475

지문분석

① 계약기간을 1년 미만으로 정한 상가임대차계약도 성립할 수는 있다.
② 사업자등록증을 교부받은 다음 날이 아니고 사업자등록을 신청하면 그 다음 날로부터 대항력을 취득한다.
③ 확정일자는 반드시 관할 세무서장으로부터 받아야 우선변제권을 취득한다.
⑤ 서울특별시 소재 상가임대차는 환산 합산 보증금이 6,500만원 이하이어야 최우선변제를 받을 수 있으므로, 보증금 6,500만원, 월 차임이 50만원인 임차인은 소액임차인이 아니어서 경매시에 보증금 중 일정액을 우선하여 변제받을 권리가 없다.

36 ⑤

지문분석

① 차임 연체액이 300만원에 달하는 때에 계약을 해지할 수 있다.
② 감액에 대한 제한은 없으므로 감액이 있은 후 1년 내에도 감액할 수 있다.
③ 임차인이 임대차기간 만료 1개월 전부터 만료일 사이에 갱신거절의 통지를 한 경우, 「상가건물 임대차보호법」은 임차인의 갱신거절 통지기간에 제한을 두지 않았으므로, 이는 정당한 통지이고, 이 경우 임대차계약의 묵시적 갱신이 인정되지 않고 임대차기간의 만료일에 종료한다(대판 2024.6.27, 2023다307024).
④ 서울특별시의 경우 환산 보증금이 6,500만원 이하이어야 최우선변제를 받을 수 있으므로, 문제에서 주어진 계약조건은 환산보증금이 1억 5천만원이 되어 최우선변제를 받을 수 없다.

37 ③

임대인에게 손해배상을 청구할 권리는 임대차가 종료한 날부터 3년 이내에 행사하여야 한다.

38 ④

임차권등기명령의 집행에 따른 임차권등기를 마치면 임차인이 대항요건을 상실하더라도 이미 취득한 대항력 또는 우선변제권을 상실하지 아니한다.

39 ⑤

지문분석

① 임대차를 등기한 때에는 등기한 때부터 대항력을 취득한다.
② 임차인이 대항력을 취득 후 확정일자를 받은 일자와 저당권자의 설정등기일이 같은 경우 경매시 임차인과 저당권자의 우선변제권은 동순위이다.
③ 임차인은 「감염병의 예방 및 관리에 관한 법률」에 따른 집합제한 또는 금지조치(운영시간 제한 조치 포함)를 총 3개월 이상 받음으로써 발생한 경제사정의 중대한 변동으로 폐업한 경우에는 임대차계약을 해지할 수 있고, 이 경우 해지는 임대인이 계약해지의 통고를 받은 날부터 3개월이 지나면 효력이 발생한다.
④ 보증금 제한을 초과하는 임대차에서 기간을 정하지 않은 경우 임차인은 계약갱신요구권을 행사할 수 없다(대판 2021.12.30, 2021다233730).

40 ②

증액은 기존 보증금과 월 차임의 100분의 5를 초과할 수 없으므로, 차임 증액은 10만원까지 불가하다.

41 ②

사업자가 폐업신고를 하였다가 다시 같은 상호 및 등록번호로 사업자등록을 하였다고 하더라도 「상가건물 임대차보호법」상의 대항력 및 우선변제권이 그대로 존속한다고 할 수 없다(대판 2006.10.13, 2006다56299).

지문분석
① 대판 2006.1.13, 2005다64002

Point 56 경매

42 ①
강제경매가 집행권원에 의한 강제집행으로 채무자의 일반재산에 대한 집행이다.

43 ②
저당권 등에 대항하지 못하는 전세권은 배당요구를 하지 않더라도 소멸한다.

44 ③
매수인은 유치권으로 담보되는 채권을 변제할 책임이 있으나, 유치권자는 매수인에게 그 피담보채권의 변제를 청구할 수는 없다(대판 1996.8.23, 95다8713).

45 ⑤
미등기의 건물이라도 채무자의 소유로써 건축허가나 건축신고가 된 건물이라면 강제경매를 신청할 수 있다.

46 ③
③ 제3자는 권리를 취득할 때에 경매신청 또는 압류가 있다는 것을 알았을 경우에는 압류에 대항하지 못한다(「민사집행법」제92조 제1항).

지문분석
①은 「민사집행법」제83조 제1항, ②는 「민사집행법」제83조 제2항의 내용이다.
④ 경매개시결정이 등기된 뒤라도 가압류를 한 채권자는 배당요구를 할 수 있으므로, 옳은 지문이다.
⑤ 「민사집행법」제86조 제1항의 내용이다.

47 ④
최우선변제권이 있는 임차권자라도 배당요구를 하지 않으면 경매절차에서 배당을 받을 수 없다.

48 ②
부동산의 매각은 기일입찰, 기간입찰, 호가경매의 3가지 방법으로 집행법원이 정한 매각방법에 따른다.

49 ②

지문분석
① 매수신청보증금액은 최저매각가격의 10분의 1로 한다.

③ 매수인은 매각대금을 완납한 때에 매각의 목적인 권리를 취득한다.
④ 매각대금은 법원이 정한 대금지급기한까지 납부하면 된다.
⑤ 재매각절차에서 전(前)의 매수인은 매수신청을 할 수 없다.

50 ①
㉠이 옳은 지문이다.
㉡ 강제경매절차 또는 담보권실행을 위한 경매절차를 개시하는 결정을 한 부동산에 대하여 다른 강제경매의 신청이 있는 때에는 법원은 다시 경매개시결정을 하고, 먼저 경매개시결정을 한 집행절차에 따라 경매한다(이중경매).
㉢ 차순위매수신고는 그 신고액이 최고가 매수신고액에서 그 보증액을 뺀 금액을 넘는 때에만 할 수 있다.
㉣ 저당권은 순위 불문하고 매각으로 소멸한다.

51 ④
최고가매수신고액(1억 5천만원) − 매수신청보증금(1천만원) = 1억 4천만원이므로, 옳은 내용이다.

지문분석
① 매수신청보증금은 최저매각가격의 10분의 1인 1천만원을 제공하면 된다.
② 최고가매수신고를 한 사람이 둘 이상인 때에는 그들에게만 다시 입찰하게 하여 최고가매수신고인을 정한다(추가입찰).
③ 추가입찰시에는 전의 입찰가격 이상으로 매수신고를 하여야 한다.
⑤ 차순위매수신고인은 매수인이 대금을 모두 지급하면 매수의 책임이 없게 되어 그때 매수신청의 보증을 돌려줄 것을 요구할 수 있고, 매각기일 종결시 요구할 수 없다.

52 ④
채무자의 가족은 매수신청을 할 수 있다.

53 ①
경매목적물의 취득에 관청의 증명이나 허가를 필요로 하는 경우에는 매각결정기일까지 이를 제출하여야 한다.

54 ①
매각허가결정에 대하여 항고를 하고자 하는 사람은 보증으로 매각대금의 10분의 1에 해당하는 금전 또는 법원이 인정한 유가증권을 공탁하여야 한다.

55 ②
틀린 것은 ㉡ 1개이다.
㉡ 매수인이 매각의 목적인 권리를 취득하는 시기는 대금을 완납한 때이다.

56 ③
배당의 순위는 소액보증금 ⇨ 당해세 ⇨ 담보물권에 의한 채권 ⇨ 일반임금채권 순이다.

57 ③
인도명령신청은 대금완납 후 6개월 내에 신청하여야 한다.

58 ②
수탁재산(비업무용 부동산) 공매에 관한 설명이다. 유입부동산 공매란 한국자산관리공사가 부실채권정리기금으로 금융기관의 구조개선을 위해 한국자산관리공사의 명의로 취득한 부동산과 부실징후 기업 및 구조개선 기업을 지원하기 위해 기업체로부터 취득한 부동산을 일반인에게 매각하는 공매이다.

Point 57 매수신청대리인

59 ②
인도명령신청은 매수신청대리권의 범위에 해당하지 아니한다.

핵심 매수신청대리권의 범위

- 매수신청보증의 제공
- 입찰표의 작성 및 제출
- 차순위매수신고
- 매수신청의 보증을 돌려줄 것을 신청하는 행위
- 공유자의 우선매수신고
- 구「임대주택법」상 임차인의 우선매수신고
- 우선매수신고에 따른 차순위매수신고인의 지위를 포기하는 행위

60 ④
자동차는 매수신청대리의 대상물이 아니다.

61 ⑤

지문분석

① 중개업의 폐업신고 또는 매수신청대리업의 폐업신고에 따라 매수신청대리인 등록이 취소된 경우는 매수신청대리인 등록의 결격사유에 해당하지 않는다.
②「형법」상 공무집행방해죄, 경매·입찰방해죄 등으로 유죄의 확정판결을 받고 2년이 지나지 아니한 사람은 매수신청대리인 등록을 할 수 없다.
③ 매수신청대리인으로 등록하고자 하는 개업공인중개사는 등록신청 전에 보증을 설정하여 신청시에 그 관계증서 사본을 첨부하여야 한다.
④ 중개업과 매수신청대리의 경우 공인중개사인 개업공인중개사의 보증설정금액은 각 2억원 이상으로 동일하다.

핵심 매수신청대리인 등록요건

- 공인중개사인 개업공인중개사이거나 중개법인일 것
- 부동산경매에 관한 실무교육을 이수하였을 것
- 보증보험 또는 공제에 가입하였거나 공탁을 하였을 것
- 결격사유에 해당하지 않을 것

62 ⑤

지문분석

① 공인중개사인 개업공인중개사나 법인인 개업공인중개사에 한하여 등록이 가능하고, 법 제7638호 부칙 제6조 제2항의 개업공인중개사나 소속공인중개사는 등록을 할 수 없다.
② 법원행정처장이 지정하는 교육기관에서 부동산경매에 관한 실무교육을 이수하여야 한다.
③ 지방법원장은 14일 이내에 공인중개사인 개업공인중개사 또는 법인인 개업공인중개사로 구분하여 등록을 하여야 한다.
④ 등록신청은 중개사무소가 있는 곳을 관할하는 지방법원의 장에게 하여야 한다.

63 ③

지문분석

① 개업공인중개사는 각 대리행위마다 대리권을 증명하는 문서(예 본인의 인감증명서가 첨부된 위임장과 대리인등록증 사본 등)를 제출하여야 한다. 다만, 같은 날 같은 장소에서 대리행위를 동시에 하는 경우에는 하나의 서면으로 갈음할 수 있다.
② 개업공인중개사는 대리행위를 함에 있어서 매각장소 또는 집행법원에 직접 출석하여야 한다.
④ 확인·설명서는 사건카드에 철하여 5년간 보존하여야 한다.
⑤ 매수신청대리인은 인장등록제도가 없으므로, 매수신청대리행위시에는 「공인중개사법」에 의하여 등록한 인장을 사용하여야 한다.

64 ③
실무교육은 법인의 경우 대표자만 대상이다.

65 ④
매수신청대리 대상물에 관한 소유권을 취득함에 따라 부담·인수하여야 할 권리 등은 설명사항이나, 양도함에 따라 부담할 세액 등의 사항은 설명사항이 아니다.

 확인·설명사항

- 당해 매수신청대리 대상물의 표시 및 권리관계
- 법령의 규정에 따른 제한사항
- 당해 매수신청대리 대상물의 경제적 가치
- 당해 매수신청대리 대상물에 관한 소유권을 취득함에 따라 부담·인수하여야 할 권리 등 사항

66 ④
매수신청대리에 필요한 통상의 실비(예 확인·설명을 위한 등기기록 열람 비용 등)는 보수에 포함된 것으로 간주하므로, 별도로 받을 수 없다.

67 ③
매수신청대리인 등록을 한 개업공인중개사는 그 사무소의 명칭이나 간판에 고유한 지명 등 법원행정처장이 인정하는 특별한 경우를 제외하고는 '법원의 명칭이나 휘장 등을 표시하여서는 아니 된다.

68 ①
소속공인중개사나 중개보조원을 고용하거나 해고한 경우는 신고할 필요가 없다.

 신고사항

- 중개사무소를 이전한 경우
- 중개업을 휴업 또는 폐업한 경우
- 공인중개사 자격이 취소된 경우
- 공인중개사 자격이 정지된 경우
- 중개사무소 개설등록이 취소된 경우
- 중개업무가 정지된 경우
- 분사무소를 설치한 경우

69 ⑤
공유자의 우선매수신고나 구 「임대주택법」에 따른 임차인의 임대주택 우선매수신고를 하는 행위는 금지행위가 아니고 정당한 대리업무에 해당한다.

70 ③

 지문분석

① 중개사무소 이전신고는 10일 이내에 하여야 한다.
② 매각허가결정에 대한 즉시항고는 매수신청대리권의 범위에 해당하지 아니한다.
④ 중개업의 휴업 또는 업무정지처분을 받은 경우에는 매수신청대리업무의 정지처분을 하여야 한다.
⑤ 보수의 지급시기는 약정이 없을 때에는 매각대금의 지급기한일로 한다.

71 ③
임의적 등록취소사유에 해당한다.

 필요적 등록취소사유

- 등록의 결격사유에 해당하는 경우
- 중개업·대리업의 폐업신고를 한 경우
- 공인중개사 자격이 취소된 경우
- 중개사무소 개설등록이 취소된 경우
- 등록 당시 이 규칙에 의한 등록요건을 갖추지 않았던 경우
- 등록 당시 이 규칙에 의한 결격사유가 있었던 경우

72 ①
개업공인중개사에 대한 등록의 취소권한은 지방법원장에게 있다.

73 ④
보증의 설정은 중개사무소 개설등록시의 등록요건은 아니므로 등록통지 후 업무개시 전까지 설정하여 신고하면 되나, 매수신청대리인 등록시에는 보증설정이 등록요건이므로 등록신청 전 미리 설정하여야 한다.

공인중개사법과 매수신청대리인 등록규칙 비교

구분	공인중개사법	매수신청대리인 등록규칙
등록관할	등록관청	지방법원장
보증설정기한	등록 후 업무개시 전	등록신청 전
등록처리기한	7일	14일
실무교육 권한	시·도지사	법원행정처장

실무교육대상	등록신청인, 임원·사원, 책임자, 소속공인중개사	등록신청인, 법인대표자
실무교육시간	28시간 이상 32시간 이하	32시간 이상 44시간 이하
업무수행	소속공인중개사 대행 가능	개업공인중개사 직접 출석 수행
인장등록	있음	없음
확인·설명서 보존	3년	5년
실비	등기부 열람비 등 가능	등기부 열람비 등 통상실비 제외
영수증 교부	의무 없음(서식 ✕)	의무 있음(서식 ○)
업무정지	재량행위	재량행위와 기속행위로 구분
업무정지기간	6개월 이하	1월 이상 2년 이하

74 ⑤

지문분석

① 미등기건물은 매수신청대리의 대상물이 될 수 있다.
② 공유자의 우선매수신고에 따라 차순위매수신고인으로 보게 되는 경우 그 차순위매수신고인의 지위를 포기하는 행위는 매수신청대리권의 범위에 속한다.
③ 소속공인중개사도 매수신청대리인으로 등록할 수 없다.
④ 매수신청대리인이 되려면 관할 지방법원장에게 매수신청대리인 등록을 하여야 한다.

land.Hackers.com
해커스 공인중개사